国家社科基金
GUOJIA SHEKE JIJIN HOUQI ZIZHU XIANGMU
后期资助项目

论政府：基于人际秩序视角的政府组织功能新论

On the Political Philosophy of Government: New Approach to the Politically-organized Functions of Government from the Perspective of Human Order

陈绪刚 著

法律出版社
LAW PRESS · CHINA

国家社科基金后期资助项目
出版说明

后期资助项目是国家社科基金设立的一类重要项目，旨在鼓励广大社科研究者潜心治学，支持基础研究多出优秀成果。它是经过严格评审，从接近完成的科研成果中遴选立项的。为扩大后期资助项目的影响，更好地推动学术发展，促进成果转化，全国哲学社会科学工作办公室按照“统一设计、统一标识、统一版式、形成系列”的总体要求,组织出版国家社科基金后期资助项目成果。

全国哲学社会科学工作办公室

基金项目
国家社会科学基金后期资助项目，项目批准号：15FZZ002

目　录 Contents

导 论

1. 问题的提出

思考人际关系的基本性质，探讨如何建立人际秩序，以及如何确立人际社会的公序良俗，是一切政治理论所需解决的根本问题。

从古至今，人类皆处群居。群居（团体）生活乃人类生存、繁衍的基本组织形态。然而，这个基本事实前提并非被所有政治理论接受。

在古典政治理论中，在探讨如何构建政治秩序的问题上，对人类社会的基本形态有一个明确的判断。这个基本判断就是，人类"生而有群""生而在群"。古典政治哲学家，不论中西，基本上把"生而有群"作为构建政治理论的缺省前提。譬如，在中国的荀子看来，"生而有群"是作为浅显的客观事实而存在的，不证自明。[①]古希腊的亚里士多德（Aristotle）大概也会完全赞同荀子的观点，他在《政治学》一开篇就阐释了从男女（夫妇）到家庭、到村坊（同乳子孙村）、再到城邦的自然演进史，并进一步提出人本性上是合群的政治动物这一基本论断。[②]

不过，到了近代，[③]这一古典论断遭到了以托马斯·霍布斯（Thomas

---

① 荀子似乎很难想象"无群"的人类社会。他的表述是这样的："人之生不能无群。"参见《荀子·王制》《荀子·富国》《荀子·君道》。当然，荀子的关注重点在于如何做到"群而有分"（构建政治秩序），因此他对"生而有群"并未展开进一步阐释。除荀子外，诸子百家对人类自古"生而有群"也有或多或少的论述。譬如，《吕氏春秋·恃君览》里称："昔太古尝无君矣，其民聚生群处。"《管子·君臣下》中谓："古者未有君臣上下之别，未有夫妇妃匹之合，兽处群居，以力相征。"《商君书·开塞》也指出："古者民藂生而群处乱，故求有上也。"

② 亚里士多德同样也不能想象有人能生来离"群"（城邦）而存在，认为这样的人非神即兽（either above humanity, or below it）。参见［古希腊］亚里士多德：《政治学》，吴寿彭译，商务印书馆 2009 年版，卷一；Aristotle, *The Politics of Aristotle*, Vol. Ⅰ, trans. by B. Jowett, At the Clarendon Press 1885, Book Ⅰ; Aristotle, *Politics*, trans. by H. Rackham, The Harvard University Press 1959, Book Ⅰ。

③ 中国的"近代"是指 1840 年鸦片战争之后的时代，这里的"近代"是西方语境下的概念，一般指 1500 年后至 1914 年前的历史时期。参见［美］威廉·哈迪·麦克尼尔：《西方文明史纲》，张卫平等译，新华出版社 1992 年版；［美］L. S. 斯塔夫里阿诺斯：《全球通史——从史前史到 21 世纪》（第 7 版），董书慧等译，北京大学出版社 2005 年版。当然，大历史分期向来是一个比较复杂，且容易争讼纷纭的主题，不同学者出于不同方法论或价值观对历史分期会有自己的立场。比如，吸纳了布罗代尔"长时段"历史理论的华勒斯坦，把爆发法国大革命的 1789 年看作一个更重要的历史分水岭。因为在华勒斯坦看来，人民主权论取代君主主权论，这在西方政治理论与意识形态上是一个相当重要的历史分界。参见 Immanuel Wallerstein, *The Modern World - System IV: Centrist Liberalism Triumphant*, 1789 - 1914, University of California Press, 2011。

Hobbes)、约翰·洛克(John Locke)为代表的社会契约论的摒弃。简言之,社会契约论一般将人类划分为两个迥然不同且完全对立的状态——自然状态(人类原初状态)与政治社会(political society,又称 civil society)。从自然状态过渡到政治社会,中间有一个显见且极为关键的人为理性之建构程序——彼此订立社会契约。尽管霍布斯与洛克对自然状态的描述截然不同,但有一方面是相同的,即所谓以人类个体(拥有天赋权利)为优先的孤立的自由状态(个人主义中心论),而不是人群的联合状态。[①]这与古典政治理论中的"生而有群"的基本论断形成了鲜明的对照。

近代理论与古典理论的分歧绝不仅仅局限在这一个方面。在政治统治(政权)合法性来源这个根本问题上,中西古典理论都强调统治者的智慧与美德("圣贤"),强调任贤使能。而近代社会契约论以及由此演变而来的西方现代民主政治理论,则偏重政治选举投票(实际参与)中多数派所代表的合法性(数人头)。

其实,近代西方政治理论所反叛的直接对象并非古典政治理论,而是西欧中世纪封建时代的君权神授理论。近代政治理论与宗教改革(以及其后的宗教宽容)、文艺复兴及近代科学主义的发轫,构成了西欧启蒙运动的重要环节。随着资本主义生产方式与资产阶级政权在西欧陆续确立,原本局限于西欧一隅的社会契约理论化身为近代宪法理论的内核,并在帝国主义、殖民主义的武力扩张中迅速传播到全世界。这种欧洲中心论影响下的政治理论,到了现代社会还涂抹上了"自由""民主"的金粉,逐渐被一部分人视为理所当然的普世理论。这种普世主义论调,在弗朗西斯·福山(Francis Fukuyama)的"历史终结论"中达到了政治舆论喧嚣的最高潮。

古典理论与近代理论,乃至现代理论的差异,难道仅仅是论者所处大时代不同的结果?究竟是什么样的经验事实导致了这种分歧?这种分歧背后有没有知识论、方法论上的因素?是否有价值观冲突根植其中?我们能否比较它们孰优孰劣?如果能比较的话,应基于什么样的价值标准?

近代理论与古典理论的巨大反差,还仅仅是我们思考的触发点。真正的、真实的问题,源自人类政治实践本身的悠长历史。拨开学术概念、原理、理论话语的迷雾,我们还有大量的根本性问题,有待逐一解答。人与人为何聚合在一起?又是如何聚合到一起的?人群的基本秩序如何形成?又建立在什么基础之上?政治权力是如何产生的?政治共同体意味着什么?什么

---

① 参见[英]霍布斯:《利维坦》,黎思复、黎廷弼译,商务印书馆 1996 年版;[英]约翰·洛克:《政府论》(下篇),叶启芳、瞿菊农译,商务印书馆 1995 年版。

是国家？究竟什么是政府？……

2. 伪命题与假议题

一段时期以来，在政治理论界（不论中西），“民主”“自由”“宪政”“法治”“人权”等概念，成了当之无愧的大词，更是热词。这些概念被一些学者（包括政客）赋予万能神圣光环的同时，却又被简单化、粗暴化、庸俗化处理。①甚至有人企图将学术辩论当成“冷战”中的政治舆论战来打。这些大词，也就被当成话语手雷扔来甩去。

举例而言，在苏东变局加剧的1989年，福山就曾经坚称，西方自由民主作为一种意识形态，将成为“人类意识形态进步的终点”，而西式自由民主政体则将是“人类统治的最后形态”。② 他志得意满地提前宣布以美国为代表的西方取得“冷战”的胜利。当时可谓风光无两。“冷战”结束后，美国以其超级霸权一时独步天下，不可一世，俨然成了人类文明的灯塔。

不过，接下来二十多年的时局发展，不断地证明福山的错误。“9·11”事件之后，美国陷入两场海外战争，蛮横的单边外交与战争政策引发了美国政府的道德危机。2008年美国因国内次贷问题引发了自1929年股市大崩盘以来最严重的金融危机，继而引发全球经济危机。危机重重之下，小布什政府不得不完全抛弃了所谓政府不得干预市场的新保守主义立场，对金融界施以援手（甚至是部分国有化），从而颠覆了自由市场有效的神话。

2010年以来，欧洲所谓自由民主国家屡屡发生严重的主权债务危机。2011年，对于如何处理美国联邦政府债务上限（已突破了16万亿美元）的问题，共和党与民主党出现严重对立，险些导致美国联邦政府停摆。2013年，美国债务上限危机重新袭来，联邦政府几乎陷入空转。在此大背景下，

---

① 单纯以“民主”“自由”“宪政”“法治”为题（不限于作为内容主题）的著作、论文，可谓恒河沙数。本书恕不一一罗列枚举。就目前的趋势而言，“民主”被赋予神圣光环的同时，又被日益简约化等同“选举”+“多党制”。因此，像印度这种种姓制度痕迹保留严重的国家，也照样被誉称为“世界上最大的民主国家”。有关印度“民主”掩藏下的种姓制度问题，参见尚会鹏：《种姓与印度教社会》，北京大学出版社2001年版，尤其是附录中的田野调查。

② 该文常见的版本由福山于1992年改写、扩充成书出版。参见［美］弗朗西斯·福山：《历史的终结及最后之人》，黄胜强等译，中国社会科学出版社2003年版。福山的观点，遭到来自左翼和右营的通力批判。左派以德里达为代表，称其发布了“新的福音书”。参见［法］雅克·德里达：《马克思的幽灵：债务国家、哀悼活动与新国际》，何一译，中国人民大学出版社1999年版，第81页。右派以亨廷顿为代表。他认为，国家主义与不同文明（范式）之间的冲突，是客观存在的。他批判福山的历史终结论充满天真与幻想。参见［美］塞缪尔·亨廷顿：《文明的冲突与世界秩序的重建》，周琪等译，新华出版社1998年版。当然，全面评述福山观点并非本节要点，详评请参见本书第四章第一节。

福山也不得不一改此前的“历史终结论”，撰文明确承认，美国出现了制度性缺陷。福山认为，美国政府机构产生了明显的机能障碍，很多政治制度日渐衰败，具体表现在：利益游说集团的影响力日渐增强，严重扭曲了民主进程，并大大侵蚀了政府有效运作的能力；两党政治日益两极分化与对立，导致政府决策困难；恶性政治均衡妨碍政府有效运作。①

另外，美国民主研究专家罗伯特·达尔（Robert Dahl）对所谓西式“民主”以外的一些政体，总喜欢贴上“专制”的污名化标签。②尽管如此，毕生专攻民主政治的达尔教授，也不得不悲哀地承认，“在有关民主的一些最基本的问题上似乎没有产生共识”。③

“立门户”“贴标签”“扔手雷”这样的学术辩论方式在西方政治文化传统中由来已久。柏拉图（Plato）最早系统性地树立了政体（regime）类型学，尤其是探讨了（最）优良政体。亚里士多德则进一步拓展了这种政体类型学，做出了正宗政体与变态政体的细分。④

由此发轫，西方开启了辩论什么是好政体、什么是坏政体的一门宗风。当然，柏拉图、亚里士多德尚属于开山宗师级别，胸襟、气度、格局好歹还在，可到了徒子徒孙那里，就只剩下“贴标签”“扔手雷”的简单活计了。

当然，这种现象在中国也不少见。人封“亚圣”、辩才无碍的孟子就是这方面的高手。他曾经很粗暴地批判杨朱、墨翟，直接骂他们是禽兽（“圣王不作，诸侯放恣，处士横议，杨朱、墨翟之言盈天下。天下之言，不归杨，则归墨。杨氏为我，是无君也；墨翟兼爱，是无父也。无父无君，是禽兽也。”《孟子·滕文公下》）。

孟子这样左批右打，标签贴得太牵强、太粗暴简单，于真正的问题讨论无补。为后世的士子文人（恰恰也是封建官僚）的政治、学术辩论风格开了一个很坏的先河。

---

① 参见[美]弗朗西斯·福山：《美国政治制度的衰败》，载 http://news. xinhuanet. com/world/2014 -04/08/c_126364443. htm，最后访问日期：2014 年 7 月 20 日。其实，福山这里所指称的制度性缺陷问题，正是从前作为所谓民主自由政体所特有的优点与价值观，并加以大力宣传和输出的。游说团体与利益团体在美国政治博弈中的力量，此前被冠之以人民（其实主要是大财团）的自由。两党的严重对立，代表“政治多元”。所谓的恶性政治均衡，正是美国宪政学者与政客引以为傲的三权分立与制衡的宪政核心制度。

② 参见[美]罗伯特·A. 达尔：《论民主》，李柏光、林猛译，商务印书馆 1999 年版，开篇。

③ 参见[美]罗伯特·A. 达尔：《论民主》，李柏光、林猛译，商务印书馆 1999 年版，第 3 页。

④ 参见[古希腊]柏拉图：《理想国》（第 8 卷），郭斌和、张竹明译，商务印书馆 1986 年版；[古希腊]亚里士多德：《政治学》（第 3 卷），吴寿彭译，商务印书馆 1983 年版。英文“regime”或翻成中文“政体”，或译为“政制”或“政治制度”。“政体”问题在西方政治讨论中，历经 2000 多年之久而不衰。

空洞化的概念、用标签来处理学术辩论，实则掩盖了真实的问题，使学术讨论很容易陷入不同伪命题与假议题之间的“空对空”乱战中，宛如堂吉诃德大战风车。

当今，学术界尤其是人文学术界，越来越变成一个自我封闭、自我循环的小型知识工厂与市场系统。其中，“生产者”“贩运者”“消费者”等身份清晰可辨。客观上讲，随着现代大工业生产方式的引入，学术领域亦呈现一些新的特点：一是规模化生产的特征更加明显，带有产业化特点；二是机构化特征越来越显著，抱团取暖的学术山头主义现象加剧；三是学术研究人员的高度职业化与分层化。

这些新的特点，尤其是产业化发展趋势，在促进学术事业日益繁荣的同时不可避免地带来了学术研究中伪命题、假问题泛滥的问题。这些问题尽管不是现在才出现的新鲜事，但它们引起的深远后果仍有待进一步探究。①

学术研究向产业化、机构化（社会化）与职业化、专业化方向发展，毫无疑问是社会分工更加细密的结果，当然有其正面的社会效益，但它的确也容易带来另一个问题——类似学术的经院哲学化现象。学术研究中的伪命题与假议题层出不穷，跟中世纪西欧经院哲学家与神学家们热衷于讨论一根针尖上究竟能站几个天使的情形简直一模一样。学术生产存在低质重复的

---

① 韦伯曾在《以学术为业》这篇演说里，讨论过学术机构化、产业化、职业化对学术的影响。不过，他的阐述还算不上是十分严谨的实证研究成果。他是以大学学者的学术生涯为主旨，而不是职业化对学术本身的影响作为主题来切入思考。整篇演说可能因为带入了明显的切身经验与个人情绪，感情充沛而严谨性不足。在逻辑上，他游离于“实然”与“应然”之间。主要论点跟他一以贯之的思想也存在明显冲突。例如，他在讨论学术生涯的外部环境时，抱怨德国大学学术职业化程度不够（跟美国比）。他以自己的切身经历描述德国与美国大学的体制差异以及德国大学美国化的趋向。这里，他用了“资本主义式的大学企业”这一特点，来描述德国大学的这种美国化进程。同时，他又说学术生涯取决于运气（命运），靠机遇而不是才干，直指“学术生涯是一场鲁莽的赌博”。显然是带着强烈个人不满情绪的负气之语。这与韦伯本人一直推崇的理性资本主义的思想，也自相矛盾。按照韦伯《新教伦理与资本主义精神》中的观点，资本主义企业化本身就是理性化的过程。他甚至一度认为：“对财富的贪欲，根本就不等同于资本主义，更不是资本主义精神。倒不如说，资本主义更多是对这种非理性欲望的一种抑制或至少是一种理性的缓解。”韦伯企图把资本主义描绘为一种完美化的理性主义，甚至否认资本主义是在逐利（追求财富）中发展起来的（这就显得很荒谬了）。《以学术为业》典型地体现了韦伯的这种自相矛盾，他一方面强调德国大学在经历美国化（也就是资本主义生产化），还嫌德国大学职业化程度不够；另一方面，他却又抱怨德国大学学术职业的资本主义化（“完全建立在金钱支配的前提下”）。详见［德］马克斯·韦伯：《学术与政治：韦伯的两篇演说》，冯克利译，生活·读书·新知三联书店1998年版；［德］马克斯·韦伯：《新教伦理与资本主义精神》，于晓、陈维纲等译，生活·读书·新知三联书店1987年版。韦伯思想中的唯科学主义与理性帝国主义倾向，都无助于我们理解学术与职业化之间的实质关系。

泛滥现象(遑论学术抄袭与文凭泛滥)。原本贵真、求知的学术事业,甚至异化成官僚体系,抑或扭曲成争夺学术资源与话语霸权的学阀江湖。

同样的情形也发生在涉及内心信念与信仰的宗教领域。曾遭受罗马帝国迫害的基督教,自君士坦丁时代成为罗马国教。当基督教教徒的身份成为获取政治与经济特权的手段后,成群的"伪基督徒"蜂拥进了教会。[①]当信仰与崇拜变成一门营生,我们就不难看到薄伽丘(Giovanni Boccaccio)描绘的罗马教会的种种污浊不堪了。

事实上,"利"字当头的禄利之路的确就像一把锋利的"双刃剑",在促进所谓"学术繁荣"的同时,深深地刺向了学术本身。中国2000多年来的儒学发展早就很好地诠释了这一双重现象。对此,熊十力先生洞若观火、深悉明鉴:[②]

> 方汉室肇兴,当亡秦绝学之余。搜求经籍,振起儒学。自是二千年来,中国思想界,一统于儒家。于是论者以为儒学独盛矣。其实,儒学绝于秦,至汉而终不可振,则论者所不察也。汉兴,六经先后出屋壁。朝廷立学官以专其业。宋幾,经师渐兴,聚徒教授,或众至千万人。然汉书儒林传赞已云:"禄利之路然也。"此与晚周学者慕道之诚,爱智之趣,一由衷出,而无所外诱者,其相去何止天渊。

热衷于伪命题与假议题,执着于空洞的概念阐释,杂取几个外国新名词译成汉语,佶屈聱牙,无人能懂,也敢自成一说,自称一派。通篇读下来,实际空泛无物。现代大学和人文学术界逐渐沾染乃至充斥了这般空疏、浅薄的学风。

士习学风向来重要,绝非小事一桩。顾炎武、王船山作为经世派,就曾经非常痛恨那种"终日言性与天道",其实对"心""性""天道"茫然不得其解的浮泛、浅薄、空疏的学风,他们甚至激烈地认为,晚明士林学子的空疏学风实乃明亡的肇因。[③]

---

① 参见[英]约翰·麦克曼勒斯主编:《牛津基督教史》,张景龙等译,贵州人民出版社1995年版,第60页。

② 参见萧萐父主编:《熊十力全集》(第3卷),湖北教育出版社2001年版,第760~761页。

③ 参见赵旸:《顾炎武对明代空疏学风痼疾的深层认识》,载《史学集刊》2009年第6期;杨绪敏:《论明代空疏学风形成和嬗变的原因及影响》,载《北方论丛》2006年第4期;萧萐父主编:《熊十力全集》(第8卷),湖北教育出版社2001年版,第543页。顺便提一句,熊十力认为,在他所处的时代里,康有为、梁启超和胡适等所谓名士派,就典型地代表了空疏肤浅的学风。他甚至直斥康、梁:"以肤浅开端,首引起后生出风头的卑贱心理,从无求正知正见之念,无深沉厚重之风,将知识见闻作扬名社会之具,无一毫反身之诚。"

3. 人的社会本性——合作抑或冲突

讨论问题本身,而不是执着于概念本身,自觉摒弃空泛的、纯概念式的研究方法,其实是跟肤浅、空疏的不良学风斗争。我们要回到真正的问题、回到实质性的研究、回到人与人关系的基本性质以及人的社会本性问题上来。这个实质性问题,对于我们如何理解政府作为人际关系的组织机制至关重要。

对于人的社会本性的认识,一直存在两个相互纠缠而又有所分别的层面:一个是道德属性,另一个是社会属性。之所以讲它们纠缠在一起,一是因为论者很容易将两者混为一谈;二是因为道德本身就是人际规范与准则,本质上属于社会性的。但是,不同的论者往往或割裂、或混淆这两个方面,因此讨论起来很容易变成一笔糊涂账。这里不妨花点篇幅,来好好厘清这个问题。先谈道德属性,即善恶问题。

西方和中国对于人性这个根本问题都存在两个截然对立的阵营:性善论与性恶论。①我们现在就对比研究一下。

古希腊人针对人类天性究竟是善还是恶的问题,其实并没有展开严肃认真的学理讨论。从柏拉图到亚里士多德,他们关注的是(城邦)正义与德性(virtue)问题。对柏拉图(苏格拉底)来说,真正的、根本的德性实际上是指知性(知识或理智),由它才产生其他的德性(如勇敢、节制、正义)。按照柏拉图的观点,严格意义上的"恶",其实并非其他,而只是无知。②由此可见,柏拉图这里讨论的"恶",并不具备伦理学意义,因此,也就不能纳入我们这里要讨论的性善性恶问题的范围。

亚里士多德把德性分为"理智德性"与"道德德性"。这里的理智德性是否为柏拉图的知性观(知识或理智)发展而来,权且不用管它。要点是,亚里士多德根据希腊文词源明确说明"道德"实际源自"习惯"一词,由其演变而来。因此,他认为,人的道德德性并不是自然产生的,并非先天性的,而是后天习得的。③就人的天性(自然禀性)而言,亚里士多德在《政治学》中只阐述了男人与女人、主人(奴隶主)与奴隶以及希腊人与野蛮人天然(天性)的

---

① 这里所谓"西方文明",又称"欧洲文明"。它不像中国既是一个文明单元,又是绵延数千年的统一政治实体与地理单位,西方文明其实是一个不精确的泛称,是多元文化传统混合之物,主要指古代希腊文明、罗马文明与希伯来文明交互影响的结果。参见陈乐民、周弘:《欧洲文明的进程》,生活·读书·新知三联书店 2003 年版;[法]基佐:《欧洲文明史》,程洪逵等译,商务印书馆 2005 年版;[美]罗伯特·E. 勒纳:《西方文明史》,王觉非等译,中国青年出版社 2003 年版。

② 参见刘小枫、陈少明主编:《苏格拉底问题》,华夏出版社 2005 年版,第 67 ~ 68 页。

③ 参见[古希腊]亚里士多德:《尼各马可伦理学》(第 2 卷),廖申白译注,商务印书馆 2003 年版。

不平等(前者优越于后者)。而对于人的道德属性,他显然并不视为属于人的天性(自然禀性)领域,而更多视为属于后天的道德实践领域。①

西方有关人性善恶的通行见解源自基督教的传播,而基督教在此方面则基本承继了犹太教的文化衣钵。《圣经·旧约·创世记》第二章讲到,耶和华把亚当安置在伊甸园,吩咐他:园子里别的树上的果子可以随意吃,但分别善恶树上的果子不能吃,吃了必定死。第三章则叙述了夏娃(那时亚当尚未为其起名)受蛇的诱惑,偷吃了善恶树的果子(也给亚当吃),他们从此有了智慧与羞耻感(善恶观),但因此被耶和华逐出伊甸园,并受到诅咒与惩罚。这就是所谓的人性"原罪"(sin)说的由来。②

《圣经·旧约·创世记》当然不能被当作信史看待。然而,即便当作神话故事来看,对于作为域外文化(或所谓"异教徒")的中国人而言,似乎也会感到非常困惑不解。中国神话故事中的人物,从开天辟地的盘古,到炼出五色石补天的女娲,再到射下九个太阳为民除害的后羿,无不充满了对人类的悲悯怜爱之情。他(她)们极力伸出大方援助之手,甚至愿意用大无畏的自我牺牲来促进人类的福祉。诸神虽有对世人(人类)进行天谴天罚的道德警示,但其道德形象总体来说还算宽厚仁慈、悲天悯人。人与神之间的关系充满了敬畏、尊崇、互助的友爱精神。而从旧约里的那些故事中我们看到,西方所谓的造物主充满了对人类的提防、不信任、怨恨、诅咒,乃至动辄出手恶毒的惩罚,甚至是种族灭绝。

《圣经·旧约·创世记》第六章讲到,耶和华见人类在地上罪恶滔天(the wickedness of humankind was great in the earth),开始后悔当初造人,准备将所造的人类、昆虫、走兽、飞鸟等生灵完全毁灭(blot out),只留下了诺亚一家。说到这里,无怪乎早期的基督教群体诺斯替派(Gnosticism)把"上帝"创世的意义贬得很低,指责这位造物主如果不是无能,就是居心不良。③同样,在《圣经·旧约·创世记》里,自诩为上帝的优选民(chosen people)的犹太人,"却每每受到上帝的教诲性惩罚和粗暴的弃绝"。④这种虐待与自虐

① 亚里士多德在《政治学》里也说:"人类由于志趋善良而有所成就,成为最优良的动物,如果不讲礼法、违背正义,他就堕落为最恶劣的动物。"参见[古希腊]亚里士多德:《政治学》,吴寿彭译,商务印书馆2009年版,第9页。

② 旧约与新约全书的英文版本,援引自 *The New Oxford Annotated Bible*, Edited by Bruce M. Metzger & Roland E. Murphy, Oxford University Press, 1991。中文版本的翻译,则参考了由中国基督教协会1994年印发的《新旧约全书》,并有所改译,不一一指出。

③ 参见[英]约翰·麦克曼勒斯主编:《牛津基督教史》,张景龙等译,贵州人民出版社1995年版,第27页。

④ 参见[英]约翰·麦克曼勒斯主编:《牛津基督教史》,张景龙等译,贵州人民出版社1995年版,第2页。诺斯替派被主流基督教派视为宗教异端。

的神道哲学与宗教逻辑，确实令人费解。

《圣经·旧约·创世记》里这种阴沉黯淡的人类观、人性观、世界观，乃至未来观，对中世纪的欧洲文化精神产生了巨大的影响。原罪（人性罪恶）需要忏悔，更需要救赎，而末日审判则如影相随。中世纪末期，英格兰当时首屈一指的法学家，也是政治理论学者约翰·福蒂斯丘（Sir John Fortescue）在其著作里讲到政府治理时就从《圣经·旧约·创世记》中这种人的原罪本性说来展开讨论，强调人的本性败坏（原罪人性论），易于侵犯别人，如果没有统治者（政府）统治，人们会陷入分崩离析而毁灭。①福蒂斯丘著作当时的影响力较多局限于英格兰普通法律师，在整个西方政治理论历史中或许并不大，但他的神学人性恶观点却是那个大时代精神与主流政治理论的一个很好缩影。在西方思想历史上更有影响力的经院哲学家托马斯·阿奎那（Thomas Aquinas）有关人性恶所持的同样的神学观点与立场，则更好地佐证了，在那个大时代原罪人性恶观点是多么盛行。②

不过，真正被视为理论典型且在近现代西方政治哲学领域具有深远影响的性恶论者当属霍布斯。③跟中世纪的神学政治理论相比，霍布斯提出了崭新的世俗主义政治哲学。从字面上看，他并不承认人性恶，他甚至直言不讳地反对中世纪式的神学性恶论（原罪人性论），认为人类的欲望和其他欲求（passions）本身并不是原罪（没有恶）。同样，因满足欲求而做出的行为，在没有什么法律禁止之前，也不是恶。④

霍布斯抛弃了神学人性恶立场，从世俗主义出发，甚至从一个全新的逻辑起点——平等主义——来展开他自己的政治哲学。他首先认为，人在身心两方面的自然禀赋天生是平等的（nature hath made men so equal, in the faculties of the body, and mind）。⑤这与亚里士多德在《政治学》中有关人天

---

① 参见[英]约翰·福蒂斯丘：《论英国的法律与政制》（影印本），中国政法大学出版社 2003 年版，第 131 ~ 136 页。

② 参见[英]阿奎那：《阿奎那政治著作选》，马清槐译，商务印书馆 1982 年版。在人性恶立场上，阿奎那师承奥古斯丁。当然，这立场的真正源头来自《圣经·旧约·创世记》。

③ 美国心理学家图马塞洛在讨论人际合作问题的人性论时，把霍布斯和卢梭作为两个对立的典型。参见 Michael Tomasello, *Why We Cooperate*, MIT, 2009, p. 4。

④ 霍布斯为了直截了当地反对神学人性恶理论，甚至直接使用了"sin"这个词。他说：The desires, and other passions of man, are in themselves no sin。参见 Thomas Hobbes, *Leviathan*, Oxford University Press, 1996, Chapter XIII。中文版参见[美]霍布斯：《利维坦》，黎思复、黎廷弼译，商务印书馆 1996 年版，第 13 章。在一些名词上，本书作者做了一些改译。如"faculty"商务版译为"能力"，本书作者改译为"自然禀赋"，"passion"商务版译为"激情"，本书作者改译为"欲求"。下同。不再一一指出。

⑤ Thomas Hobbes, *Leviathan*, Oxford University Press, 1996, p. 82.

性不平等的观点形成尖锐的对立。与阿奎那有关人因原罪(罪恶)而沦为奴隶是神对人的惩罚的神学不平等观更是截然相对。

霍布斯这一世俗主义逻辑起点所展开的政治哲学理论与其他一系列新的哲学、事件、变革一道,被西方统称为现代性(modernity)。现代性,从某种意义上代表了西方自近代社会以来跟欧洲中世纪精神的决裂。①反映到政治哲学领域,是中世纪以来盛行的君权神授理论被自然法学派的社会契约论(君权人授理论乃至人民主权理论)所取代,原罪版本的性恶论神学立场则被合法、正当的高扬人性(自私欲望)的世俗主义所替代。

西方中世纪盛行的所谓君权神授理论实则为基督教与罗马帝国相结合的产物。君士坦丁皇帝(Constantinus I Magnus)于330年以基督教仪式改君士坦丁堡(以前称拜占庭)为新罗马,正式在政治上皈依基督教。其后几十年,罗马帝国日益基督教化,罗马教会与罗马帝国逐渐成为一体,帝国开始具有天国的形象,信仰基督教的皇帝,则成为神权在世俗社会的最高代理人。②

君权神授理论的核心是世俗君权高高在上,并被教会赋予神圣性。一言以蔽之,世俗君权又与罗马教权紧密地勾结在一起。在这种君权神授理论下,贵族特权与教会特权所把持的人类不平等的封建秩序,在弥漫化的宗教意识形态与神权政治的重重影响下,企图成为所谓的神所钦定的永恒正当的人类秩序。这一套君权神授理论,在西方绵延千年之久。霍布斯的世俗主义平等观,一击而中,直取要害。

霍布斯本人反对中世纪神学版本的人性恶理论,并不认为人的欲望是一种先天的恶。他从人人平等的角度,论证了人们实现自己愿望(欲望)的正当性。按照他的推理,从人的自然禀赋的平等出发,就产生了实现目的之希望的平等。因此,如果两个人都想得到同一样东西,而他们又无法同时拥

---

① "现代性"是一个十分庞大而复杂的题目,不同论者从各种各样的视角展开讨论,众说纷纭。有关的文献恕不一一列举。跟政治哲学相关的,参见刘小枫编:《苏格拉底问题与现代性——施特劳斯讲演与论文集:卷二》,彭磊、丁耘等译,华夏出版社2008年版。针对现代性主题,虽然共识不如分歧多,然而,从诸如世俗化运动(从"来世主义"到"现世主义")与宗教改革,到从天启理性到经验主义哲学与理性主义、启蒙运动,文艺复兴与科学革命,以及地理大发现等几方面,西方近代社会的确与中世纪产生了巨大的文化鸿沟。中世纪被普遍视为"黑暗时代"(Dark Ages)。有西方学者甚至把"现代性"理解为是面向未来的"求新意志",是对欧洲中世纪传统的彻底批判。参见[美]马泰·卡林内斯库:《现代性的五副面孔》,顾爱彬、李瑞华译,商务印书馆2002年版。

② 君士坦丁在337年临终时受洗,但其笃信基督教则可能更早。之后,"新罗马"即"基督教文明"。参见[英]约翰·麦克曼勒斯主编:《牛津基督教史》,张景龙等译,贵州人民出版社1995年版,第53~67、570页。

有时,他们彼此就成了仇敌。为了实现他们各自的目的,他们彼此会力图摧毁或征服对方。①

很显然,霍布斯有关人人平等的主张并未引出其乐融融的和谐美妙局面,却导致了相互敌对的战争状态。在论证这一点时,霍布斯引入两个关键要素:一是资源的稀缺性,二是实现人的自私欲望的正当性。人性自私自利主义是霍布斯理论中的另一个全新的逻辑起点,后来成为西方近代人性恶理论的崭新版本。

霍布斯从人的基本平等观(近代"启蒙主义"立场)出发来论证人的自私自利主义的正当性。他本人只字未提人性恶,甚至反对原罪人性恶这个概念。为什么他的理论还是变成了另一个版本的人性恶理论呢?

主要原因在于,霍布斯所阐述的政治理论本质上是零和博弈模型,那种于自己有利的情形,可能正是对他人的损害或侵害(加害)之结果。这实质上是一种损人利己的人际关系模型。于己为正当,于人则实为不当。因此,每个人对其他人来说都是一种"恶"。正是这种"恶"最终导致人与人之间可悲的普遍敌对状态。

在西方政治理论中,卢梭(Jean-Jacques Rousseau)站出来明确反对霍布斯版本的人性恶理论。②他认为,人类天性是善良的,但人类进入社会状态后,就变得邪恶了,社会使每个人披上了伪装。在他看来,人类天性的善良源自人类自然存在的怜悯心。他进一步认为,人类天生拥有自然的、真诚的怜悯心,它既是"一种自然的情感","也是人类最普遍、最有益的一种美德"(善),这是人类具有的"唯一的自然美德",而且其他一切社会美德都是从怜悯心这种自然美德中产生的,因此它"对于人类全体的相互保存起着协助作用"。他由此驳斥霍布斯,认为人类欲望不是别的,乃是社会的产物。很显然,在卢梭眼里加害同类有违于人类天性的怜悯心。③

简言之,卢梭秉承了社会契约论的逻辑,赞同霍布斯的二分法,把人类分为自然人与社会人两种状态,即自然状态(原始状态)与(政治)社会。他也认同霍布斯的人类平等观。但除此之外,他们之间的契合点很少。卢梭持有一种人性倒退史观(与进步史观相对)或循环史观。他认为,人类天性

---

① 参见 Thomas Hobbes, *Leviathan*, Oxford University Press, 1996, Chapter XIII。[美]霍布斯:《利维坦》,黎思复、黎廷弼译,商务印书馆 1996 年版,第 13 章。

② 参见[法]卢梭:《论人类不平等的起源和基础》,李常山译,商务印书馆 1997 年版,第 98 页。

③ 卢梭把怜悯心看作人类能利用理性思考之前就存在的,他甚至认为一些动物也有这样的情感。参见[法]卢梭:《论人类不平等的起源和基础》,李常山译,商务印书馆 1997 年版,第 98 ~ 103 页。

虽是善良的，是自由的、平等的、博爱的（怜悯心），但进入政治社会以后，私有财产造成了人类新的不平等，也导致了人类道德的堕落。社会与法律又给（贫）弱者套上新的桎梏，给予富（强）者新的力量。因而人类天生的自然怜悯心在维系人与人之间关系方面几乎丧失了全部力量。①

卢梭有关人性善的观点在中国战国时代的孟子那里很容易找到共鸣。他们的论证方式与思路逻辑甚至都颇为相似。针对有人认为人的本性无所谓善或不善（告子曰："性无善无不善也"）的问题，或者"性可以善，可以为不善"，或者"有性善，有性不善"等问题，孟子旗帜鲜明地主张"性善论"。

孟子同样也是从怜悯心（恻隐心）开始论证的，并从"仁""义""礼""智"的普遍性与固有性加以阐明。在孟子看来，"恻隐之心，人皆有之；羞恶之心，人皆有之；恭敬之心，人皆有之；是非之心，人皆有之。恻隐之心，仁也；羞恶之心，义也；恭敬之心，礼也；是非之心，智也。仁义礼智，非由外铄我也，我固有之也，弗思耳矣"（《孟子・告子上》）。

孟子认为，人在行为上之所以出现良莠不齐的现象，并不是人的材质（天性）造成的，也就是说，并非由人的自然禀赋所造成，而是因为后天的环境与人为培养的不同所致。他拿种麦子打比方，播下去的种子是一样的，但为什么收成的时候各不相同，这是因为土地肥沃或贫瘠，雨水丰沛或干旱，种田者投入的劳力等情况存在差异。

孟子相信，"凡同类者，举相似也，何独至于人而疑之？圣人与我同类者"（《孟子・告子上》）。这与孔子所讲的"性相近也，习相远也"的观点自然衔接起来。"性"与"习"的概念区分，既阐明人天性善，也能解释在人性善的同时何以有恶人、恶行的现象，特别是后天教化（习）及内心自省的必要性。

孟子的性善论当时虽只为一家之言，但在后世随着思孟儒学定于一尊而成为主流思想。孟子对中国政治文化重要的思想贡献并不在于他提出了性善论，而在于他坚持"圣人与我同类"的观点。这与后世的韩愈把人性分为上、中、下三品（《原性》）相比，无论在逻辑的自洽性（"同类同性"）方面，还是道德实践的向上完善性（"人皆可为尧舜"）方面，以及气魄、格局上，显得更为严密、豁达，在道德实践领域，更具有进取性与突破性。

---

① 参见［法］卢梭：《论人类不平等的起源和基础》，李常山译，商务印书馆 1997 年版，第 125 页以下。不过，卢梭也是自相矛盾的，他同时也赞同野蛮与文明的二分法。这种二分法也常常对应于自然状态（野蛮）与文明状态（文明）。当然，这与汉语翻译本身也有关系。"natural"与"civil"在社会契约理论（古典自然法理论）中频繁出现，有的汉译者不明就里，就直接把"civil society"译成"文明社会"了。"civil"实际更多指人为理性构建的政治社会，借用了希腊、罗马的城邦市（公）民社会（civil society）的概念。

孟子建立在性善论基础上的道德实践积极指向，确实与中国主流思想哲学更贴合，可谓中华古典文化的直接传承。这样的观念在先秦古典文献中俯拾皆是。譬如，人人不得自暴自弃、暴殄天物。《诗经·小雅》有云："夙兴夜寐，毋忝尔所生。"《周易》有云："君子终日乾乾，夕惕若厉，无咎。""天行健，君子以自强不息。""地势坤，君子以厚德载物。""君子敬以直内，义以方外，敬义立，而德不孤。""君子以竭恶扬善，顺天休命。""君子以多识前言往行，以蓄其德。"

与卢梭略带感伤的性善论相比，孟子的观念也显得更为积极、乐观、光明。其实，中国早在《周易》中就有天、地、人三才说，而且对人本性看得相当高（"唯人万物之灵"《尚书·泰誓上》）。这为人的道德实践与知性追求打开了一条更为恢宏、明亮的通道（"知周万物、道济天下"《周易·系辞上》）。

与孟子性善论相对立的是荀子的性恶论。在思孟之学成为儒学主流后，荀子的性恶论虽沉潜不彰，但因后来成为法家的思想源头而暗流涌动，而且两者实际并行不悖（后世多儒表法里）。

荀子在其著作第二十三章《性恶》开篇中，[①]直言不讳地亮明自己的观点，反对孟子的性善论："人之性恶，其善者伪也。"荀子驳斥孟子不了解人的本性，不懂得区分"性"与"伪"。他指出："凡性者，天之就也，不可学，不可事。"而"可学而能、可事而成之在人者，谓之伪"。他拿眼睛与耳朵作为例子说明"性"与"伪"的区别：人眼睛天生就可以看到，耳朵天生就能听见，这不是能学到的。

其实，荀子这里的"性"确实是一个更为狭义的概念，只包含人的"感官""感性"（情感、欲情），而且往往是对自己有用、有利的一面（利己角度）。这颇有霍布斯个人利己主义的味道。而孟子的"性"则是从人与人的社会关系切入的，既从相互关爱、更为包容、更具社会协作含义的"仁"（恻隐心）出发，[②]也

---

① 以下有关荀子的引文，若非特别加引，皆援自《荀子·性恶》各节。

② 孟子继承并发展了孔子的"仁"思想。他准确地把握了"仁"就是人与人关系的道德法则。"仁也者，人也。合而言之，道也。"（《孟子·尽心下》）他坚守了孔子的"仁者爱人"的思想。涉及政治领域，主要是"仁政"思想。归纳起来，就是君主不能自私自利，应宽以待民、爱民。孟子经常"仁义"并说。但究其根本，仁在内心。"君子所性，仁义礼智根于心。"（《孟子·尽心上》）"君子以仁存心，以礼存心。仁者爱人，有礼者敬人。爱人者人恒爱之，敬人者人恒敬之。"（《孟子·离娄下》）"仁，人心也；义，人路也。"（《孟子·告子上》）因此，他说："舜明于庶物，察于人伦，由仁义行，非行仁义也。"（《孟子·离娄下》）孔子在《论语》里论"仁"，可谓无所不及，含义广大。不过，有三个地方的论述值得重视。子贡问孔子，倘若博施、广济于民，算不算仁？孔子回答说，这岂止是仁，简直是圣人之举了，甚至连尧舜也未必办得到。接下来，孔子差不多给"仁"下了个定义："己欲立而立人，己欲达而达人。"（子贡曰："如有博施于民而能济众，何如？可谓仁乎？"子曰："何事于仁，必也圣乎！尧舜其犹病诸！夫仁者，己欲立而立人，己欲达而达人。能近取譬，可谓仁之方也已。"《论语·雍也》）另外，樊迟问仁，孔子直接回答：爱人。

包含人的“理性”（知性、智），甚至把人的社会判断力（“义”，也就是何为“宜”）也放了进去。简言之，荀子的人性观是建立在“己”基础上的，而孟子的人性论则建立在“群”基础之上。这直接导致了他们对人性立场的巨大分歧。

接下来，荀子的立论颇具霍布斯主义风格。他指出：“今人之性，生而有好利焉，顺是，故争夺生而辞让亡焉；生而有疾恶焉，顺是，故残贼生而忠信亡焉；生而有耳目之欲，有好声色焉，顺是，故淫乱生而礼义文理亡焉。然则从人之性，顺人之情，必出于争夺，合于犯分乱理，而归于暴。”他还认为：“今人之性，饥而欲饱，寒而欲暖，劳而欲休，此人之情性也。”

说来说去，他所讲人的天性，是指人的自然（生理）禀性及其产生的欲望。这倒跟告子的观点有些契合（“食色，性也”《孟子·告子上》）。不过，荀子毕竟是儒门弟子，曾师从子夏之学。他的这个观点并非完全自己独创，而是其来有自。《礼记·礼运》中曾提到：“何谓人情？喜怒哀惧爱恶欲七者，弗学而能。”“饮食男女，人之大欲存焉；死亡贫苦，人之大恶存焉。”因此，荀子讲的“性”，实则为《礼记》中的“情”，是指人不学而能的自然禀性及生理欲望。荀子也因此将“性”与“情性”两词并用。

荀子认为，人们循顺天性而为，一定会导致争夺与暴乱。在他看来，上古的圣王，正是因为人本性恶，所以才建立礼义、法度来矫正人们的情性（“古者圣王以人之性恶，以为偏险而不正、悖乱而不治，是以为之起礼义、制法度，以矫饰人之情性而正之”）。相隔近两千年后，英国人霍布斯的理论阐述几乎是荀子这整个论证逻辑的翻版。唯一的差别就是荀子少了讨论人人订立社会契约这一环节。

问题来了！既然人本性恶，那么，止恶向善的礼义又是怎么产生的呢？荀子自问自答，试图来解决这个疑问。他说，这是圣人（后天）努力的结果，而不是出自人的先天本性（“凡礼义者，是生于圣人之伪，非故生于人之性也”）。

问题接踵而至！圣人本性也是恶的吗？荀子的回答倒很干脆：是！（“故圣人之所以同于众，其不异于众者，性也。”）这就产生了一个棘手的逻辑难题：既然圣人与常人一样本性恶，他怎么有资格与能力止恶向善，替人们“生礼义、起法度”呢？

荀子在这里巧妙地玩了个逻辑花招：“圣人”之所以称为“圣人”，当然跟常人不一样，他能“化性起伪”（“故圣人化性而起伪，伪起而生礼义，礼义生而制法度”“所以异而过众者，伪也”）。荀子这里面的神通逻辑跟柏拉图在《理想国》里祭出“真正的统治者”这一大杀器效果是一样的。

接下来，荀子还有模有样地描述了圣人这个“化性起伪”的过程：圣人积思虑、习伪故，以生礼义而起法度。仿佛是为了加强他的论证，荀子还使出反诘撒手锏：倘若人们都良善安定、恪守秩序，哪里犯得着圣王？哪里犯得着礼义？（“凡古今天下之所谓善者，正理平治也；所谓恶者，偏险悖乱也。是善恶之分也矣。今诚以人之性固正理平治邪，则有恶用圣王、恶用礼义哉？”）

这句话听着是不是很熟悉？隔了2000多年后，麦迪逊（Madison）在向美国人民推销新的联邦宪法时就完全套用了荀子的这套理论逻辑，尽管麦迪逊可能并不知道荀子是谁。①

归根结底，荀子对于人性的看法其实有两条逻辑主线：一是他强调人先天本性的齐一性（“凡人之性者，尧舜与桀跖，其性一也；君子与小人，其性一也”）。二是他又强调各人后天努力的差异（“凡贵尧禹君子者，能化性，能起伪，伪起而生礼义……所贱于桀跖小人者，从其性，顺其情，安恣孳，以出乎贪利争夺”）。

虽然承认圣人与常人在后天的差异性，但荀子又认为，圣人也是人，只是“人之所积而致”而已，只要常人专心求学、积善不息，也能通于神明、参于天地（“今使涂之人伏术为学，专心一志，思索孰察，加日县久，积善而不息，则通于神明，参于天地矣。故圣人者，人之所积而致也”）。

这一论点跟孟子“圣人与我同类”的观点实质结果是一样的，具有很强大、很积极的道德实践指向性。正是出于这一点，他格外注重“劝学”“修身”及“不苟”，并把它们列为其著述的前三篇。

抛开孟子、荀子具体的政见、政纲分歧，以及他们彼此之间热烈的理想主义与冷峻的现实主义（荀子“嫉浊世之政”）反差不谈，两人在性善、性恶上的分歧，其实存有殊途同归的地方。在止恶向善的正途上，只不过一个做加的功夫（保赤子之心），一个做减的功夫（君子不苟且）。在学习、修身方面的系统阐述，荀子不厌其烦、反复强调，甚至超过了孟子。

荀子虽一再强调“人之生不能无群”，然而，在对人的道德本性（性善性恶）判断问题上，他还是立足于孤立的“己”而不是“群”来下结论。事实上，人性善恶的问题，寓于人际关系之中，绝非孤立个人的自我评价。道德本来就是社会准则，道德判断也就是社会判断，而非个人判断。在这个意义上

---

① 麦迪逊说：“用这种方法（权力分立与制衡——引者注）来控制政府的弊病，可能是对人性的一种耻辱。但是政府本身若不是对人性的最大耻辱，又是什么呢？如果人都是天使，就不需要任何政府。”参见［美］汉密尔顿、杰伊、麦迪逊：《联邦党人文集》，程逢如、在汉、舒逊译，商务印书馆1980年版，第264页。

讲，荀子与霍布斯一样，割裂了个人与社会的关系。他们强调人际的冲突性质，并把这种冲突看成个人先天的人性恶所致，从而丧失了观察人的社会本性视角。所不同的是，荀子从未认可自私利己主义的合法性与正当性，而霍布斯则完全认可个人自私利己的正当性。

另外，性善论者孟子始终如一地从“群”的角度而不是从“己”的角度把握人的道德本性，肯定人的社会属性。他主张仁（恻隐之心）在社会交往中的基础作用，强调人与人之间的相互关爱与团结协作，凸显的是社会合作的一面。

卢梭虽然领悟到了人与人之间的情感联系（怜悯心），并且注意到了怜悯心维系人际关系的全部力量，但他的思考并不深入透彻，并且仍然囿于西方17世纪以来盛行的极端孤立的个人主义哲学前提，即“自然人”假设（这一点洛克同样概莫能外）。卢梭的人性善理论既建立在只有人际关系中才存在的自然怜悯心基础上，又建立在极端孤立的个人主义哲学基础上。因此，显得尤为自相矛盾。对此，卢梭同时代的评论者查理·波恩早就一针见血地指出：“社会生活是人类本性的必然结果。”①

对人性善恶的不同争论，表面上看似乎只涉及对于抽象人性的理解与认定，听起来很是无所谓，但实际上争论主要是不同论者对人的社会本性的根本理解的分歧所致。人类只能生活在“群”的世界里，而不能脱离社会。社会性是人的真实属性与本质属性。那些否定人的社会性是人的本质属性的论者，多持人性恶论，或者持社会冲突论。我选取的几个典型论者中，荀子和卢梭是最为自相矛盾的。荀子理解到了“群”的不可或缺，但他在讨论人性善恶问题上却站在了“己”的角度去思考。卢梭的人性善观点强调了人的社会合作本性，但他又没能抗拒霍布斯主义的时代潮流，否定了人的社会本性。这尤其暴露了他思考的不深刻、不通彻。

人性恶论者，他们多站在“己”的角度，尤其是站在“利己”的角度。他们看到的是社会冲突，而不是社会合作。而人性善论者，多从“群”的角度，也就是社会的角度看待个人。在这一点上，他们的把握是正确的。虽然人际冲突是客观存在的，但“群”本身，正是人际合作克服人际冲突的产物，而

① 参见[法]卢梭：《论人类不平等的起源和基础》，李常山译，商务印书馆1997年版，附录二，第202页以下，尤其是第217页。讨论人类语言问题，以表明了人的社会属性，卢梭对此的确无法招架。

不可能完全是人际冲突的产物。正如霍布斯的“自然状态”理论逻辑所显示的,在“利己”状态下的人际普遍冲突,导致的是灾难性毁灭或崩溃,而不是“群”的存在。在这一点上,霍布斯是对的,(政治)社会是人际理性合作的产物,而不是冲突的产物。但霍布斯错误之处在于,他认定人们在展开理性的社会合作之前,事先存在一个孤立的“己”状态。问题是,没有任何历史事实材料,可以证实在这样一个孤立的“己”状态下,人是能够生存下来的。人类社会能够存在,是相互依赖、相互合作的结果。人际冲突是不可否认的事实,但完全建立在人际冲突下的社会,毫无疑问是一个全面崩溃和自我毁灭的社会。

社会合作与社会冲突的二重奏贯穿人类社会的始终,阶级斗争构成了人类社会冲突最核心、最根本的一环。但就历史整体而言,任何有组织的社会(存在政府与国家),都是社会合作盖过社会冲突的结果,无论这种社会合作是出于自愿,还是出于统治阶级所控制的国家机器的强制力。

最新的进化论研究成果也能佐证这一点。2013 年,美国密歇根州立大学的进化生物学家阿达米(Adami)与合作研究者在《自然通讯》(*Nature Communications*)上发表了一篇论文。这两位研究者通过运用高性能计算机计算出分别采用自私策略与合作策略赢取的次数与百分比,发现自私可能使个人获得短时的成功,但最终会被拥有共同目标、齐心协力的人所击败。从进化论研究统计的趋势看,合作比自私(冲突)具有更好的进化稳定性与持久性。简言之,人类的进化趋势更偏好社会合作而不是自私冲突。[①]

霍布斯式的个人主义哲学,特别是个人自私利己的合法性与正当性理论,在政治哲学领域对近代欧洲产生了广泛深远的影响。“自然人”与“社会人”的二分法以及原子化个人向政治社会演进的社会契约论,作为近代启蒙主义的重要思想遗产留给了 18 世纪以来的欧洲。个人主义哲学甚至一度成为人的解放、个性解放的招牌世界观与知识论。这种割裂人与社会、政府关系的个人主义知识观,也影响英国的古典政治经济学,形成了“看不见的手”理论(市场至上主义)。演化到宪法理论中,则是有限政府理论(最低限度的政府)与“守夜人”国家的观念。到美国独立战争时期,甚至

① C. Adami, A. Hintze, Evolutionary instability of zero - determinant strategies demonstrates that winning is not everything, Nat. Commun, 4:2193 doi: 10.1038/ncomms3193 (2013). 更通俗的解释,参见密歇根州立大学发布的新闻稿,http://msutoday.msu.edu/news/2013/evolution - will - punish - you - if - youre - selfish - and - mean/,最后访问日期:2014 年 7 月 18 日。

政府作为“必要的恶”(necessary evil)的观念大行其道。[①]所有这些思想观念,作为古典自由主义传统奠定了近代以来西方政府理论与政治实践的基础。

近代欧洲的启蒙学者,在讨论政府的产生时,多使用“自然状态”“自然权利(天赋人权)”“自然法”“政治社会”“公民社会”“权利让渡”“社会契约”等一整套这样的概念。简言之,他们的论述是单纯建立在某种意识形态之上,而不是扎实的历史事实基础上。他们的研究,与其说是非历史的,不如说是反历史的。本书在导论部分,只是简单地讨论了他们割裂个人与社会关系,无视人的社会本性的毛病,对于这种做法在政治理论及实践中的可能后果,将留待后文进一步处理。

欧洲自近代崛起后,在强大的军事、经济及政治势力的推动下,原先偏安一隅的欧洲文明变成了强势文化,乃至侵略性质的文化。带有欧洲优越感的新版“欧洲中心论”,也应运而生。原来偏于一隅的地方性知识与理论,在西方人眼里,也就成了具有“普世价值”的人类经验。[②]

我们有幸生活在一个大转折、大变迁的时代。经历了100多年屈辱和苦难的中国,在人民政权这一全新政治哲学的指导下,组织起来,团结起来,站立起来了。在可预见的将来,我们终究会回到被前人失落了的、原本属于我们自己的历史宝座。在这样的历史大背景下,我们的确比前辈学人更幸运。我们不再满足于做西方理论的抄写工和搬运工,而是能

---

① 潘恩在《常识》(*Common Sense*)中写到:Society in every state is a blessing,but Government,even in its best state,is but a necessary evil。参见 *The Writings of Thomas Paine*,Vol. Ⅰ,collected and edited by Monecure Daniel Conway,The Knickebocker Press,1894,p. 69。《常识》作为小册子,当时销量极广,短短几个月,超过50万册(当时北美殖民地人口约200万人),影响极大,为北美发表《独立宣言》打下了舆论基础。参见 Thomas Paine,*Encyclopaedia Britannica Online Academic Edition*,Encyclopædia Britannica Inc.(2014),http://www. britannica. com/EBchecked/topic/438489/Thomas - Paine。当然,人们总是容易记得潘恩的“政府是必要的恶”这句名言,而容易忘记,他说这句话,是针对不仁不义的英国贵族统治所作的严厉批判。

② 后来崛起的超级大国美国,从文化上讲,实为欧洲文明的殖民地。本书“欧美”“欧洲”“西方”视语境交互使用,本质含义不改。美国学者戈德斯通阐述了为何欧洲在1500～1850年崛起的历史。按戈氏看法,西方真正的崛起(对亚洲的征服)其实是在19世纪以后才开始。戈氏认为西方的崛起不是靠殖民和武力征服,而是靠技术革命和其他地区的衰落。参见[美]杰克·戈德斯通:《为什么是欧洲?——世界史视角下的西方崛起(1500～1850)》,关永强译,浙江大学出版社2010年版,第41、74、82～83页。戈氏这种洗地策略完全罔顾史实。众所周知,血腥的三角贸易和种族灭绝式的美洲殖民活动,发生在工业革命之前。在这一点上,倒是亨廷顿更为诚实、客观,并不为近代以来的西方崛起中的罪恶、丑恶历史遮羞、掩丑。参见[美]塞缪尔·亨廷顿:《文明的冲突与世界秩序的重建》,周琪等译,新华出版社1998年版,全书,尤其是第5～7、35～39页。

更从容自如地面对西方，能更自觉地摒弃“欧洲中心论”强加给我们的心理“毒素”（如崇洋、自卑、盲从），能更自信地保持开放的心态比较、鉴别、学习、吸收不同的理论（文化），更坚定地将拥有连绵几千年的古国文明，焕发新生、发扬光大。

第一章 政府的源起

近代以来的西方政府理论建立在孤立的个人主义意识形态之上，他们摒弃了历史研究法，其结果是割裂了个人与社会的有机关系。在政府理论中挂“自由”“平等”“人权”的“羊头”，在政治实践中，卖的却是寡头政治的“狗肉”，政府本身或变成了社会强势力量的一个政治工具，或被视为不同利益团体争吵、博弈的政治平台，甚至成了“必要的恶”。“二战”后，虽西方各国奉行了一定的福利国家政策，此观念虽然有所缓和，但政府仍被限定为消极的角色定位。政府从产生就真是这样的吗？

1. 回望历史“轴心期”

研究政府的源起，需要首先考察人和社会本身的发展历程。追根溯源，不单纯是出于一种自然而然的好奇心，更是一种追寻事物来龙去脉的正常理性思考逻辑，也是人类产生并积累知识的古老方法。

古希腊的亚里士多德在讨论城邦政治时，开篇就讲到：“我们如果对任何事物，对政治或其他各问题，追溯其原始而明白其发生的端绪，我们就可获得最明朗的认识。”他认为，人类跟其他生物一样，雌雄（男女）不能单独延续其种类，必须得先成为配偶（夫妇）。因此，他把家庭视为社会的基本形式（最小单元）。①

这种思路，与中国古老的政治哲学著作《周易》的阐述，颇为类似。《周易·序卦》说：“有天地然后有万物，有万物然后有男女，有男女然后有夫妇，有夫妇然后有父子，有父子然后有君臣，有君臣然后有上下，有上下然后礼义有所错。”②中国古人也同样认为，政治（礼义）之事，自男女夫妇（家

---

① 参见［古希腊］亚里士多德：《政治学》，吴寿彭译，商务印书馆2009年版，第4～7页。亚氏是以分析法（分析到无法再分析的最小分子）来追根溯源的，依此，在亚氏看来，家庭无疑是政治分析中的最小、最基本的单元。

② 参见黄寿祺、张善文：《周易译注》，上海古籍出版社2001年版，尤其是前言。有学者认为，在周易之前，有夏易，有商易。夏易为《连山》，商易为《归藏》。《连山》以艮卦（象征山）为首，《归藏》以坤卦（象征地）为首。倘若《连山》《归藏》的首卦及卦序，可以牵强附会象其祖德的话，《周易》两两相对、相反相成的卦序，则包含有明确的哲学理念与政治含义。上经以寓天地阴阳的乾卦、坤卦开头，下经则以寓意男欢女爱、婚姻恒久的咸卦、恒卦开篇，毫无疑问，应该是基于某种政治哲学理念的精心安排。

庭)始。

中西社会在古典时期,不约而同把家庭视为社会的基本单元,并且严肃、深入地考察政事(治)之根本。这不应该只是一种历史巧合。德国学者雅斯贝斯(Jaspers)曾对这种历史现象,做过一番对比研究。他认为,公元前800年至公元前200年的数世纪,可谓"世界历史的轴心"。雅斯贝斯所谓的历史"轴心期",是指这一历史时期在世界上当时还彼此隔绝的几个文明中心(中国、印度、两河流域、希腊),均对人类与世界的根本性问题,展开了思考与辩论。他甚至认为:"这个时代产生了直至今天仍是我们思考范围的基本范畴。"①

在中国历史上,这是"百家争鸣"的时代,是中华文化的"古典时期"。无论是对人性的理解、对华夏先祖的历史,对世界的认识,还是在政治理论上对如何建立公正、理想的人类社会,确立合乎人道、合理的政治秩序,甚至是对技术发展与人的道德水平的关系等问题,诸子百家都展开了广泛深入的探讨,发生了十分激烈的争论。这是一个理性张扬与个性飞扬的时代,代表了人类思想(理性)文明的第一波高峰。

有悠久历史传统的中国尤为注重记载华夏先祖的活动事迹。这种历史记忆,首先应该是一代又一代人之间口耳相传的产物,最后在历史"轴心期",大规模地落于书面记载。这些就是后世所谓的"传说史""神话史""史前史"。同时,在这一历史时期,涌现出的学术门派之多、著述文献之丰、阐释见解之繁的确旷古罕见。

尽管先秦诸子的许多著作专为论证自己的政治主张与哲学见解而作,却也不经意留下了不少对上古历史的追述。这为我们提供了一个独特的视角,即2000多年前的华夏古人,究竟是如何记载、看待、理解比他们更为远古的华夏先民的历史。

华夏先民的家庭、婚姻制度变迁,以及从采集经济,发展到渔猎(狩猎)经济和农耕文明的过程,在先秦诸子的论著中都能找到。除了丰富的传世古籍文献,中国近百年来的考古发现,无论是旧石器时代的北京周口店遗址北京猿人头盖骨的发现,元谋人、蓝田人的发现,还是新石器时代的半坡遗址、姜寨遗址的发掘,特别是在黄河流域、长江流域,以及东北地区南部、华南地区、西南地区的广阔地域发现、发掘的各个时期的大量历史遗址,都足

① 雅斯贝斯还认为:"人类具有唯一的共同起源和共同目标。"他继而认为"所有人都与亚当相联,都源于上帝之手,并依上帝之想象(疑为误译,应为'形象'——引者注)而被创造出来"。毫无疑问,他的前一观点出自想象,后一观点则是基于"欧洲中心论"之妄谈罢了。参见[德]雅斯贝斯:《历史的起源与目标》,魏楚雄、俞新天译,华夏出版社1989年版,尤其是第6~27页。

以证明华夏先民活跃而遍在的足迹。古人内容丰富的记述，绝非向壁虚造。①

在《韩非子·五蠹》中，曾记述古时采集经济（估计有少量渔猎，但明显无农耕、纺织业）的状况，他说："古者丈夫不耕，草木之实足食也；妇人不织，禽兽之皮足衣也。"他还传述了上古先人巢居的历史："上古之世，人民少而禽兽众，人民不胜禽兽虫蛇，有圣人作，构木为巢以避群害，而民悦之，使王天下，号曰'有巢氏'。"比韩非子早约一百年的庄子，在《庄子·盗跖》中用更为明确的描述记载了这一历史陈迹："古者禽兽多而人民少，于是民皆巢居以避之。昼拾橡栗，暮栖木上，故命之曰'有巢氏之民'。"

1973～1978 年发掘的浙江余姚河姆渡遗址，印证了古人"巢居"历史的存在。河姆渡遗址距今约 6000～7000 年。根据遗址发掘所见，经济活动方面，河姆渡人已有较发达的稻作农业，不过，他们同时也从事采集与渔猎活动，并且发展动物饲养（猪和狗）。尤为重要的是，考古研究者在该遗址发现了丰富的建筑遗存，其中有数千件桩木及各种散落的建筑构件。考古研究者推测，当时的房屋应为全木结构的干栏式建筑。具体来说，是以木柱为支撑，木梁为骨架，木梁上铺设木板，形成高离地面的建筑基础，在此基础上，再架设梁柱、围墙与屋顶。考古发掘者称，河姆渡遗址的干栏式建筑，是迄今为止中国发现最早、最完整的该类建筑，为史前时代中国南方干栏式建筑的代表。②

河姆渡遗址所发掘的"巢居"显然比庄子和韩非子简略描述的"巢居"要复杂、精巧得多，这侧面说明了庄子、韩非子所描述的上古先民的"巢居"历史绝非空穴来风，他们所称的"有巢氏时代"，其早期极有可能比河姆渡遗址的年代更为久远。

---

① 中国社会科学院考古研究所编著了九卷本的《中国考古学》，可参考。先秦部分有《中国考古学·旧石器时代卷》《中国考古学·新石器时代卷》《中国考古学·夏商卷》《中国考古学·两周卷》。

② 参见中国社会科学院考古研究所编：《中国考古学·新石器时代卷》，中国社会科学出版社 2010 年版，第 451～458 页。北宋《太平御览》引项峻《始学篇》称："上古皆穴处，有圣人教之巢居，号大巢氏。今南方人巢居，北方人穴处，古之遗俗也。"（《太平御览·卷七十八》）"干栏"一词，数见于中国史书。拓跋氏（后改为元氏）之北魏朝曾记有："獠者，盖南蛮之别种，自汉中达于邛笮川洞之间，所在皆有。种类甚多，散居山谷，略无氏族之别……依树积木，以居其上，名曰'干栏'，干栏大小，随其家口之数。"（《魏书·獠传》）到了唐朝，仍有类似的记载："南平獠，东距智州，南属渝州，西接南州，北涪州，户四千余。多瘴疠。山有毒草、沙虱、蝮蛇，人楼居，梯而上，名为干栏。"（《新唐书·南平獠传》）干栏式巢居，非常适应潮湿多雨的气候环境，在如今的中国南方傣族以及东南亚，仍有很强的生命力，是古代巢居历史遗俗的很好证明，一如黄土高坡的窑洞是古代穴居历史的活化石。

众所周知,火的应用对人类文明的发展起过极其重要的作用。火把可以驱赶、防御野兽,在狩猎活动中,也非常有助于围猎。篝火还可以用来御寒,这同样有利于人类扩展活动时间(寒冬)与活动地域(寒区)。火把还能点亮黑夜,用以照明,这显著扩大了人类的活动时间,甚至改变了人类原本拥有的时间观念。火用于烹食,一方面减少了因生食可能带来的多种疾病;另一方面,烹饪过的熟食口感更佳,且缩短了咀嚼与肠胃消化的过程,人类可吸收的各种营养也大为增加。这些都直接增强了人类的体质,促进了大脑的发育与进化。用火烹制食物使人类能选择的食材范围空前扩大,而这也十分有利于人口的繁殖增长。火在人类开展原始农业——刀耕火种时,更发挥过不可或缺的作用。①

除此之外,人类学会将火用于制造生产、生活工具,更是代表了人类文明的一次飞跃性提升。人类从此可以按自己的生产、生活需求,运用自己丰富的想象力,将自然界原本并不存在的东西,"凭空"地大量创造和生产出来。这标志着人类从被动向自然界获取现存资源的攫取型经济,开始过渡到主动的、创造性的生产型经济。如果说打制石器(或骨器)还是旧石器时代的显著标志,陶器的出现则是新石器时代最重要的标志之一。它表明人类已经学会利用炉火的高温铸烧全新的生产、生活工具。随着人类用火的生产工艺不断改进,更为辉煌的青铜器时代、铁器时代接踵而至。

生活在铁器时代的韩非子曾在《韩非子·五蠹》中记述了极有可能处在旧石器时代晚期,在考古学上可划归为晚期智人(或现代人)的燧人氏人工取火的历史:"民食果蓏蚌蛤,腥臊恶臭而伤害腹胃,民多疾病。有圣人作,钻燧取火以化腥臊,而民说之,使王天下,号之曰燧人氏。"与希腊神话中盗取天火的普罗米修斯的故事相比,其显示的人类活动水平更为先进、复杂,所呈现的历史事实也更为平实可信。

有关华夏先民在婚姻、家庭制度方面的历史,在《庄子·盗跖》中的一段描述准确地反映了现在称之为族外群婚(对偶婚)的过渡历史阶段:"神农之世,卧则居居,起则于于。民知其母,不知其父,与麋鹿共处,耕而食,织而衣,无有相害之心。"对此,《吕氏春秋·恃君览》也留有类似的阐述:"昔太古尝无君矣,其民聚生群处,知母不知父,无亲戚兄弟夫妻男女之别。"

"轴心期"古人的有些论述在今人看来的确可能非常简单、粗略,有的甚至显得不甚了了。不过,这些都是因为古人囿于当时的科技条件与认识能

① 迄今中国境内考古发现的人类已知最早、最为确定的用火证据,是距今约70万年的北京周口店中国猿人(又称"北京猿人")。参见张森水:《中国旧石器文化》,天津科学技术出版社1987年版,第108~110页。

力,我们是完全可以理解的。

亚里士多德把人类和其他物种视为理所应当的自然存在,他屡屡使用“自然”这个概念来解释他没法深入讨论或说不通的事物,甚至把它上升为“自然主义”哲学。这本质上还是一种认识论上的神秘主义,与“造物主”哲学,只有一纸之隔。

相形之下,《周易》认为“有天地然后有万物,有万物然后有男女”,这似乎反映了某种简单、朴素的历史演化论。《周易》尤其注意到了万物生生不息的自然现象,并将这种自然现象界定为“易”(“生生之谓易”)。

“易”,可以说代表了中国古人对变动不居的宇宙活动规律的一种哲学领悟。它有很牢靠的对自然观察的经验事实作为凭据,与闭门沉思、神游天外的玄学作风大相径庭。先天八卦:乾、坤、震、巽、坎、离、艮、兑,分别对应大自然中的八类自然现象(或基本物理):天、地、雷、风、水、火、山、泽。流传后世的六十四卦,是这八卦重卦而成。抛开占卜不谈,客观地说,它反映的哲学代表了一种从自然界本身的运动中探寻变化规律、领悟其中的道德寓意并运用于人类的实践指导。这比至高无上、无所不知、无所不能的耶和华神在六天内完成创世的神学理论,要更复杂、更高明,更具有人文主义和理性主义的意味,也更能体现人类活跃、能动的哲学探索精神。

从后世追述的伏羲氏的历史事迹来看,伏羲氏应该是一位非常善于观察自然万物,又能勤于思考、融会贯通的睿智之辈(“古者包牺氏之王天下也,仰则观象于天,俯则观法于地,观鸟兽之文与天地之宜,近取诸身,远取诸物,于是始作八卦,以通神明之德,以类万物之情。”《周易·系辞下》)。先天八卦本身,很好地体现了这种取法天地的伟大精神。

根据不同的哲学理念,易的卦序理论上可有多种。据说夏易《连山》以艮卦(象征山)为首卦,具体卦序因已失传,不得而知。商易《归藏》以坤卦(象征地)为首卦,卦序也不甚清楚。传诸后世的《周易》的卦序,其安排既凸显了两两相对、物极必反、相反相成的哲学理念,也反映卦序的编排者对自然界、对人类社会本身演化过程的一种认知与领悟。我们这里撷取前几卦来略做申论。

乾、坤分别象征天与地。天地之间是人类生存的基本自然环境。乾,象征万物初始,统率于天。天上云行雨施,日出日落,时令季节变迁,万物生长,天下安宁(“大哉乾元,万物资始,乃统天。云行雨施,品物流形。大明终始,六位时成,时乘六龙以御天。乾道变化,各正性命,保合大和,乃利贞。首出庶物,万国咸宁。”《乾卦·彖》)。坤,象征万物生长的大地,顺承天道,承载万物(“至哉坤元,万物资生,乃顺承天。坤厚载物,德合无疆。含弘光大，品物咸亨。”《坤卦·象》）。

排序第三的屯卦，从卦象上看，是上坎（水）下震（雷）。天地间雷声隆隆、云雨密布，阴阳始交而难生，象征天地间万物初生的草昧艰难时期（“屯，刚柔始交而难生。动乎险中，大亨贞。雷雨之动满盈，天造草昧。宜建侯而不宁。”《屯卦·象》）。《序卦》在解释“屯”的含义时，明确说：“屯者物之始生也。”如果一定要将卦辞的含义牵强投射到人类经验上，则其代表了人类社会初生的原始萌芽时期生存异常艰难困苦。

因为是初生，自然懵懂（童蒙）无知。接下来的是蒙卦，既代表蒙昧，又表示有开蒙、启蒙之必要。蒙卦后面紧接着的是需卦。“需”引申为饮食之道的“需养”（“云上于天，需；君子以饮食宴乐。”《需卦·象》）。从引申之意来看，可以理解成为生存需要获取相应的生活、生产资源。继需卦之后是讼卦，代表了讼争。这应该是具象因争夺生活、生产资源而产生的人际冲突。讼卦之后是师卦。“师”是指众人的意思，在古代是军队的通称。小讼争演变成了大冲突，战争在不同的族群间爆发了。

《周易·序卦》尽管颇多穿凿附会处，言语牵强，然而仔细分析、推敲卦序排列本身仍觉得大有寓意，含义沉潜深远。对于《周易》卦序的编排体系，我们甚至还可以这样理解：在经历了漫长的采集、渔猎经济活动，人类终于跨入了农业社会（文明的曙光）。原先小而孤立的原始聚落，随着生产力的提高、人口的增长逐渐成为规模更大的氏族部落，为争夺生活、生产资源，战争较过去更为频繁，规模也更大。

如果说先天八卦还仅仅意味着古人对大自然的认识与理解，六十四重卦，则明显加入了更多的对人际关系的理解和探索。从占卜的角度看，更多的是在卜算人际关系处理的吉凶后果。“国之大事，在祀与戎”，表明对人际（从祖先神崇拜的角度看，神人关系其实也是人际关系）关系的处理上升到了首要地位，成了邦国头等大事。

雅斯贝斯所谓的历史“轴心期”的确经历了人类理性精神的大爆发。那一时代的人们，无论中西，都展示了非常高的智识水平，对历史、对世界以及对人性，开始有了广阔而深刻的理解。这应该是人类进入农业社会后，几千年积累下来的精神财富，因文字较普遍的运用，第一次集中以书面形式载现。这也反映了当时人类生产力水平，出现了明显的飞跃性提高。因此，一定规模的人群，不必再直接从事农业耕作劳动（开始出现“四体不勤、五谷不分”的人群），而是进入职业统治、手工业、文化传承、思想创新等领域。处在历史“轴心期”中国古人的文字风格，更是铸定了中文数千年来的基本元素与表达样态。

2. 从原始族群到氏族公社

无论是中国的诸子百家,还是古希腊的亚里士多德在阐述政治理论之前,他们作为冷峻而客观的现实观察者认识到,人类是生活在(人)群中的,人离不开(人)群的存在。因此,人的社会合群性就作为人的社会本性嵌入他们的政治理论的基本前提中。这一基本前提对于如何理解古典政治理论起着至关重要的作用。

与此相对,明显受到基督教创世说影响的近代西方政府理论,根据上帝造人的人类起源说把人类视为孤立的个体存在,抛弃了人的社会本性这一基本前提,形成了一套全新的政治理论——社会契约论。社会契约论成为近代宪法理论的政治理论基础,并一直影响西方现代社会的政府理论。

关于人的社会本性,不同时代、不同论者的立场或论断多有不同,可谓莫衷一是。作为一个事实判断,从人类的起源与进化的角度特别是从人类社会本身的演化历史角度去把握,应该能获得更真切的理解。

关于人类起源说,现在早已不是宗教僧侣的专利,而属于古人类学家和考古学家的专业研究领域。在达尔文(Darwin)的进化论占主导地位之前,不同国家、不同文化中都曾经盛行过泥土造人的神话。我国有女娲抟土造人的神话故事。古埃及人则相信,世界上的第一个人是一位名叫哈奴姆的大神在陶器场塑成。随着欧洲的全面基督教形态化,特别是自近代以来欧洲霸权的全球扩张,流传最广的大概要数《圣经·旧约·创世记》中的上帝造人说。

《圣经·旧约·创世记》讲到上帝在六天内创造了天地万物,其中在第六天时照自己的样子用尘土造人。当然,《圣经·旧约·创世记》中还有另外一种造人版本,说上帝抽取了亚当的一根肋骨,用那根肋骨造了一个叫夏娃的女人。

根据我国古人类学家吴汝康的研究,人类所制造、使用的生产工具对人类起源说早期神话都产生了直接的影响。比如,人类最初是用木头和石头制造各种工具和武器,因此,在一些国家的神话中就认定,最初的人是由神或英雄用木头或石头刻成。再往后,人类开始学会了用泥土制造陶器,于是便产生了另一种观念,认为最初的人是神用泥土塑造的。这种泥土造人的传说,不仅在中国古代存在,在犹太教、基督教和伊斯兰教中也同样存在,至今在某些原始部落仍然存在。①

---

① 参见吴汝康:《人类的诞生与进化》,清华大学出版社、暨南大学出版社 2002 年版,第 3 页;张之恒等:《中国旧石器时代考古》(第 2 版),南京大学出版社 2003 年版,第 23 页。

1859年,英国学者达尔文在《物种起源》一书中,首次提出了动植物由简单到复杂、低级到高级的进化论。1863年,英国生物学家赫胥黎(Huxley)出版了《人类在自然界的位置》一书。他充分援用了当时比较解剖学和胚胎学等方面的最新科学成果,论述了人类与猿类的亲缘关系,提出了人猿同祖的理论。1871年,达尔文在另一本著作《人类的由来及性的选择》,也论述了人猿同祖的理论,并指出人类是由已灭绝的古猿进化而来。①

自达尔文提出进化论100多年来,在古人类学家和考古学家的共同努力下,人类起源的基本轮廓已经勾勒出来了。1932年发掘出的腊玛古猿化石,是距今最早(约1200万年)的古猿化石。但古人类学家对于腊玛古猿究竟归属于人科还是猿科,一直争论不休,至今尚无定论。不过,现在古人类学家倾向于把距今700万年至500万年,作为"人猿相揖别"的历史时间段。现在比较肯定属于人科成员的,是距今约400万年至100万年的南方古猿。南方古猿的化石材料,在非洲大陆发现的比较多,在亚洲的印度尼西亚,以及我国的湖北亦有零星发现。南方古猿之后,是能人(距今约200万年至150万年)及直立人(距今150万年至20万年),早期智人(距今25万年至4万年),以及晚期智人(距今5万年至1万年)。我国境内目前已发现的北京人、蓝田人和元谋人,都属于直立人系统。②

各国学者对于现代人的直系祖先究竟源自何处,仍有很大的分歧:一种观点为多地区进化假说,另一种观点为单一地理区域起源说。多地区进化假说认为,现代人的起源地包括了整个旧大陆,但凡有直立人化石或遗迹出土的地方(如非洲、亚洲、欧洲),都有可能是现代人的起源地。单一地理区域起源假说则认为,所有现代人都起源于非洲,拥有一个共同的超级女性始祖,她生活在距今约30万年至15万年。而所有现代人,都是从非洲迁徙到其他地区而来的。这就是著名的"走出非洲"说。不过,根据东亚的古人类化石发现,有学者认为,在东亚地区多地区进化假说似乎更有说服力。东亚的现代人是亚洲本地的直立人经早期智人进化到晚期智人。中国拥有相当丰富的古人类化石材料及相关历史遗物,这表明我国是人类起源和发展的

---

① 参见吴汝康:《人类的诞生与进化》,清华大学出版社、暨南大学出版社2002年版,第7~8页;中国国家博物馆编:《文物中国史:史前时代》,山西教育出版社2003年版,第2~3页。

② 参见中国国家博物馆编:《文物中国史:史前时代》,山西教育出版社2003年版,第3~7页。

重要地区之一。①

古人类学家把直立人又称作“猿人”，早期智人、晚期智人则被分别叫作“古人”和“新人”。他们分别代表了旧石器时代人类体质发展的三个阶段，也分别对应于旧石器时代的早、中、晚三个历史时期。旧石器时代的人类主要使用打制石器进行生产，生产力水平原始、低下，以采集、渔猎为生，依赖自然界的天然出产作为主要食物来源。这种经济生活又称作“攫取性经济”。整个石器时代（包括旧石器时代与新石器时代）延续了约 300 万年（距今 300 万年至 1.2 万年），占全部人类历史的 99%，是人类历史上的原始社会时期。②

旧石器时代早期是人类历史的开端，也是人类社会的最初阶段。它在人类历史上延续的时间也最长，占迄今人类历史的 90% 以上。单以国别论，中国是发现猿人化石与旧石器时代早期文化遗址最多的国家。迄今发现的旧石器时代早期遗址及石器地点，共约 100 处，其分布范围遍及辽宁、河北、北京、内蒙古、山西、陕西、山东、河南、湖北、湖南、安徽、江苏、重庆、福建、云南、广西、贵州等 17 个省、直辖市、自治区。③

旧石器时代早期的直立人能够制造和使用石器、骨器和木器等工具，懂得用火与保持火种。学会了利用山洞（穴居）与岩棚作为住所，有的甚至还懂得搭造简陋的隐蔽住所。直立人男女两性的自然分工明确。男性主要从事简单的渔猎活动，女性主要从事植物果实的采集与家务料理。因受天然资源的制约，采集与渔猎活动明显受到季节性和地域性因素的影响。因此，旧石器时代早期的直立人始终迁徙不定，生活范围不一。

由于直立人的生产力水平十分原始、简单、低下，为了生存尤其是为了抵御野兽侵害并获取食物，必须以一定数量的群体为单位展开活动。原始族群的人口规模，为 20 ~ 50 人。这是早期人类社会的最基本组织形态。它本质上是一个血缘组织（血缘共同体），实质上是一个原始家族（原始族群）。原始族群的婚姻形式，普遍采取“族内群婚”。这种婚姻形态又被称

---

① 参见中国国家博物馆编：《文物中国史：史前时代》，山西教育出版社 2003 年版，第 6 ~ 7 页。有关多地区进化假说与单一地理区域起源假说两派观点的争论，参见［肯］理查德 · 利基等：《人类的起源》，吴汝康、吴新智、林圣龙译，上海科学技术出版社 1995 年版。

② 参见张之恒等：《中国旧石器时代考古》（第 2 版），南京大学出版社 2003 年版，第 5 页。也有学者把“攫取性经济”称为“掠夺性经济”。

③ 参见张之恒等：《中国旧石器时代考古》（第 2 版），南京大学出版社 2003 年版，第 130 页。

为"血缘婚"。①

原始族群的存在并非出于选择、可有可无,而是基于人类生存之必需。这一点,2000 多年前的中国古人早已看得十分透彻明白。《吕氏春秋·恃君览》直言道:"凡人之性,爪牙不足以自守卫,肌肤不足以捍寒暑,筋骨不足以从利辟害,勇敢不足以却猛禁悍,然且犹裁万物,制禽兽,服狡虫,寒暑燥湿弗能害,不唯先有于备,而以群聚邪!群之可聚也,相与利之也。"

从人类发展的历史长轴线来看,人类社会组织本身的确经历了从简单到复杂、由低级到高级的漫长进化过程。人类的这种社会本性及其所蕴含的政治学意义,也一直保留并渗透进后世更趋复杂的人类社会组织中。

距今约 15 万年,人类在体质形态上从晚期直立人发展到了早期智人("古人")阶段,其物质文化形态也从旧石器时代早期跨入旧石器时代中期,并过渡到母系氏族公社的开始时期。各氏族之间一开始的族群区分是以母系血缘作为依据,这也是区分族内婚与族外婚的关键血统凭据。中国历史上最古老的姓氏汉字,均带有"女"字偏旁,也从另一侧面反映了这一历史遗迹。

在旧石器时代中期,石器制作技术进一步提高,石器的类型开始增多,石器的功能也出现了分化。这一时期的人类已具备丰富的用火经验,甚至可能已学会了人工取火。从欧洲发现的这一历史时期的遗址来看,早期智人已经懂得用适当的礼仪埋葬死去的亲人同伴,并安放相应的随葬品。这表明,原始宗教观念开始出现。

随着人类生产力水平的提高,到了早期智人阶段,人口繁殖开始增多,人类活动范围也因此较之前更为扩大。以山西襄汾的丁村文化遗址为例,在不到 10 公里的汾河沿岸,发现石器地点近 20 处。而带有丁村文化性质的文化遗存,则遍布整个汾河流域。这表明,当时生活在这一带的华夏先民的人口已经相当地稠密。

人口的增多,也使原有的社会组织形态——原始族群(原始家族)难以

---

① 参见张之恒等:《中国旧石器时代考古》(第 2 版),南京大学出版社 2003 年版,第 134 页。中国考古学者认为,从现有资料看,早期直立人还并不完全懂得用火,但晚期直立人(如北京人)则已掌握了一定管理火的能力。另外,过去学者们一般认为,人类社会早期曾存在杂乱交媾的"杂婚(交)"现象。这也是自摩尔根以来所盛行的主流观点。参见任寅虎:《中国古代的婚姻》,商务印书馆国际有限公司 1996 年版。但这种观点现在遭到了批驳,主要理由是,经过进化的人类拥有高级抽象思维能力和理念,而杂交是动物的习性,人类一旦形成(人猿分科),就会跟动物有所区别。否则,如果人类仍然跟动物一样是杂交,那就等同于没有家庭,没有人类社会的第一个社会组织形式可言。参见张之恒等:《中国旧石器时代考古》(第 2 版),南京大学出版社 2003 年版,第 137 页。

为继,导致原来的原始家族出现分裂、再分裂的裂变扩张现象。族内群婚也逐渐被族外群婚所取代。族外婚取代族内婚,应该是人类在长期进化中运用试错法则的结果。据考古发现,早期智人比直立人在体质上有很大进步与提高,这不仅是食物来源增加、人类能够吸收的营养增多的原因,还应该与人类逐渐确立了近亲禁止通婚的婚姻习俗有关。前氏族公社的原始族群继而向氏族公社的社会组织形式过渡并发展。①

距今大约5万年,人类文化从旧石器时代中期跨入旧石器时代晚期。母系氏族公社也由开始阶段进入发展阶段。人类的体质形态则由早期智人("古人")发展到晚期智人("新人")阶段。

晚期智人在地球上的分布非常广泛,除了南极洲,其他各大洲现在均已发现晚期智人活动的历史遗迹。旧石器时代晚期的人类制造工具的能力进一步提高,能攫取作为生活资源的物质范围更为广大。人工取火得到普遍运用。弓箭作为先进的渔猎工具也广为使用。旧石器时代中期已经出现的埋葬死者的习俗,到旧石器时代晚期普遍出现在世界各地。北京周口店山顶洞遗址发现的这一时期的墓葬,一般都会放置一定数量的生产工具和随葬品,并在死者身上或墓坑底部撒上赤铁矿一类的红色颜料。这种丧葬习俗明显是期待死者死而复生(红色象征鲜血),带有一定宗教意味。在欧洲同时期遗址中也发现了反映狩猎情景的巫术岩画。这些都表明了原始宗教的进一步发展。②

这一时期的社会组织形态是我们关注的重点。从北京周口店山顶洞遗址来看,当时已分为生活(居住)区、墓葬区和仓库三大部分。这表明,过去较为松散、游动(迁徙)的原始族群开始形成相对定居的生活,发展为比较成熟的母系氏族公社。母系氏族公社,毫无疑问仍是一个血缘组织。其血缘世系按母方来确定,子女归属母方氏族,随母方姓氏。在这一时期,妇女是整个家庭与社会的组织者,受到普遍尊崇,拥有更高的社会地位。③

对人类而言,旧石器时代是一个极为漫长而又充满艰险的历史时期。然而正是在这个时期,人类熟练掌握了火的运用,人类从居无定所的季节

---

① 参见张之恒等:《中国旧石器时代考古》(第2版),南京大学出版社2003年版,第5、230~234页。张之恒、黄建秋、吴建民三位学者对于直立人、早期智人与晚期智人的绝对地质年代具体划分,与国家博物馆的年代划分存在不同,这是依据的标准不同所致,但于本书主题影响甚微,特此说明。

② 参见张之恒等:《中国旧石器时代考古》(第2版),南京大学出版社2003年版,第277~282页。

③ 参见张之恒等:《中国旧石器时代考古》(第2版),南京大学出版社2003年版,第284页。在世界各地都发现了旧石器晚期的女性雕像,反映了女性崇拜。这与后世父系氏族公社时期的男性雕像(男性崇拜)形成对比。

性、区域性迁徙逐渐发展到了相对定居的生活，人类体质有了大幅的提升，人类的脑量从南方古猿时期的400毫升猛增到现代人的1350毫升，增加了3倍以上。

语言在这一历史时期演化出现了。语言不仅是采集活动尤其是围猎中劳动协调需要的产物，而且能反过来大大促进人与人之间的沟通与合作，并使他们对世界的认识也变得更为精细（事物的分类与区分在语言上的体现），有力地促进了人类心智的发育与发展。①

也正是在这一时代（距今约6万年至4万年），人类的人口规模第一次出现了"大爆炸"式增长。在距今4万年左右，人类艺术品，无论是数量、工艺，还是技法等，同样出现了"大爆炸"式增长与进步。与此同时，在这一时代，人类还完成了从旧大陆向其他大洲的迁徙过程，人类足迹开始遍布全球。②

所有这些都表明，人类在经历了漫长的进化后，不仅生产力得到了提高，人口数量获得了大幅增长，更在体质上有了飞跃性提升，心智也变得更趋复杂和成熟，内心情感变得更为丰富多彩。作为社会组织基本单元的婚姻、家庭在这个时代也基本沉淀成型。

家庭，既是一个经济单位，也构成了人类情感的安全港湾。家庭的这一基本性质数万年以来未曾改变。在这个危机四伏、朝不保夕的人类原始时代，生命是如此的脆弱短暂，生存是如此艰难不易。分享、共有的理念而不是独占、私有的精神，主宰人类社会。人与人之间基本上是公正平等、团结互助的。这种合作互助的精神，既是艰难困苦的生存环境的必然产物，更是他们生活形态的集中体现。

在这个时代，独占、私有的观念与经济私有制远未产生。后世的通病——社会等级、贫富差距，以及人压迫人、人剥削人的社会问题，在这个时代尚属陌生。无论是原始族群，还是氏族公社，作为一个政治共同体也好，作为一个经济共同体也罢，首先是作为一个同甘共苦的命运共同体而存在的。团体合力协作、命运紧密相连的精神，必定驱除了他们内心的无

---

① 参见［肯］理查德·利基：《人类的起源》，吴汝康、吴新智、林圣龙译，上海科学技术出版社1995年版，第92～121页；李讷：《人类进化中的"缺失环节"和语言的起源》，载《中国社会科学》2004年第2期。除直立行走和制造工具之外，语言和心智能力，是使人类和动物存在本质区别的显著表征。学者们对人类语言的产生与脑量大增的因果关系仍争论不休。语言的确需要极其复杂的脑神经。脑量的增加，显然不可能是某一方面的因素造成，而应该是多种因素合力的结果。

② 参见李讷：《人类进化中的"缺失环节"和语言的起源》，载《中国社会科学》2004年第2期。新石器时代初期（距今约1万年），因为农业经济的发展，人类经历了人口规模第二次大增长。岩画、个人装饰品等，都体现了相当高的技法与工艺（甚至达到了与现代人近似的理念）。

助、孤独与恐惧,从而充满了生活的力量与满足之情,而呈现淳朴、欣悦、祥和的精神气质。尤其当农业丰收之时,那种喜悦欢畅之情更是溢于言表。这种精神气质,这种喜悦欢畅之情,在他们的生活中忠实地呈现了出来。

数千年后,生逢"礼崩乐坏"的混乱浊世,孔子在《礼记·礼运》中追忆氏族公社遗留下的历史陈迹时,仍略带感伤地对其充满了赞誉与怀念,视之为完美的大同之世,向往之情溢于言表:"大道之行也,天下为公。选贤与能,讲信修睦,故人不独亲其亲,不独子其子,使老有所终,壮有所用,幼有所长,矜寡孤独废疾者,皆有所养。男有分,女有归。货,恶其弃于地也,不必藏于己;力,恶其不出于身也,不必为己。是故,谋闭而不兴,盗窃乱贼而不作,故外户而不闭,是谓大同。"

生于同一纷乱时代的老子何尝不亦如此。他甚至怀旧式地把"小国寡民"视为其政治理想,希望"绝圣弃智""绝巧弃利",回归到"上古结绳而治"的时代。("小国寡民。使有什伯之器而不用;使民重死而不远徙。虽有舟舆,无所乘之;虽有甲兵,无所陈之。使民复结绳而用之。甘其食,美其服,安其居,乐其俗,邻国相望,鸡犬之声相闻,民至老死,不相往来。"《道德经》)

3. 私有制与阶级社会

新石器时代开始于距今 1 万年左右,结束于距今约四五千年。磨制石器、制陶术、农业和畜牧业以及手工纺织业,是新石器时代开端的标志。旧石器时代中期与晚期,是母系氏族公社的开始阶段与发展期。到了新石器时代,母系氏族社会进入繁荣期。新石器时代末期,父系氏族公社向阶级社会过渡。①

中国迄今发现的新石器时代遗址 7000 多处,分布十分广泛。整体而言,中国新石器时代早期的文化遗存规模与数量较中后期而言较小和少。②尽管这对考古学家研究石器、制陶术和早期农业的起源可能仍大有帮助,但对于研究政治哲学意义上的社会组织与社会形态助益并不是特别大。相形之下,新石器时代中后期的文化遗存更为丰富,对我们理解氏族社会形态向

---

① 中国新石器时代开始于距今约 1 万年,结束于公元前 21 世纪夏王朝。参见中国国家博物馆编:《文物中国史:史前时代》,山西教育出版社 2003 年版,第 70 页;张之恒:《中国新石器时代考古》,南京大学出版社 2004 年版,第 4 页。

② 参见张之恒:《中国新石器时代考古》,南京大学出版社 2004 年版,第 15 页;中国社会科学院考古研究所编:《中国考古学·新石器时代卷》,中国社会科学出版社 2010 年版,第 80 ~ 112 页。

阶级社会与国家形态的历史性转变显得尤为有价值。

就考古学家目前已经发掘的新石器时代中期的文化遗址来看，距今9000年至7000年，在中国各地特别是黄河中下游、长江中游以及东北地区南部等地，已经出现了文化面貌不同的早期（原始）农业。人们已经确立了定居生活。

在黄河流域，多流行圆形或椭圆形半穴式建筑，也有极少数建筑平地起建（如贾湖遗址、裴李岗文化）。长江以南目前房屋遗迹发现的相对较少，但在湖南澧县彭头山文化的八十垱遗址中，发现了半穴式、地面式、干栏式与台基式四种建筑形式的遗存，并出现了土围与壕沟环绕、具有一定规模的环壕聚落，已具备小型村落的模样。环壕聚落在内蒙古敖汉旗的兴隆洼遗址也有发现。

在经济活动方面，从考古现有发掘的遗址来看，北方以粟（黍）作农业为主，南方则以稻作农业为主。南北方都存在一定的家畜饲养业（驯养猪、狗、鸡、水牛或黄牛），同时也兼具采集、渔猎经济活动。这一历史时期，各地的制陶技术日趋成熟。

从墓葬反映的情况看，男女分工十分明确。男性死者多随葬石铲、石锛、石斧等生产工具，而女性多随葬石磨盘、石磨棒，以及骨针、骨锥等加工工具或一些生活用品（如陶器）。从现有发掘的考古遗址所见，一般都设有氏族公共墓地，多为氏族合葬墓（大汶口文化仍有同性合葬），极少发现个体家庭（男女夫妇及子女）合葬墓。这显示该时期的婚姻习俗，依然是族外婚制的对偶婚形式，还没有完全发展到一夫一妻制的单（专）偶婚（或者可能葬礼风俗观念迟滞于实际形态的发展）。有二次葬现象，显示了原始的灵魂崇拜。另外，各个墓葬的随葬品数量基本相等，表明身份等级与贫富差别的社会现象尚未出现。①

到了新石器时代中期，母系氏族公社已经发展到相对繁荣的阶段。当然，不同地区明显存在一定的地域性差异。有的地区，氏族组织演变得更为复杂，甚至出现了家族、氏族和氏族部落的多层组织结构（如裴李岗文化）。不过，总体来说，当时生产力水平仍然比较低，社会生产能力仅能维系人们的生存。因此，人们生产的物质财富相对比较少，很少有大量的剩余财富的积累。私有财产的概念尚未形成。人们聚族而居，共同劳动、共同消费，过着一种原始共产主义的生活。

---

① 参见中国社会科学院考古研究所编：《中国考古学·新石器时代卷》，中国社会科学出版社2010年版，第113~205页。

新石器时代晚期是氏族公社更趋繁荣的时期，以仰韶文化两处遗址为例，可兹说明。

西安半坡遗址，是一处仰韶文化的遗存。它总体布局完整，各项功能完善。整个村落分为居住区、氏族公共墓地与公共窑场三大部分。围绕着居住区，挖有宽、深各5～6米的壕沟。在半坡遗址，发现房址46座，其中大型房址1座，其余45座均为中小房址。墓葬共247座，陶窑6座。从半坡遗址发掘出大量的生产工具，总数达5275件，其中农具735件（其中石斧313件），陶类半制品2638件，石纺轮2件，陶纺轮50件。按照考古研究者的推测，当时当地居民人口应有五六百人之多。①这算得上是一个颇具规模的村落了。

姜寨遗址是一处较半坡遗址更为完整的新石器时代聚落。居住区中心有面积达4000平方米的广场。中心广场地势偏高，100多座房屋基址分成5～6组，围绕在广场的四周。每组房屋建筑又围绕着一个次中心。房址无论大小，房门都开向中心广场。这种典型的仰韶文化聚落，既带有明显的整体规划和分片布置（居住区、公共窑场、公共墓地），又带有中心广场性质的公共活动场所。而且，在居住区外围一般都挖有防御性质的环壕壕沟。②

无论是半坡遗址，还是姜寨遗址，聚落区域房屋的结构布局无不体现了一种向心凝聚、高度协调与规划统一的氏族组织的政治特点。

新石器时代晚期，是母系氏族公社向父系氏族公社过渡，乃至私有制出现并确立的时期。从黄河下游的新石器时代晚期大汶口文化的发展，可见一斑。

考古研究者一般把大汶口文化分为早、中、晚三期。其绝对年代，早期距今约6200年至5600年，中期距今约5600年至5100年，晚期距今约5100年至4600年。大汶口文化整个发展阶段跨越达约1600年。

大汶口文化早期，虽仍处于氏族公有制阶段，但已经出现了贫富分化的社会现象。这种贫富分化在家族间和个人间存在双重表现。以大汶口遗址为例，根据考古发掘报告，总体来看，其一，A组墓地墓葬的规模、随葬品数量及质量都较B、C组墓地为高。A组墓地规模明显更大，随葬各类遗物达百余件。而同一遗址的其他组墓地的墓葬规模，一般

① 参见中国科学院考古研究所等编：《西安半坡：原始氏族公社聚落遗址》，文物出版社1963年版。

② 参见中国社会科学院考古研究所编：《中国考古学·新石器时代卷》，中国社会科学出版社2010年版，第206～267页。

较小，随葬品也较少，有的墓葬甚至空无一物。其二，家族墓地开始出现。大汶口遗址的A、B、C三组墓地区分明显，相互间基本没有打破关系，应代表三个不同家族的墓地。其三，出现了成年男女合葬墓。这显示家庭形态由对偶婚向专偶婚（一夫一妻制）完成过渡，父权制开始取代母权制。其四，社会分工更加明确，男子的社会地位不断提高，并逐步占据主导位置。考古学者由此推断，在大汶口文化早期的中心区域甚至基本确立了家族私有制。①

大汶口文化的中期，虽然氏族公有制仍占有一定成分，但家族私有制得到进一步巩固发展并繁荣起来。在大汶口文化中期的墓葬群中，同一墓地各墓葬间的差距进一步拉大。这种分化现象在花厅墓地表现尤为突出。在已发掘的66座墓葬中，10座大型墓规格较高，遗物丰富，排列整齐，相对集中。在10座大型墓中，有8座大型墓甚至有殉人现象。有的墓葬规模相当大，随葬品有上百件，其中包括大量精美的玉器、陶器、彩绘木器，以及不少猪头和猪下颌。而同一墓地的一些小型墓，有的甚至连一件随葬品也没有。这些大型墓地，显然是氏族内掌握了权力和财富，带有贵族阶层性质的家族的墓地。②

到了大汶口文化的晚期，这种贫富分化进一步加剧。家族私有制也进一步发展壮大。氏族公社内部成员的身份平等以及公平分配财产的古老原则，已经荡然无存。氏族内部的成员之间出现了严重的社会地位与财富的分化，氏族公社面临解体，阶级社会与国家形态开始走上历史舞台。

4. 对摩尔根文明起源与国家产生理论的批驳

一直以来，有关中国的（早期）国家起源及华夏（中华）文明起源的研究热度不减。因为牵涉多个学科领域，又是一个基本问题（国家与文明起源的元问题），这自然引起了考古学、历史学、人类学、政治学等诸多学科领域研究者的兴趣和关注。各路学者、专家，各家理论、学说争论纷纭，各种新鲜奇

---

① 参见中国社会科学院考古研究所编：《中国考古学·新石器时代卷》，中国社会科学出版社2010年版，第278～308页。

② 参见中国社会科学院考古研究所编：《中国考古学·新石器时代卷》，中国社会科学出版社2010年版，第308～309页。在长江流域的居家岭文化中，也出现了类似的演化：大家族分化为小家庭；墓葬随葬品体现了贫富分化；出现了代表男性（父权）崇拜的陶祖。以家庭占有为形式的私有制开始出现。中国社会科学院考古研究所编：《中国考古学·新石器时代卷》，中国社会科学出版社2010年版，第432～448页。其他文化亦有类似情形。

异的概念、名词纷至沓来，精彩纷呈。①

这两个主题，字面上看起来不是一回事，实际却又纠缠到一起，甚至归到了同一个命题上。这给国内学者阐释中国文明及早期国家的起源造成了很大的困扰。这个症结，在我看来，就在摩尔根（Lewis Henry Morgen）特有的将文明起源与国家产生挂钩的政治历史理论。

摩尔根把整个人类的历史归结为从蒙昧到野蛮、再到文明三大历史阶段。这种貌似达尔文式进化论的人类演进说，表面上看，似乎没什么大的毛病。这不就是达尔文进化论中所谓从简单到复杂、从低级到高级演化说的翻版。然而，问题在于他的分期太过于粗线条了。细究之下会觉得缺了点什么。摩尔根自己或许已经意识到了这个问题，或者深知如此粗略的历史框架会给更加细致的阐述带来麻烦。因此，他在各个大历史阶段中，又开始套分了低级、中级和高级三个小阶段。加上把文明社会再分成古代文明社会和近代文明社会两个历史阶段，其结果是把人类历史分期为八个阶段。②

这种从过于简单又跳到过于烦琐（其实是简单重复）的历史分期法，不算什么方法论上的大错误，无非是不那么高明而已。然而，他的历史分期说所体现的直线匀速演进观这一基本认定，却存在很大的逻辑漏洞。

我们知道，早期人类在整个石器时代经历了漫长（300万年左右）而残酷的优胜劣汰进化。毫无疑问，这一路定是充满了曲折、挫败。犯了致命错误，或者只是因为不那么走运而不能应付严酷环境挑战的许多原始族群，可

---

① 有学者把中外学者有关国家起源的一般问题（应该指的是不限于中国，但同样适用于中国）的理论，总结为“神意论”“契约论”“群演论”“水利论”“暴力论”“暴力潜能论”“祭司论”等。参见韩东屏：《国家起源问题研究》，载《华中师范大学学报》（人文社会科学版）2014年第4期。真可谓“百家争鸣、百花齐放”。

2009年在河北召开的“中国古代文明与国家起源”学术研讨会，众多考古学者和历史学者各抒己见。有的学者运用“酋邦”理论。有的主张采取“部落联盟”理论。也有学者认为应该引进西方的“文明崩溃理论”来解释中国古代文化衰变现象。还有学者主张城市（都邑）是早期国家最具代表性的物化形式，只有以城市（都邑）的出现为切入点才能对当时的社会状况有总体的把握，以探讨国家和文明形成的常态。参见韩英超：《“中国古代文明与国家起源”学术研讨会综述》，载《高校社科动态》2009年第4期。

同样主题的学术研讨会在2000年也召开过。涉及的主题，包括对“文明”的界定、研究方法（考古材料的说服力），文明社会形成原动力（有学者主张“贪欲文明社会形成的动力”）、文明形成与国家的关系、文明的标志物、社会组织（血缘关系）在中国文明形成中的独特作用、中国早期国家的特点（邦族联合体说、酋邦说）等。参见中国文明起源和早期国家形态研讨会秘书组：《中国文明起源和早期国家形态研讨会发言摘要》，载《考古》2001年第2期；王冠英：《中国文明起源与早期国家学术研讨会纪要》，载《历史研究》2001年第1期。

② 参见［美］路易斯·亨利·摩尔根：《古代社会》，杨东莼、马雍、马巨译，商务印书馆1981年版，第3～44页。

能遭受到灭顶之灾。尽管我们如今考古发掘、发现的史前遗址以及遗存文化材料越来越丰富，但这些跟如此漫长的人类历史进程相比，我们所能看到的，依然只是沧海一粟。

现代一些学者，包括古人类学家、分子遗传学家与考古学家，从已有的考古材料分析发现，在旧石器时代晚期（距今约6万年至4万年），人类首次出现了人口大爆炸式增长（见图1）。这种增长趋势一直延续到新石器时代，随着农业经济的到来，人口再次激增。研究者还发现，这一历史时期人类制造的工具平均数也同样出现了激增（见图2）。尽管对于产生这种极为特殊的历史现象的主要原因，各路学者的解释理论可谓五花八门，但有一点是可以肯定的：人类在经历了长期而缓慢的进化后，到旧石器时代晚期时发生了突变（飞跃性质变）。这显然不是摩尔根所理解的一个阶段接一个阶段的累进式演化。累进式演化，作为进化常态无可否认。但是，人类历史发展中突变阶段的存在需要一个更符合逻辑、更为合理的理论解释。

对此，我的理解是，如果一定要把已经被我们用滥了的“文明”标签贴到某处，我认为，正是在这一大时代，人类已经快要爬出漫长而漆黑的历史隧道，瞥见文明的一丝曙光，进入初始文明的历史大跃进时期。

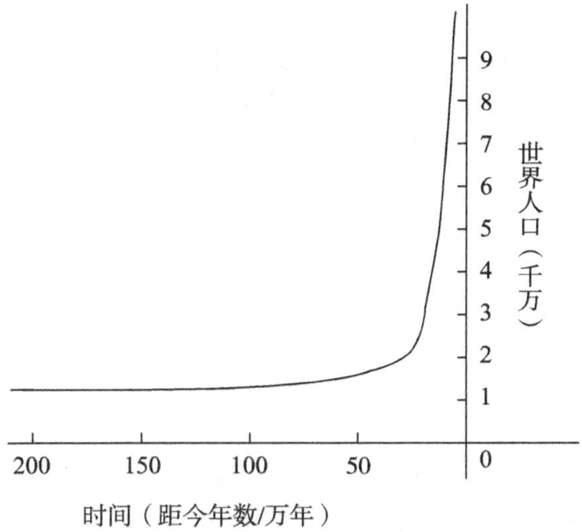

图1　人类在不同历史时期人口估计①

① 图1是研究者（李讷）根据 F. Hassan, *Demographic Archaeology*, New York, Academic Press, 1981, p. 196资料绘制。

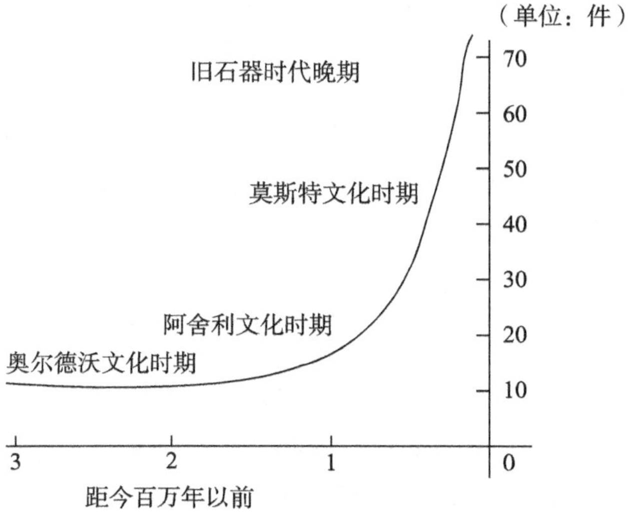

图 2　人类在不同历史时期石制工具的平均数量估计①

摩尔根在他所处的时代，当然不可能了解到现代考古学的考古发现，更不可能掌握古人类学及其他新兴学科的学术成就。实际上，他所生活的时代，达尔文进化论才刚刚提出。众所周知，达尔文本人曾因持有人类从古猿进化而来的观点，遭到了来自教会及一些宗教狂热分子的猛烈攻击。摩尔根的《古代社会》虽当时曾得到马克思主义经典作家的高度赞誉，但事实上，他并未真正、彻底摆脱基督教上帝造人说的基本教义，反而把人类依靠自身努力所取得的文明成就，视为上帝的计划与安排。这里不妨直接援引摩尔根在《古代社会》全书结尾的一段原话，以兹证明。他毫不隐讳地说："我们今天极为安全和幸福的条件，乃是我们的野蛮的祖先和更远的蒙昧祖先经过斗争、遭受苦难、英勇奋斗和坚持努力的结果。他们的劳动、他们的试验、他们的成功，都是上帝为从蒙昧人发展到野蛮人、从野蛮人发展到文明人而制定的计划中的一个组成部分。"②

摩尔根表面上看起来是人类进化论者，实际却是一个隐藏颇深的上帝造人说基本教义的拥护者，确实是历史的反讽。当然，我们没理由苛责摩尔根，因为在撰写《古代社会》之前，他并不是经过一定生物学、解剖学训练，或拥有一定考古学、人类学知识素养的科学家，更不像赫胥黎那样，是一位坚

① 图 2 是研究者（李讷）根据 R. Lewin, *The Origin of Modern Human*, New York: Scientific American Library, 1993, p. 33 资料绘制。参见李讷：《人类进化中的"缺失环节"和语言的起源》，载《中国社会科学》2004 年第 2 期。

② 参见[美]路易斯·亨利·摩尔根：《古代社会》，杨东莼、马雍、马巨译，商务印书馆 1981 年版，第 557～558 页。

定的人类进化论者。摩尔根最早了解印第安人部落，是出于政治上对印第安人的同情。后来他深入研究印第安人部落，是为了解决当时学术界盛行的一个观点（他本人也赞成此观点），即印第安人是从亚洲越过太平洋到达美洲。为了证实这一点，他精心设计了一套详细的调查表格，寄给了在美国各地（特别是美国西部）的印第安人部落传教的牧师或印第安人，以及远在太平洋岛屿、亚洲和非洲的一些人，让他们帮助调查、了解各地土著居民的亲属称谓。①

说起来令人难以置信，摩尔根对人类文明宏大历史进程的研究，竟然是从这样一个有着鲜明的时代烙印的个人动机和起点开始的。从整体上来看，摩尔根对人类文明历史进程的理解，确实带有那一时代人们所特有的偏见，以及现代人那种动辄以今人的政治与法律标准去衡量古人的反历史主义前见。

我们知道，进入农耕文明的民族对生养自己的土地拥有一种特别的物质条件依赖，乃至产生情感上的眷恋。有关土地的财产所有权观念及相应的物权法概念，正是源自这种生活所必需的社会经济物质条件所产生的观念形态。农耕民族对土地的财产所有权概念，对四处迁徙、逐水草而居的游牧民族或采集—渔猎原始部落来说，是很难理解的。1626 年，荷兰殖民者仅以值 60 荷兰盾（当时值约 14 两白银）的小物品，就从当地的印第安人部落“购买”了曼哈顿岛。②权且不说其中的欺诈，这也从另一个侧面反映了两种观念形态上的巨大差异。

摩尔根所处的那一时代，甚至早自古希腊、罗马时代开始，西方已经拥有土地财产权观念，而且日渐根深蒂固。正是基于这样的观念传统，摩尔根认为真正的国家，是以领土和财产为基础组织起来的。在他看来，真正的政治社会（国家）只能是按地域组织起来的，它通过地域关系来处理财产和个人（关系）问题。

摩尔根所指的“领土”“地域”或是“财产”，其实都离不开土地，或者说，主要是指土地及其附产的归属权（法律上的所有权概念即政治上的领土概念）。他更是跨出一步，大胆地推断：人们“对财产的欲望超乎其他一切欲望之上，这就是文明伊始的标志”。在他看来，正是这种对财产的欲望，“不仅促使人类克服了阻滞文明发展的种种障碍，并且还使人类以地域和财产为

① 参见［美］路易斯·亨利·摩尔根：《古代社会》，杨东莼、马雍、马巨译，商务印书馆 1981 年版，译者所作的“摩尔根传略”。

② Manhattan, *Encyclopaedia Britannica*, Online Academic Edition, Encyclopædia Britannica Inc. (2014), http://www.britannica.com/EBchecked/topic/362078/Manhattan.

基础而建立起政治社会”。摩尔根由此强调:“有关财产观念演进过程的重要知识将在某些方面体现人类心理状态史上最值得注意的部分。”①

他的这一系列观点,实际上是将人类文明历史进程建立在人类的心理机制(欲望)基础之上,这就不仅仅是带有美国西进运动时期狂热追求财富(特别是土地)所特有的时代偏见,更是一种不折不扣的历史唯心论。前文已指出,进入农耕社会的民族对土地所形成的土地财产权观念乃至情感,主要根源自土地作为农耕民族生活所必需的基本经济物质条件这一社会事实,而非源自农耕民族比游牧民族对(土地)财产在心理观念(欲望)上进化得更高级,因而显得更贪婪(欲望更强烈)。这是历史唯物论的基本立场。我们从中国(中原)与北方游牧民族数千年冲突史,以及世界其他地区农耕民族与游牧民族的类似冲突历史看到,反倒是游牧民族因生产落后、物质匮乏,每一遇到灾荒反而显得比农耕民族更为贪婪、残暴(对劫掠人口、财产欲望更强),也因此更具有经济攻击性和军事侵略性。

摩尔根有关人类文明演进史理论认为,人们的财产观念,特别是对财产的欲望之观念,是促进人类社会进步的动力。同时,也很难令人信服地解释,在他那个时代,他所看到的不同大洲为何会出现他所谓的“人类有一部分生活在蒙昧状态中,有一部分生活在野蛮状态中,还有一部分生活在文明状态中”。对此,他难以作出合理地解释。难道不同地区的人类在心理机制发育上存在不同?对此,摩尔根予以否认。他认为,人类的需求基本是一样的,人类所有种族的大脑也无不相同。因此,人类的心理法则的作用也是一致的。但究竟是什么原因造成了这种不同地区人类对于财产观念演进的不同进度,以至于分属于他所谓的不同的社会状态(蒙昧状态、野蛮状态、文明状态)。他的确拿不出更好的论据来解释不同大洲的人类为何在历史演进进程上参差不齐。尽管他驳斥了所谓人类退化说,但最后也提不出一个合理解释。总之,他最终只能未置可否,不了了之。②

事实上,现代学者对这个问题有了更好的解释。越在人类进化的早期,气候、生态资源、地理环境的影响越大(一定意义上的“地理决定论”)。在采集—渔猎经济中,拥有丰富的采集—渔猎自然资源的原始族群,由于能够

① 参见[美]路易斯·亨利·摩尔根:《古代社会》,杨东莼、马雍、马巨译,商务印书馆 1981 年版,第 6 页。其实,有关财产与国家之间关系的理论,是自洛克《政府论》以来的西方政治理论传统,并非摩尔根新创。洛克在《政府论》中强调,人们之所以要联合成为国家并服从政府,其主要目的是他们的财产能够得到保护。参见[英]约翰·洛克:《政府论》(下篇),叶启芳、瞿菊农译,商务印书馆 1995 年版,第 77 页。

② 参见[美]路易斯·亨利·摩尔根:《古代社会》,杨东莼、马雍、马巨译,商务印书馆 1981 年版,第 3 ~8 页。

长期稳定地获取足够的食物资源，因此，他们改进现有的采集—渔猎生产方式，从而发展到农业经济的迫切需求和外在动力极小。不靠外来影响过渡到农耕生活的历史进程，则会显得更为缓慢而漫长（极少数原始部落地区至今依然没有农业）。他们既然依靠现有的生产方式足以生存下来，那么，基本上没必要改变现有的生产方式而过渡到前景未卜的农耕社会（农业经济对技术要求更高，早期农业出产也更不稳定）。这样一来，他们的生产力水平就会长期停留在采集—渔猎经济阶段，社会组织也会显得相对简单、原始，文明进程演进得更为缓慢，整体文化也就更为简单、落后。[①]由此可见，过渡到农业经济，才是早期人类迈入更趋复杂的文明社会之关键门槛。

摩尔根把人类文明的演进史，奠基于人类心理机制（对财产的欲望）之上，是典型的历史唯心论，毫无疑问是根本错误的。他把这种错误的历史唯心论掩饰在他表面的人类历史进化说之中。如果用一句话来归纳他的观点，无非就是：人类文明的历史进程，其实就是一部人类财产观念的进化史与进步史。他自己的原话是这样说的：

> 财产观念在人类的心灵中是慢慢形成的，它在漫长的岁月中一直处于初萌的薄弱状态。它萌芽于蒙昧阶段，并需要这个阶段和继起的野蛮阶段的一切经验来助长它，使人类的头脑有所准备，以便于接受这种观念的操纵。对财产的欲望超乎其他一切欲望之上，这就是文明伊始的标志。这不仅促使人类克服阻滞文明发展的种种障碍，并且还使人类以地域和财产为基础而建立起政治社会。有关财产观念演进过程的重要知识将在某些方面体现人类心理状态史上最值得注意的部分。[②]

摩尔根把人类文明演进史主要归结为人类对于财产观念的进化史，并且把这种财产观念的进化视为人类进步，特别是人类跨入文明的标志。这对马克思主义经典作家理解“文明”标准，也产生了较大的影响。在经典马克思主义的观念中，私有制和阶级社会的出现以及国家作为阶级斗争的暴力工具，也就成为人类告别野蛮时代、跨入文明社会的重要标志。国家产生

---

① 参见张之恒：《中国新石器时代考古》，南京大学出版社2004年版，第11～12、246页。例如，南部非洲的布须曼人，他们居住的地区动植物资源十分丰富，可供采集的食用植物达86种之多，能够经常围猎的哺乳动物也有17种。他们只需要极其简单的工具从事劳动，即可生存下来。由于极易获得食物，每个成年布须曼人平均每天只需劳动2个多小时。同样的情形也发生在印度安达曼人、巴西亚马逊河流域的瓦苏苏人。有关讨论不同地区人类文明历史进程的差异及其原因问题，参见［美］贾雷德·戴蒙德：《枪炮、病菌与钢铁：人类社会的命运》，谢延光译，上海译文出版社2000年版。

② 参见［美］路易斯·亨利·摩尔根：《古代社会》，杨东莼、马雍、马巨译，商务印书馆1981年版，第6页。

说与文明起源说从此变成了如一枚硬币般的一体两面共存。这种国家产生说与文明起源说同步挂钩的理论也从此横亘在中国学者面前,对他们如何阐释中国所独有的文明与国家的起源,产生了极大的政治和学术上的困扰。

马克思科学社会主义和历史唯物论,当时作为革命进步学说,在政治与文化上均是受"围剿"的对象,在资本主义世界的学术领域,毫无疑问,尚处于非主流地位。马克思在19世纪40年代创立原始社会学说和唯物史观时,还没有多少丰富的实证材料,更不用说实证研究了。而摩尔根《古代社会》的出版,从他所搜集的"实证材料"以及表面的人类文明整个演进史观上看,似乎很好地印证了马克思有关原始社会的观点和唯物史观。马克思当时因此感到欣喜并加以赞赏,是完全可以理解的。这一点,恩格斯在《家庭、私有制和国家的起源》1884年第1版"序言"中,已做了忠实的说明。①

事实上,马克思以其一贯的扬弃精神,在他的《古代社会》读书摘要中并未理会摩尔根反映其历史唯心观的论述部分(摘要完全未涉及),而更多关注了"事实材料",并剔除了在他看来不合乎历史唯物主义的观点。②

坚定的唯物史观,在恩格斯撰成的《家庭、私有制和国家的起源》一书中体现了出来。恩格斯完全抛弃了摩尔根有关财产观念史演进作为人类进步和历史发展动力的错误观点,指出物质生产和人口的生产(繁衍)才是历史发展的决定性因素。然而,恩格斯并未完全抛弃摩尔根有关文明起源与国家产生挂钩的理论。他跟摩尔根一样认为,从血缘组织(氏族社会)转变到地域组织(国家),正是从野蛮社会过渡到文明社会。他把摩尔根有关人类财产观念的演进史,概括、替换成私有制的产生。在恩格斯看来,私有制的产生不是摩尔根意义上人们对财产的观念演进而来(这是历史唯心论),而是生产力发展到一定水平的必然结果(这是历史唯物论)。这无疑是十分正确的。而私人占有财产的结果,会进一步导致对人身的占有(奴役)。氏族社会因此解体,进入有阶级的奴隶社会。而按照摩尔根的蒙昧—野蛮—文明三阶段说,人类却因此从所谓的野蛮社会,进入所谓的文明社会。而国家正是文明社会的概括,是社会生产力发展到一定阶段,私有制、阶级社会出现后,社会阶级矛盾不可解决的结果。③

---

① 参见[德]恩格斯:《家庭、私有制和国家的起源》(第3版),中共中央马克思恩格斯列宁斯大林著作编译局译,人民出版社1999年版。

② 参见《马克思恩格斯全集》(第45卷),中共中央马克思恩格斯列宁斯大林著作编译局译,人民出版社1985年版,第328~571页。中共中央马恩列斯著作编译局译者的说法是:"纠正了摩尔根唯物主义观点的不彻底性,体现了历史唯物主义的观点。"

③ 参见[德]恩格斯:《家庭、私有制和国家的起源》(第3版),中共中央马克思恩格斯列宁斯大林著作编译局译,人民出版社1999年版。

问题讨论至此，我认为我们应该至少从三个层面来解析由摩尔根首创，并经马克思主义经典作家继承、改造的文明起源与国家产生理论：一是如何正确看待马克思主义经典作家的理论及其具体论述；二是如何正确对待近代以来的“欧洲中心论”（或曰“西方中心论”）文化影响下的文明起源与国家产生理论；三是如何正确理解与把握世界上不同地区人类进化发展的共同经验（一般规律）与地域性经验（特殊性）的关系。

对于第一个层面的问题，我认为毛泽东的哲学理念及政治态度最值得我们去学习与遵循。毛泽东曾经在《中国共产党在民族战争中的地位》一文中明确主张，我们要把马克思列宁主义的理论同中国的具体实际联系起来，运用于中国的具体环境。他认为，离开中国特点来谈马克思主义，只能是抽象而空洞的马克思主义。因此，他坚决反对把马克思主义理论当作教条去看待，尤其反感那种生硬地照抄照搬某一具体论断，或是寻章摘句来作为真理（王明教条主义路线）。他更重视对马克思主义哲学的整体把握。认为真正应该把握的，是他们观察问题、研究问题的立场与方法。他反对那种无视我们民族性的空洞国际主义口号与做派。因此，他强调指出：“我们这个民族有数千年的历史，有它的特点，有它的许多珍贵品。”马克思主义在中国的具体化，应“使之在其每一表现中带着必须有的中国的特性，即是说，按照中国的特点去应用它，成为全党亟待了解并亟须解决的问题。洋八股须废止，空洞抽象的调头必须少唱，教条主义必须休息，而代之以新鲜活泼的、为中国老百姓所喜闻乐见的中国作风和中国气派”。①

毛泽东的这段论述明确表明，马克思主义理论绝不是死的教条，也不应该是死教条，而应与中国的具体实际、跟中国的历史、跟中国的民族性相结合起来，才具有理论活力。人弘道，非道弘人。常理亦如此。我们尤其绝不应当割断自己的文明历史，更不应该削足适履，费力去按西方历史的那个标准，去寻找什么中国历史上的所谓“军事民主制”或者“英雄时代”之类的东西。我们真正应该做的，是把握马克思主义唯物史观的历史研究方法，以传世古史文献的记载与现代考古材料作为依据，创立具有“中国作风”和“中国气派”的文明起源与国家产生理论。

第二个层面的问题，“欧洲中心论”（西方中心论）文化影响下的文明起源与国家产生理论。“欧洲中心论”（Eurocentrism），并不是什么特别复杂的东西。它主要是指以西方（欧美）的政治、经济、文化、历史标准所确立的人

① 参见毛泽东：《中国共产党在民族战争中的地位》，载中共中央毛泽东选集出版委员会编：《毛泽东选集》（第2卷），人民出版社1969年版，第533～534页。

类观、世界观、历史观、哲学观、价值观,视欧洲(西方)为世界的中心,并带明显的种族优越感和文化优越感。

文化或文明意义上的自我中心主义,其实也并非什么新鲜事。在古希腊、罗马,在古代中国,都有过自己版本的文化(文明)中心主义。在亚里士多德所处的时代,古希腊人把四周的其他民族都视为野蛮人。构成今天欧洲各国主体民族的东哥特人、西哥特人、法兰克人、勃艮第人、汪达尔人、盎格鲁人、撒克逊人等,直到476年西罗马帝国灭亡之前,同样被罗马人视为蛮族。中国直到鸦片战争失败之前,一直也自认为是位居天下之中的天朝上国,周边落后民族或地区,皆被目为不开化的蛮夷。

欧洲在近代的崛起,也就是近两三百年的事情。从某种意义上讲,欧洲中心论只能算得上是前述各种版本文化中心主义的小字辈与后起之秀。但欧洲是近代以来率先进入工业文明的地区,相对世界其他地区的农业文明社会(以及更为低级的采集—渔猎社会)而言,他们所拥有的政治组织、经济生产,特别是军事装备等代差优势十分明显,很容易转化为高人一等的政治、文化,乃至种族优越感。[①]近代欧洲政治、经济、军事、文化霸权,通过广泛的殖民主义和帝国主义统治,几乎遍及世界的每个角落。比前述的任何版本的文化(文明)中心主义,范围都要更广泛,影响也更为深远。

中国知识界最早敏感地、自觉地意识到"欧洲中心论"偏见之危害的,是以周谷城、雷海宗为代表的研究世界史专业的一批学者。西方历史学者表现出的种族优越感和文化优越感,实在是太赤裸裸了。因此,研究比较历史的中国学者们很早就敏锐地意识到"欧洲中心论"问题。

譬如,创立了兰克学派,一再标榜客观主义,强调历史研究不带个人政治偏见与宗教偏见,主张撰写历史要客观公正的兰克(Ranke),在其晚年所编撰的历史著作中,仍然明显带有十足的欧洲中心主义论调。1932年美国学者编撰的《世界史》中,更是直言不讳地宣称:"从伯里克利和恺撒的时代直到现在,历史的伟大戏剧中的主角,都是由欧洲的白种人担任的。"有西方历史学者甚至认为,地球上其他种族都是白种人的沉重负担,声称"要引导

① 仅就欧洲对中国文明的观感与态度而言,就经历了从仰视、惊羡、向往(从马可·波罗时期到所谓"地理大发现"时期),到赞赏、交流(明清之际利玛窦等西方传教士早期),到贬低(穆勒、孟德斯鸠到黑格尔时期),到丑化(魏特夫时期)的历史过程。参见彭小瑜:《中国历史和文化研究中的归纳问题——"欧洲中心论"批判》,载《社会科学研究》1986年第6期;[英]李约瑟:《四海之内——东方和西方的对话》,劳陇译,生活·读书·新知三联书店1987年版;[美]卡尔·A.魏特夫:《东方专制主义——对于极权力量的比较研究》,徐式谷等译,中国社会科学出版社1989年版。

千百万的陌生人走上欧洲文明和进步的道路，是一个负担，而且是一个沉重的负担”。[①]

不要以为西方这样的种族主义偏见，仅仅是殖民主义、帝国主义时代流行和特有的，现在早已烟消云散了。2010 年，美国总统奥巴马（Obama）在接受澳大利亚 ABC 电视台采访时照样认为，如果数十亿中国人过上了美国和澳大利亚式的西方生活，那么他们所有人（西方人）都会陷入悲惨境地。[②]奥巴马此言一出，立即引起华人世界轩然大波。奥巴马此番言论，尽管可解读为置于当时气候大会节能减排的对话大背景之下，但仍然不小心露出了“西方中心论”甚至是种族主义偏见的小尾巴，多少映照出西方人（尤其美国人）的自私自大心理。在整个工业时代，欧美发达工业国家占了人类二氧化碳历史排放量的绝大部分。他们没有资格占据任何道德高地来对像中国这样的新兴工业国家横加指责。只能这样说，西方的自我中心主义占据近现代史确实够久了，已经让西方人觉得自己优人一等是理所应当的了。

自中华人民共和国成立以后，随着政治上向苏联“一边倒”，中国在各方面包括政治学、历史学，开始全面向苏联学习。不过，苏联以欧洲国家自居，苏联历史学界同样坚持欧洲中心论，其程度甚至较一些西方国家更为严重。按照英国学者的说法，“苏联的世界历史概念甚至比西方非马克思主义历史学家更带有西方中心论的性质”。[③]这种情形，既有损于中国人民的民族自尊心，又对正常、严谨的学术研究设置了完全不应该有的文化障碍。

通览摩尔根的《古代社会》，“西方中心论”与“西方优越论”，可谓随处可见、俯拾皆是。尤其在涉及从氏族社会转变为政治社会、进入所谓“文明社会”和“国家”方面，摩尔根完全采用了西方（欧洲）人的标准，认为雅典人是人类进入文明社会、进入政治社会（国家）最早的创建人。他甚至讲，应当把雅典第一位（民主政治的）立法者克利斯梯尼（Clesthenes）视为“人类第二个伟大政治方式的创建人，近代文明民族就是按这个方式

---

① 参见邢战国：《周谷城与反对欧洲中心论》，载《河南科技学院学报》2012 年第 11 期；马克垚：《困境与反思：“欧洲中心论”的破除与世界史的创立》，载《历史研究》2006 年第 3 期；马世力：《也谈“欧洲中心论”》，载《东北师大学报》（哲学社会科学版）1990 年第 5 期；陈志强：《雷海宗批评“欧洲中心论”——以〈评汉译韦尔斯著《世界史纲》〉为例》，载《史学理论研究》2012 年第 3 期。

② 载 http://news.xinhuanet.com/english/china/2014 - 05/28/c_133368957.htm，最后访问日期：2014 年 8 月 15 日。

③ 参见邢战国：《周谷城与反对欧洲中心论》，载《河南科技学院学报》2012 年第 11 期。

组织起来的”。①这种妄言，倘若搁在一个更为客观、严谨的学者笔下，可能会更加留有余地。

其实，正如前文所讲，以西方为中心、无视其他民族的历史经验与文化传统不只是摩尔根所处时代的通病，在整个西方文化传统中，自古希腊、罗马时代以来，即已如此。②这对他们理解自己的文化可能不那么有害，无非就是显得狂妄自大一点而已。但一旦涉及非西方世界的文化和历史，对他们客观、准确地理解整个世界，特别是整个人类社会的历史，就形成了重大的文化障碍与知识缺陷。

跟摩尔根一样，恩格斯所援引的历史材料大多来自西方历史经验（古希腊、罗马、日耳曼人）或西方所熟悉的北美印第安人部落，对于两河流域的文明历史尤其对于东方的中华文明的历史，他们都没有机会和条件去理解与掌握。因此，他们对于早期国家产生与国家形态的理解，也带有西方历史中所独有的城邦文化特点。在那一时代所盛行的“西方中心论”与“西方普世论”文化背景下，仅凭样本量明显不足的地域性（西方城邦历史）经验，就上升为普世性人类社会的一般规律，是否存在方法论上的归纳不足与逻辑缺环，存在很大的疑问。在历史材料数量不足、地域范围样本数也明显单一的情况下，对文明起源和国家产生这样宏大和根本性的问题设置带有浓厚地域（西方）色彩的具体标准，存在明显的历史缺陷和方法论上的漏洞。对于马克思主义经典作家在并不掌握更充足的人类历史材料条件下所作的一些具体论断以及不符合历史事实的一些具体论述，我们也应该毫不犹豫地按真正的历史唯物主义精神予以扬弃。

对于人类社会的一般经验或者对于人类社会发展的一般规律的总结、概括，除了应当扬弃在“西方中心论”文化背景下所做的、带有明显地域（西方）文化色彩的判断外，我们对于一般规律（共同经验）和特殊性（地域特性）也应该从哲学高度来思考。所谓一般规律或普遍性，按照马克思主义哲学观点，其含义是指应该能够反映事物（特别是同类事物）的共同性的、本质性的规律或特征。如果研究者归纳出来的所谓一般规律（或共同特征），并

---

① 参见[美]路易斯·亨利·摩尔根：《古代社会》，杨东莼、马雍、马巨译，商务印书馆1981年版，第268页。摩尔根所谓的“人类第二个伟大政治方式”，是指从氏族社会解体到政治社会（国家）。换言之，在摩尔根看来，雅典人是整个人类社会最早文明的创建人。这实属谬见。现代学者哪怕是西方学者也得承认，抛开中华文明不谈（西方社会至今对中国仍知之甚少），希腊的近邻，两河流域的居民要比希腊更早进入文明时代。参见[德]克劳德·伯恩德尔等：《图说世界史（古代卷）》，黄洋等译，上海锦绣文章出版社2010年版，第30页。

② 有关西方如何从希腊—罗马中心论演变成欧洲中心论，参见潘娜娜：《17世纪以前的欧洲认同观和欧洲中心思想简析》，载《山东社会科学》2008年第6期。

不具备共同性和普遍性，不能涵盖它所要归纳的同类事物，只能说明一个结论：这个研究者所总结、归纳出来的东西，不能叫一般规律，而带有明显的特殊性。更大的普遍性，应该超越这样的特殊性，而带有能够涵盖更广泛范围的共同特征。

试举文明起源与国家产生理论为例加以说明。这个由摩尔根提出，并为恩格斯所承继的政治理论，其核心在于，在他们看来，相比建立在土地财产上的社会组织（这里指的是地域组织即城邦国家），血缘组织（氏族社会）是一种更为低级的社会组织。摩尔根持有一种特有的人类进步观。他认为，人类的社会组织发展最初以性为基础，接下来以血缘为基础，最后才以领土为基础。在他看来，建立在血缘关系基础上的组织（氏族社会）只具有社会性，而超越了血缘关系，建立在地域和财产基础上的组织，才具有政治性，才是国家的产生，才意味着迈入文明社会的门槛。①

实际上，他过分割裂和对立了血缘关系与地域（地缘关系）之间的联系。任何一个血缘组织，无论是多么原始的人类族群，无论多么迁徙不定，他们的活动，其实总归处在一定的、具体的地域范围内，因此也具有一定的地域性。只不过这种地域性存在一定的流动性而已。人类从迁徙不定的生活到慢慢开始定居下来，特别是进入农耕社会以后，人与地域的对应关系才逐渐固定下来。但这并不意味着人与人之间的血缘关系就一定会打破，或一定应该打破。中国在迈入农业文明社会，尤其是具有明显的国家形态之后，血缘关系依然十分牢固，并未被纯粹的地缘关系（地域）组织完全取代。②在西方城邦的早期历史中，氏族公社的解体同时意味着在城邦政治层面上血缘社会的解体。这的确是历史事实。但在中国古代，城邦国家从来没有成为主要的国家形态，而且，周公制礼之后所确立的宗法社会，仍然是十分鲜明的血缘社会。事实上，中国在整个传统社会（国家）阶段，血缘社会的特征一直十分显著。

从西欧自身历史上看，政治组织中的血缘关系和地缘（地域）关系也并不存在非此即彼或一定就是摩尔根所谓从低级到高级的直线演进关系。以西欧中世纪封建历史为例，西罗马帝国于公元476年灭亡后，西欧各蛮族在罗马帝国的原有疆土上先后建立起大小各异的王国，形成封建林立的政治格局。封建领主的封地（fief）虽有地域（地缘关系）之名，但维系封建政治

---

① 参见［美］路易斯·亨利·摩尔根：《古代社会》，杨东莼、马雍、马巨译，商务印书馆1981年版，第3～7页。

② 参见中国社会科学院考古研究所编：《中国考古学·夏商卷》，中国社会科学出版社2003年版，第20页。

的真正核心，却是一种封建性人身依附关系。领主对封臣的封授来自封臣对领主的臣服（homage）与宣誓效忠（fealty），以及相应的封建役务（service）。用西欧封建术语来说，就是建立起“扈从”或“附庸”（vassalage）关系。从封建制度的起源和原初意义上考察，封建关系原本只是封臣与领主间的个人依附关系，封臣所保有的封地权利也只是及于其终生。到了后来，封臣的后嗣（当然并非所有封建关系中的封臣后嗣均如此）慢慢演变到可以世袭继承，又重新回到了血缘社会的老路子上。因此，封地表面上所呈现的地缘关系丝毫掩饰不住血缘社会的底色。[①]西欧的封建关系，在政治组织上甚至较西周基于血缘关系建立的分封制，更具有人身依附关系。[②]

简言之，欧洲中世纪时期的封建国家与封建社会根本不是基于地域（地缘关系），而是基于封建人身依附与血缘关系而建立的政治组织与社会制度。

以上说明，将血缘关系的解体、地域组织的确立，作为迈入文明和政治社会（国家）的所谓“一般规律”，根本不能涵盖更大范围的人类社会历史的共同经验。甚至连西欧本身的历史都解释不了。因此，它并不具有人类历史经验的共同性和普遍性。它根本算不上是文明起源和国家起源的“一般规律”。强说它是一般规律，也只是西方社会某一特定历史阶段（古典西方城邦文化）的“一般规律”，具有地域性和历史特殊性。此外，摩尔根并没有深入理解基于血缘关系的政治组织本质是一种基于人身关系的政治组织。从西欧中世纪的历史看，人身关系与血缘关系所主导的封建政治在打破了血缘关系的西方古典城邦国家形态之后，依旧可以卷土重来。

我们在归纳事物的一般性特征时，的确应该越过表征从事物本质的角度，在更大的范围内探求事物的共性特征。以中国农业经济为例，中国因其广阔的疆域以及南北气候、水土上的巨大差异，同样是进入农耕社会，北方就主要是较抗干旱的粟（黍）作农业，而温暖湿润的南方则主要为稻作农业。在农业经济的一般性特征的归纳上，就绝对不能单纯以粟、黍或水稻作为单一农作物标准，而应以是否存在具备从攫取性经济向生产性经济转变性质的农作物种植来衡量。按这样的逻辑和标准，我们同样也就不会轻易错误地将古代中东地区居民流行的大、小麦种植活动，排除在农业经济之外。

① 参见 Reynolds，Susan，*Fiefs and Vassals*，Oxford University Press，1994，pp. 17－74；陈绪纲：《法律职业与法治：以英格兰为例》，清华大学出版社 2007 年版，第 5 章。

② 实际上，西周除了建立在血亲关系上的分封，也有出于政治联盟在姻亲关系上建立的分封，更有出于追思先圣王（当然也可能出于收拢人心的政治考虑）而建立的分封。如神农氏之后封于焦，舜的后代封于陈，大禹的后代封于杞（《史记·周本纪》）。而摩尔根无非认为建立在人身关系上的政治组织，比建立在地域（领土）关系上的政治组织要原始、落后。这是一种错误的直线进化论观点。

因此,我们在讨论人类文明起源与国家产生这样宏大的主题时,在逻辑上绝不能以偏概全,而应更大范围地总结、归纳世界绝大多数地区人类的历史经验,使其具有更广泛的共同性、一般性、普遍性特点。

综上所述,我认为,按照地域性(西方)经验和政治组织与意识形态观念(上层建筑)来确定人类文明的起源标准,根本上就是错误的,应予以摒弃。文明起源的标准应该结合生产力发展水平来衡量(这符合历史唯物主义),而不是单单靠属于上层建筑范围的政治制度、观念与意识形态来衡量。

简言之,文明起源与国家产生问题应脱钩,物质文明与政治文明应该分开讨论。否则,不仅在概念上会产生错乱,在逻辑上也难以自洽,甚至在道德及心理上也易产生令人难堪的后果。实际上,从新石器时代晚期开始出现的社会等级、贫富不均,特别是人牲与人殉等丑恶、罪恶现象看,人类刚跨入的这个所谓"文明社会",实际上较之前所谓的"野蛮社会"在人际普遍关系的道德水平上,变得更为野蛮、更为残暴,更不人道了。所谓"野蛮社会"时期人与人之间的共同劳动、平等共享的命运共同体精神消失了,变成了所谓"文明社会"中更为贪婪的独占私有,出现了残酷的阶级压迫与阶级剥削现象。这何来"文明"之有? 对此,我们只能说,在物质生产与生产力水平方面,人类较早期确实有了飞跃性的提高。我们也只能说,人类在物质生产领域进入了文明社会。①

---

① 本书并不打算从语义学角度详尽讨论"文明"的概念,但由于西方社会在探讨人类演进史及文明起源时,使用了"文明"这个概念,我这里简单加以说明。"文明"的概念,除了日常用语中的频繁出现,再加上"文化"的概念掺杂进来,的确变得指义多样而含混。学者们的讨论也显得过于纷繁复杂,各说各话,甚至给人以"鸡同鸭讲"的感觉。

现代西方意义上的"文明"概念,源自西方近代以来的现代性(启蒙)运动。据布罗代尔考证,在欧洲,"文明"一词在1766年一本印刷物上首次出现。它原先指的是一种关于思想、技术、道德和社会进步的世俗理想。这里文明显然等同于"启蒙"或进步。孔多塞在1787年预言:"文明越在地球上普及,人们越能看到战争、征服、奴役和苦难的消失。"正是基于此含义。因此,"文明"概念在近代欧洲一提出来,就是与"野蛮"相对立。到1850年左右,西方语言中"文明"(以及文化)一词的拼写形态,从单数变为了复数。这表明,这一时代,欧洲人开始放弃承认只有一种理想图景所界定的文明形态。自那之后,文明越来越指代不同地域人类在经济、政治、宗教、历史、语言等方面形成的差异化文化集合体,如"西方文明""伊斯兰文明""中华文明"。参见[法]费尔南·布罗代尔:《论历史》,刘北城、周立红译,北京大学出版社2008年版,第197页以下。

不过,越到后世,"文明"的含义就越衍生越多样。"文明"在西方文化中跟礼貌,甚至宫廷礼仪沾上了边。参见[德]诺贝特·埃利亚斯:《文明的进程——文明的社会起源和心理起源的研究》,王佩莉、袁志英译,上海译文出版社2009年版。

关于西方传统中的文明概念以及多样化文明的世界,参见[美]塞缪尔·亨廷顿:《文明的冲突与世界秩序的重建》,周琪等译,新华出版社1998年版;董小燕:《西方文明:精神与制度的变迁》,学林出版社2003年版。

关于中国的人牲与人殉现象,参见黄展岳:《中国古代的人牲与人殉》,文物出版社1990年版。

人类社会整个文明起源的问题，涉及的主题宏大、深远，包含的范围与领域也应更为广泛。将不同领域，比如物质文明和政治文明，不分青红皂白地混同在一起讨论，很容易混淆我们的认识，模糊我们的判断。而将政治组织与观念（所谓政治文明）的演进，作为整个人类文明起源的唯一标准，则不仅颠覆了我们对于“文明”与“野蛮”的初始认识与表面含义，更是一种历史唯心主义的表现，在知识观与方法论上并不可取。

如果我们在讨论人类社会从简单到复杂的演进历史、在探求人类社会整个文明的起源问题时，根据不同的领域、范围分开讨论，尽量运用考古发掘、发现的人类活动历史的物质遗存方面（物质文明）的研究材料，我们或许可以避免上述困窘与错误。

物质文明主要指代人类物质生产方式的重大性与革命性跃进，并体现在人类整体生存状态与命运的巨大变化与革新的经济生活方面。比如，农业经济较采集—渔猎经济有了革命性的飞跃，而大机器革命所产生的工业经济，也较农业经济有了重大革新与进步。我们分别称为“农业文明”和“工业文明”，作为人类历史的大分期。这样处理，实属妥当。

国家起源（或产生），乃至国家形态的演变问题，涉及人类政治组织与意识形态日趋复杂的历史现象。物质文明与政治文明两者的发展，在历史上并不同步，不应混同，更不应本末倒置将属于政治意识形态及组织制度领域的国家产生问题作为迈入文明社会的标准。举例而言，在西欧的整个农业经济（农业文明）时代，其政治意识形态及组织制度，乃至国家具体形态，都经历了巨大的变迁。从最早的氏族公社到古希腊时期的城邦王政，到共和时期以及雅典民主，到古罗马城邦王政、罗马共和国，以及后来的罗马帝国，再到西罗马帝国灭亡后的领主—封臣关系的封建政治制度，以及后来的资产阶级代议制政治，国家形态与政治制度都发生了翻天覆地的变化。

农业经济是人类历史上关乎人类命运的一次重大革命。人类摆脱完全被动的攫取性经济，转入了更为积极主动的生产性经济，这意味着人类的整体命运较之过去更为自由、自主。农业经济更是所有其他文明标志（如文字、城市）的经济物质基础。

在农业经济条件下，人类从迁徙不定的流动生活逐渐过上了安定的聚居生活，建立起了村庄和城市。人口的繁衍出现了激增。人口增长导致了原始族群的裂变，新的族群从中心地带拓殖到边远地带。随着打井技术的发展，聚居地带从传统的江河沿岸向内陆迁移。人类的活动地域因此更为扩张。

随着人口规模的增长，以及物质生产技术的提高，人类社会本身也从规模较小、结构简单的原始族群，演变到更为庞大、复杂的社会组织形态。社会分工日趋明确与细化。手工业出现了。规模化与专业化生产也开始产生。对自然界（天文、地理、动植物、矿产等）的认识，也因此更为广泛、深入。原始的冶炼业开始出现，从冶炼黄铜到青铜，再到铁器，人类最终彻底告别了石器时代。从这个意义上说，建立在农业经济基础之上的农业社会，是人类最早的文明社会。农业经济是人类文明的起源。

从世界历史的范围看，在距今 1 万年左右，世界上每个角落的人类几乎主要以采集和渔猎（狩猎）为生。之后的几千年，不同地区的人类社会先后进入农业社会，特别是在新石器时代晚期之后，居住在不同地区的人类，基本上已经普遍进入农业社会。到了距今 2000 年前，除了少部分人仍然从事采集—渔猎经济，大部分地区已经完全过渡到农业和畜牧业经济。[①]应当说，人类在跨入农业经济即步入农业文明的问题上，不同地域、不同种族、不同语言与文化的居民，体现了很强的共同性与一致性，代表了人类文明发展的普遍性特征。农业经济基础之上所确立的农业文明形态，是人类最早的文明形态。

5. 中国早期国家的产生与演进——从“天下”到“帝国”

将文明起源与国家产生问题混为一谈的结果，实际是将（尤其是现代人的）政治观念与意识形态的标准凌驾人类社会的经济基础的发展史之上。其结果是，政治文明取代物质文明，成为人类文明起源的唯一标准。这自然容易引起人们认识上的混乱。与之相反，将人类的物质文明（经济基础）与政治文明（上层建筑）分开阐述，不仅符合历史唯物主义，而且更有助于准确地把握两者的辩证关系。

讨论中国早期国家的产生及其演进历史的问题，首要之举是将摩尔根所开创的文明起源与国家产生问题脱钩，从政治观念本身的角度去理解国家的概念及其产生、演进的历史。当然，最好的研究方法还是结合传世古史

---

① 参见［美］费根：《地球上的人们：世界史前史导论》，云南民族学院历史系民族学教研室译，文物出版社 1991 年版，第 255 页以下。［美］龙多·卡梅伦、［美］拉里·尼尔：《世界经济简史：从旧石器时代到 20 世纪末》（第 4 版），潘宁等译，上海译文出版社 2009 年版，第 17～30 页。有关两河流域的农业经济起源与发展，参见杨建华：《两河流域史前时代》，吉林大学出版社 1993 年版。有关尼罗河流域的古埃及人的农业经济，参见刘文鹏：《古代埃及史》，商务印书馆 2000 年版。农耕与畜牧业相结合，是农业的一个整体。因此，畜牧业可包含在“农业经济”概念之下。但是，在后世，不同民族有所分化，有的农耕和畜牧业仍然结合在一起，有的民族则完全没有农耕经济，只有狩猎与畜牧业相结合的游牧经济，形成了游牧民族。例如，中国历史上的匈奴和蒙古，即后种情形，而所谓的熟女真，则是前一种情形。

文献与现代考古学研究的成果。

20世纪初,“疑古派”风头正劲,极端派甚至一概抹杀传世古史文献的价值,目之为后人托古伪作或衍化。中国近百年的考古研究已经证实,古人并非向壁虚造。好在极端疑古的这种错误态度,现已纠正过来。[①]

在我们讨论中国早期国家的产生问题之前,先简短梳理一下现代人所理解的“国家”概念的来源历史。现代的“国家”概念,也是摩尔根在《古代社会》所袭用的国家概念,源自欧洲自宗教改革以来的政治世俗化运动,其核心是政教分离运动所产生的“主权国家”和“民族国家”概念。

在欧洲中世纪,整个政治制度实际上由两部分组成:一是建立在个人依附关系与血缘关系基础之上的封建制;二是凌驾于世俗权力之上的罗马教会。换言之,在欧洲中世纪,世俗君权与神圣教权不可分割地交织在一起。

自476年西罗马帝国被众蛮族灭亡以后,众蛮族忙于争夺地盘,瓜分西罗马帝国原有的疆土。500~600年,东哥特人占领了意大利半岛南部与北部,伦巴第人占领了意大利半岛中部,西哥特人则占据了西班牙。而罗马帝国昔日的高卢行省,则被法兰克人和勃艮第人瓜分。不列颠行省被盎格鲁—撒克逊人占了大部,土著居民凯尔特人要么被奴役,要么逃入西部威尔士山区或北部。“破坏狂”汪达尔人则占据了北非。这些蛮族分别建立了蛮族王国(Kingdom),进而形成了欧洲封建林立的局面。[②]这种碎片化的政治格局,到11世纪西欧蛮族普遍皈依基督教后,并没有太大的改变。但罗马教会在当时不仅是一个宗教机构,更是一个政治组织,因此成为欧洲超越民族、种族与封建地域的唯一威权机构。

前文讲过,西欧封建制是一种建立在人身依附与血缘关系之上的政治制度。因此,在中世纪的欧洲并不存在明确的、清晰的抽象意义上的“国家”(State)观念。近代欧洲的抽象国家概念,首先源自“主权”(sovereignty)概念的演变。在中世纪,最早的“主权”由罗马教会所主张,它是“神权政治”原则(theocratic doctrine)的核心与基础,原本指的是罗马教皇(Roman Pontiff)在尘世(世俗社会)所拥有的至高无上权力(supreme authority on earth)。[③]中世纪晚期,罗马教会普遍的腐化堕落,激起了宗教改革的猛烈呼声,矛头直指罗马教会所拥有的世俗权力。教会权力与世俗权力分离的世

---

① 参见李学勤:《走出疑古时代》,辽宁大学出版社1994年版。

② 参见[美]霍莱斯特:《欧洲中世纪简史》,陶松寿译,商务印书馆1988年版,第48~49页。

③ 参见D'Entreves,*The Notion of The State*,Oxford University Press,1967,p.96。

俗化运动从此开始。①

真正在学理上完成“主权”概念世俗化与理论化过程的，是法国的博丹(Bodin)。博丹认为，主权的存在正是国家(State)区别于其他人类社会组织的关键所在。一个家庭或家族(family)，无论多么庞大，永远不可能是一个国家，而一个国家，无论多么小，只要拥有主权，就是一个国家。②

随着欧洲近代以来民族国家的兴起，博丹的主权国家理论产生了深远的影响，从近代欧洲到现代欧洲，乃至全世界，这种建立在主权观念上的民族国家的国家理论影响至今。我们从摩尔根完全否认带有血缘关系的氏族组织具备国家属性的观点来看，他实际也是全盘承继了自博丹以来的西方国家理论。

我们在探讨中国历史上早期国家的产生(起源)问题时，绝不能用近代欧洲人所设定的国家概念的标准来衡量。近代欧洲人对于国家概念的理解，正如前文所述，有自己独特的历史传统与文化背景。它既是对西欧中世纪封建制的反叛，也是教权与王权斗争、政教分离世俗化运动的一部分。这些历史背景，不要说在中国的上古时期，就是在近现代中国也同样找不到对应之物。用近现代人的观念生硬地套在古人身上，这同样也是一种反历史的错误方法论，不足为训。

前文所述，在我看来，国内学者对于中国早期国家产生问题所展开的讨论，有不少的确是照搬照抄西方的概念而来，大多属于无谓的口水之争。比

---

① 罗马教会世俗权力的根源，源自对教徒的精神指引，它有一整套尘世与天国的理论，包括原罪说、赎罪论、得救论等。上帝对教徒的拯救，要通过教会来进行。教会的精神指引到了中世纪晚期被贪婪腐败的罗马教皇和教会弄成了赤裸裸的商业兜售——向教众出售赎罪券。1517 年，教皇特使在布道时兜售赎罪券，说只要买主的钱币落入钱筒叮当一响，他们已死的家属的灵魂立刻升入天堂。德国的马丁·路德作为一位虔信的基督徒，他主张“因信”(sola fide)得救的赎罪学说，坚决反对赎罪券，从而拉起了宗教改革的大幕。路德强调教会的精神信仰本质，认为教会不过只是信徒们以上帝的名义，忠实地聚集在一起的信众团体而已。他的神学学说，对教会作为一个实体组织以及教会拥有的世俗管辖权力之合法性，都产生极大的消解。在他看来，教会所拥有的世俗管辖权，是对世俗当局权力的篡夺。路德支持扩大世俗当局的权力，认为世俗当局应该拥有行使包括管制教会的权力在内的一切强制权力。这意味着教会应置于信神的君主的控制之下。这从宗教理论上，完整地阐述了教皇的至高无上主权，应该如何转手于各国世俗君主手中。路德以德语方言翻译拉丁文版本圣经。后来英国也在詹姆斯一世时期完成了圣经英语翻译的钦定版本。文字的地方化(与此前欧洲统一使用拉丁文相对)，对产生民族情感的认同以及民族国家的观念，也十分重要。宗教改革的政治后果之一，就是“主权”观念世俗化。参见[英]昆廷·斯金纳:《近代政治思想的基础》(下卷)，奚瑞森、亚方译，商务印书馆 2002 年版，第 3 ~ 156 页；徐大同主编:《西方政治思想史》，天津教育出版社 2005 年版，第 45 ~ 55 页。

② 参见[法]让·博丹:《论主权》(英文影印本)，中国政法大学出版社 2003 年版。D'Entreves, *The Notion of The State*, Oxford University Press, 1967, pp. 99 – 103.

如,最近20多年在中国政治、历史学术界热门的“酋邦”理论。如果把在“国家”阶段之前所谓“游团”(bands)、“部落”(tribes)、“酋邦”(chiefdoms)三个社会阶段的进化,去跟摩尔根所提到野蛮社会的低级、中级、高级阶段的特征相比较,就会发现实则大同小异,连方法论上的路子都完全一样,无非是“新瓶装旧酒”,换了几个新名词而已。在“国家”概念上,也依然跳脱不出所谓地缘关系取代血缘关系的老把戏。①

有关中国早期国家的问题,其实2000多年前的华夏先人早替我们解决了。自近代以来,随着西方新的国家概念传入中国,这反倒成了个问题,我们反而重新思考、讨论了起来。

应当说,司马迁早就替我们解决了这个问题。司马迁的先祖,在周朝世世代代为史官,其始祖甚至可追溯到颛顼帝时期掌管天文、地理的重氏、黎氏。他因袭了严谨的信史家风。他本人作为史官,不仅较别人掌握了更多的史料,而且还曾游历过大江南北,做了深入的田野考察。司马迁的观念带有明显的儒家思想印记,《史记》虽是首部纪传体史书,形式上以人物纪传为主,但它又明确承继《春秋》以来的史家传统,是所谓上明道德、下辨人事的严肃政史。

《史记》以五帝本纪为首篇,司马迁这样安排的理由何在?答案就在班固所讲的“黄帝始作制度”(《白虎通·卷二·号》)这句话里。

按照古人的通行观念,五帝之前的三皇,是所谓“圣人作物”的时代。按照2000多年前古人的看法,到了距今六七千年的上古,虽说已然进入农耕文明社会,但还谈不上荀子所谓“起礼义、制法度”。从政治观念的角度看,“黄帝始作制度”可以视为开启一个完全崭新的政治时代。这实际上就是开启中国早期国家的时代。

过去,中国有的学者们要么把夏朝之前归为不可信的传说时代,要么根据后世考古发现,认为东部的龙山文化与西部的仰韶文化是两种截然不同的文化区,进而认为夏朝之前的黄河流域不仅没有统一的国家,甚至没有统一的经济文化类型和历史民族区。基于这一逻辑,在他们看来,夏朝之前的帝王只不过是一些部落或部落联盟的酋长而已。有的学者则根据马克思主义经典作家所承继的摩尔根国家理论,牵强附会地把这一段历史归为所谓

---

① 有关“酋邦”(chiefdom)理论,参见张光直:《中国青铜时代》,生活·读书·新知三联书店1983年版,第46~56页;谢维扬:《中国早期国家》,浙江人民出版社1995年版;易建平:《部落联盟与酋邦——民主·专制·国家:起源问题比较研究》,社会科学文献出版社2004年版;段渝:《酋邦与国家起源:长江流域文明起源比较研究》,中华书局2007年版;沈长云、张渭莲:《中国古代国家起源与形成研究》,人民出版社2009年版。

初见文明曙光的西方式“军事民主制”或“英雄时代”。①

这些阐释是否客观、准确呢？让我们先来考察《五帝本纪》中涉及的政治观念与政治实践，并结合《尚书》中的政治哲学，再做定夺。

（1）黄帝所处的时代，已经建立起天子—诸侯关系的天下政治体系。“小国寡民”应该是人类最初国家形态的普遍特征。中国上古时期如此，古希腊亦如此。②但在黄帝时期，诸侯所领的邦国，跟古希腊时代的众多小城邦相比较，政治性质上已经存在重大差别。这一时期的中国，无论是政治观念还是在政治实践中，在各诸侯邦国之上，明显存在一个主导型、领导性的天子，即存在一个带有政权性质的政治权力中心体系。这种天子政权往往主导诸侯会盟（“诸侯咸来宾从”），也是后世以天子为核心的“朝贡”体系的雏形（“诸侯咸尊轩辕为天子，代神农氏，是为黄帝”）。在古希腊历史上，试图建立起类似这种凌驾于诸城邦之上的政治权力中心，要等到公元前 431 年，即雅典和斯巴达为争夺希腊霸权的伯罗奔尼撒战争（Peloponesian War）才开始出现。中国在这方面领先西方近 2000 年。

或许这种天子政权的政治权力中心体系的雏形或类似的权力结构体系，在神农氏强大的时期就已然存在了。只是因为神农氏实力衰落下去，失去了征伐诸侯的军事能力，这个政权体系也就崩溃了。但神农氏强盛时期的具体历史事迹，尤其是政权体系，显然较五帝时期更为久远。到司马迁时代，就已经变得不可考证。③因此，《五帝本纪》开篇仅仅是追述了这段历史而已，并未进一步展开描述神农氏政权的具体特点。司马迁只是称在黄帝时期，神农氏的后代已经衰弱不振，各诸侯之间相互侵伐，暴虐百姓，而神农氏无力征讨他们，来维持政治秩序、主持正义。

这里的“诸侯”，跟《尚书》《周易》提到的“万邦”，虽在政治实体上是同一层意思，但在政治性质上已然有所不同。天子—诸侯政治体系中的诸侯（邦国），已经丧失了一定的政治自主权。黄帝时期，天子对那些不顺从天子号令、犯上作乱的诸侯，就有权予以武力征讨。这正是后世所谓“礼乐征伐自天子出”的原本。吊民伐罪、征讨四方的合法权力，专属天子。这在后世

---

① 参见徐中舒：《论尧舜禹禅让与父系家族私有制的发生与发展》，载《四川大学学报》（社会科学版）1958 年第 21 期；李学勤主编：《中国古代文明与国家形成研究》，云南人民出版社 1997 年版，第 185 ~ 248 页。

② 古希腊起初也有几百个小邦。参见郝际陶：《古代希腊研究》，东北师范大学出版社 1994 年版，第 146 ~ 147 页。这种众多小城邦并存的局面，在亚里士多德《政治学》中也可见端倪，在修昔底德《伯罗奔尼撒战争史》和希罗多德的《历史》中都能找到踪迹。

③ 神农氏应该不只是传说而已，因为他们的后代在西周初期还被分封在焦（“乃褒封神农之后于焦”《史记·周本纪》）。

也被视为天子政治“道统”（合法性）的一部分。

（2）黄帝当政时期可能已经建立专门的常备军（“迁徙往来无常处，以师兵为营卫。官名皆以云命，为云师”）。并且设立了军事主官（“左右大监”）。甚至极有可能部署军队驻扎在军事战略要地，以监视诸侯国的一举一动（“置左右大监，监于万国”）。这是天子政权的制度设计，更是其军事实力基础。黄帝一生中所指挥和经历的战争不少，或组织自己专属的军队（“修德振兵”），或征召诸侯的军队（“征师诸侯”），依此力量平定天下。政治智慧和军事实力都不可或缺。军队这种暴力工具的存在，一向是国家形态的重要标志。黄帝时期已拥有常备军，并设立了军事主官，倘若我们还教条地按西方标准把它归之为前国家形态的“英雄时代”，或者是“氏族部落联盟”“酋邦”之类的西方概念，逻辑上根本说不通。

（3）黄帝设置了治理百姓的民事官员（“举风后、力牧、常先、大鸿以治民”）。这应该是后世牧民之官的起源。民事官员在后世也成为常例，而且官员人数、职责范围都有所扩大，以至于到了帝尧时代（不过隔了三世），已有“百官”“百工”“百揆”之说。

对农耕社会而言，按时播种、不误农时，对人民生存至关重要。因此仰观天文、俯察地理的学术传统非常悠久，最早是归到了上古圣人（伏羲氏）名下，后来则由掌握天文地理专门知识的官员世代承袭。因此，中国古代任命掌管历法的官员的历史不仅早，而且史书记载也极为详细。在帝尧之前，颛顼帝时期就已经任命重氏、黎氏掌管天文地理。帝尧承继传统，任命了掌管天文、制定历法的官员。帝舜的时代，又任命了掌管农业的官员（“后稷”），掌管水土（水利）的官员（“司空”），掌管教化（教育）的官员（“司徒”），掌管司法的官员（“士”），掌管百工营建的官员（“共工”），掌管山林的官员（“虞”），掌管祭祀之礼的官员（“秩宗”），等等。这些官职是后世“三公九卿”官制的发轫。

天子直接任命官员（大臣）处理政务，跟天子同四方诸侯（四岳）咨询的协商政治，并行不悖。尧舜禹三代，这两套政治制度得到进一步发展。这一时期，无论从《五帝本纪》，还是从《尚书》中来看，“四岳”（“群后”）与“诸牧”（“群牧”）已然并举并存。

（4）四至疆域与天子巡狩的制度。《五帝本纪》简略提到了黄帝巡狩四方的历史。到帝舜秉天子之政时期，从巡狩时间到礼仪，则描述得更为详尽。天子巡狩当然是统合诸侯的政治性巡视。我们从帝舜在巡狩中所作的主要事情就能看出来：会见诸侯、祭祀名山大川、校正时历、统一音律与度量衡，并制定相应的礼仪规范。到了帝舜和大禹的时代，天子巡狩与诸侯朝见制度变得更为丰富、完善：天子五年一巡狩，而诸侯其余四年里每年要来京朝见天子,对诸侯计功考绩也纳入其中(“五载一巡守,群后四朝。敷奏以言,明试以功,车服以庸。”《尚书·舜典》)。另外,按司马迁记载,帝舜和大禹都是死在巡狩途中。这侧面说明巡狩的确是天子巡视四方的常例。

(5)协商政治与朝会制度。从帝尧时期两件大事的处理,即天子继承人选与治理洪水,我们可见当时协商政治与朝会制度是如何运作的。这应该是中国早期朝廷的雏形。《尚书》中的《尧典》《舜典》《大禹谟》《皋陶谟》各篇,多以君臣答问(廷议)的形式表现,内容除了讨论当时的政事,如擢拔官员、继位人选、治理水患的人选人事安排以外,还有较大篇幅检讨为政之道,阐发抽象的政治哲学。而且从整个廷议的氛围来看,君臣之间坦诚无间、畅所欲言,既不失得体,又气氛轻松、和谐。

(6)礼义规范。帝尧时期已有“五典”之说,这是指涉及五大伦常的礼义规范,即后世《左传》里所提到的父义、母慈、兄友、弟恭、子孝。前文反复申论过,在中国,上古氏族公社的解体并不意味着氏族政治的文化传统就此消失,相反,血缘社会的特点还很顽强的保留着。伦常礼义从血亲家庭伦理的基本层面,自然延展到一般人际层面(朋友)以及政治层面(君臣),形成了后世所谓的“五伦”(君臣、父子、夫妇、兄弟、朋友),成为全方位地涵盖整个社会人际关系的秩序准则。

(7)贡赋税收制度。司马迁在史记《夏本纪》的末尾,曾讲到“自虞、夏时,贡赋备矣”。这里说的是到帝舜和大禹在位时期,国家的税收制度已经比较完备了。贡赋制度的发展,离不开天子政权的强大以及对所辖疆域的田土进行调查这两个条件。从大禹治水的历史,特别是《尚书·禹贡》篇来看,大禹治水涉及巨大的人力财力的组织、征用和调遣。治水和全国性的田土调查之间,应该存在密切的关联。为治水患,帝舜当时曾任命大禹为司空,总摄百官(百揆)。完成规模如此宏大的水利工程与田土调查任务,表明当时国家的人口规模、社会组织与政治动员能力水平,已经达到了相当的程度。过去,总有人怀疑大禹治水只是个神话而不是史实。但是,从距今约4600年至4000年的山西襄汾陶寺遗址的城址规模,及其在经济、文化上的发达程度来看,这种怀疑越来越站不住脚了。[①]

---

① 参见侯仰军:《考古发现与大禹治水真相》,载《古籍整理研究学刊》2008年第2期。陶寺遗址有大、中、小三座城址,复原总面积达280万平方米,东、西、北三面都筑有夯土城墙。参见中国社会科学院考古研究所编:《中国考古学·新石器时代卷》,中国社会科学出版社2010年版,第561~576页。修筑此等规模的城池,没有相当多数量的人口及相应的社会组织能力,是很难完成的。另外,古埃及金字塔也修建于陶寺遗址大致同时代。因此,现代人对古人的智慧与能力,不应随意怀疑与低估。

(8)刑罚制度。到帝舜时期,已经制定了比较明确、具体的刑罚制度,并予以公布("象以典刑,流宥五刑,鞭作官刑,扑作教刑,金作赎刑。"《尚书·舜典》)。皋陶被任命为主管刑罚的最高司法官("士"),并且确立了刑罚的基本指导原则。首先,要公正,要能令人信服("惟明克允"),而且刑罚要慎用。其次,罪分轻重罪,刑罚与罪行相对应。再次,刑罚之目的并非单纯的惩罚,而是更好地促进五常人伦,达到措而不用的"无刑"境地("明于五刑,以弼五教……刑期于无刑"①)。最后,也是最重要的是,形成了德主刑辅的政治哲学。这一政治哲学作为主流思想,此后在中国影响了数千年。

以上归纳的八个方面表明,五帝时期开创的天子—诸侯的天下政治体系,是一个具有常设民事官员及政府功能的天子政权与国家实体,而绝非所谓的临时会盟性质的氏族部落同盟。因为它凌驾于诸侯(邦国)之上,一般不采"国家"(邦国)之名,而以"天下"名之。②我们硬套上"军事民主制"或"英雄时代",岂不是个大笑话?

这个天子—诸侯的天下政治体系,经历夏、商两朝千年的发展,到西周初年,已经趋于完备,最终经周公之礼确立了分封制的宗法社会形态。从西周末年,一直到春秋、战国之际,出现了天子微、诸侯僭、大夫强的政治局面,礼崩乐坏,群雄并起,天下纷扰不宁。古典版本的天子—诸侯的天下政治体系,最终陷入了崩溃境地。公元前221年,秦王嬴政兼并六国,最终统一全国。秦王改称始皇帝,在全国范围内废除了封建诸侯,建立起新型的中央—郡县制的帝国体系。中国国家的形态,也就从"天下"实质转变为"帝国"(但依然名之为"天下")。这一中央集权的帝国政治体系,在后世的历朝历代,虽不时有大修小补,但基本格局一直未变,维系了2000多年。

在传世古史文献之外,我们再从考古学的角度探讨这个问题。"万邦""万方"在中国上古史籍中的确数见不鲜。它显然源自血缘共同体,是一种氏族政治共同体。中国新石器时代的考古发现、发掘的大规模遗址群和中心遗址,足以印证这一点。就距今约6000~7000年的仰韶文化而言,中国考古研究者已经发现仰韶文化遗址以及受其文化影响的遗址数千处。它的分布以陕西、河南和山西为中心,远达甘肃、青海、湖北、河北及内蒙古边缘地区。我们从半坡遗址、姜寨遗址、大地湾遗址的布局、规模、结构、面积,尤其是中心广场向心凝聚式的布局和内部结构来看,它们绝非只是普通的聚

---

① 参见《尚书·大禹谟》。

② 《礼记·祭法》中讲"天下有王,分地建国"。《左传·桓公二年》中也提到"天子建国,诸侯立家"。"国"指代诸侯的政治实体,"家"指代卿大夫的政治实体。"国家"本义是指诸侯与卿大夫的政治实体。指代天子的政治实体,不是"国家",而是"天下"。

落，而是带有明显的政治、经济、文化、宗教的中心功能。①

中国考古研究者已经发现了成批新石器时代晚期（距今约 5000 年至 4000 年）的城址遗址。仅以黄河流域为例，山西襄汾陶寺遗址是中国迄今发现的面积最大的史前城址。陶寺遗址有大、中、小三座城址，结构复杂、规模宏大、布局完整。陶寺遗址出土了不少可用于判读该城址政治性质与经济发展水平因而具有重大考古价值的稀罕文物。比如，迄今在中原地区考古发现的唯一红铜器（铜铃），以及中国迄今发现的唯一带有龙纹徽标图案的陶器——彩绘蟠龙图形的陶盘。另外，还出土有朱书陶文，玉钺、璧、璜等玉制礼器，大量石镞、骨镞等兵器，以及大型组合礼乐重器等。

除此之外，尤其令人惊异的是，在遗址大型墓附近，发现了一个呈大半圆形的特殊遗迹。考古研究者经过一年的模拟观测，发现从该半圆的圆心经半圆形夯土墙有意留出的二十道缝隙中向东望，在春分、秋分、夏至、冬至等农时节气，恰好可以观测到太阳从遗址以东的帽儿山升起。考古学家和天文学家一致认为，陶寺遗址这一遗迹应该是古人观测天象和祭祀的场所。这跟《尚书·尧典》中提到的“观象授时”吻合一致。考古学者们认定，这里是一座具有“王都”性质的城址。②甚至有学者推断，这里就是曾经的尧都。③

黄河下游的龙山文化，同样发现了一批规模较大的城址遗址。龙山文化发现的礼器种类也较多，如玉钺、玉版、玉冠饰等。从墓葬情况看，这一时期的社会结构与政治形态，的确发生了深刻而重大的变化。④

徐中舒教授曾认为，根据考古发掘，黄河流域的仰韶文化与龙山文化呈现完全不同的特征，因此，他反推当时不存在统一的国家，也不存在统一的经济文化类型与民族区。徐中舒教授 20 世纪 50 年代作这一断语时，应该是没有考虑到未来的考古发现很可能会增添新的、更为丰富的实证材料，因

---

① 参见中国社会科学院考古研究所编：《中国考古学·新石器时代卷》，中国社会科学出版社 2010 年版，第 206～265 页。

② 对这一城址的性质与族属问题，学者们仍在展开激烈的争论。参见王巍：《从考古发现看中华文明的起源》，载《人民政协报》2010 年 3 月 22 日，第 C03 版。中国社会科学院考古研究所编：《中国考古学·新石器时代卷》，中国社会科学出版社 2010 年版，第 561～576 页。

③ 参见江晓原等：《山西襄汾陶寺城址天文观测遗迹功能讨论》，载《考古》2006 年第 11 期。另外，这一天文观象遗迹的功能设计，与秘鲁首都西北约 400 公里海岸沙漠中的一处天文观象遗址（距今约 4300 年至 4000 年）很类似。考古研究者现在一般认为，陶寺文化并非夏文化，争论重点集中在“唐尧说”“虞舜说”“尧舜说”。参见张国硕：《陶寺文化性质与族属探索》，载《考古》2010 年第 6 期。王克林：《陶寺文化与唐尧、虞舜——论华夏文明的起源》（上），载《文物世界》2001 年第 1 期。王克林：《陶寺文化与唐尧、虞舜——论华夏文明的起源》（下），载《文物世界》2001 年第 2 期。

④ 参见中国社会科学院考古研究所编：《中国考古学·新石器时代卷》，中国社会科学出版社 2010 年版，第 602～655 页。

而没有留有余地，把话说得太满、太死了。

同时，他的论证逻辑本身也存在问题。经济、文化上的一致性或差异性，与政治上的统一或分裂，并不存在必然的一一对应关系。即使在秦统一中国2000多年后的今天，中国各地从方言、饮食习惯，到经济文化、社会风俗，依然呈现特色鲜明的地域性差异，但这并不妨碍我们在政治上长久以来是一个统一的国家。

另外，近年来，随着中国考古研究的进一步展开，学者们对龙山文化与仰韶文化的理解也更为深入。现在一般认为，龙山文化晚于仰韶文化（约1000~2000年）。但到了龙山时期（距今约5000~4000年），各（考古）文化圈的文化已显示出相互接触、犬牙交错的局面，存在更大的文化共性（大文化圈）特征。①

与半岛型的古希腊、古罗马等早期西方城邦国家不同，中国地处欧亚大陆的东端，疆域广阔，中原腹地多为平原，交通上四通八达。这为以中原文化为核心的多元文化的交汇融合，以及在政治上凝聚、统一为一个凌驾于邦国（"万邦"）之上的超级大型政治实体，提供了极为便利的地理条件。

中国的考古研究者们，经过多年的考古发现，形成了所谓的"多元起源、互补共进、中原核心、一体结构"的多元融合型中华文明起源理论。②不过，各地区多元文化的交汇融合并不会自动发生，它非常依赖以中原为核心的主导性文化的引领作用，更重要的是，尤其有赖于政治权力中心体系上的制度性安排。考古研究上发现的龙山时期中国各地区出现的多元文化水乳交融局面，与古史传世文献中所提到的五帝时代，在历史时段上有着惊人的重叠性。甚至能大体印证传世文献的记载。这种巧合情况，绝不是偶然的。

反之，如果缺乏政治权力中心，特别是有实力的政治权力中心提供社会公共品——社会安全与政治秩序，各地区文化背后的政治实体，即所谓的"万邦"（诸侯），极有可能会陷入无休止的暴力冲突中，强凌弱、众暴寡，其结果是国家灭亡、文化消失，而不是和平的文化交流与融合。黄帝兴起前的历史表明，随着经济的发展与人口规模的增长，各邦国（诸侯）实力大大增强，天下争雄的时代已经开始。

现代考古发现也印证了这一点。龙山时期，作为武器的镞，从以前的骨

---

① 参见中国社会科学院考古研究所编：《中国考古学·新石器时代卷》，中国社会科学出版社2010年版，第207~267、648页。

② 参见中国社会科学院考古研究所编：《中国考古学·新石器时代卷》，中国社会科学出版社2010年版，第798页。

镞多改为精磨的石镞，数量激增，形制也得到改进，杀伤力大为提高。代表军事指挥与武力的石钺、玉钺，在各文化遗址都有出土。①

黄帝开创的天子—诸侯的天下政治体系，为当时的中国提供了社会安全与政治秩序这一社会公共品，更为帝尧时期"协和万邦"打下了坚实的政治基础。黄帝开创的天子政权所代表的"天下"概念，从此超越邦国，成为中华政治文明中最早的"国家"形态。这也正是2000多年前的司马迁所认同的政治观念。它是中国政治文明历史的源头。司马迁将《五帝本纪》作为《史记》的头篇。班固称"黄帝始作制度"。都是源自同一道理。

综上所述，我认为，中国早期国家的概念发轫于黄帝所开创的天子—诸侯的天下政治体系，而非邦国。这一点跟古希腊、罗马城邦国家的历史传统非常不同。中国自上古起，邦国的概念在政治观念与实践中就从来只是处于从属性的地位。我们从诸子百家大谈"圣王""先王""后王""天子""天下"这些概念，并将"王道"与"霸道"对比讨论来看，"天下"绝非一个模糊的文化概念，更非虚无缥缈的幻想之物，而是代表一个超越于邦国（诸侯）之上的政治实体的概念，代表了王道政治秩序。秦汉之后，当"帝国"作为一个更具象化的国家形态取代"天下"时，它只是从内容与实质上进行了替代。"天下"（包括"天子"）这一概念和名词依然得以沿用，而被赋予新的内容。

6. 政权与政府

前文多方论述并得出结论认为，套用西方近现代的国家概念与理论标准来考察中国上古的国家起源问题，这种做法本身就是错误的，应坚决予以摒弃。国家作为政治共同体，它离不开地理条件不假，但它决然不是一个单纯建立在地缘关系之上的地理概念，而是一个政治概念，是一个政治认同、社会认同、身份认同，乃至文化上认同的政治共同体。简言之，它是一个有组织的共同体。国家的核心也正在于它是一个高度组织化的政治共同体。因此，如何把人们有效地组织起来成为一个有机的团体，才是国家概念背后的实质。从政治功能的意义上讲，国家只是某一有机组织的政权（政府）所呈现的外在面貌和结果而已。

从地缘关系上理解国家的概念，直观上显得无懈可击。事实上，在地界

---

① 参见中国社会科学院考古研究所编：《中国考古学·新石器时代卷》，中国社会科学出版社2010年版，第800页。

上设标志作为国境①来理解国与国之间的边界关系，乃至区分国与国，这在古今都没有问题。然而，根据地缘关系（地界区分）去定义和理解国家的产生，去把握国家的实质，则是倒果为因，更是舍本逐末。中国的疆域，在历朝历代变化起伏很大，这并非中国这一国家概念本身在起变化，而是国家背后的核心政权（政府）实力变化的结果。国家是一个有机组织的政治共同体，其首先毕竟是人的集合体，而不是地理单元的集合体。②地缘关系绝不能自动地产生一个国家。一个一盘散沙或者严重分裂到内战地步的社会，国家的名称只能是流于形式，变成一个地理概念，或是文化的概念，而不是一个政治概念。

有效的组织，是一个政治共同体（国家）得以产生与存在的核心所在。这样一来，我们对于国家概念的理解以及早期国家的产生这类问题，就会豁然开朗。我们在讨论中国早期国家的产生问题时，不必偏于从“名”的角度，从纯粹概念的角度，用现代人所熟悉的民族国家的定义标准去理解甚至苛责古人，而更应该从“实”的角度，从本质与核心的角度去讨论作为政治共同体的国家是如何组织起来成为一个政治实体的。从这个意义上讲，讨论政权（或政府）的起源，比讨论国家的起源本身更为重要，因为它才真正是国家概念的核心与灵魂。

将一群人组织起来成为一个有机的团体，最古老当然也是最自然、最有效的组织机制，就是内生性的血缘关系。最早的人类团体，无论是原始族群还是氏族公社，都体现了这一点。事实上，当人类进化到所谓的现代社会，大部分社会组织似乎已经很难再觅血缘关系的影子时，血缘关系作为最自然、最有效的社会组织机制依然顽强地保留，发挥着不可替代的作用。譬如，在现代商业组织——公司中，特别是在其创业阶段，不论中外，家族企业的形式往往最惯常。哪怕公司变成了社会公众持有大量股份的上市公司，

---

① 据学者研究，甲骨文的“邦”，从丰从田，像植木于田界之形。古文中，“封”“邦”实是一个字，都是表义在田土上植树作为地界标志。参见李民：《中原古代文明进程中的“万邦”时期》，载《中原文物》2005年第1期。

② 《史记·周本纪》中提到，周的祖先本在豳建国，薰育戎狄来攻打，先是要掠取财物，文王的祖父古公亶父估计到双方实力对比悬殊，便采取了忍让措施，满足了薰育的要求。之后，薰育变本加厉，又要掠取土地和民众，民众因此被激怒，要求决一死战，但古公亶父没有答应，而是选择带领家属迁居岐山脚下。后来豳人举国扶老携幼复归古公，邻近国家的民众纷纷来投奔归附他。《史记》中讲述的这段历史，本来是强调其政治寓意的，主要是讲古公如何之大仁大德令民心归附。但这段历史恰恰生动地体现了国家是一个政治概念，而不是地域或地理概念。没有土地不行，但没有人民，更不行。毛泽东对于战争中的“人民”与“土地”这种辩证关系（“存地失人，人地皆失；失地存人，人地皆存”），虽讨论的是军事战略，正确地从政治的角度理解了战争，但同时更深刻地把握了人民才是国家中最重要的因素这一政治原理。

某些家族作为控股股东或实际控制人的现象同样也很常见。这不是现代经济组织落后的标志，而是血缘组织古老而顽强的表现。同样，即便在现代政治领域，无论东方还是西方，基于血缘关系的家族政治传统依然长盛不衰。这也并不完全意味着什么经济、文化或是政治观念落后不落后的问题，而是表明血缘关系作为最古老、最自然的组织机制，在人类社会中仍然发挥着不可替代的作用。

将一群人组织成为一个有机的政治共同体，绝非一件易事，它涉及很多方面的因素。最首要的是身份认同，即现在所谓的族群意识，对所归属的集体或团体的认同。血缘关系之所以作为人类历史上最古老、最悠久、最为自然的组织机制，是因为它带来的身份认同是建立在无法选择、无法更改、牢不可破的血脉自然联系之上，是内生性的而不是外迫性的。亲属、亲情、共同祖先、共同生活，特别是共同利益，超越了任何其他方式所能达到的效果。它是自然选择的结果，而不是任何人为的外在强制的后果。

人类社会的原始族群建立在牢固的血缘关系之上。作为一个有机组织的共同体，血缘关系正是这种身份认同的自然基础，也是与其他共同体（族群）得以区分的标志。“族”的概念，无论是氏族还是后来的宗族、家族，既是一个血缘团体的概念，更是区分不同的团体（共同体）的重要标记。

就血缘关系而言，可分为从母系与从父系来区分血缘世系。在“姓”与“氏”的含义并未合并的中国上古时期，存在从母系的“姓”到“氏”的差别。“姓”更为古老，产生在前，“氏”产生在后。“氏”是在同一“姓”族下（同一女性共同始祖）的人口繁衍、规模扩大的结果，更是婚姻制度从对偶婚向专偶婚转变的结果。对偶婚往往会造成“民知其母不知其父”的状况，而只有专偶婚才能真正确立起父亲跟子女之间的对应关系，建立起新的、也更为明确的世系谱牒。相比于“姓”只标明母系血缘世系而言，“氏”则在母系之上加上了父系血缘世系，使整个血缘世系谱牒更为完整、更为明确，也更容易追溯。①从这个意义上讲，“氏”的出现，代表了新的婚姻与家庭制度的出现，也代表了新的时代即父系氏族社会的完全确立。

“氏”的出现，既代表了血缘关系中男女双层结构的出现，也代表大的共同体（“姓”）与小的共同体（“氏”）之间，出现了微妙的分化与距离关系。

---

① 由于英文“clan”翻译成了“氏族”，“母系氏族”和“父系氏族”之翻译词也在汉语中流传开来。但在中国历史上，准确地说，“氏族”应该是父系社会产生之物，母系社会是“姓”族，而非氏族。参见张淑一：《先秦姓氏制度考索》，福建人民出版社 2008 年版，第 5 ~ 40 页。参见雁侠：《中国早期姓氏制度研究》，天津古籍出版社 1996 年版，第 5 ~ 68 页。中国在春秋末期开始“姓”“氏”合流。

随着世代的久远和人口规模的扩张,“姓”的功能逐渐变成主要鉴别族外婚(“同姓不婚”)的血缘关系标志,而对于政治身份认同的功能则越来越弱。而且随着氏族本身也出现繁衍与分化,一个氏族分化为更多分支的氏族。以黄帝世系为例,黄帝姬姓,号有熊氏。其孙颛顼为高阳氏(颛顼氏),四世孙帝喾为高辛氏。五世孙帝尧为陶唐氏,九世孙帝舜为有虞氏,大禹则为夏后氏。大禹的后代,又析分出了夏后氏、有扈氏、有男氏、斟寻氏、彤城氏、褒氏、费氏、杞氏、缯氏、辛氏、冥氏、斟戈氏等。虽然“氏”的名词未改,但氏族越来越具备后世“宗族”的含义,尽管这个历史过程很缓慢,也很漫长。①

当血缘团体出现裂变式的人口增长,规模变得越来越庞大或是跨越血缘关系建立更大范围的政治共同体时,维持政治身份认同光靠血缘关系就变得更为困难。社会组织机制也因此变得更为复杂,开始增添血缘政治之外的其他要素。

在黄帝时代,赖以为基础的政治力量自然是以血缘关系为基础的本氏族,但这时候政治关系已经出现了超越血缘关系的迹象。黄帝用德政与军事(“德”与“威”)塑造了一个新的政治秩序。他注重农业耕种、安抚百姓、修通道路,祭祀各地名山大川等,都是团结、凝聚各氏族政治力量的仁德之举,占据道德高地(道义),并以军事手段扫除暴虐的政治反对派力量。他任命军事主官与民事官员,建立了天子政权。这一政权,为当时的中国提供了相当长期的和平与安全的政治秩序。②之后,接任的几代天子继续进行政权建设,探索为政之道,建立并扩充专职官员队伍,明确官员职责范围,确立礼教规范,制定刑罚制度,确立贡赋制度,完善天子巡狩、诸侯朝见的政治制度。所有这些,从抽象的政治哲学到基本政治制度,从官员到行政部门(各司其职),再到具有政事堂性质的宫室,即所谓“明堂”。③ 这些都表明,无论是政治权力(政权)意义上,还是政治机构(政府)意义上,作为国家核心组织机制的政府,在距今约五千年前的中国,已经发展起来。

---

① 也有学者认为这些分支氏族实际是“家族”,参见张淑一:《先秦姓氏制度考索》,福建人民出版社 2008 年版,第 36 页。对此观点,本书作者不表赞同。黄帝时代已有嫡庶之分。帝舜是黄帝的九世孙、颛顼的七世孙,帝舜这一支系从穷蝉(颛顼之子)就“微为庶人”。这些都表明嫡庶之分以及大宗、小宗观念已经存在,只是在君权的继承法则上,存在兄终弟及和父死子继的摇摆,到西周初才最终确立嫡长子继承制。仍顶着氏族名义的氏族分支,其宗族(公族)性质比家族性质更为可能。

② 根据《史记》记载,自黄帝与蚩尤、炎帝的大战之后都没有记录大规模的战事,直到夏初有扈氏不服夏后氏的启,才出现了讨伐战争。

③ 参见张一兵:《明堂制度研究——明堂制度的源流》,吉林大学 2004 年博士学位论文。

第二章　古典道德政治理论
——从神道政治到人本主义

无论是在中国，还是在西方，古典时期都有两个鲜明的特点：一是政治上的神道主义明显转向人本主义、人文主义和理性主义。二是在这一时期，世界上不同的文明地区都存在活跃、广泛、深入的思想探索（政治、哲学、经济、历史、自然、文化等诸领域），并开始大规模地落之于书面文字，形成了各自的经典文本。当然，正如前一章所阐述的，古史文献的出现代表了人类理性成就的第一波高峰，而这正是在破除了神道主义哲学的统摄性之后发展出来的。

1. 神道政治

现代人一般把宗教信仰理解成纯粹的个人精神领域的事务。从西方历史来看，这的确是个现代性观念。这种现代观念，仅就西方历史而言，是近代西方政教分离的世俗化运动的结果。或者准确地说，是马丁·路德（Martin Luther）所领导的新教改革对罗马教会管辖世俗社会的神权政治之反叛的文化成果。①

从历史上看，欧洲中世纪以来的神权政治较之上古的神道政治，可谓有过之而无不及之处。神权政治的核心，是教权凌驾于世俗政权（君权）之上，世俗政权（君权）的合法性，则来自神授即教会的实际认可。罗马教会本质上作为一个基督教信众团体，却因此获得世俗政治的最高管辖权。正如本书导论中所提到过的，罗马教会获取世俗权力，并非单单是基督教信仰本身的魔力所致，而与罗马帝国晚期的政治局面密切相关，跟罗马帝国原有的、庞杂的多神教丧失政治凝聚力和道德感召力也有很大的关系。罗马皇帝君士坦丁皈依基督教后，基督教成为罗马帝国国教，罗马教会则变成了普世性的公教会。罗马帝国与罗马教会逐渐勾联成一体。西罗马帝国于476年灭亡之后，罗马公教会仍然屹立不倒，并在其后的几百年间，使西欧各蛮族先后皈依了基督教，建立在罗马帝国废墟之上的西欧诸蛮族王国，得以全面基督教形态化。西欧在步入封建社会的同时，也变成了神权社会。一个有独立的组织体系的教会机构以及相应的教权，是神权政治与神道政治的最大

---

① 新教英文为 protestant，本意为“抗议宗”，即源于此。

不同。

在文明初开的上古时代，神道政治十分普遍。与其说宗教与政治不分离，不如说宗教本身就是政治的一部分。[①]上古时代人们所理解的神的范围较为广泛。大体来说，可分为三类：一是至上神系统；二是泛自然神系统；三是祖先神系统。验之于历史事实，说神是人创造的而不是相反，这一观点确实没错。

神灵崇拜（宗教信仰），应该首先来自人们万灵论（万物皆有灵魂）观念的产生。而万灵论发展的前提则是灵魂观念的产生。本书前文（第一章）所提到的北京山顶洞人的墓葬习俗显示，这一时期的人们已经拥有了肉体与灵魂的观念。区分肉体与灵魂的观念以及认为肉体易朽（复活）、灵魂不灭的观念，在上古的世界各地普遍存在。这些灵魂观念在古希腊还曾引发相应的政治哲学思考。[②]

从旧石器时代考古所发现的祭奠死者的宗教礼仪来看，万灵论最早应该源自人类对死去的亲人同伴所激发出的自然情感。灵魂不灭的观念，既是一种血脉相连的自然情感之流露，寄托了亲人间的思念以及期许永远同在之情，也是在生存维艰的时代掺杂进的些许功利观念，即求得已逝先人的保佑。人类要更好地生存下去，有赖于两方面的生产：一是人口本身的生产（繁衍），二是生活资料的生产。为求得更好的生存，功利的保佑观念同自然情感就一道从这里延展出去了。[③]

---

① 库朗热在评价西方古典时代的城邦时，称“城邦根据宗教而建立，城邦的组织好似是教会。正是因为宗教，它获得了自身的力量，总揽一切的权力，对民众具有绝对的支配权”。参见［法］库朗热：《古代城邦：古希腊罗马祭祀、权利和政制研究》，谭立铸等译，华东师范大学出版社2006年版，第211页。

② 对于宗教的起源，学者们争论不休，尤其世界各地的宗教纷繁多样，为解答这一问题更是增加复杂难度，很难取得一致意见。缪勒主要研究古印度宗教，他认为，人类是从有限物之外所产生的无限之物观念，慢慢转变形成神的观念。此当为一家之言而已。参见［英］缪勒：《宗教的起源与发展》，金泽译，上海人民出版社1989年版。本书作者认为，根据考古遗址文化来探索人类宗教信仰的起源，应该是一个很不错的方法。柏拉图在《斐德罗篇》里考察灵魂的性质，大谈人的灵魂与神的灵魂，认为一切灵魂都是不朽的，而且认为神在上天遨游（极乐世界），当它在天上运行时，灵魂看到了正义本身。柏拉图主义，特别是有关神的灵魂、天界、地界等的讨论，其实已经具备了后世基督教哲学的一切神学要素。参见［古希腊］柏拉图：《柏拉图全集》（第2卷），王晓朝译，人民出版社2003年版，第134～204页。

③ 有学者认为，祖先崇拜是在深厚的生殖崇拜文化的基础上形成的。祖先崇拜属于生殖崇拜的范畴，是生殖崇拜的升华。有关祖先崇拜与生殖崇拜，参见车广锦：《中国传统文化论——关于生殖崇拜和祖先崇拜的考古学研究》，载《东南文化》1992年第5期；刘莉、星灿：《中国祖先崇拜的起源和种族神话》，载《南方文物》2006年第3期；赵国华：《生殖崇拜文化略论》，载《中国社会科学》1988年第1期。祖先崇拜有凝聚、团结合族同胞的政治整合功能，在这方面，更原始的生殖崇拜似乎并不具备。当然，祈求先人福佑后世子孙枝繁叶茂，既可以理解为祖先崇拜，也可以理解为生殖崇拜。

因此,对各路神灵的崇拜既包含人的自然情感,又存有趋福避祸的功利观念。实际上,宗教若失去了功利性质的功能因素,也就失去了其存在的价值与根基。在福祸不定的上古时代,人之福祸遭遇甚至被理解成各路神灵对人所施加的奖惩。这套观念体系使原始宗教具有强大的统摄力。而且宗教所具备的统摄力自然沿用在了政治上。从某种意义上讲,历史越远古,人类的宗教与政治越难剥离。上古神道政治的普遍存在,在世界各大文明体中都有显著表现。

随着历史的前进,更多非宗教型的政治整合机制特别是根本利益与意识形态观念体系加入进来,政治也就慢慢被抽去了宗教的根基,变得更加人文化、理性化和世俗化。这就是所谓的政教分离的历史进程。

这个稳步向前的人文化、理性化、世俗化的政教分离历史进程,在中华文明发展史上迈过之后,再未被逆转过。中国这种政治与宗教关系的文化现象,在世界各大文明体中,可谓独树一帜。相形之下,西方文明曾有过中世纪神权政治的反复。在另外一些文明体中,政教分离不断遭遇更强大的宗教激进主义阻力,这一历史进程直到当今社会都远谈不上完成,反有回转的趋势。

宗教的政治整合功能,是我们讨论神道政治的核心内容。我们现在从中西两方面的历史经验来考察它究竟是如何发挥作用的。

前文已述,黄帝(五帝时代)开创了新的政治体系,即天子—诸侯的“天下”(国家)政治体系。这一政治体系建立在具有浓厚血缘关系意味的原有氏族政治基础之上,但同时又很明显超越了血缘关系,是族权与政权的合二为一。

就宗教意义而言,祖先神崇拜具有将血缘组织拢为一体的政治功能。祖先神崇拜的特点,是各拜各的祖先,从身份认同上存在小共同体化的趋势。这种共同体化,还因祭祀上存在血缘关系(世系)的排他性而增强。因此,从政治功能上看,祭祀祖先具有强化身份认同之作用。对于血缘关系紧密的氏族,依靠祖先神崇拜收拢在一起,以利凝聚和团结氏族族众。

具有宗教意味的祖先神崇拜,在精神层面有凝聚同族、团结族众的政治功能,其作用当然毋庸置疑。不过,宗教意义与精神层面之外,真正发挥基础性实质作用的,还是作为经济主体的氏族(宗族)公有制经济、社会条件。家族私有制虽然早已出现,但在很长一段历史时间里,整个氏族,或者准确地说,整个宗族聚族而居、同财共用的社会经济制度依然保留。这是团结、凝聚族众最重要的经济社会条件。一直到战国时期之前,土地公有制、私有制都并行不悖。公田(族田)的彻底私有化,到春秋时期中叶才开始出现。

到战国时期,土地公有制才彻底崩溃,随之土地买卖盛行。①氏族层面上的祖先神崇拜才慢慢丧失了其原有的政治整合功能,仅具备(宗教)精神意义(文化象征)。而真正具有实质意义的祖先神崇拜,已从氏族层面逐渐过渡到宗族、家族集团层面。

综上所述,祖先神崇拜所拥有的政治整合功能,必须是在氏族的公有制经济、社会结构相当巩固的情况下,方能最有效地发挥凝聚、团结合族的巨大作用。随着氏族繁衍,子孙分支越来越多,氏族裂变成宗族,进而裂变成家族、家室(庭)在所难免。氏族宗门不断地分立,意味着同一支脉的后世子孙随着时间的推移在血缘关系上的联系也就变得更为遥远、淡漠。合族同居共财、相亲互助的观念,如果不是拘于一定的狭小范围(如宗族或家族),便会难以施行。氏族政治之所以解体也包含这个因素。

《史记·夏本纪》中曾讲到,夏后氏和有扈氏都是大禹的后代,但有扈氏对承继天子位的夏后氏的启,显然并不宾服,最终导致夏启的征伐。虽同出于共同始祖,但随着后代子孙繁衍众多,不断分宗立户,造就了更多的小政治(经济)共同体,彼此之间的利益诉求也就出现了明显分化。血缘政治的纽带,从源出一本的广泛共同性演变为更具体、直接、狭窄的一定范围性。也就是说,"祖"与"宗",开始出现一定的分离现象。②

祖先神崇拜在政治上的整合功能,除了因后代子孙繁衍所导致的分宗立户而进一步削弱外,还会因政权跨出血缘关系而归于无用。这时候,超越血缘关系的泛自然神系统以及至上神系统在政治联结上能发挥更大的作用。无论是祖先神系统,还是泛自然神系统,乃至至上神系统,其实它们的本质核心都是保护神。保护神,哪怕是至上神系统,在观念形态上都具有地域性、局限性的文化特点。

古罗马人采取的宗教政策,可谓最为直接、简单、粗暴。在罗马霸权扩张过程中,他们四面征战,得胜后直接将各个被征服城邦的保护神带回罗马城供奉起来。比如,罗马从卫易城取来朱诺神,从普莱内斯城取来朱庇特神,从法理斯哥城取来密涅瓦神,从萨姆尼城取来维纳斯神。罗马城邦的各

① 参见徐扬杰:《中国家族制度史》,人民出版社1992年版,第150~151页。该书作者并未把氏族("氏")、宗族("宗")、家族("家")、家庭("室")做严格的区分,而笼而统之使用"家族"代之,似有不妥。春秋战国时期掀起了土地私有化大浪潮。不过,后世多少有些反复。从整体上来看,中国近2000多年的历史中,土地所有权是以私有制为主体的混合所有制。公田(族田)问题,直到中华人民共和国成立到土地改革之前,在南方很多地方仍普遍存在。

② 后世宗法制度更为完备时代的祭祀之法,已经反映了这种微妙变化:"有虞氏禘黄帝而郊喾,祖颛顼而宗尧。夏后氏亦禘黄帝而郊鲧,祖颛顼而宗禹。殷人禘喾而郊冥,祖契而宗汤。周人禘喾而郊稷,祖文王而宗武王。"(《礼记·祭法》)

民族血统来源原本就十分庞杂，罗马的姓氏也就因此五花八门。而罗马这样到处征战、侵略，夺取外邦的保护神且又在罗马国家神社供奉起来，结果造成罗马的神祇也同样繁复多样。[①]当然，通过祭祀来源不同地方（城邦）的保护神这一公共性宗教，罗马城邦试图在宗教和政治上来整合跨越罗马城邦地理局限范围的更大政治实体，以建立新的政治秩序。

罗马最初发展成为城邦国家时，原本就不是一个血缘政治共同体，而是不同血缘组织的政治联盟。[②]因此，罗马城邦在政治上的整合，本身就很难单纯依赖祖先神崇拜，遑论取得意大利半岛乃至欧洲霸权之后的罗马帝国。祖先神崇拜在罗马的宗教与政治中，相较于东方的中国，其作用并不凸显，更没有一以贯之地传承下来。他们更多的是利用城邦的本土宗教吸纳被征服城邦的宗教，从而建立起多神教的公共宗教体系，以做政治整合之用。另外，在民事（世俗政治）上，他们一方面授予罗马市民权来吸纳、同化那些母邦已被罗马吞并了的外邦人，另一方面向被征服地派遣殖民者，建立隶属于宗主国（罗马城）的新城邦，通过条约（联盟）体系（旧的被征服城邦以及殖民地城邦）和行省制度（被征服的蛮族地区）来进行政治统治。

相形之下，中国古人并没有像罗马人那样采取简单、粗暴的宗教政策，把别族外邦的保护神当战利品一样拖运进城，供奉起来。中国古人的做法更温和、更包容，也更成体系，当然也就更可取。

黄帝建立天子政权，各邦国（诸侯）宾服，黄帝巡狩四方。这一巡狩制度，被后世天子所遵循并加以完善。巡狩当然是政治性行动，其中既包含政事，如巡视诸牧、会稽诸侯，也包括宗教活动，如祭祀各地山川神灵。其中，尤以泰山的封禅大典最为隆重。在古人眼里，泰山在（中原）群山中最为崇高，因而在他们的观念中，泰山也就是离上天最近的地方。泰山封禅大典是天子祭祀天地的古礼，与祭祀一般的名山大川意义还大不相同。“致天下太平”的天子到此祭天告地，更有受命于天的意味。诸侯若去泰山封禅会被视为不合古礼的僭越之举。在《史记·封禅书》中，司马迁曾引用《管子·封

---

① 参见［法］库朗热：《古代城邦：古希腊罗马祭祀、权利与政制研究》，谭立铸等译，华东师范大学出版社 2006 年版，第 336～341 页。

② 格罗索认为，早期罗马城起源于村落与村落的联合体，当然，这些村落本身是血缘组织（家庭和氏族）。家庭和氏族同时也都是政治组织，曾经发挥过相应的政治功能。它们依靠祖先神崇拜联系在一起。最重要的一点，在格罗索看来，罗马城并不是这些血缘组织解体的结果，而是由于城邦的吸纳作用，才使氏族（政治组织）迅速衰落。参见［意］朱塞佩·格罗索：《罗马法史》，黄风译，中国政法大学出版社 1991 年版，第 11～46 页。格罗索这一观点，与摩尔根有关国家乃是氏族公社（血缘组织）解体之结果的理论针锋相对。罗马城的非血缘性组织特点，使摩尔根以降的西方学者错误认为，国家和文明就应该是希腊、罗马这样城邦国家的普遍形态，也令他们更加错误地认为，地缘政治组织一定比血缘政治组织更高级、更文明。

禅书》的内容,记载了齐桓公兴霸以后曾想去泰山封禅而被管仲劝阻之事。《礼记·祭法》也明确说明:“有天下者祭百神。”诸侯则只能祭祀在自己封地内的山川神灵(泰山例外)。司马迁曾引述《尚书·周官》的内容,也基本作如是观(“天子祭天下名山大川”“诸侯祭其疆内名山大川”)。

因此,天子祭祀天地山川神灵,表面看来只是宗教仪式而已,但实际上已具有突破血缘政治关系与狭隘地域性的特点,是一种在祖先神崇拜之外的宗教整合手段。由此,礼法严格地规定了不同层级的祭祀者的政治合法性地位,借此确立相应的政治秩序,这实际上是带有浓厚政治意味的政治整合举措。

按照《史记·封禅书》和《史记·五帝本纪》的记载,在西周之前,黄帝、颛顼、帝喾、尧、舜、禹、汤,都曾在泰山祭天。泰山祭天的传统,可谓非常古老。按司马迁的说法,黄帝在各地祭祀山川神灵的规模很大,但具体情况由于年代久远已不可考,因此语焉不详(“万国和,而鬼神山川封禅与为多焉。”《史记·五帝本纪》)。到了帝舜时期,史载就更详尽了。《史记·封禅书》引述《尚书》,称帝舜曾巡狩过五岳,并以祭祀泰山之礼同等祭拜。帝舜还祭祀天神、六宗,遥祭山川神灵,遍祭群神(“遂类于上帝,禋于六宗,望山川,遍群神”)。

根据《礼记·祭法》,除了祖先神之外,天地日月星辰、山林川谷丘陵以及有功德于民的先辈,都在受祭神灵之列。其中,祭祀土地神(社)与谷神(稷),更成为从天子到诸侯建立国家神社的常例与标配(左宗庙、右社稷),“社稷”也因此代指国家。按《礼记·祭法》规定,无论是祖先神,还是泛自然神,祭祀的规格严格按社会等级来确定。比如,祭祖的祖庙规格,天子七庙,诸侯五庙,大夫三庙,嫡士两庙,官师一庙,庶士与庶民则无庙。祭祀诸神的范围及规格也同样按政治身份与社会地位确定。

很显然,在这一时代,宗教上的祭祀明显发挥着规定和确认政治秩序的独特功能。譬如,《礼记·曲礼下》中规定:“天子祭天地,祭四方,祭山川,祭五祀,岁遍。诸侯方祀,祭山川,祭五祀,岁遍。大夫祭五祀,岁遍。士祭其先。”这些既是宗教仪礼,更是政治地位与社会秩序的体现。不过,在中国,还存在两个神把上至天子下到庶民一体贯穿起来,大家都供奉祭祀,这就是社神(土地神)和灶神。

通过上文的简单对比,我们可以理解到,虽然跟古罗马人一样,古中国人也是信仰多神教,但两者之间在性质上仍然截然不同。古罗马人的多神教信仰来自罗马城邦扩张中所采取的政治实用主义政策。说白了,这实质上是一种宗教投机主义(广泛采取“非其鬼而祭之”的宗教政策),而不是出自人们内心虔信的道德力量。众神杂处于国家神社之下,彼此来源却互不相干,而且每个神还多少带着不完满的人性(恶习),诸神之间还存在类似人与人之间的广泛冲突。这样的多神教宗教信仰,既缺乏人们发自内心的坚实信念之道义基础,又缺乏相应的道德感召力。这种杂驳多样而不成体系且缺乏坚实道德感召力的宗教信仰,在耶和华神(上帝)被视为主宰世界唯一的、普世的、完美的、全知全能的基督教信仰面前败下阵来,毫不为奇。①

当罗马从一个小小的城邦政治共同体扩张成一个跨地中海的帝国政治形态时,站在更大的政治实体角度看,罗马人的众神崇拜文化在宗教上既缺少一定的系统性,又缺乏一定的层次性。简言之,缺乏必要的宗教整合。最重要的是,无论是作为统治者的贵族精英,还是作为被统治者的平民大众,缺乏从心灵到情感上把他们贯穿成一体的信仰体系。罗马在政治上完成了超越城邦狭隘的地理范围之后,它的多神教宗教并没有得到相应的普世性改造。只靠罗马市民权(罗马法)又很难维系罗马帝国内部的政治与文化、种族身份上的认同。罗马帝国并未像古代中国那样,真正锤炼成为一个跨地域、多民族、多文化的政治大熔炉,从而最终形成具备持久统一政治传统的国家。

前文可以看出,古代中国的多神教与罗马的宗教投机主义政策("淫祀")截然不同,中国古人非常反对"淫祀"("非其所祭而祭之,名曰淫祀。淫祀无福"《礼记·曲礼下》)。对祭祀有非常明确的规则(祭礼、祭法、祭义)、层次和体系。首先,祖先神崇拜是整个宗教体系的核心与基础。它本身就有一定章法可循。其次,泛自然神崇拜也绝非随意为之,而是出自人们的衷心仰望,或是因为人民赖以生活取材之用而诚心表达感激、景仰、敬畏之情("及夫日月星辰,民所瞻仰也;山林、川谷、丘陵,民所取材用也"

---

① 罗马人原创的神祇不多,要么是"山寨"希腊人的神,要么把其他城邦的保护神搬运回来。比如,希腊人的宙斯,到了罗马人那里,改名为朱庇特。希腊人的赫拉,成了罗马人的朱诺。希腊人的雅典娜,成了罗马人的密涅瓦……正如德国学者泽曼所总结的那样,古希腊罗马的神祇,外表虽跟人类一样,但他们永远年轻、漂亮,不会变老,而且神力(法力)无边。他们的生活基本上是轻松愉快、幸福美满的,这跟人类所遭受不尽的苦难与折磨适成对照。这大概投射了古希腊、罗马人对美好生活的幻想。然而,众神带有跟人类所共同的恶性、恶习、恶行,比如欺骗、撒谎、仇恨、猜忌、残暴、嫉妒等。诸神彼此之间甚至还会发生激烈冲突。比如赫拉、波塞冬和雅典娜就曾合谋反对宙斯。参见[德]奥托·泽曼:《希腊罗马神话》,周惠译,上海人民出版社 2005 年版。中国文化中的诸神,则与西方传统截然相反。哪怕是把历史上的真实人物人格神化,也会抽去其中不完美人性的因素,保留甚至放大其人格中崇高的道德感召力。以三国时期的关羽为例,他被后世视为义薄云天的忠义勇武之神。全国各地因此立有众多的关帝庙。人们崇拜关公的忠义勇武,显然跟那个大意失荆州的历史人物关羽做了区分,抽去了其不完美的人性,而赋予高大完美的神性。

《礼记·祭法》)。

而对有资格列入祭祀的先祖,则必须是有大功德于民的先人才行,充分发挥其人格上崇高的精神感召力("夫圣王之制祭祀也,法施于民则祀之,以死勤事则祀之,以劳定国则祀之,能御大菑则祀之,能捍大患则祀之"《礼记·祭法》)。

上古中国,在宗教信仰层面除了祖先神系统、泛自然神系统,还存在一个至上神系统。至上神,在诸多先秦文献里,如《尚书》《周易》《诗经》《礼记》,往往被称为"上帝"或"昊天上帝",视其语境,也被单称作"帝"。这是指有别于泛自然神与祖先神(山川、人鬼)的天神或天帝。①

前文已述,《史记·封禅书》所记载的泰山祭天传统非常之古老,甚至追溯到无怀氏,比伏羲氏还早。无论这种记载究竟是否真实可信,但有一点至少能表明:中国的祭天传统非常非常古老。祭天传统本身只是人们天神观念的一种反映,是原始宗教巫术文化发展出来的结果。那么,可以明确一点:中国的天神观念同样古远。

上古时代,人类在大自然的狂暴力量面前显得异常渺小。上古人民对大自然运行的科学规律基本无从把握,完全是在黑暗中摸索。原始巫术,一方面体现了大自然严酷的生存环境对人类精神产生的压迫感,另一方面也真实地反映了上古人民对大自然的懵懂无知与无能为力的历史状况。上古人民幻想着大自然的背后定有着某种超自然的神明操控着这一切。因此,他们热切地与神明沟通,企望了解神明的意图以顺从神明的意志,从而减少生产、生活中不必要的困苦与灾祸(避祸祈福)。那些能够被神明降身(附身)从而传达神明旨意的人,被称为"巫觋"(女曰巫,男曰觋)。客观地说,"人人作享,家为巫史",虽然现代人觉得夸张,但在上古时代,巫术文化的普

① 以《尚书》为例,"上帝"用法随处可见:"肆类于上帝,禋于六宗,望于山川,遍于群神"(《尚书·舜典》);"徯志以昭受上帝,天其申命用休"(《尚书·益稷》);"予唯闻汝众言,夏氏有罪,予畏上帝,不敢不正"(《尚书·汤誓》);"唯皇上帝,降衷于下民"(《尚书·汤诰》);"尔有善,朕弗敢蔽;罪当朕躬,弗敢自赦,唯简在上帝之心"(《尚书·汤诰》);"唯上帝不常,作善降之百祥,作不善降之百殃"(《尚书·伊训》);"先王唯时懋敬厥德,克配上帝"(《尚书·太甲下》);"肆上帝将复我高祖之德,乱越我家"(《尚书·盘庚下》);"唯受罔有悛心,乃夷居,弗事上帝神祇,遗厥先宗庙弗祀";"天佑下民,作之君,作之师,唯其克相上帝,宠绥四方";"予小子夙夜祗惧,受命文考,类于上帝,宜于冢土,以尔有众,厎天之罚"(《尚书·泰誓上》);"上帝弗顺,祝降时丧。尔其孜孜,奉予一人,恭行天罚"(《尚书·泰誓下》)。另外,《诗经》中也多见,如"昊天上帝,则不我遗"(《诗经·大雅·云汉》);"文王在上,于昭于天。周虽旧邦,其命维新。有周不显,帝命不时。文王陟降,在帝左右"(《诗经·大雅·文王》)。

遍性应该是客观存在。[①]

当诸多政治共同体（如氏族组织）局限于狭小的地理范围时，彼此之间尚处在相对孤立、互不交往的状态，这种所谓"家为巫史"的普遍性巫术文化，无非是各家关起门来自己解读神意，并不会造成彼此之间的根本冲突与相互影响，往往会相安无事。然而，一旦建立地域范围更大的政治共同体，如五帝时代的天子政权，在未完成宗教整合、未实现宗教垄断权之前，特别是未形成对天神这样级别的大神的祭祀垄断权之前，这种"家为巫史"的状况，意味着在传达神意方面会出现"各吹各的号、各唱各的调"的纷乱状况，这不但会造成宗教信仰上的混乱，更会造成社会秩序与政治秩序的紊乱（"民渎齐盟，未有严威"《国语・楚语下・观射父论绝地天通》）。如此分析，可见《尚书》中记载颛顼帝在位时期"绝地天通"的历史，绝非向壁虚造，而是其来有自。如果合理地重构历史，颛顼帝的"绝地天通"起码反映了这一时期两个方面的社会与政治状况。

一是反过来证实五帝时代确实开创了新的政治秩序（超越邦国级别的"天下"国家形态），将原来的万邦（诸侯）逐渐联结为政治上的一体。因为宗教上多神杂驳的纷乱现象，原本就是所谓"万邦"政治格局的自然结果，自然也不成其为一个宗教问题或政治问题。[②]反倒是因为出现了凌驾于"万邦"政治之上新的政治格局，这种宗教上的纷乱杂驳现象才能成为困扰新的政治格局与政治秩序的大麻烦。我们从前文讨论罗马城邦扩张时的宗教整合问题中同样可以看到，当罗马政权尚局限于罗马城范围内时，意大利半岛各自为政的城邦保护神崇拜彼此相安无事，对罗马城邦的政治与宗教文化自然也并不会造成什么困扰，甚至都不会成为历史记载的重点。然而，一旦罗马政权开始扩张，跨越出单一城邦范围时，也就会同样出现"民神杂糅"的宗教混乱状况。罗马人解决这种宗教混乱问题的简单、粗暴手法，也才会被历史记载所关注。

二是颛顼成功地进行了宗教改革。他禁止了民间（包括诸侯）沟通神意

---

① 徐旭生教授对巫术文化起源的阐释颇为中肯、合理。参见徐旭生：《中国古史的传说时代》，文物出版社 1985 年版，第 77 ~ 79 页。

② 距今约 2500 多年前的楚国大夫观射父，在给楚昭王解释《尚书・吕刑》中的"绝地天通"时，认为"古者民神不杂"，是因为少皞氏衰，九黎乱德，因此"民神杂糅"，直到颛顼帝才"拨乱反正"。观射父这种历史诠释是不合理的。巫术的普遍性与宗教的杂驳纷乱现象，应该是越往远古越突出，而不可能反过来越远古，官员职守越明确，祭祀仪礼越规范。当然，观射父的主要观点在于说明：一是政局混乱，所以巫术崇拜就更乱；二是颛顼帝是拨乱反正之君。观射父与楚庄王的对话，参见《国语・楚语下》。徐旭生教授认为：颛顼帝不是复古，而是宗教革新。参见徐旭生：《中国古史的传说时代》，文物出版社 1985 年版，第 84 页。

(特别是天神)的巫术泛滥,而将天神的祭祀收归天子政权手中垄断。颛顼帝作为黄帝嫡孙在政治上直接承继黄帝天子位,按照徐旭生教授的说法,颛顼帝实际上还极可能是一位“宗教主”。他死之后,高阳氏承袭他,也为宗教主。在颛顼帝之前,一些著名的氏族要么“以云纪”“以火纪”,要么“以水纪”“以龙纪”。而自颛顼帝以后,则“为民师而命以民事”。也就是说,以前“家为巫史”的时代,参与宗教事务的氏族很多,但自颛顼帝宗教改革之后,宗教祭祀事务尤其是沟通天神级别大神的神意的宗教事务,就被收归天子政权手中,授权专门的司神官员掌管祭祀事务。那些参与政府管理的氏族领袖拥有的只是民事职位,而非神职。这些职位此后也就变成了“司徒”(土)、“司马”、“司空”(工)这样的民事官员名称,而不再具备图腾崇拜的神圣意味。颛顼帝的宗教改革垄断了天子政权对天神的祭祀,也促进了祀神的专业化与规范化。长期专业地祭祀天神并观测日月星辰,这也带来了宗教祭祀之外的另一个好处:中国古代天文学变得相当发达,历算也更为精准。到帝尧时代,一年已经比较精确地测算为366天,而且还已设置闰月,定好四季。①

“殷人尚鬼”,这是后世的共识。《礼记·表记》曾记录孔子对夏商周三代政治的评价,讲到殷商王朝时,孔子说:“殷人尊神,率民以事神,先鬼而后礼。”殷人的宗教热忱与神道政治文化,在中国古代达到了历史最高峰。现代学者对殷墟出土的甲骨文卜辞的解读,也能证实这一点。②

殷人的始祖契,在帝舜时期是掌管教化的官员(司徒)。他的六世孙冥“勤其官而水死”(《礼记·祭法》),祭为水神。根据《史记·殷本纪》的记载,成汤最早对葛伯的征伐极可能是出于宗教上的原因(“葛伯不祀,汤始伐之”),这跟后世周人或秦人的对外征伐,适成鲜明对照。

殷人的宗教热忱,还可以从贵为天子的成汤以“身祷”祈福上帝祛灾窥见一斑。这一做法可谓前无古人、后无来者。史载成汤灭夏之后,适逢老天大旱,五年绝收。成汤剪其发,磨其手,以自身作为牺牲,祈祷于桑林,祷词曰:“余一人有罪,无及万夫。万夫有罪,在余一人。无以一人之不敏,使上帝鬼神伤民之命。”(《吕氏春秋·顺民》)天子成汤“身祷”祈雨,民众大悦,雨乃大至。

《吕氏春秋》的作者感叹赞许道:“汤达乎鬼神之地人事之传也。”墨子则以成汤“身祷”一事来论证他的兼爱说,以表明他的兼爱理论有所本,乃是

① 参见徐旭生:《中国古史的传说时代》,文物出版社1985年版,第83~87页。

② 参见陈梦家:《殷墟卜辞综述》,中华书局1988年版,第561~604页。

取法成汤。墨子同样称赞“汤贵为天子，富有天下，然且不惮以身为牺牲，以祠说于上帝鬼神”（《墨子·兼爱下》）。当然从政治哲学的角度，墨子这样解读没有什么不妥。不过，从宗教本身的角度看，恐怕徐旭生教授的解读更为准确。他认为，成汤之所以“身祷”，乃非宗教主身份而不能为。①

殷人神道政治之无处不在，不仅表现在贵为天子的成汤“身祷”这一事例，更可以从殷人占卜的频繁以及占卜范围的无所不包看出来。殷人对于神明的祭祀，礼仪隆重而繁复多样，后世无可比拟。这些都表明，殷人的宗教热忱，以及宗教信仰对于世俗政治的渗透与贯穿可谓深彻。尤其是他们所信仰的至上神——上帝，其所管辖的范围及权威所及可以说包含了世俗政治的方方面面。②

殷人的宗教热忱，同样贯穿到他们的政治哲学与道德哲学观念之中。这使他们在挑战现有的政治秩序，特别是运用武力来实现政权更替时，依然充满了强烈的宗教情怀与道德力量。

在《尚书·汤誓》中，成汤明确说明，并非自己擅自（胆敢）发动叛乱，而是强调自己发动讨伐战争的正义性、正当性与必要性，并阐明自己的讨伐行动的道德意义。

这种道德意义，不仅来自夏桀荒淫虐政之罪恶这一事实（亦为诸侯之共识）本身，更来自他的宗教义务，即对上帝的敬畏之心。成汤声称，这是上天命令他去消灭夏桀的罪恶。显然，成汤持有道德积极主义的观念，反对那种袖手旁观、听凭天谴天罚的道德消极主义（那种对夏的罪恶无可奈何）态度。若在眼前利益（“舍我啬事”）与道德事业（拯救夏民于水火之中）之间衡量，他依然坚定地认为既然受命于天，就必须躬身行动，率领众人完成“致天之罚”。③

成汤是中国史书记载中毫不含糊地以武力方式推翻现有天子政权的第一

① 徐旭生教授认为汤伐葛伯，依然是出于成汤作为宗教主的原因。参见徐旭生：《中国古史的传说时代》，文物出版社1985年版，第86～87页。

② 陈梦家先生归纳殷墟卜辞中“上帝”所管辖的事务包括：（1）年成；（2）战争；（3）作邑；（4）王之行动。参见陈梦家：《殷墟卜辞综述》，中华书局1988年版，第571页。

③ 《史记·殷本纪》所记载的《汤誓》，除了某些措辞上有微小区别，内容与《尚书·汤誓》基本一致。这么一小段文字，对成汤伐夏桀所依据的事实（“有夏多罪”）与诸侯的政治共识、道义基础、宗教义务，对不同意见的处理态度以及表现他坚定的意志、软硬兼施的手腕等方面，描绘得淋漓尽致。这里完整引述：“当是时，夏桀为虐政淫荒，而诸侯昆吾氏为乱。汤乃兴师率诸侯，伊尹从汤，汤自把钺以伐昆吾，遂伐桀。汤曰：‘格女众庶，来，女悉听朕言。匪台小子敢行举乱，有夏多罪，予维闻女众言，夏氏有罪。予畏上帝，不敢不正。今夏多罪，天命殛之。今女有众，女曰：“我君不恤我众，舍我啬事而割政”。女其曰：“有罪，其奈何”？夏王率止众力，率夺夏国。有众率怠不和，曰：“是日何时丧？予与女皆亡！”夏德若兹，今朕必往。尔尚及予一人致天之罚，予其大理女。女毋不信，朕不食言。女不从誓言，予则帑僇女，无有攸赦。’以告令师，作汤誓。於是汤曰：‘吾甚武’，号曰武王。”

位人物，开创了中国革命历史传统的先河，为后世立下了一个政治典范。到周武王同样以武力方式推翻了成汤所建立的殷商政权之后，革故鼎新的王朝更替，便以“汤武革命”名之于世(“汤武革命，顺乎天而应乎人”《周易·革卦·彖》)。

殷人的政治达到了中国神道政治的顶峰，也为中国古典政治哲学留下一笔丰厚的文化遗产。这就是中国政治传统中历经数千年而不衰的“天命观”理论。

“天命观”，指受命于天的政权不容挑战的正统性(合法性)与正当性。殷人的“天命观”，尚带有明显的宗教意指。到周人的时代，周人没有殷人这样浓厚的宗教文化传统，若想在垄断性宗教上跟殷人竞争，更可能会落入一个逻辑陷阱：既然殷人已经受命于天，周人就只能服从天命，永远臣服于殷商。这实际上又显然做不到。周人若要反抗商纣王的暴政，建立新的天子政权，除了实力上的较量与政治策略的运用，看来更为重要的是，他们被逼着得在政治哲学理论上有所革新。他们必须另辟蹊径，寻求武力伐纣的道义基础及合法性、正当性根据，为周天子政权建设打下扎实的政治哲学基础。

周人确实睿智非常，他们最终找到了很好的方式。他们并没有舍弃“上帝”“帝”“天命”“天意”这些传统的宗教与政治观念(这本身也融入了他们的文化之中)，而是巧妙地将天命观中过强的宗教含义悄悄地剥离，将“天命”与“民意”勾连起来(“天矜于民，民之所欲，天必从之”《尚书·泰誓上》；“天视自我民视，天听自我民听”《尚书·泰誓中》)，从而完成了一次漂亮的“旧瓶盛新酒”的政治理念转换。

既然都是难以忍受荒淫暴政而反抗，既然都是武力夺取政权，周人自然毫不犹豫地照搬成汤当年伐夏桀的政治道义逻辑。而且，他们愈是效法成汤，愈是崇奉成汤，就愈是把武王伐纣置于跟成汤伐桀同等的道德高地。换言之，他们都是承受天命，恭行天罚。因此，自周之后，世人便将汤武并列，赞颂“汤武革命，顺乎天而应乎人”(《周易·革卦·彖》)。

周人虽承继了殷人的“天命观”，但实际上大大弱化了其中的宗教意义，将神道政治改头换面，转到“以德配天”“敬天保民”的崭新政治高度，从而带入了民本主义(人本主义)的进步方向，最后实际上终结了神道政治。从此，中国进入古典政治的时代，中国政治哲学观念与理论也变得更为理性化、人文化与世俗化。①

---

① 徐旭生认为拉丁文“*vox dei*，*vox populi*”跟“天听自我民听，天视自我民视”有异曲同工之妙。不过，欧洲人的这种政治观念的出现，要比中国晚得多。参见徐旭生：《中国古史的传说时代》，文物出版社 1985 年版，第 87 页。周人摆脱了殷商人的鬼神文化，达到了一个崭新的高度，孔子盛赞周文化：“周监于二代，郁郁乎文哉！吾从周。”(《论语·八佾》)

2. “天命观”之转义

任何一种宗教观念或政治理论，既不是凭空产生，也不可能突然消失。从其产生到发展，乃至退出历史舞台，都经历过一个较长历史时期不断的演变过程。从这个意义上讲，孔子的“损益说”历史观更为合理，而司马迁的“三王之道”历史循环论，则并不符合历史实情。当然，直线演进（或进步）历史观因其僵化的机械论，也同样不可取。

我们对“天命观”的理解，也同样应该秉持健全、合理的历史观。殷墟卜辞陆续出土之后，学者们纷纷作出自己的解读。新发现也由此产生了不少新问题。比如，陈梦家认为殷墟卜辞中的“天”不做“上天”之义，他因此推断“‘天’之观念是周人提出来的”。换言之，殷人的“天”不是天神。殷人的天神作“上帝”或“帝”。他甚至认为，“天命”“天子”的观念兴起于西周初期，因为西周初期金文多称“王”，而没有“天子”“天令”的概念。到西周初期稍晚，才有“天令”“天命”“王”“天子”并称。不过，他同时也承认，周人与殷人有相同的“天帝”观念。①郭沫若先生对卜辞中称至上神为“上帝”而不是“天”的现象，也同样关注。他的推论则显得更为激进与极端。他说：“卜辞既不称至上神为天，那么至上神称天的办法一定是后起的，至少当得在武丁之后。我们可以拿这来做一个标准，凡是殷代的旧有的典籍如果有对至上神称天的地方，都是不能信任的东西。”②

有学者甚至从周人和殷人居住的地理环境之差异，来附会何以周人崇拜天为神的观念而殷人却没有这一做法。③

其实，殷商王朝立政500余年，屡屡迁都。殷墟甲骨卜辞也仅仅是盘庚迁殷之后殷商朝中后期的占卜文化遗存，显然不能全面、准确地反映殷商人

---

① 参见陈梦家：《殷墟卜辞综述》，中华书局1988年版，第580～581页。

② 参见郭沫若：《郭沫若全集》（第1卷），人民出版社1982年版，第321页。

③ 许倬云说周人崇拜天，与他们居住的地理环境密切相关。许倬云认为，周人的活动范围，在今天晋陕甘黄土高原的西边，地势高亢、雨量稀少，因此长空明朗无边，“当能予人以被压服的感觉”。由于苍天无所不在，举目四望，苍穹高悬在上，因此天地就具备了无所不在、高高监临的最高神性。相形之下，殷商王畿所在的河南平原，所见的天空比较支离破碎，也就未必有周人所处西北高亢地区那种天空慑服人心的力量。参见许倬云：《西周史》（增订本），三联书店1994年版，第104～105页。许倬云解读历史过于联想翩翩。殷商人并不从一开始就定都在河南平原（殷墟安阳）。史称殷商人“不常厥邑”，屡次迁都，有“前八后五”之多，到盘庚迁殷之后才安定下来。可见殷商人所见之天地，绝不局狭于河南平原。另外，许倬云认为殷人的最高神来自祖（先）神，这个也同样没有多少依据。陈梦家解读殷墟卜辞认为，殷人的“上帝”（最高神或至上神），是掌管自然天象之主宰，拥有一个日、月、风、雨为其臣工的帝廷。上帝能令风雨、降福祸，也主宰农业和战争。上帝与人王（天子）并无血统关系，但殷人先公先王先祖先妣宾天后则天神化。参见陈梦家：《殷墟卜辞综述》，中华书局1988年版，第580页。

500多年的政治、经济、文化、宗教等的特点。再说,目前业已发现甲骨文单字约4500个,但能释读出的仅1/3。加上殷商金文约1300个单字,可释读出的也不到1/2。①可见,对甲骨文(包括金文)的研究,眼下仍在持续进行当中,尚有待于进一步大力拓展,现在远不是可以做结论,更不是可以盖棺论定的时候。用这么可怜的信息量(甲骨文加金文目前可释读出共约2000个字),就全面否定传世古史文献的价值,显得过于孟浪而不够审慎。

另外,按照西周初年周公对殷商遗民训话时所讲"惟殷先人有典有册"这句话,殷人确实拥有高度的文化,历史典籍文献更应不少。周人偏处西北一隅,原本就臣服殷商政权,当时文化整体发展水平尚低于殷人,这也是历史实情。我们不能假定周人在夺取政权之后,就将殷人遗留的典册文献一夕之间全部按周人的观念改写。这既没有必要,也不可行。事实上,武王克商之后二年,周武王姬发就病亡了。此后管叔、蔡叔勾结商纣之子武庚发动叛乱,新生的周天子政权还很不稳定,面临着险峻形势与严重挑战。对西周统治者而言,政治和军事动作才是首要的紧迫任务。他们要承继殷商政权天统,维持新政权的稳定,除了武力镇压叛乱,还有大量的政治思想工作要做,以使大批殷商遗民诚心归顺。他们还暂时抽不出时间在文化典籍改造上大做文章,更没必要按周人的观念改写殷人的传世典册。现存的诸多先秦古典文献,尤其是周人文献中仍保留大量"上帝""帝"用词,即为明证。

《尚书·多士》是周公对殷商遗民的训诰,这是商周政权更替之际一篇非常重要的历史文献。它最特别同时也最有价值的地方在于它的受众(听众)是殷商遗民。因此,周公在讲话时,尚需考虑到殷商遗民的语言习惯与观念形态。我这里着重其事,全文援用,以供下文阐析:

> 成周既成,迁殷顽民,周公以王命诰,作《多士》。
>
> 惟三月,周公初于新邑洛,用告商王士。
>
> 王若曰:尔殷遗多士,弗吊旻,天大降丧于殷,我有周佑命,将天明威,致王罚,敕殷命终于帝。肆尔多士!非我小国敢弋殷命,惟天不畀允罔固乱,弼我,我其敢求位?惟帝不畀,惟我下民秉为,惟天明畏。
>
> 我闻曰:上帝引逸,有夏不适逸;则惟帝降格,向于时夏。弗克庸帝,大淫泆有辞。惟时天罔念闻,厥惟废元命,降致罚。乃命尔先祖成汤革夏,俊民甸四方。自成汤至于帝乙,罔不明德恤祀。亦惟天丕建,保乂有殷,殷王亦罔敢失帝,罔不配天,其泽。在今后嗣王诞罔显于天,矧曰其有听念于先王勤家?诞淫厥泆,罔顾于天显民祗,惟时

① 参见王双庆、杨鑫:《甲骨文与商代文字》,载《大众考古》2014年第4期。

上帝不保，降若兹大丧。惟天不畀不明厥德凡四方小大邦丧，罔非有辞于罚。

王若曰："尔殷多士，今惟我周王丕灵承帝事，有命曰：'割殷，'告敕于帝。惟我事不贰适，惟尔王家我适。予其曰惟尔洪无度，我不尔动，自乃邑。予亦念天，即于殷大戾，肆不正。"

王曰："猷！告尔多士，予惟时其迁居西尔，非我一人奉德不康宁，时惟天命。无违，朕不敢有后，无我怨。惟尔知，惟殷先人有册有典，殷革夏命。今尔又曰：'夏迪简在王庭，有服在百僚。'予一人惟听用德，肆予敢求于天邑商，予惟率肆矜尔。非予罪，时惟天命。"

王曰："多士，昔朕来自奄，予大降尔四国民命。我乃明致天罚，移尔遐逖，比事臣我宗多逊。"

王曰："告尔殷多士，今予惟不尔杀，予惟时命有申。今朕作大邑于兹洛，予惟四方罔攸宾，亦惟尔多士攸服奔走臣我多逊。尔乃尚有尔土，尔乃尚宁干止，尔克敬，天惟畀矜尔；尔不克敬，尔不啻不有尔土，予亦致天之罚于尔躬！今尔惟时宅尔邑，继尔居；尔厥有干有年于兹洛。尔小子乃兴，从尔迁。"

王曰："又曰时予，乃或言尔攸居。"

应该说，周公的这篇重要讲话极有水平。他重在安抚殷商遗民，既摆事实，又讲道理，软硬兼施、恩威并重。整个训诰讲了五层意思。

第一层意思，周公讲到，因为商纣王不敬天命，上天因此对殷人降下了大祸。周作为小小的邦国，哪敢奢望夺取殷的天命？是天帝终结了殷的天命，令周人承受天命，周人不得不秉承天命行事，维护上天的威严。这段话的逻辑跟《尚书·汤誓》中成汤伐夏之前说的那一番话非常类似。当时成汤也说自己并非胆敢发动叛乱，而是夏后多罪，他敬畏上帝之命，不得不恭行天罚。

第二层意思，主要是回顾成汤灭夏的历史，旨在说明这样一个道理：天命只保佑有德的君主和邦国。因为"上帝"（天帝）禁止人们放纵淫逸，而夏桀对自己的荒淫邪耻毫不节制，天帝就降下灾祸，废掉了夏的大命（天命），命令殷人的先祖成汤推翻夏政权。从成汤到帝乙（商纣王之父），殷王行德政，慎祭祀，不敢违背上帝，所以配受上帝天命眷顾之恩泽。而继位的商纣王不遵天道，也不遵念先王勤政治国的美德，荒诞淫逸，上不顺天意，下不顾民苦。因此，上帝就不再保佑殷，降下丧邦失国的大祸。周公强调，上天不会授命那些不修德政的人，四方无论大国小邦，凡是被灭亡了的，无不是上帝的惩罚。

第三层意思，周公讲到，现今只有周承受天命，天命要周人灭商，所以周人不得不恭行天罚。但周人仅以商纣王室为敌，并不以殷商遗民为敌。然而有些殷商旧臣（显然是指武庚等人）不知轻重，发动叛乱在先，结果被平叛下去。既然上天只是令殷商遭灭国之祸，就不再惩罚治罪这些殷商遗民了。周公这段话的言外之意是现今唯有周人承受天命，殷商已经丧失天命，殷商遗民应该早日面对现实，不要作无谓反抗，而要死心塌地归顺周人新政权。同时，他也明确主次矛盾，有重惩主犯、不问胁从的宽大为怀的意思。当然，这对殷商遗民也是一种精神安抚。在平息武装叛乱之后，更需要平息社会不安情绪，以稳定人心。

第四层意思，周公是向殷商遗民表明一个基本政治态度：周人会像殷先祖对夏遗民那样，对于有德之贤人将提拔重用。这既明确表明周人会承继殷人先祖贤德传统，旨在安抚殷商遗民，具有收拢人心的效果，同时又在鼓励殷商遗民中贤德之士，希望他们能积极参与周人新政权建设。

第五层意思，周公仍重在安抚殷商遗民，要他们归顺新政权。告诉他们，不光不杀他们，还让他们保有土地，安居乐业，永葆子孙兴旺发达。当然，他同时警告殷商遗民，如果他们不能恭恭敬敬遵奉天命，归顺周政权，不仅会丢失土地，还要遭受"天之罚"。

除此之外，我们从这篇训诰中，还可以隐隐读出周公虽没明言，但细思之下已觉昭彰显著的某些政治哲学新观念。一是天命无定归（"天命靡常"）。夏曾受天命，终失之；殷曾受天命，终亦失之。二是膺受天命有章可循，即有德居之。他在跟殷商遗民一起追述殷人先祖的光荣历史并对比强调商纣王失德的事实时，实际上总结出了有德受天命、失德失天命的历史规律，并从四方大邦小国因失德而招致灭顶之灾（丧邦失国）惩罚这一事实，来进一步加强自己对这一历史规律的论证。

周公的这篇训诰，主要针对殷商遗民而讲，因此用词颇为讲究。为了达到有效沟通，且出于精明的政治策略考虑，他绝不可能硬生生造出一套完全崭新的语汇体系和观念形态。在这篇训诰里，他既援用"帝""上帝"这些殷人和周人都熟悉的概念和观念，也使用"天""命""天命""元命（大命）"这些周人更习用的概念。这既反映了周人对殷人宗教观念与政治传统的延续与传承，也反映了殷周鼎革之际的某种观念范式的微妙转换，有明显的新旧时代过渡的痕迹，更投射了"周虽旧邦，其命维新"的宏伟心志。①这应该是

---

① 《诗经》中也同样是这种情形。参见蒋立甫：《〈诗经〉中"天""帝"名义述考》，载《安徽师大学报（哲学社会科学版）》1995年第4期。《尚书·周书》中最早的篇章《泰誓》也是如此。

一份记录十分忠实的历史文献。

“帝”“上帝”与“天(天帝)”含义混同而并用,本来就是同指而异称,在此篇训诰中即便混杂出现,也一点都不显得突兀。“天罚”(而不是“帝罚”)这样的概念,殷人也绝不会陌生。正如前文提及,祭天的传统非常古老。颛顼帝的年代有“绝地天通”之说,这清楚无误地表明:崇拜天神的历史传统由来已久。殷商政权的势力,也曾扩及黄河下游。因此,他们对泰山祭天封禅的政治历史传统绝不应该陌生。目前学者释读殷墟卜辞中“天”的含义,不训为“天神”,但不能因此就牵强证明殷人没有至上神——天神的概念。再说,周人与殷人都禘祭帝喾,表明他们同出一源。把他们之间共同的文化传统人为地割裂开,同样不符合历史实情。

“天命观”虽不是周人所独创和新创,但其内涵在殷周之际的确发生了重大革新。我们从周公的上述训诰中可窥见一斑。我们结合同一时期的其他历史文献略做进一步的归纳与梳理。总结起来,大致有两个主要方面:一是将“天命”与“民意”作联结(“敬天保民”);二是更明确地将“德”的内容注入“天命观”中(“以德配天”)。

天命既然是神授的,因此也就是神圣的。这在有浓郁宗教精神的时代,在观念形态上很难撼动与抗拒。但天命无论具备多么神圣的宗教意义,其落脚点终在于人敬事之,即人的恭敬从命。天佑下民,神圣的天命,只有人们敬奉它,才能得到它的福佑,才会造福于民。如果降灾于民,一定是上天的震怒,一定是人们亵渎了神灵,一定是上天对人的惩罚。人们对上天(上帝)的敬畏之心,正是来自这种功利的福祸观。

“天”与“民”、“上天”与“下民”、“天命”与“民意”,就在这里自然联结起来。从传世典册文献来看,周人这套政治哲学既占有了“为民请命”的道德高地,又能在政治上凝聚民心、团结民众。

我们如果仔细分析周武王在孟津会盟时所做的《尚书·泰誓》,就会发现里面的表述,绝非随意而作,而是经过仔细地盘算、认真地斟酌。整个《尚书·泰誓》在逻辑上层层推进,既列举事实,又阐明道理,值得逐段剖析。

> 惟十有三年春,大会于孟津。
>
> 王曰:“嗟!我友邦冢君越我御事庶士,明听誓。惟天地万物父母,惟人万物之灵。亶聪明,作元后,元后作民父母。
>
> 今商王受,弗敬上天,降灾下民。沈湎冒色,敢行暴虐,罪人以族,官人以世,惟宫室、台榭、陂池、侈服,以残害于尔万姓。焚炙忠良,刳剔孕妇。皇天震怒,命我文考,肃将天威,大勋未集。
>
> 肆予小子发,以尔友邦冢君,观政于商。惟受罔有悛心,乃夷居,弗

事上帝神祇，遗厥先宗庙弗祀。牺牲粢盛，既于凶盗。乃曰：'吾有民有命！'罔惩其侮。天佑下民，作之君，作之师，惟其克相上帝，宠绥四方。有罪无罪，予曷敢有越厥志？

同力，度德；同德，度义。受有臣亿万，惟亿万心；予有臣三千，惟一心。商罪贯盈，天命诛之。予弗顺天，厥罪惟钧。予小子夙夜祗惧，受命文考，类于上帝，宜于冢土，以尔有众，底天之罚。天矜于民，民之所欲，天必从之。尔尚弼予一人，永清四海。时哉弗可失！"

周武王一开头就高屋建瓴，提出"惟天地万物父母，惟人万物之灵"的论点。一方面，将天地置于崇高的地位，并赋予其人伦道德形象。这既符合人们当时的宗教观念，也体现了人们的自然情感依托。毕竟人类的生存仰赖天地，衣食住行都源于大自然。另一方面，他也强调了人（民）在万物中的地位。人（民）为万物之灵，容不得虐杀残害。这为下段控诉商纣王的残暴罪行，做了很好的情理铺垫。他高明地运用了人伦（"父母"）寓意，来指代天地与万物间的关系。这层伦理寓意，他在接下来的君主与人民的关系中（"元后作民父母"），很自然地再次使用。用父母的人伦形象，反衬商纣王的罪行有多恶劣。

前文提到，宗教的神圣性之所以不空洞、不遥远，在于人敬事之。人的遵奉与敬畏，福祸相伴随，才构成其神圣性与威严感。"上天"和"下民"，就这样很自然地联结起来。如果下民的福祸与上天的意志之间完全没有关联性，那么人们对上天的信仰自然也就会轰然坍塌。

周武王接下来就围绕这一要点展开。他直斥商纣王"弗敬上天，降灾下民"。他这里实际上已经隐含着"敬天保民"的观念。这一政治观念，后来得到周公进一步的阐发。周武王接着一一数落商纣王的滔天罪行。这难道就是所谓"作民父母"的君主（"元后"）之所作所为啊！读到这里，我们就能更深刻地领悟到，他在前一段运用父母的伦理形象可以说非常之高明。既自然而然引出，又为下文作了很好的情理铺垫。是啊，天下哪有这样做父母的呢？难怪皇天要震怒。这里也就自然过渡到周文王受命于天来行"致天之罚"，以维护上天的威严。

天命与人民之间的关联性，还由商纣王自己的狂妄之语（"吾有民有命"）点了出来。周武王很自然地接题，说上天是爱护、保佑下民（"天佑下民"）的，为民立君以治民，为民立师以教民。做君主的要竭诚辅佐上帝，使四方安定才行。周武王最后明确提出，上天是怜悯下民的，下民的愿望，上天也必定会听从（"天矜于民，民之所欲，天必从之"）。"上天"与"下民"的关联性，这里算是彻底地建立起来了。地上老百姓的愿望（民意），也就有了天命的神圣意味，得到上天的允准与加持。这可以说是“天命观”的一个巨大突破。

确立了“上天”与“下民”的紧密关系，周武王接下来还继续阐发这一天命观：“天视自我民视，天听自我民听。”（《尚书·泰誓中》）从此以后，在中国的政治哲学中，民众的福利、老百姓的声音（民意），拥有了道德至上性，具备了与“天命”一般的神圣性地位。后世的孟子在这个思想基础上，进而发展出了“民贵君轻”的民本主义政治观念（“民为贵，社稷次之，君为轻。”《孟子·尽心下》）。这是中国政治哲学思想从神道政治向人本主义（民本主义）的巨大进步。

3. 中西分野——宗法社会与公民社会

那些初读亚里士多德《政治学》的读者，可能会为其中某些似乎超越时代的现代性，比如说讨论公民及公民社会政治问题的内容所惊奇。一些不了解西方历史，尤其是不熟悉西方中世纪封建历史的人，可能还会误认为，西方这种所谓的公民社会政治传统一直连绵不断地延续了2000多年。一些缺乏历史常识的西方崇拜者甚至还很容易产生这样愚蠢、肤浅的错误观念：中国拥有2000多年的臣民社会政治传统，而西方拥有2000多年的公民社会文化传统，因此，相形之下，在政治哲学方面我们中国比西方落后了2000多年。

其实，这种认识，往重里说，是中国一些知识分子自近代100多年来因落后于西方而产生的文化自卑表现；往轻里说，是对中西历史尤其是政治历史缺乏理解，只是单纯从政治名词上进行概念比较、分析的浅薄之见。

本书前文反复阐述过一个基本论点：政府与政治哲学的核心，在于其具备的社会组织功能。我们从功能替代的角度来看待不同时代、不同地区政治制度的演变历史，便会一目了然。从这个意义上说，就好比同样作为餐具的刀叉与筷子，在核心功能上两者并没有什么不同。单纯从概念上比较刀叉文化与筷子文化的先进性抑或落后性，自然浅薄可笑。

观察中西古典社会的组织结构，的确存在重大的差异。简而言之，中国在古典时期形成了“宗法社会”，这是一种基于血缘关系而组织起来的自然型社会。而以古希腊、罗马为代表的西方城邦国家，则形成了“公民社会”，这是一种基于公民（市民）身份而组织的建构型社会。

关于中国宗法制，学者们的研究与讨论已经非常繁多，本书并不想过多纠缠于探讨宗法制夏起源论，或是殷起源论，或者五帝时代起源论等问题，而是打算紧扣本节主题，即宗法社会特征这一基本问题。宗法制在西周初年的成熟与定型，在学界基本上没多大争议。西周宗法制的成型，则代表了氏族政治向宗族政治过渡转型的完成。

正如前一章所讨论过的，近代以来的中国历史学者多采纳西方政治历史理论，用“氏族”“氏族部落”“氏族部落联盟”“国家”等概念与理论体系来阐述中国上古历史。前文已经讨论过，用这种“西方中心论”下的历史观来解释中国历史，有削足适履之感，并不能很好地反映古代中国血缘政治传统一直占据主流的历史事实。我们毫无必要按西方政治价值观所界定的文明标准与国家标准来贬低血缘政治，斥之为所谓文明之前的落后、野蛮的政治制度。相反，我们应该更深入地理解血缘政治本身的合理逻辑。

如果从政治模型的角度看，氏族政治代表了分散、孤立的小政治共同体格局，也就是老子所谓“小国寡民”的政治格局。在其中，氏族族权就是最大的公权力。而宗族政治的出现，是氏族社会本身的繁衍、分化的自然结果，也是在更大地域范围内政治整合的结果。从前一章所阐述的天子政权体系与天下（国家）概念的出现，可以看到这一演变过程。在这一时期，更为核心紧密的宗族族权取代了日益分散泛化的氏族族权，族权之上存在一个跨族权的政权。跨族权的政权，成为最大的公权力（天下共主）。而这一政权（公权力）又被某一居于核心主导（领导）地位的宗族所掌握。因此，在跨过了血缘团体之后，血缘政治传统仍得以延续。准确地说，在天下政治体系下，血缘政治仍居于核心位置，但它与地域政治又很好地结合在一起。本章第一节已经解释了血缘政治的政治整合手段及地域政治的政治整合手段，以及它们分别是如何发挥作用的。

宗法制首先要确立“大宗”“小宗”的概念及其相互关系。大宗、小宗的区分，又有赖于嫡庶概念的确立。嫡庶概念则是父系社会一夫一妻（多妾）婚姻家庭制度的产物。嫡长子继承制虽然在西周初年最终确立，但从《史记·五帝本纪》的记载来看，黄帝时代似乎已有嫡庶之分。史载黄帝生25子，其中嫡子2人。再从黄帝世系来看，黄帝九世孙帝舜，从其先祖穷蝉起，已经连续六世微为庶人。这是否已经昭示后世宗法制中所谓大宗“百世不迁”、小宗“五世则迁”，当然是仁者见仁、智者见智了。

嫡庶关系，特别是建立在嫡庶关系基础上的嫡长子制，实际上着眼于明确继承法则。继承观念（法则）在经济私有制下发展得更为迅猛，也更为细致、完善。[①]商朝前中期，在政权继承方面，除了“父死子继”，还存在“兄终弟

① 《礼记·礼运》中讲“今大道既隐，天下为家，各亲其亲，各子其子，货力为己，大人世及以为礼”，其中“大人世及以为礼”的“礼”，主要指继承法则。

及"的继承法则。跟"父死子继"这一继承法则相比,"兄终弟及"作为一个继承规则存在明显的逻辑漏洞,尤其是多子多孙情形下,同辈兄弟如何顺利地传位给下一代兄弟(堂兄弟),是个令人极其头疼的大问题。商朝在中丁之后出现了九世争立的乱局,便是明证。因此,到商朝后期,特别是康丁之后,嫡长子继承制已经开始确立。[①]嫡长子制使"父死子继"的继承法则成为基本法则("大人世及以为礼"),也使大宗、小宗关系变得更加明晰、确定,更不易造成紊乱从而引起争执。

西周的宗法制完善而成体系。大宗、小宗与分封制结合在一起,分邑立宗,建侯卫,形成了西周版本的"封建制"(分封制)。在典型的西周封建制下,天子为天下诸侯大宗,诸侯跟天子相比为小宗,但在其封国内又为大宗,余下卿大夫、士依此类推。这样一来,就形成了建立在血缘关系基础上的金字塔式等级社会(政治)秩序。宗子在宗族内拥有一定"公"权力,并行使祭祀特权。[②]分封制(封建制)虽在春秋末年、战国时期逐渐被郡县制所取代,但宗法制本身几经改造依然保留下来,甚至一直延续到中华人民共和国成立之前。

在财产制度上,宗法制还保留着氏族公社时期的某些历史遗迹。有的宗族公产,比如义庄、义田(族田),数量还相当可观。有的宗族的族田甚至占到全族田产的1/3。这些宗族公产(族田)的功能,主要是提供宗族祭祀经费(祭田、宗庙等)、赈济贫困的族人、资助族中(尤其是贫寒)弟子就学入仕等社会救济福利功能。其主要目的是团结、凝聚族众,防止宗族溃散,维系宗族作为小型的血缘社会、经济与政治共同体的功能。[③]

典型的西周宗法社会,毫无疑问是一个世袭社会。政府官员人事制度方面,也具有这一特点,采取的是世禄世卿制。这种官员世袭制度,经过春秋战国时期动荡政治局面的冲击逐渐被打破。官员世袭制传统被打破之后,秦汉以来形成了选任(选举)制的职业官僚体系。

综上所述,从政治上看,西周宗法制的核心是不折不扣的世袭等级血缘制度。其实质是以血缘关系为基础,确立政权及政权以下的族权由谁掌握(继承)的规则体系,并因此确立人际间的政治秩序。它基本建立在血缘关

---

① 参见程维荣:《中国继承制度史》,东方出版中心2006年版,第28~31页。

② 参见徐扬杰:《中国家族制度史》,人民出版社1992年版,第81~117页。宗子与族长(族权)在后世也出现了一定的分离现象。宗子立长,族长立贤,族权遂被族长所拥有。参见程维荣:《中国继承制度史》,东方出版中心2006年版,第41页。

③ 参见程维荣:《中国继承制度史》,东方出版中心2006年版,第51~55页。有学者也把它归纳为"大功同财"的制度,即所谓"有余则归之宗,不足则资之宗"。宗族村社存在"有无相贷""通财货""饮食相召""嫁娶相谋""疾病相扶持""守望相助"等互助互救的一定社会福利功能。参见徐扬杰:《中国家族制度史》,人民出版社1992年版,第108、121~135页。

系法则(自然规则)上。从这个意义上讲,宗法社会是一种自然型社会。它跟下文所阐述的古希腊、罗马的公民社会,在结构上有显著的不同。公民社会建立在人为的规则体系基础上,因此可说它是一种(人为)建构型社会。

跟中国的宗法社会不同,古希腊、罗马的城邦国家是一种典型的公民(市民)社会。公民社会,是指以公民身份为核心而构建的政治社会。正如亚里士多德所理解的,公民是指拥有一定政治权利(参与司法事务与治权机构)和政治地位的人。①是否拥有公民权,是区分本邦公民与外邦人(以及奴隶、妇女)的重要标志。

亚里士多德所处的年代,不知是因为时代久远、几经变革,还是出于其他原因,总之,他已经说不清公民资格(公民籍)的来源了。一方面,他否认根据地域政治标准设立公民资格;另一方面,他又认为,单纯依据血统来确定公民身份也并不妥当。②

对亚里士多德说不清的问题,现代的学者反而因拥有更多的历史资料,能更好地厘清。法国学者库朗热(Fustel de Coulanges)认为,是宗教(城邦保护神)建立起本邦公民与外邦人之间的身份鸿沟。他解释公民资格的来源,认为:“公民资格出自他对城邦祭祀的参与,这种参与使他获得了一切公民权利与政治权利。放弃了宗教,也就放弃了所有的权利。”③

库朗热接着列举了几项历史事实,来佐证他的这一论点。他说,在斯巴达,凡是不参加公餐(城邦祭祀的主要仪式),即便并非出自他自己的过错,也会被立即从公民籍中除名。而在罗马,必须参与城邦公共祷告与祭祀,方能享有政治权利。因此,在古希腊、罗马的城邦政治中,公民身份与公民资格与城邦宗教信仰(城邦保护神信仰)密不可分。这也能解释为何亚里士多德单纯从血缘(血统)和地域的角度,都很难确定公民资格标准及其来源。同时也能很好地解释,雅典人为何对苏格拉底提起指控并审判他。④

正因如此,越是在城邦发展的早期、宗教观念越是支配人心的年代,越是严禁授予外邦人公民权。后世即便几经变革而有所松动,但外邦人

---

① 参见[古希腊]亚里士多德:《政治学》,吴寿彭译,商务印书馆2009年版,第112~115页。

② “一个正式的公民应该不是由于他的住所所在,因而成为当地的公民;侨民和奴隶跟他住所相同[但他们都不得称为公民]”。参见[古希腊]亚里士多德:《政治学》,吴寿彭译,商务印书馆2009年版,第113~114、117~118页。

③ 参见[法]库朗热:《古代城邦:古希腊罗马祭祀、权利和政制研究》,谭立铸等译,华东师范大学出版社2006年版,第180页。

④ 苏格拉底被指控的头一项罪名是:不信本邦的神。参见[古希腊]柏拉图:《游叙弗伦·苏格拉底的申辩·克力同》,严群译,商务印书馆2003年版。笔者认为,苏格拉底处在雅典神道政治向理性政治过渡的转型时期。神道政治时期的美德是“虔信”,而理性政治时期的美德是“知识”。正是在苏格拉底时期,美德(道德)本身的含义,也开始发生微妙的变化。

入籍城邦公民，条件和手续依旧十分苛刻、烦琐。在希罗多德的时代，斯巴达仅授予一名外邦人以公民权。雅典人虽然开放了（外邦）公民归化，但规定手续之苛刻，甚至超过了城邦对外宣战及创立新法的政治标准，使外邦人望而却步。比如，对于任何外邦人入雅典公民籍，首先，必须通过公民大会（人民大会）予以通过。其次，在九天之后，需要举行第二次集会，同意票必须在 6000 票以上。哪怕就在通过如此这般严苛的手续之后，任何雅典人仍然还可以随时告到法庭，以违反古法为名，要求对其除名，取消其公民籍。①

正如本章第一节所阐述的，对城邦保护神的宗教信仰，是城邦政治整合不可或缺的重要手段。在既缺乏祖先神崇拜作为凝聚族众的手段，又缺乏至上神来统合城邦居民的城邦政治中，城邦保护神崇拜成了几乎唯一用来整合城邦居民的宗教信仰。城邦保护神有着严格的地域（保护）限制，给予外邦人以公民权，意味着违反了城邦宗教的基本原则。因为外邦人信奉自己的城邦保护神，他就不能成为雅典的公民。倘若外邦人成了雅典公民，意味着同时信奉了两种不同（城邦保护神）的宗教，这当然是对本邦宗教（城邦保护神）的一种亵渎。我们从这里就不难理解，为何罗马人征服了外邦之后，一定要把外邦的保护神掩进罗马城。他们是想通过这种简单、粗暴的方式告诉被征服的外邦人，他们的城邦虽然臣服于罗马，但他们的城邦保护神仍受到了罗马人的“尊重”与“善待”，这些保护神依然在“保护”他们这些外邦人。城邦保护神本来的管辖范围既受到地域限制，又要遵循属人原则。突破了地域限制的罗马霸权的确想不出更好的办法来解决不同城邦在宗教信仰上的冲突，只好把它们混杂并列在一起，以图广收成效。

把握住了城邦公民权背后的宗教信仰含义，对古希腊、罗马时期的公民社会的理解就一通百通了。外邦人并非不受欢迎而被排斥在外。相反，雅典人和罗马人出于政治与商业（贸易）上的原因，对外邦人还是欢迎且乐于保护的。但在城邦政治中，由于公民权源自城邦（保护神）宗教信仰的原因，各城邦在对待授予外邦人公民权问题上，的确是严之又严、慎之又慎的。

外邦人既不能参与城邦的宗教祭祀活动，也就不能拥有公民权所附属的任何其他相应的政治权利与民事法律权利。比如，无论在雅典还是

① 这名外邦人是一位预言家，他之所以被授予斯巴达公民权，还因为有谶语为凭。参见［法］库朗热：《古代城邦：古希腊罗马祭祀、权利和政制研究》，谭立铸等译，华东师范大学出版社 2006 年版，第 181 页。

罗马,外邦人都不能购置地产而成为业主。他的婚姻也不被城邦所承认。本邦公民与外邦人女子结婚所生的子女,为私生子女(非婚生子女)。最初,外邦人甚至连经商权都没有。因此,外邦人不得与本邦公民订立契约,至少法律不承认这种契约的有效性。罗马法律禁止外邦人继承罗马公民的财产,甚至还禁止罗马公民继承外邦人的财产。这一原则甚至还被推至极端:倘若某一外邦人已得到罗马公民权,而他的儿子出生在他被授予公民权之前,则儿子对于父亲来说仍为外邦人,因此不得继承其父的遗产。也就是说,公民权所确定的本邦公民与外邦人的人为规则界限,比父子之间的自然血缘关系,还要更为强大有力。此外,外邦人因为缺乏宗教祭祀的权利,他们在宗教上的地位与处境,实际上比奴隶更差。奴隶因为属于某家(奴隶主),因其主人的中间作用而属于城邦,城邦保护神也就保佑他。因此,按照罗马的宗教法,奴隶的坟墓是神圣的,但外邦人的坟墓则并不神圣。①

随着城邦政治的扩展,特别是对外商业(贸易)活动的更加频繁,任何城邦都不可能完全将外邦人拒之门外。罗马和雅典在处理外邦人的事务上,既有专门的法庭(或专门的官员),也适用专门的规则体系。罗马公民(市民)之间适用的法律称为"市民法"(*ius civile*),后世多叫作"民法"。罗马公民与外邦人之间,则适用于万民法(*ius gentium*)。②

综上所述,西方古典公民社会,是以公民权为基础建构的有组织的等级社会。公民权概念,最早源于城邦保护神的宗教信仰,它首先是一种参与宗教祭祀的宗教权利,从宗教权利又扩展到政治权利和其他民事法律权利。在摆脱了神道政治的束缚后,到亚里士多德的时代,公民权已经解释为一种纯粹的政治权利与政治地位。③尽管如此,公民权基于身份这一本质特点,并没有发生实质性改变。

在西方古典公民社会的发展历史中,城邦内部的阶级斗争特别是贵族与平民的斗争,有力地推动了公民社会的发展,特别是基于身份平等的公民权观念的发展。这一基于公民身份的平等主义观念,实乃雅典政治实践中平民政体(民主政体)之滥觞。与此同时,古代西方滨海型城邦广泛的对外

① 参见[法]库朗热:《古代城邦:古希腊罗马祭祀、权利和政制研究》,谭立铸等译,华东师范大学出版社 2006 年版,第 182 ~ 184 页。

② 参见[意]朱塞佩·格罗索:《罗马法史》,黄风译,中国政法大学出版社 1991 年版,第 229 ~ 258 页。雅典人审理外邦人事务的官员,是主管战争及与敌人交涉的官员。参见[法]库朗热:《古代城邦:古希腊罗马祭祀、权利和政制研究》,谭立铸等译,华东师范大学出版社 2006 年版,第 182 页。

③ 参见[古希腊]亚里士多德:《政治学》,吴寿彭译,商务印书馆 2009 年版,第 114 ~ 119 页。

贸易与交往,也使本邦公民与外邦人的界限通过公民权凸显出来,并因此发展出不同的法律规则体系。

通俗点讲,公民社会实际上就像一个会员制的俱乐部型社会。会员的入籍资格,会员彼此之间的权利、义务关系,都受到基于一定意识形态、观念形态下订立的规则体系的约束。亚里士多德在《政治学》中反复申论法治的价值,认为法治优于人治。[①]从表面上看,尽管是针对柏拉图《理想国》中哲人王理论有的放矢,实际上,却完全是这种会员制社会治理的题中应有之义。我们从前例罗马继承法则中,因父子公民权鸿沟所存在的极端情形可以看到,公民社会的确是建立在一套人为的观念与规则体系下的社会,这种社会可以不理会血缘关系的自然人伦法则,完全超越(凌驾于)自然血缘关系,说它是一种人为的建构型社会,丝毫不为过。

4. 殊途同归——中西古典道德政治理论

古典政治理论突破了神道政治的桎梏以后出现了一个明显的转型,就是过渡到更为理性化、世俗化、人文化的政治理论。其主旨就是以道德作为政治合法性的根本("以德配天")。本节主要考察道德政治理论的内涵究竟表现在哪些方面。

"德"的概念,历来聚讼纷纭。有学者从词源学的角度进行解读,原本无可厚非,但走到以偏概全的路子上,就显得钻牛角尖了。比如,纠缠于甲骨文"德"()字右半边一竖底下究竟是"目"还是"臣",[②]或者从右半边下面有"心"无"心"来推测这个甲骨文究竟是不是"德"字,进而讨论古人(如殷人)究竟有没有"德"的观念。[③]

更有甚者,还有学者想当然地认为,在人类原始时代,人们尽管拥有多种美德,但并没有抽象出"德"的观念。人类原始时代的早期和中期,不仅没有"德"的观念,而且连诸如美善丑恶的德行观念也不存在。其主要理由是,在人类原始时代很长的历史时期内,对人们思想起支配作用的是原始宗教信仰。只是到了人类原始时代后期,随着私有观念的产生,贪欲和权势出现,才构成德的诸因素的萌生。这位学者甚至认为,直到夏商两朝都还没有产生真正的道德观念。[④]不得不说,这种学术上的武断与轻率态度真是令人

---

① 参见[古希腊]亚里士多德:《政治学》(第3卷),吴寿彭译,商务印书馆2009年版。

② 参见武树臣:《寻找最初的德——对先秦德观念形成过程的法文化考察》,载《法学研究》2001年第2期。

③ 参见李德龙:《从〈尚书·盘庚〉看殷代的"德"观念》,载《史学集刊》2013年第3期。

④ 参见晁福林:《先秦时期"德"观念的起源及其发展》,载《中国社会科学》2005年第4期。

瞠目结舌。

说到底,这正是摩尔根式的“蒙昧—野蛮—文明”人类文明发展史三部曲理论影响下的错误历史观所致。当然,单纯从文字演变史的角度解读人类的观念史,更是饾饤之学,不足为训。试想,整个石器时代,人类都没有创造出文字。文字的出现,也不过五六千年的历史。在石器时代,人类难道就没有“工具”的概念?难道就没有“生产工具”(石器)的观念?难道就没有“制作”“生产”这些观念?任何依据石器时代没有出现“生产工具”“制作”之类的文字,即来否定早期人类对于“生产工具”(石器)的认识,否定人类完全懂得如何制作生产工具的观念,都是荒诞不经的。这样的历史观与认识论,在逻辑上也说不通。同样,认为原始人类有美德,却没有“德”的抽象观念,就好比石器时代的人类有“生产工具”,却没有“生产工具”的抽象观念,能制作工具,却没有“制作”的抽象观念。这无论是在历史的解读还是在逻辑上,都显得十分荒唐可笑。

对人类道德观念发展历史的理解,应该从社会组织发展史的层面而不能仅仅凭据文字(文献),更不能单独靠其中某个字(如汉字“德”)来作判断。道德本质上是人际社会关系上的规范与准则,其核心功能是确保相应的人际秩序。比如,当血缘婚被族外婚取代后,血缘婚就成了禁忌,这种禁忌可能以宗教的形式,可能以习俗的形式,也可能以伦理(道德)的形式,甚至可能以法律形式加以禁止。[①]而所有这一切形式的核心,是人与人之间的社会关系法则。总的来说,道德的观念作为维持人与人之间关系的社会法则,是伴随人类社会组织本身的演变而发展起来的。

政治哲学中的道德观念,历史同样古老。只要有人群的存在,社会或政治组织机制就不可或缺。政治中“德”的观念与实践的第一层含义,是指政治领袖有没有“服众”与“得众”的品质(素质与能力)。也就是说,政治领袖有没有相应的品质(素质与能力)来团结、凝聚人群,将众人联合起来,形成一个有组织、有力量的团体(政治共同体)。这个所谓“品德”,后世亦称为“正身(修身)”。政治人物的品德或正身,由于更多注重组织属性,因此较一般人的品德或修身还有所不同。政治人物需要德才兼备。中国古人往往“贤能”并称,强调“举贤能”,也是基于这个道理。

五帝时代,帝舜是唯一一位从庶民身份直登天子位的政治领袖,他被挑选中的主要原因,是他非凡无比的孝“德”。在此之前,帝尧曾咨询

① 参见[芬兰]E. A. 韦斯特马克:《人类婚姻史》(第2卷),李彬等译,商务印书馆2002年版,第19章、第20章。

四岳（诸侯）意见，询问他们之中谁能继承大统，四岳（诸侯）都认为自己德行不够，登大位难孚众望（“鄙德忝帝位”）。可见，古人早就认识到，政治领袖的个人品德，对于“服众”来说，为不可或缺的基本政治条件。

成汤时期网开三面的历史故事，我们且不去论它真实与否，起码从历史本身的政治寓意来看，商汤的宽厚仁慈（“汤德至矣，及禽兽”《史记·殷本纪》）赢得了民心，得到了诸侯的政治支持。而与之相对照，夏桀无道失德（荒淫暴虐），从而导致诸侯叛乱、众叛亲离（“众有率怠不和，曰：‘是日何时丧？予与女皆亡’！”《史记·殷本纪》）。

商末又重复了夏末的故事。商纣王同样荒淫无道、残暴不仁。相形之下，周文王修德行善，因此诸侯背叛殷商政权，而纷纷归附周文王（“西伯归，乃阴修德行善，诸侯多叛纣而往归西伯”《史记·殷本纪》）。正所谓“得人者兴，失人者崩”，政治领袖的个人“品德”，对于“得众”来说，同样也至关重要。

“德”的第二层含义，主要是指“德政”。“德政”的含义较广，其内容也随时代不同而有所不同。比如，《史记·五帝本纪》中提到黄帝“修德振兵”，擒杀蚩尤，安定天下，当然是“德政”。黄帝“治五气，艺五种，抚万民，度四方”，自然也是“德政”。但不管其含义、内容如何变化，其根本落脚点还是皋陶所总结的“安民”。

在《尚书·皋陶谟》中，皋陶曾对大禹全面阐述了德政的三大要点：“慎身”、“知人”和“安民”。在皋陶看来，一个政治领袖坚持不懈地“慎身”（后世所谓“正身”），是为了使九族（亲族）敦厚、和睦、顺从，以获得贤明之辈的辅佐（“慎厥身，修思永。惇叙九族，庶明励翼”）。“知人”则能明察秋毫、任人唯贤（“知人则哲，能官人”）。所有以上这些，其最终的根本目的都是“安民”。因为只有做到这样，才能得到老百姓的衷心拥戴，才能达到孔子所谓“近者说，远者来”（《论语·子路》）的目的，才能壮大自己的政治力量。子贡所讲的“博施于民而能济众”（《论语·雍也》），含义与此大致类同。当然，在孔子眼里，能行如此德政，就已经算是圣人之政了。

综上所述，在政治哲学上，“德”的观念，由于根本涉及政治人物的政治品质，其核心是具备赢得大多数人政治支持的个人品质与能力。因此，离开政治组织与社会合作的角度，来讨论“德”观念，很容易导致问题失焦，陷入茫然不知所措的境地。“德”首先当然是一种道德人格上的品质及魅力不假，但它同时更是凝聚、团结、组织民众的政治道德基础。个人品德之外，更为重要的是，政治上要广布德政，以安万民、惠万家。①

前文讨论过的《尚书·泰誓》中，周武王提到，商纣王虽有亿万臣民，但个个离心离德，而他周武王虽只有臣民3000，却是同心同德（“受有臣亿万，惟亿万心；予有臣三千，唯一心”）。这也是“德”主要涉及凝聚民心、团结民众之政治组织机制的最好写照。

周人明确地将“德”的内容注入天命观，使神圣的“天命观”抽掉了神道政治的浓重宗教意味，而赋予了更为明确的道德意指。政治哲学从神道政治由此转入世俗化、人文化与理性化的历史轨道。这为春秋战国时期诸子百家政治哲学阐述的进一步发挥，特别是民本主义转向奠定了坚实的历史基础。②

春秋战国时期战乱频仍，但同时也是思想大解放、观念大分化的时期，诸子百家争相著书立说、争鸣思想，真可谓群英荟萃、精彩纷呈。有人若站在比较死板、僵硬的现代概念化立场，或是某种意识形态立场，把古典批得一文不值，③那么，这种简单粗暴的、非学术性做法，显然非常不可取。

本章选取了儒、墨、法三家的思想展开概要式讨论，作者尽力去除各种偏见或前见的蒙蔽，维持公允持中的智识立场。

孔子自称“述而不作”。这虽是他的自谦之词，反映了他决意承继周文化的时代使命，但也在一定程度上凸显了他的文化保守主义立场。孔子决意上承周公之学，以复古的姿态希望传承、恢复周礼文化。可惜时势弄人。当是时，礼崩乐坏，周室衰微，诸侯僭越，大夫专国，天下大乱。孔子一味思

---

① 在政治人物的个人品德（私德）与德政（公德）关系问题上，孔子的认识全面而清醒。齐桓公私德欠佳，但大德不亏，且有政治雅量，并能尊王攘夷，因此孔子对齐桓公评价很高，说“齐桓公正而不谲”。孔子对于管仲私德与公德的认识，也同样如此。管仲夺伯氏采邑（子曰：“人也。夺伯氏骈邑三百，饭疏食，没齿无怨言。”）管仲原先辅佐公子纠，公子纠死，召忽为之殉死，但管仲并未殉死，显得管仲很不忠义。孔子还认为管仲器小，不知礼，也不知俭（《论语·八佾》）。这些都说明，孔子认为管仲私德亏欠。但当子路和子贡问管仲是否有“仁”德时，孔子从政治层面的“德政”角度看问题，都给予肯定的回答。（子路曰：“桓公杀公子纠，召忽死之，管仲不死。”曰：“未仁乎？”子曰：“桓公九合诸侯，不以兵车，管仲之力也。如其仁！如其仁！”子贡曰：“管仲非仁者与？桓公杀公子纠，不能死，又相之。”子曰：“管仲相桓公，霸诸侯，一匡天下，民到于今受其赐。微管仲，吾其披发左衽矣。岂若匹夫匹妇之为谅也，自经于沟渎，而莫之知也。”《论语·宪问》）

② 有关从比较文化角度看待中国古典思想的著述，参见［美］本杰明·史华兹：《古代中国的思想世界》，程钢译，江苏人民出版社2008年版。

③ 有的著者，出于某种强烈的意识形态偏见，把中国古典政治思想一律归纳为“君主专制主义”“臣民意识”“崇圣观念”三点。这种观点既失之于简单、轻率，同样也不符合历史事实，是根本错误的。参见刘泽华主编：《中国政治思想史》（先秦卷），浙江人民出版社1996年版。相形之下，美国汉学家史华兹的观点，倒显得更为客观忠实，尽管他的某些具体论述不尽准确，读起来有隔靴搔痒之感。

旧复古（“生今之世，志古之道；居今之俗，服古之服。舍此而为非者，不亦鲜乎？”《孔子家语·五仪解》），在创新进取方面明显不足，对时代大变革持消极否定态度。决意复古，志执旧道，在那个时代是否治得了时弊，是否能救天下万民于倒悬之中，历史早已给出了明确的答案。

事实上，西周的礼制所规定的正是一个贵族世袭的血缘等级社会。这种世袭等级社会的确立，是以明确区分嫡庶、尊重大宗小宗之法为前提的。到春秋战国时期，上自天子，中到诸侯，再等而下之，都在纷纷破坏嫡长子继承制，恣意妄为，朝纲崩坏。周公之礼早已变得有名无实。

况且世袭罔替的贵族阶层，经过一代又一代养尊处优的生活，大多“一蟹不如一蟹”，早已丧失了他们的先辈曾经的奋发有为、锐意进取的精神，政治上大多显得颟顸无能，思想上更是守旧、自私而短视，[①]基本上丧失了道德感召力与政治凝聚力。与此同时，处于社会中下层的“士”，乃至社会下层的平民勇猛精进，杰出之辈不断涌现。管仲即一个很好的例证。孔子本人，也是例证（“吾少也贱，故多能鄙事。”《论语·子罕》）。

这是一个混乱的浊世不假，但套用现代政治概念来界定，这同时也是一个“政治大觉醒”的时代。孔子却选择了面对过去，而不是朝向未来。整体上看，孔子传承文化有功（有余），开拓创新不足，这确实开创了后世儒家因循守旧的文化传统。

“礼”与“仁”，是孔子的核心思想。在孔子看来，“礼”是规范人际关系、确立人际秩序的基本法则（“民之所由生，礼为大。非礼无以节事天地之神也，非礼无以辨君臣上下长幼之位也，非礼无以别男女父子兄弟之亲、昏姻疏数之交也”《礼记·哀公问》）。对于个人而言，他则强调“礼”是立身之本（“不学礼，无以立”《论语·季氏》）。他进而认为，为政要以礼为先，礼制规范是政治之本（“为政先礼。礼，其政之本与！”《礼记·哀公问》）。只有君主遵守礼制，君臣之间的政治关系才会更加牢固（“君使臣以礼，臣事君以忠。”《论语·八佾》）。而且，只有君主崇尚礼义，老百姓才会更加尊敬与服从（“上好礼，则民莫敢不敬；上好义，则民莫敢不服。”《论语·子路》）。

尽管如此，孔子仍然视“仁”为“礼”的根本，“仁”同样也是“义”的基础（“仁者，义之本也。”《礼记·礼运》）。“礼”只是人际规范及人的外在行为表现，而一个人内在的品德与道德素质，才更为关键、更为根本。因此，针对季氏“八佾舞于庭”这种严重僭越（天子）礼制的行为，孔子发出了这样的慨

---

① 曹刿公然喊出“肉食者鄙，未能远谋”（《左传·庄公十年》），而且被正式记入鲁国国史中，即明证。

叹:“人而不仁,如礼何?人而不仁,如乐何?”(《论语·八佾》)

孔子论“仁”,在作为孔子语录的《论语》中随处可见。在师生答问中,孔子针对不同问者因材施教,回答可谓五花八门,各不相同,其含义非常丰富,也很容易令人混淆。①不过,究其实质,孔子“仁”学说的基本含义,主要还是指人与人之间相互的友爱。这种人与人之间的友爱,源自血亲亲属间的互敬互爱。因此,孔子认为:“孝弟也者,其为仁之本与?”(《论语·学而》)

人与人之间相互的亲爱与友爱,构成了孔子“仁”学说的核心。《礼记·经解》中明确讲“上下相亲,谓之仁”,正是此意。樊迟问仁,孔夫子答:“爱人”,含义更是如此。正因为“仁”的基本含义如此,我们在《礼记·中庸》中又看到了“仁者人也。亲亲为大;义者宜也。尊贤为大”这一说法。人与人之间的相互友爱,既是源自血缘关系友爱的自然法则,也是推己及人、互相帮助的社会合作之道德基础。因此,孔子在回答子贡的提问时,指出“夫仁者,己欲立而立人,己欲达而达人”(《论语·雍也》)。

简而言之,孔子的“仁”,本义是指“亲亲”。根据这种友爱之心、亲爱之情,进而界定为人的一种道德品质(亲善、仁慈、友爱),即仁爱。后世的墨子和孟子都在孔子“仁”学基础上,发展出各自的理论。墨子的“兼爱”,把仁爱向前跨了一步,超越了血缘关系,变成了一种更广泛、无差等的博爱。孟子虽谨守血缘关系之亲爱(他曾抨击墨子的“兼爱”是“无父”),讲求爱有等差。不过,他也阐发了人人皆具恻隐之心(“仁”),推己及人,提出了“仁义”说,并发展了仁政理论。

在政治理论方面,孔子承袭周人政治哲学传统,继续阐发“德政”理论。在他看来,统治要以德为先,才能具备一定的道德感召力和政治凝聚力(“为政以德,譬如北辰,居其所而众星共之。”《论语·为政》)。统治者还要行事正派、为人端正,成为老百姓所遵循和学习的道德模范(“人道,政为大。夫政者,正也。君为正,则百姓从而正矣。”《孔子家语·大婚解》)。政府治理的目标,就是通过德政与礼教,使老百姓心悦诚服,最终也同样具有道德感(羞耻感)(“道之以政,齐之以刑,民免而无耻;道之以德,齐之以礼,有耻且格。”《论语·为政》)。

在《礼记·礼运》中,孔子曾经很好地区分了“天下为公”与“天下为家”这两种政治制度,把前者名为“大同”之世,后者名为“小康”之世,并表达了

① 孔子教育弟子,非常讲究因材施教,注意针对不同的学生,阐发不同的道理。下面这个师生间答问的例子,非常生动地体现了这一点。子路见于孔子。孔子曰:“智者若何?仁者若何?”子路对曰:“智者使人知己,仁者使人爱己。”子曰:“可谓士矣。”子路出,子贡入,问亦如之。子贡对曰:“智者知人,仁者爱人。”子曰:“可谓士矣。”子贡出,颜回入,问亦如之。对曰:“智者自知,仁者自爱。”子曰:“可谓士君子矣。”(《孔子家语·三恕》)

自己对大同之世的无限向往之情。但通观孔子的思想,他无非是以"各亲其亲,各子其子,货力为己,大人世及以为礼"的家天下小康之礼,来追求自己心目中大同之世的德治。其中的逻辑悖论可想而知。西周世袭宗法社会礼制的本质,是"立长不立贤",是典型的血缘世袭政治。孔子希望恢复周礼,坚决维护西周礼制,实际上是不打破世袭社会的基本法则。一面维护"立长不立贤"的世袭礼制,另一面寻求圣贤之治(其实质即"立贤不立长"),确实无异于缘木求鱼。

孟子继承了孔子"为政以德"的道德政治观念,其中心主张是行王道而非霸道。按他的观点,统治者若缺乏道德感召力,不行德政(仁政),单凭武力杀伐不止,并不能真正收服民心。以力假仁者,兴许能称霸,但真正王天下的是以德行仁。因此,他强调"以德服人",而不是"以力服人"("以力服人者,非心服也,力不赡也。以德服人者,中心悦而诚服也。"《孟子・公孙丑上》)。统治者要行王道,要与民同忧乐,施仁政,得民心,顺民意,任贤使能(《孟子・梁惠王下》)。要做到尊贤使能,务必使"贤者在位,能者在职"(《孟子・公孙丑上》)。

总体而言,孟子政治上的"德"观念,进而发展成"民贵君轻"的民本主义思想,这无疑是中国古典政治思想史上的一个巨大的进步。但他的这套王道理想政治理论,在群雄环伺的战国之世,显得遥不可及。对于急切企求富国强兵以保国图存,或图强争霸的各国君主来说,同时也意味着一定程度上弱化君主的权力,各国国君觉得迂阔且不合时宜而难以接受,也就在情理之中了。

战国时期,诸子中有两派为当时之显学,这就是墨家与杨朱。按孟子自己的说法,当时"杨朱、墨翟之言盈天下。天下之言不归杨,则归墨"(《孟子・滕文公下》)。如果我们套用现代的政治学光谱来判断,墨子学说强调"兼爱""尚同""尚贤""非攻""节用",主张建立一个无差等博爱的社会,集中体现了当时社会中下层人民的朴实愿望,应属左翼。而宣扬"为我""贵己""拔一毛而利天下不为"的杨朱学派,是一种极端自私自利的个人主义思想,甚至带有一定无政府主义思想倾向,当属右翼(极右翼)。①

---

① 杨朱为当时显学("杨朱、墨翟之言盈天下。天下之言不归杨,则归墨。"《孟子・滕文公下》),但很快在历史上销声匿迹了。《列子・杨朱篇》中杨朱称:"古之人损一毫利天下不与也,悉天下奉一身不取也。人人不损一毫,人人不利天下,天下治矣。"这种思想,比老子的"小国寡民"历史倒车开得更远,几乎是回到没有相互交往(互利)、完全孤立的个人主义状态,因而也就根本不存在所谓社会,更不用说政府、国家了。当时作为显学的杨朱理论,在后世既无专著传世,亦无弟子门生传承其学。究其原因,除了其学说在实践上没有任何可行性以外,这种强调人人"贵己"的个人主义哲学,实则是一种极端的自私自利主义,既然主张人人"为我""贵己",根本就不可能形成一个团体,哪怕是一个小团体。这与主张"兼爱""尚同"的墨家曾形成一个以巨子为首领、纪律严明的民间(带有一定宗教性质)集团,适成鲜明对照。

墨子学说在诸子百家中，可谓极为另类。它包罗万象而不失其质朴，不仅有传统的道德政治理论、伦理学、社会正义论、经济学、逻辑学、军事学，还包括现代称为自然科学的天文学、光学、力学、数学、建筑学等，可谓中国古典时期唯一的百科全书。

荀子曾站在儒家宗门立场，在纵论诸子之蔽时，曾评论“墨子蔽于用而不知文”，听起来有点道理，但实际上并非持平之论。[①]确切地讲，在那个时代，儒家高论纵横、辩才无碍，文采飞扬不假，但对当时存在的种种社会问题，大唱仁义道德的高调，却一直拿不出切实有效的应对政纲与具体方略。[②]在春秋战国时期的政治实践中，儒家理论影响力相对绵弱。倒用荀子的说法，儒家可谓“蔽于文而不知用”。正是这一点，加上因循守旧、不问创新，导致儒学本身一度衰落不堪，遭世人废弃，只在齐鲁之地还有薪火相传(《史记·儒林列传》)。

相形之下，墨子坚定地践行其学说，不图虚名、不以身谋。他曾经为了制止楚国攻打宋国，甘愿率领弟子“赴汤蹈火，死不旋踵”。整体上来说，墨家是实践家、行动派。这种忠实于自己理论、学说及社会理想的献身精神，是真正彻底的“实学”，在诸子百家中，可以说是百里挑一，甚至是无人能及的。后世对诸子的评价中，儒家因获取了正统与主流思想的地位，对其他各家的评论多有不公允之处。倘若说商鞅是被泼脏水最多、最受贬损的政治家，墨子则是最受忽视、最被低估的思想家与实践家。

墨子对于传统政治理论的最大创新，是他突破了血缘政治，创立了爱无差等的“兼爱”学说。他提出“兼爱”说，当然是为了救时弊。在他看来，天下纷乱，缘于人们自私自利、彼此之间不相爱。他说：

> 圣人以治天下为事者也，不可不察乱之所自起。当察乱何自起？起不相爱。臣子之不孝君父，所谓乱也。子自爱，不爱父，故亏父而自利；弟自爱，不爱兄，故亏兄而自利；臣自爱，不爱君，故亏君而自利，此所谓乱也。虽父之不慈子，兄之不慈弟，君之不慈臣，此亦天下之所谓乱也。父自爱也，不爱子，故亏子而自利；兄自爱也，不爱弟，故亏弟而

---

① 《墨子》整体文风的确不如儒家经典。《荀子·解蔽》中，荀子尽兴数落了各家之蔽后，独推“孔子仁知且不蔽”，这就有失公允了，带有明显的儒家宗门作风。在本书作者看来，孔子最大之蔽，在于不知时、不知易。

② 相形之下，仅从《商君书》中所见，商鞅对于法律、政治、经济、军事、行政管理各方面，既有理论阐述，更有政策方略。而且商鞅一直牢牢抓住耕战(“农战”)不放，并围绕它展开各种政治制度与政策的铺排。商鞅可以说是完全抓住了这个时代的主要矛盾，并成功地解决了它。商鞅还从政治上看军事，懂得军政一体。

自利;君自爱也,不爱臣,故亏臣而自利。是何也?皆起不相爱。

虽至天下之为盗贼者亦然:盗爱其室,不爱其异室,故窃异室以利其室。贼爱其身,不爱人,故贼人以利其身。此何也?皆起不相爱。

虽至大夫之相乱家,诸侯之相攻国者亦然:大夫各爱其家,不爱异家,故乱异家以利其家。诸侯各爱其国,不爱异国,故攻异国以利其国。天下之乱物,具此而已矣。察此何自起?皆起不相爱。

若使天下兼相爱,爱人若爱其身,犹有不孝者乎?视父兄与君若其身,恶施不孝?犹有不慈者乎?视弟子与臣若其身,恶施不慈?故不孝不慈亡有。犹有盗贼乎?故视人之室若其室,谁窃?视人身若其身,谁贼?故盗贼亡有。犹有大夫之相乱家,诸侯之相攻国者乎?视人家若其家,谁乱?视人国若其国,谁攻?故大夫之相乱家,诸侯之相攻国者亡有。若使天下兼相爱,国与国不相攻,家与家不相乱,盗贼无有,君臣父子皆能孝慈,若此,则天下治。故圣人以治天下为事者,恶得不禁恶而劝爱。故天下兼相爱则治,交相恶则乱。故子墨子曰:"不可以不劝爱人者,此也。"(《墨子·兼爱上》)

应该说,墨子把天下纷乱归于人们之间不相爱,从现象及结果意义上看,没什么不对。但他对此的认识过于简单化、表面化了。人们彼此之间为何不惜亏(损)人以利己?根源并不在于彼此不相爱,而在于财产私有制所造就的自私自利观念。这就是孔子所说的"各亲其亲,各子其子,货力为己"的天下为家(私有制)所产生的自然现象。人们之间的感情鸿沟(人不相爱),只是这种私有制的结果。它本身不是原因,更不是根源(根本原因)。他坚定地认为人民之间的"兼相爱",就能自然产生"交相利"的结果(《墨子·兼爱中》),这显然是既诊错了病症,又开错了药方。

墨子提出,所谓"兼"是一种无私与追求公平的道德品质,所谓"别",即为己、利己,分彼此之别,是一种自私自利,与"兼"相对(《墨子·兼爱下》)。他从人的道德品质,即人的观念形态而不是从社会、经济制度着手,来试图改造社会。换言之,不讨论和改造产生这种自私自利现象的社会、经济基础,而只是从抹平人们之间的感情鸿沟着手来改造观念形态、追求理想的社会图景。这种做法势必难以奏效。

墨子的"兼爱"说,试图从"根源"上解释社会纷乱的问题。他的"尚同"说,则是解决这一问题的目标,即为了实现政治上的统一。他认为,政治上的统一是解决社会纷乱的唯一出路。他的"尚同"理论,一方面,证明了政治统一的正当性与必要性;另一方面,又突破了传统的"尚贤"理论,提出了选举天子的观点("选天下之贤可者,立以为天子。"《墨子·尚同上》)。墨子有关天子选举制的政治观点确实别开生面，在诸子百家中独树一帜。

儒家虽也提倡尚贤使能，但他们受到亲亲、尊尊的小康之礼的桎梏，使他们的尚贤观在政治实践中大打折扣。而墨子的“尚贤”观，则一举突破了世袭政治的限制和一切社会偏见（“不党父兄，不偏贵富，不嬖颜色”“不辩贫富、贵贱、远迩、亲疏”《墨子·尚贤中》），真正回到了儒家自己所颂扬的大同之世的大道。

总体而言，墨子的政治观属于道德政治理论。他的“兼爱”论，尤其体现了他朴实的博爱道德主义信念，颇有些爱邻人如爱己的悲天悯人宗教情怀。他在政治上追求“尚同”理想，既是对当时分疆裂土的纷乱政治局面不满的时代呼声，亦成为后世中国政治理想文化传统中不可分割的一部分。

如果说墨家是中国古典政治理论中的非主流另类学派，那么，在中国2000多年政治实践中一直实际上发挥重大作用的法家，则是涌动的暗流。

自汉武帝采纳董仲舒“罢黜百家、独尊儒术”策略之后，儒家通过官方加持的政策逐渐取得了中国思想正统地位。自此之后，法家在历史上的评价多为负面。尤其是司马迁一句“商君，其天资刻薄人也”（《史记·商君列传》），基本把法家的代表性人物商鞅盖棺论定。“刻薄寡恩”更成为儒家给法家随手贴的常用标签。①

中国过去2000多年的历史，基本上是由儒家知识分子书写。他们纵论古今、臧否人物，带有儒家思想所特有的价值观与偏见。曾被管子视为国家柱石之民的士农工商四大阶层中（“士农工商四民者，国之石民也”《管子·小匡》），农、工、商三大阶层基本上不掌握舆论与书写历史的话语权。因此，我们很少能看到从农、工、商的角度书写的中国历史，更看不到代表他们物质利益和思想观念的中国历史。中国2000多年来的历史记载，完全是被“士”（知识分子），尤其是儒家知识分子所垄断的。在此情形下，我们在看待中国历史，尤其是历史人物的功绩与评价时，要对历史书写者所带有的价值观、意识形态以及他们的前见、偏见有所辨别，有所内省。

法家跟儒家在变法问题（社会变革）上的分歧，首先来自他们的历史观差异。儒家多取历史倒退论或历史循环论。历史倒退论，是说人类社会理想的黄金时代是在上古，后世人类渐次堕落，因此，后人必须效法古人。这是复古主义或文化保守主义的历史观根据。在《礼记·礼运》中，孔子谈大同之世与小康之世的差异，不单纯是指两种不同的政治制度，更是指代两个

① 《四库全书》的编撰者就把法家当反面教材来看，他们对法家的评价，无疑代表了儒家一贯的正统立场：“观于商鞅、韩非诸家，可以知刻薄寡恩之非。鉴彼前车，即所以克端治。”（《四库全书总目·法家类·小叙》）

不同的大时代。从尊崇大公无私的大同之世，到追求自私自利的小康社会，从某种意义上说，的确是政治伦理与道德文明的后退，的确是历史的退步。但在大时代变革之后，不问社会条件的剧变，一味强调复古，主张机械地效法古人，未免显得太过僵化保守，过于形式主义，过于感伤主义、怀旧情怀。真正大开大阖的智识格局，应该是考虑如何在大变革时代开创崭新的政治哲学理论。

历史倒退论之外，儒家还存有一种历史循环论。在《孔子家语·五帝》中，我们看到孔子把金木水火土五行，跟五帝之德关联起来的"五德始终"说（"昔丘也闻诸老聃曰：'天有五行，水火金木土，分时化育，以成万物，其神谓之五帝。'古之王者，易代而改号，取法五行，五行更王，终始相生，亦象其义。"《孔子家语·五帝》）。此外，孔子在讲三代之礼时，又提出过历史"损益"说。大体来讲，孔子及其以下的儒家基本以法古、复古作为儒学的基本历史观取向，对《周易》中重要的"易"（变易）与"时"（与时偕行）的哲学理念，则有所忽略。

商鞅的历史观恰恰接受了《周易》中的"易"与"时"的观念。商鞅强调不能墨守成规，相信随着时代变化，世事发生了变化，治理国家之道也应随之会有不同（"世事变而行道异也。"《商君书·开塞》）。他认为，上古时期人民朴实、厚道，而现今（指商鞅所处时代）人民奸巧、伪诈。古人以德教为先来治理国家，这对古人来说是卓有成效的办法。而现今之人奸诈滑头，应该优先运用刑罚手段来治理社会（"古之民朴以厚，今之民巧以伪。故效于古者，先德而治；效于今者，前刑而治。"《商君书·开塞》）。在他看来，不观时俗、不察国本，很难治理好国家。

总而言之，商鞅认为，治理国家应"适时"而定，应该考察当时的民风民俗，根据国家具体的实情来决定，不能搞机械的教条主义。他坚定主张既不法古，也不泥今（"圣人不法古，不修今。法古则后于时，修今则塞于势。周不法商，夏不法虞，三代异势，而皆可以王。故兴王有道，而持之异理。"《商君书·开塞》）。①

这种因时制宜、因地制宜的灵活思想，讲求具体情况具体分析的态度，颇有些"实事求是"的精神，这与孔子"生今之世，志古之道；居今之俗，服古之服"的一味复古而不知适时的守旧僵化观念的确形成十分鲜明的对照。

正因为基于这样的历史观，商鞅对儒家不问时代变迁，一味强调传统的

---

① 后世《淮南子·氾论》的作者，显然吸取了商鞅的这一思想，但表述得更为清晰，也更具文采："苟利于民，不必法古。苟周于事，不必循旧。夫夏、商之衰也，不变法而亡。三代之起也，不相袭而王。故圣人法与时变，礼与俗化。"

德教理论，持坚决否定态度。在他看来，现今民风奸伪，倘若还因循守旧沿用德教，并不能达到德化目的（“仁者能仁于人，而不能使人仁；义者能爱于人，而不能使人爱。”《商君书·画策》）。现今民风业已堕坏，光靠老的道德说教，容易失之于宽厚无边，若没有霹雳手段（刑罚），民众必然会放纵自己，往往会导致社会动乱。不但德教礼治目标达不成，反倒社会秩序也丢了。因此，必须采取刑罚，使民畏惧而不致作奸犯科，最终达到以刑去刑的目的，使人民安居乐业（“故以刑治则民威，民威则无奸，无奸则民安其所乐。以义教则民纵，民纵则乱，乱则民伤其所恶。”《商君书·开塞》）。

在商鞅看来，儒家所标榜的道德主义，尤其是重名声厚清誉，有沽名钓誉之嫌，实为口头道德主义。他认为，明君之治，是靠民众为国出力的多寡（工作实绩与社会贡献），而不是靠臣民的美德之誉（“故凡明君之治也，任其力不任其德。是以不忧不劳，而功可立也。”《商君书·错法》）。

商鞅虽然坚决反对德教，但他并非马基雅维利式的道德虚无主义者。他同样主张圣人之道，认为要行仁义于天下，更是非常明白得民心、得民力、得天下的道理（“圣君知物之要，故其治民有至要。故执赏罚以壹辅仁者，心之续也。圣君之治人也，必得其心，故能用力。力生强，强生威，威生德，德生于力。圣君独有之，故能述仁义于天下。”《商君书·靳令》）。他只不过反对不务农本，不习耕战，不强国力，不去奸恶，而侈谈仁义礼智信的道德空谈主义。在他看来，“壹赏”“壹刑”“壹教”就是圣人的为国之道，最终达到“无赏”“无刑”“无教”的最高境界（“明赏之犹，至于无赏也；明刑之犹，至于无刑也；明教之犹，至于无教也。”《商君书·赏刑》）。

商鞅强调法律的齐一性与平等性，认为君主作为一国最高统治者，也应跟臣下一样受法律约束，而不能凌驾于法律之上（“法者，君臣之所共操也。”《商君书·修权》）。这与管仲所讲的君主从法，但法由君生，即君主本身就是立法者的立场大相径庭（“夫生法者君也，守法者臣也，法于法者民也，君臣上下贵贱皆从法，此谓为大治。”《管子·任法》）。这一立场也表明，商鞅并非完全无条件地维护所谓的“君主专制主义”。

同时，他认为，君主必须“慎己”（“故人君者不可不慎己也。”《商君书·错法》）。商鞅这里讲的“慎己”，主要是指君主在任用官员与行赏时要依功劳大小，而不是凭君主个人喜恶、恩宠（“是以明君之使其臣也，用必出于其劳，赏必加于其功。”《商君书·错法》）。这跟皋陶讲的“慎身”以及后世儒家的“正身”主要涉及个人德行的修为，存在很大的区别。商鞅的主要论点是强调贵为最高统治者的君主赏罚任用臣下要根据他们的功劳来定夺，不可按君主一己之私意，恣意妄为。要真正做到任法不任人、任公不任私。打个不恰当的类比的话，这些思想更类似近代英国的立宪君主制观念，而非大革命之前法国的专制君主理论。

跟传统主流思想一致，商鞅也同样认为，上有所好，下必从焉。倘若君主好以言论取人，则毁誉之臣在侧。君主若喜好法律，则处事讲规矩有章程，则端直之士在前，公私分明，不肖之辈、宵小之徒，也不会疾贤妒功。正因如此，历史上有名的圣君、贤主如尧舜者，都是大公无私、论贤举能，而非私天下之利。他也因此而推崇这种“为天下位天下”“为天下治天下”的政治品德与执政精神。

> 凡人臣之事君也，多以主所好事君。君好法，则臣以法事君；君好言，则臣以言事君。君好法，则端直之士在前；君好言，则毁誉之臣在侧。公私之分明，则小人不疾贤，而不肖者不妒功。故尧舜之位天下也，非私天下之利也，为天下位天下也。论贤举能而传焉，非疏父子，亲越人也，明于治乱之道也。故三王以义亲，五霸以法正诸侯，皆非私天下之利也，为天下治天下。（《商君书·修权》）

商鞅坚持认为，公私之分乃是国家存亡之本，是治乱之大道。他为此极力主张贵公去私，[①]也因此反对儒家推崇的亲亲爱私（“亲亲则别，爱私则险，民众而以别险为务，则民乱。”《商君书·开塞》）。这与遵循亲亲尊尊之礼就能致天下太平的儒家政治观念，可谓针锋相对。

客观地说，儒家在如何构建公平合理的人际政治秩序这个问题上，默认的理论前提与要达成的理想目标之间，在逻辑上的确存在自相矛盾之处。儒家一方面否认社会的齐一性，认为人与人之间天生存在智愚贤不肖之分（“唯上知与下愚不移。”《论语·阳货》），并认为上下贵贱之分乃天经地义，并由此区分统治阶级与被统治阶级（“有大人之事，有小人之事。且一人之身，而百工之所为备。如必自为而后用之，是率天下而路也。故曰：或劳心，或劳力；劳心者治人，劳力者治于人；治于人者食人，治人者食于人；天下通义也。”《孟子·滕文公上》）。但在政治实践中，特别是在社会道德实践中，儒家却又每每忽略了他们此前所反复强调的社会非齐一性，而又认定社会不同阶层道德实践行动步调一致的齐一律了（“人人亲其亲、长其长而天下平”《孟子·离娄上》）。

---

① 他的这一“贵公去私”思想，在后世的《韩非子》与《吕氏春秋》中都得到继承，并得到进一步阐发。在法家思想的影响下，儒家传统政治观念也发生了一定的偏转，转向“贵公去私”“大公无私”的政治品德，而有摆脱血缘社会人伦价值观桎梏之趋势。从“父为子隐、子为父隐”到“大义灭亲”，这其中因法家思想的渗入而产生的转变之大，不可以道里计。

商鞅变法的一大目的，是要让法律充分发挥定分止争的社会功能，进而实现社会奉公守法的自治之目标。为此，他认为要尽力消除法律（社会规则）的模糊、含混之处，使其明白易知（“故圣人为法，必使之明白易知。名正，愚智遍能知之。”《商君书·定分》）。法度本身要明晰易懂，公私要分明，君臣上下都不能恣意妄为、释法任私，赏罚要“不失疏远，不违亲近”。法律明白易知，老百姓就能懂得明辨是非，并因此避祸趋福，务求自治，不使自己陷入险危之境（“为置法官，置主法之吏，以为天下师，令万民无陷于险危。故圣人立天下而无刑死者，非不刑杀也，法令明白易知，为置法官吏为之师以道之知。万民皆知所避就——避祸就福，而皆以自治也。”《商君书·定分》）。

在商鞅看来，正因为有明法在上，而万民避祸趋福，务求自治，不必事事上断于君，国家才能实现大治。而且，大治之国必然强盛（“治则家断，乱则君断。治国贵下断，故以十里断者弱，以五里断者强，家断则有余，故曰日治者王。官断则不足，故曰夜治者强。君断则乱，故曰宿治者削。故有道之国，治不听君，民不从官。”《商君书·说民》）。

此外，他强调法治要公平，使官吏没有上下其手可操弄之奸行（“靳令则治不留，法平则吏无奸。”《商君书·靳令》）。整体而论，他对法治的理解与论述是较为全面的，甚至是超越时代的。跟儒家相比，商鞅所追求的国家形态与法治状态，更接近现代国家而不是古典国家。

商鞅变法的另一大目的，是建立职业机构之治、制度之治（法治），而最大限度消除个人之治（人治）。他深知圣人、明君可遇而不可求，而且世界上没有那么多圣人、明君不断地冒出来。因此，靠个人好恶、依私议好坏，来任用人才、处理政事，都是靠不住的。人才的任用、政务的处理，必须要有法度，要依靠法律制定明确的标准与章程（“不以法论知能贤不肖者，惟尧，而世不尽为尧。是故先王知自议誉私之不可任也，故立法明分，中程者赏之，毁公者诛之。”《商君书·修权》）。

历史事实已经证明，商鞅依靠机构与制度，尤其“任法不任人”“任公不任私”的法治理念，是经得起后来历史的检验的。秦孝公和商鞅死后，秦国也并非代代君明臣贤，但正因为有了商鞅变法奠定的制度基础与机构之治，秦国政治上相对稳固，政策上延续，商君之法，人亡而政不息，秦国国势继续上扬，不出六世，秦国得以席卷天下，统一中国。这些都有赖于商鞅之变法。

商鞅所主张并努力实践的法治平等主义，大大超越了那个时代的流行观念与做法，的确显得有些惊世骇俗，尤其是赏罚分明的军功爵制度，对不劳而获、养尊处优的世袭贵族阶层是一个沉重的打击。对西周以来的封建制等级世袭社会的加速解体，作出了巨大的贡献。商鞅的整个变法思想与实践，尽管主要服务于富国强兵之功利目的，但在实际功效上，一定程度消除了世袭贵族的剥削与商人阶层的盘剥现象，并部分解决了社会公平（贫富差距）问题（《商君书·垦令》）与社会流动性问题，可谓在国家政策的层面，践行了墨子的“赖其力者生，不赖其力者不生”（《墨子·非乐上》）的劳动道德观，与儒家鄙视劳动尤其是体力劳动（“四体不勤、五谷不分”）的贵族道德观，完全背道而驰。这不仅具有很大的社会、经济进步意义，也具有崭新的道德进步意义。他建立在农业劳动道德观上的重农抑商思想，更是开创了中国2000多年农业文明社会中矢志不渝的农本主义政治观念与实践。

商鞅虽不是法家思想的开创者，亦不是法家思想的所谓集大成者，但他是法家学派中最成功的政治实践家。自商鞅变法大成之后，法家思想才真正在中国政治思想史上占得一席之地。中国古典政治理论（观念）也开始有了一明一暗两大主流：儒家与法家。两派先是形同水火、互相攻讦，后来虽表面上仍然泾渭分明，但实则逐渐合流。到战国末年，荀子的思想已经揉进了法家的法治主义思想。法家思想在中国的政治实践与观念领域中扎根已深。即便到汉武帝“罢黜百家、独尊儒术”之后，法家的治国理念与政治制度设计，也并未被彻底废弃一旁。到后世，历朝历代治国主流都是德教与刑治并行不悖。[①]可惜的是，受暴秦苛政的刻板印象所拖累，商鞅全面而完整的法治思想一直遭后世污损，未能延续下来得到进一步发扬光大。

中国古典政治哲学中，道德主义传统根植深厚。法家虽然反对儒家的德教、德化、德治，但其政治哲学的核心并不完全放弃道德主义，而是认为统治者个人之德不足恃。国家若要达到长治久安，必须建立起机构之治、制度之治（法治）。简而言之，就是强调明法在上胜过明君在上。法治的价值观是平等主义，政治伦理是“贵公去私”，是“任法不任人”“任公不任私”。从这一意义上讲，法家呈现另一个版本的道德主义，可归为实践道德主义或法治道德主义一派。法家并不反对扬善，但认为在奸伪诡诈辈出的纷乱之世，首要之举是止恶（奸）、止乱。

在春秋战国那个适者生存的大竞争年代，儒家和法家受大时代风气影响，都有剑走偏锋之处。事实上，我们从五帝时代，尤其是帝舜时代以来的历史经验来看，恩威并施、德刑并措，是治国之常道，二者不可偏废。西汉以后，百家争鸣的热闹场面不复存在。诸子的极端立场有所中和，出现了相互

① 参见瞿同祖：《中国法律与中国社会》，中华书局1981年版，第6章“儒家思想与法家思想”及附录“中国法律之儒家化”。

吸取、相互借鉴、互相融合的趋势。在政治观念上则形成了以儒学为主体、儒法并行不悖的局面。

更为重要的是,法家突破了单纯的刑治主义观念,而把“法”提到前所未有的高度。[①]正如前文所述,法家的法治概念,还包含建立制度之治与机构之治,这对中国古典政治制度的创新与发展,影响极为深远。它为中国后世2000多年的政治制度奠定了基本框架与模范。2000多年来,历朝历代的政治实践,可以说基本上都宗从了秦政制。

西方古典政治哲学理论以古希腊人的成就最大,其中柏拉图与亚里士多德是无可争议的佼佼者。中国古典政治哲学,尤其是“圣贤之治”的道德政治思想,跟柏拉图在《理想国》所阐述的“哲人王”思想可谓不谋而合、不约而同。

柏拉图在《理想国》中,集中讨论了该如何建立一个理想政体的国家(城邦)。[②]他首先从“正义”的概念入手,强调正义是人的具体德性。[③]而与之相对的塞拉西马柯(Thrasymachus)则提出了一种基于丛林法则的正义观,其哲学基础是功利主义,对现状予以承认、辩护,毫无道德批判的实证主义。塞拉西马柯甚至认为,“正义无非是强者的利益”“每一种形式的政府都会按统治者的利益来制定法律……正义就是对统治者有益……正义就是已经建立起来的政府的利益”。[④]柏拉图通过苏格拉底之口,对塞拉西马柯的这个正义界定进行了反诘。他首先抛出了“真正的统治者”这个概念,从而把塞拉西马柯所谓的“统治者”排除在“真正的统治者”范围之外。实际上,他这是用规范论价值主义打击实证主义,以此否定其正义观。柏拉图认为,真正的统治者不会天然地为自己谋利益,而会为被统治者谋利益。[⑤]柏拉图不否认正义的功利主义一面,他认为正义比不义(不正义)更有益,也更强大。他进而把道德、知识(智慧)、情感等各个层面都带入正义的

---

① 《淮南子》很好地承继了商鞅的法治思想,其中所体现的法治理念(虽然针对当时的政治局势而言明显具有很强的政治企图),已不是什么刑治主义,更不是所谓君主专制主义,而已经很接近现代法治主义:“法籍礼仪者,所以禁君,使无擅断也。人莫得自恣,则道胜。”“法生于义,义生于众适,众适合于人心,此治之要。”“是故人主之立法,先自为检式仪表,故令行于天下。”(《淮南子·主术》)

② “理想国”,王晓朝译为“国家篇”,参见[古希腊]柏拉图:《柏拉图全集》(第2卷),王晓朝译,人民出版社2003年版,第270~648页。

③ 参见[古希腊]柏拉图:《柏拉图全集》(第2卷),王晓朝译,人民出版社2003年版,第285页。

④ 参见[古希腊]柏拉图:《柏拉图全集》(第2卷),王晓朝译,人民出版社2003年版,第289~290页。

⑤ 参见[古希腊]柏拉图:《柏拉图全集》(第2卷),王晓朝译,人民出版社2003年版,第301页。

属性中。[①]

柏拉图之所以大费周章地讨论正义，是因为他认为正义跟城邦政治密切相关。在他看来，正义的本质及起源，来自人们为了避免相互侵害而订立契约和立法。人们把守法践约称为合法、正义。这样，人们在建立城邦时就确立了一条普遍原则——正义。因此，在柏拉图眼里，城邦既是一个出于生存需要、相互合作的生活共同体，更是一个道德共同体。[②]

柏拉图秉持整体主义（整全）哲学观，而非个人主义政治观。他认为，人们建立城邦所关注的目标绝非个人的幸福，而是作为整体的城邦所能得到的最大幸福。他推崇的理想城邦政治格局，是一种类似于种姓等级社会。因此，他认为城邦正义的核心，就是各社会等级各司其职。并因此认为，统治者好比是城邦的牧人，而辅助者就像狗一样听命于统治者。[③]

柏拉图认为，城邦的统治者应该由最优秀的人（当然也是年长者）出任。他把最优秀的人，最终具体化为“哲人王”，即能把政治权力与哲学理智结合起来的人。[④]当然，柏拉图对于理想的城邦还提出了一些具体的政策，比如严格到有些残忍的优生优育政策，以及废除私有制和家庭，建立共产公妻制度。他的逻辑理由是，只有建立起共同财产权与共同家庭，才能消除人们的私心，才能避免城邦的团结遭到瓦解。[⑤]后来亚里士多德对此理论展开了猛烈的批判。即使到了现代，主张个人自由的波普尔（Karl Popper），甚至给柏

① 柏拉图基本上把一切好的归为正义，一切坏的东西都归为不义。他认为，正义是善，不义是恶；正义之人是好与聪明的，不义之人是坏与无知的；正义是德性和智慧，不义是邪恶与无知；不义带来分裂、仇恨与争斗，而正义带来统一与友爱。另外，正义者幸福，不义者痛苦。参见［古希腊］柏拉图：《柏拉图全集》（第2卷），王晓朝译，人民出版社2003年版，第302～312页。

② 柏拉图在探讨城邦的起源时，认为每个人都不能在生活上自给自足，因此人们彼此需要对方的服务，需要相互帮助，因而聚居在一起，形成了城邦（国家）。参见［古希腊］柏拉图：《柏拉图全集》（第2卷），王晓朝译，人民出版社2003年版，第313～326、408页。这种整体主义政治思想被亚里士多德全盘接受。

③ 参见［古希腊］柏拉图：《柏拉图全集》（第2卷），王晓朝译，人民出版社2003年版，第390、410～421页。

④ 接下来，柏拉图对真正的哲学家又做了一番讨论。他认为，真正的哲学家，对于永恒不变的事物进行沉思，他们拥有的是知识而不是意见。而且哲学家能够把握永恒不变的事物。另外，哲学家追求真理、有节制的美德，决不贪财，没有狭隘的毛病，寻求一切人事与神事的整全。参见［古希腊］柏拉图：《柏拉图全集》（第2卷），王晓朝译，人民出版社2003年版，第383、461～475页。

⑤ 需要强调的是，柏拉图这里的共产制只是针对统治阶级。这一点很容易遭世人忽略。后来亚里士多德在《政治学》中，猛力批判柏拉图的共产公妻制度时，也有意无意忽略了这一点。当然，柏拉图这里的共产公妻制度，明显是描摹了斯巴达的政体。参见［古希腊］柏拉图：《柏拉图全集》（第2卷），王晓朝译，人民出版社2003年版，第439～458页。

拉图主义贴上了“极权主义”的标签。①

总体而言,柏拉图的政治哲学思想属于道德政治理论。这种道德理论的核心,是指城邦的统治权应该授予那些最优秀的人。统治者政治权力的合法性,来自统治者的美德与智慧。这种政治理论的逻辑跟中国古典政治理论中的“圣贤在位”,含义基本上是一致的。

亚里士多德虽然对柏拉图的政治理论,尤其是人治观和共产公妻制度展开了猛烈的抨击,但究其实质,亚里士多德大体继承了柏拉图道德政治理论的衣钵。

亚里士多德对城邦的定义跟柏拉图一样,他也认为城邦是一个道德共同体。②他赞同柏拉图的观点,认为“城邦以正义为原则”。他强调人类跟动物的区别在于人类拥有善恶观和正义观,无论家庭还是城邦的结合,都是这种义理的结合。③在亚里士多德看来,人们结合成城邦不单是为了生活(生存),而是为了谋取(更)优良的生活。因此,城邦本身必须以促进善德为目的。④

在讨论城邦的本质问题时,亚里士多德承认应该先行研究公民的性质。根据亚里士多德的界定,公民是指拥有政治权利(有权参与议事和审判职能)的人,公民身份是一种政治地位。而城邦是指为了维持自给生活而由足够人数组成的公民集团。⑤接下来,他开始区分公民的品德与善人的品德。亚里士多德以船上水手做比喻,认为公民的品德与其职守有关,每个公民各司其职守,就是具备了公民的品德。而善人的品德,则是一种至善的品德。一个统治者应该具备善人的品德,即一种至善的品德。⑥

---

① 参见[英]K. R. 波普尔:《开放社会及其敌人》,陆衡等译,中国社会科学出版社 1999 年版。波普尔站在西方近代以来的个人主义政治哲学立场,尤其是个人自由主义的立场,批判一切整体主义(集体主义)政治哲学,马克思主义政治哲学自然也在他的批判范围内。他把一切整体主义政治哲学都视为极权主义。否认整体主义政治哲学,意味着否认政治共同体的存在价值。事实上,以自我为中心的个人主义政治哲学,更易造就分崩离析的政治格局,它并非真正意义上的政治(组织)理论。英国当代的政治学者吉登斯就曾反思了这种个人主义政治哲学,呼吁反对自私自利的个人主义,强调人们之间的互惠互助,主张修复被破坏的社会团结。参见[英]安东尼·吉登斯:《超越左与右:激进政治的未来》,李惠斌、杨雪冬译,社会科学文献出版社 2000 年版。

② 亚里士多德认为,每一个城邦都是某一种类的共同体(community,吴寿彭译为“社会团体”),一切共同体的建立,其目的总是为了完成某些善业(something good)。而城邦是至高而广涵的共同体。参见[古希腊]亚里士多德:《政治学》,吴寿彭译,商务印书馆 2009 年版,第 1 ~ 10 页。

③ 参见[古希腊]亚里士多德:《政治学》,吴寿彭译,商务印书馆 2009 年版,第 8 ~ 9 页。

④ 参见[古希腊]亚里士多德:《政治学》,吴寿彭译,商务印书馆 2009 年版,第 133 ~ 143 页。

⑤ 参见[古希腊]亚里士多德:《政治学》,吴寿彭译,商务印书馆 2009 年版,第 114 ~ 117 页。

⑥ 参见[古希腊]亚里士多德:《政治学》,吴寿彭译,商务印书馆 2009 年版,第 123 ~ 127 页。

这样一来,亚里士多德跟柏拉图的理论核心没有了本质上的区别。无非是他们存在表述上的差异,以及提问方式上的分别。柏拉图讨论城邦统治者应该由什么人担任的问题。亚里士多德则回答城邦最高治权应该归于什么人的问题。亚里士多德认为中产阶级拥有中庸的美德,而且比任何其他阶级都追求稳定。因此,唯有以中产阶级为基础,才能组成最好的政体。① 虽然在具体提问及具体答案上,亚里士多德与柏拉图存在明显的区别,但背后的理论逻辑都是以道德(美德)作为衡量统治者和政权的标准,在这个意义上,他们遵循的是同样的道德政治哲学。

由此可见,两人在政治哲学立场上的确没有什么实质不同。他们的主要分歧在于:第一,亚里士多德反对一人之治(柏拉图所谓哲人王),认为最高治权赋予多人要好过赋予少数人。他坚持认为,集众人的智慧要胜过少数人。与他的中庸之道哲学观相通的是,他反对君主制,实际上倾向于混合政体。第二,亚里士多德坚持法治,认为法治是神祇和理智在行使统治,而一人之治,则在政治中混入兽性。法治的优点,是它行中道而不偏私。他认为,一人之治还存在一个实际困难,就是一个人精力不济,没法及时完成所有的事务。②

综上所述,在古典时期,无论是中国还是西方,从具有代表性的各家理论来看,政治哲学中的道德理论是他们的基本共识,政治与道德不可剥离,道德主义成为衡量政治合法性的唯一指标。这种世俗化的道德政治理论,在西方处于神权政治统治的中世纪逐渐湮没无闻,而在中国则一直保持着生命力。

---

① 参见[古希腊]亚里士多德:《政治学》,吴寿彭译,商务印书馆 2009 年版,第 208 ~ 210 页。

② 参见[古希腊]亚里士多德:《政治学》,吴寿彭译,商务印书馆 2009 年版,第 165 ~ 174 页。

第三章　近代西方政府理论
——社会契约论

第一章曾简略说明近代西方世俗“民族国家”的“主权”观念，是如何发展出来的。“民族国家”和世俗“主权”的政治观念，构成了西方现代性的重要内容。社会契约论则在学理上重新建构了崭新的国家主权观念，它有力地破除了君权神授理论。它最终的历史进步成果是人民主权论。

1. 个人主义哲学观念

社会契约论建立在完全崭新的方法论、知识观与世界观之上，其中之一就是个人主义哲学观念。世俗的个人主义哲学观念之所以盛行有多种因素，但最直接的无疑是个人主义神学观的兴起，源自马丁·路德掀起的宗教改革运动。①

前一章已经提到，宗教改革之前的西方中世纪封建社会本质上是一个神权政治的社会，整个社会弥漫着基督教意识形态。西欧各国的世俗政权，受制于罗马教廷的宗教权威、政治权威与道德权威。到 13 世纪上半叶时，罗马教皇的权势，达到了历史的顶峰。②

基督教教会在其发展的早期，就形成了严密的团体组织性。当时，在罗马帝国内遭到迫害的基督教信徒的生存之道是，采取严密的抱团成伙形式，形成高度的组织化。到公元 2 世纪末，新约正典正式形成。这表明，作为基

---

① 英国学者麦克法兰（Alaon Mac farlane）从经济层面论证英国于 13 世纪就在英格兰法上确立了个人私有制，这与欧洲大陆多有不同。麦氏认为，经济上的个人主义所有制，是英国个人主义观念的起源。这一观点与本章论点并不冲突。当然，受限于本书主题及篇幅，本书并不侧重挖掘欧洲近代产生个人主义观念的经济基础。参见［英］艾伦·麦克法兰：《英国个人主义的起源》，管可秾译，商务印书馆 2008 年版。

② 英诺森三世在位时期（1198～1216 年），罗马教皇权力达到顶点。参见［美］G. F. 穆尔：《基督教简史》，郭舜平等译，商务印书馆 1981 年版，第 172 页；［英］约翰·麦克曼勒斯主编：《牛津基督教史》，张景龙等译，贵州人民出版社 1995 年版，第 191 页。历史的确充满了各种不可思议的逆转。谁会预料到当初饱受罗马帝国压迫的基督教，会发展到凌驾于各国世俗君主之上，拥有至高无上的政治权力。这里顺便略述一下罗马教皇制度的发展史。到 4 世纪之前，罗马教会的主教因长期依靠“彼得与保罗的继承人”这一头衔来保持权威，后来《马太福音》第 16 章第 16 节使“保罗”的名头被抛在一旁，只剩下“彼得的继承人”这一头衔。到 1216 年英诺森三世时，“彼得的继承人”被“教皇”的头衔所取代。参见［英］约翰·麦克曼勒斯主编：《牛津基督教史》，张景龙等译，贵州人民出版社 1995 年版，第 36～38 页。

督教意识形态核心与主体的宗教经文基本完成了成文化与规范化(统一化)。这有助于消除不同教士在传教过程中各自为政的混乱状况,为基督教形成一个更加规范、高度统一的组织奠定了良好的基础。而在此前,教会早已出现主教、长老加执事的三重神职体制。这使教会内部形成了明确的上下级权力结构,建构起了严密的组织体系。最重要的是,教会还发展出一种宗教观念,认为人的原罪除了“教会之外别无拯救”,任何圣礼体制,必须通过主教这个媒介才能实行。真正的基督教信徒必须同公教会的主教达到合契。①

基督教的这种排他性观念体系与组织结构,实际上将所有基督教信徒一个不剩地牢牢圈在了教会这一组织中。教会表面上看是一个信徒团体,但其实更多地体现为一个政治组织。我们从教会的观念体系以及它的整个发展历史可以看出,他们所具备的严密的团体主义组织风格不仅帮助他们熬过了艰难的初创时期,也对他们的成熟发展与壮大发挥了巨大的作用。罗马公教会最终形成了以罗马教廷为宗教权威中心的权力等级秩序。②西罗马帝国灭亡后,西欧形成了分裂的政治格局,高度组织化而统一的罗马公教会以宗教团体的面目,试图维系后罗马帝国时代的整个西欧的政治统一秩序。

产生宗教改革的历史因素非常复杂,既有中世纪以来王权与教权的权力斗争因素,③也有近代民族国家兴起的因素,④特别是与教会自身的腐败堕落密切相关。一直以来,要求教会改革的舆论呼声未曾停歇,但很多议论

---

① 参见[英]约翰·麦克曼勒斯主编:《牛津基督教史》,张景龙等译,贵州人民出版社 1995 年版,第 33 ~ 37 页。

② 从 19 世纪到 20 世纪,绝大多数历史学家和社会学家认为,早期教会的发展,是被压迫的无产阶级的一场群众运动。不过,这一观点遭到当代学者们的修正。但这一修正史观,似乎并未得到足够的论据支撑。参见[美]罗德尼·斯塔克:《基督教的兴起:一个社会学家对历史的再思》,黄剑波、高民贵译,上海古籍出版社 2005 年版,第 2 章。早期教会存在明显的左翼倾向,甚至是共产主义倾向。这一历史不可否认。神学家德尔图良曾说:“基督徒除了妻子为自身拥有之外,其他一切皆为公有。”

③ 各国各地教会首先试图摆脱世俗权力的控制,独立于世俗权力之外,继而企图凌驾于世俗权力之上。教权与王权的这种政治权力斗争,是欧洲中世纪历史的主要动力。教权与王权主要围绕授职权的归属、世俗君主是否有权对教会财产征税以及世俗最高权力归属等展开了激烈的斗争。参见[美]G. F. 穆尔:《基督教简史》,郭舜平等译,商务印书馆 1981 年版,第 164 ~ 181 页;陈绪纲:《法律职业与法治:以英格兰为例》,清华大学出版社 2007 年版,第 1 章第 4 节“教权与王权”;[英]约翰·麦克曼勒斯主编:《牛津基督教史》,张景龙等译,贵州人民出版社 1995 年版,第 194 ~ 199 页。

④ 西罗马帝国崩溃后,各蛮族占据了西罗马帝国原有的疆土,实际上形成了以各蛮族(民族)为主体的地方性政治。到欧洲近代时,各国世俗君主越来越被视为王国内整个民族的象征。相形之下,罗马教廷代表整个欧洲(西欧)统一的政治认同。但这种政治认同,对以民族为主体的西欧地方性政治,显然缺乏足够的向心力与政治凝聚力。参见[英]约翰·麦克曼勒斯主编:《牛津基督教史》,张景龙等译,贵州人民出版社 1995 年版,第 195 ~ 196 页。

仅仅触及腐败问题的表面。真正击中罗马教会及其拥有的最高世俗权力要害的当属针对基督教信仰及教会根本性质而展开的新神学观念。这一新神学观念由马丁·路德开创,并由此掀起了宗教改革狂飙运动,最终导致普世性的罗马公教会的分裂,形成了罗马天主教(Roman Catholic)与新教(Protestant)并立的格局。

基督教基本教义大致可以归纳为以下几条:(1)全能全知、无所不在、至高无上的上帝是唯一神;(2)上帝造人说;(3)人的原罪与救赎说;(4)基督受难的宗教与道德寓意。这个宗教观念体系里面存在一个明显的逻辑悖论:地上世人作恶,是否为全知全能、无所不在、至高无上的造物主上帝所掌握?是不是其计划的一部分?如果是,那么上帝仁慈的道德形象必然受损。如果否,那就意味着上帝并非全能全知、无所不在。这样一来,上帝的至上神地位就会轰然坍塌。针对这一问题,不同时代的神学家对上帝意志的普遍性与绝对性多不敢置喙,但对于是否存在人的自由意志则反复争论、来回拉锯。

其实,如果较真的话,我们从《旧约·创世记》中就可以明显看出,所谓的"人类始祖"亚当、夏娃明确违背了上帝的诫令,偷吃了善恶树上的果子。换句话说,他们(人类)实际上早就脱离了所谓全知全能、无所不在的上帝的全面掌控,具有个人行动的自由意志,而且行动上获得成功,并因此获得了智慧与羞耻感(善恶观)。换句话说,在偷吃伊甸园禁果这个事情上,人的自由意志显然违背了神的绝对意志。这已然直接、正面地挑战了上帝全能全知、无所不在的至上神性。伊甸园偷吃禁果这个事件本身,就推翻了上帝全能全知、无所不在的至上神性。这应该是圣经中最大的漏洞。

为了阐明人的原罪其来有自,《旧约·创世记》的编汇者们明显忽略了这一重大逻辑漏洞,不惜实际上否认了上帝的至上神性。他们接下来的做法虽于事无补,但也实出无奈。伊甸园偷吃禁果事件本来已证明上帝的至上神性不存在,但圣经的编汇者们偏又祭出这个不存在的至上神来惩罚偷吃禁果的亚当、夏娃。人行使自由意志,偷吃禁果的行为,因此而被定为人的原罪。有了原罪,人只有靠赎罪才能得救。原罪、赎罪、获救这些观念体系,虽在逻辑上漏洞百出,但表面上构成了自我封闭的完整一环。这套观念体系逐渐成为罗马教会权力的主要渊源。

当然,世间的任何宗教信仰,都不是真正理性的逻辑体系,没有一个能经得起理性的推敲和逻辑上的诘难。仍拿《旧约·创世记》来说,上帝之所以驱逐亚当、夏娃出伊甸园，并派天使把守伊甸园，是因为上帝担心他们再违背禁令，去偷吃生命树上的果子而长生不死。读到这里，我们可以明显感受到，这个所谓全知全能、无所不在的上帝对自己的掌控力是多么缺乏信心！换言之，继偷吃事件之后，圣经的编汇者们用驱逐事件再次证明上帝的至上神性有多脆弱！

另外，如果我们进一步追问，更多的逻辑漏洞展现在我们面前。比如，上帝为何不许亚当、夏娃吃善恶树上的果子，从而令他们具有智慧与善恶观？难道上帝造人的目的，就是永久地置人类于蒙昧无知、善恶不分的愚昧状态？上帝的仁慈德性与恩典究竟何在？如何回答这些问题并不是重点，重点是这一个个追问本身，就揭开了一个个的逻辑漏洞。

比如，对于原罪理论，《旧约·创世记》后文同样出现了明显的逻辑漏洞。《旧约·创世记》第六章中说，上帝见自己所造的人在地上罪恶很大，心中充满忧伤，决意兴起洪水灭绝众生，但唯独以方舟保全了德义之人诺亚及其家属，并跟诺亚及其后代立约。根据这一段经文的描述，上帝造的地上的罪人（包括未携带上诺亚方舟的其他所有物种），都已被洪水灭绝。后世之人已是德义之人诺亚的后代。亚当的原罪链条，照理说在诺亚这里就应该已经中断了，也就不存在永远延续下去之理。

从理性与逻辑的角度看，基督教的原罪、赎罪教义内容混乱，再加上各派神学思想的彼此冲突，的确令人困惑不已。而对于虔信之辈马丁·路德来说，他感受到的恐怕不单单是困惑，而是绝望了。

据历史记载，马丁·路德开创新的神学理论，是经历了精神上巨大痛苦之后的一次“顿悟”。他本人是一个虔诚的基督徒，坚信上帝全能全知。对上帝意志的绝对性深信不疑，并因此否定人的自由意志。为此，他甚至毫不畏缩地认为，上帝正是亚当堕落的原因。他相信，既然上帝主宰一切事物的一切活动，那么上帝也主宰撒旦和坏人的一切行动。

总之，在他眼里，上帝的绝对意志不容置疑，他因此也就不惜承认上帝的冷漠无情，并为此感到沮丧甚至绝望。有一次，他在维滕堡（Wittenburg）修道院塔楼上备课，当读到《诗篇》“你曾把我的灵魂从阴间救上来”时，突然领悟到：上帝行事正直的观念不是指他冷酷惩罚世人的能力，而是指他愿意对有罪之人施行仁慈，从而解救他们脱离罪恶，以使他们释罪。据说马丁·路德此次悟通之后，用他自己的话说，他感到自己已经获得“彻底新生，从敞开的大门进入了天堂本身”。①

马丁·路德开创的新神学理论的核心,就是所谓“因信”得救(“因信称义”)的释罪学说。他强调,任何人都永远不可能希望凭借他自己的努力而被释罪(拯救)。也就是说,马丁·路德持一种宿命论拯救观。他坚信,真正的拯救,源自对上帝的正直性及上帝仁慈的恩典的信仰。他的整个逻辑链条是这样展开的:基督的献身是世人得救的关键。以拯救世人为己任的基督,“顷刻之间吞没了所有罪恶”,而世人正是基于他们对上帝和基督的这种信仰,从而使有罪之人顷刻间将基督的正直性据为己有,以至于使他“与基督成为一体,具备与基督同样的正直性”。因此,他认为,世人关于上帝拯救人的恩典的知识完全是经由基督传达的。基督是“唯一的传教者”和“唯一的救世主”。基督不仅解除了世人的精神负担,不再使他们认为自己在道德上毫无价值,而且还成为“对上帝的信仰知识的泉源和内容”。②

这样一来,认为教会是信徒与上帝之间的唯一权威中介的传统神学观念,则无立锥之地了。抽离了教会的中介作用,意味着基督徒凭自己的信仰单独地面对上帝的拯救。在马丁·路德看来,教会无非是忠实的信徒们的聚会。因此,他反对基督教教会中的宗教等级制度,认为每个信徒都是教士,都有资格平等地站在上帝面前,为别人祈祷,彼此间相互开导。对于所有基督教信徒而言,圣经才是唯一的最高权威。③

马丁·路德的新神学理论直指基督教信仰本身,而不是舍本逐末。他试图用这种简单的观念体系来揭示基督教信仰的本质。他直斥罗马教会的特权化与宗教等级制度。相较于那些单纯激烈抨击教会腐败现象的宗教改革家而言,马丁·路德从信仰的根本角度通过新神学理论对教会所展开的批判,可以说是最具颠覆性的,极大地消解了教会的传统权力基础。

马丁·路德将个人主义神学观镌刻到基督教历史中,无论对罗马教会所拥有的世俗权力,还是对有关教会功能的传统观念,都形成了极大的冲

---

① 近代人文主义者伊拉斯谟承认人的自由意志,并相信“人类本身可以应用这种意志力致力于导致永恒得救的事业”。路德的立场与之针锋相对。路德的神学立场在逻辑上更自洽,上帝主宰一切的至上神地位得以维护,但上帝因此显得冷酷无情,其道德形象受损。路德通过诠释上帝的正直性以及对人的仁慈性拯救,来修补它的道德形象。参见[英]昆廷·斯金纳:《近代政治思想的基础》(下卷),奚瑞森、亚方译,商务印书馆2002年版,第3~10页;[美]G. F. 穆尔:《基督教简史》,郭舜平等译,商务印书馆1981年版,第236~237页。

② 参见[英]昆廷·斯金纳:《近代政治思想的基础》(下卷),奚瑞森、亚方译,商务印书馆2002年版,第11~14页。

③ 参见[美]G. F. 穆尔:《基督教简史》,郭舜平等译,商务印书馆1981年版,第239~240页;[英]昆廷·斯金纳:《近代政治思想的基础》(下卷),奚瑞森、亚方译,商务印书馆2002年版,第15~16页。

击。不过，他的个人主义神学理论并非向壁虚造，而是直接来自基督教的圣经本身。《旧约·创世记》中，上帝除了造人，并未创造教会或其他的宗教机构。那里面的图景就是每个人单独地面对上帝。因此，可以这么说，基督教教义尤其是上帝造人说，本身就是孕育个人主义神学观念的温床。

从这个意义上讲，马丁·路德不只是发动了一次清除教会内部腐败的宗教改革，更是发起了一场拥有崭新哲学理念的宗教运动。在他的新神学理论基础上，产生了与罗马教廷分庭抗礼的新教教派。路德新教这种个人主义神学观念在近代西方世俗政治理论中更是普遍成为学者们立论的基本前提。

近代西方世俗政治理论在讨论社会、国家和政府时的逻辑起点，是个人主义哲学观念。我们对比霍布斯的《利维坦》与亚里士多德的《政治学》，乃至柏拉图的《理想国》，就会很清楚地发现，霍布斯显然把个人视为一个自足的个体。这一基本立场与柏拉图、亚里士多德的古典理论完全针锋相对。西方古典政治理论坚持认为，个人并非自足体，只有城邦才是自足体。正因如此，亚里士多德才说，个人和家庭虽先于城邦而产生，但城邦优于个人和家庭。①

霍布斯不仅把个人定为自足的个体，而且还认为人类的自然状态（原始状态）是一种孤立的个人主义状态。这种个人主义，更是一种自私自利的个人主义。而这种自私自利的个人主义状态（自然状态），其逻辑结果就是人人相互为敌。因此，人类处于一种普遍的战争状态。用他自己的原话来说就是："这种战争是每一个人对每个人的战争。"在霍布斯看来，在自然状态下，人们（主要是）为了自我保全，有时则只是为了自己取乐，为达到这一目的，彼此都力图摧毁或征服对方。②

正是基于他的个人主义哲学观念，霍布斯坚决反对亚里士多德在《政治学》中的观点，否认人天性（本性）具有社会性。他不否认人很难脱离社会而孤独地生活，不否认人们聚在一起形成社会这一事实，但他认为，公民社会不仅仅只是众聚（gatherings），而是联合（alliances）。他还拿婴儿做例子来解释他的理论。他说，每个人生下来就是个婴儿，而婴儿根本不知道社会为何物，他们也就不能进入社会。因此，很显然人天生并不适应于社会（all men are born unfit for society）。人适应于社会并非因天性，而是经后天的训

---

① 参见［古希腊］亚里士多德：《政治学》，吴寿彭译，商务印书馆2009年版，第8～9页。商务版吴寿彭译为"先于"，英文版为"prior to"。

② 参见［英］霍布斯：《利维坦》，黎思复、黎廷弼译，商务印书馆1996年版，第92～96页。

练的结果(Therefore man is made fit for society not by nature, but by training)。[①]换言之,霍布斯认为社会性并非人的天性,而是经过后天训练、熏陶习得的。

霍布斯的个人主义哲学观念与他对人本性的看法是紧密相连的。或者说,他的个人主义哲学观念本身是他的人性整体观念中的一个重要部分。霍布斯一改西方古典政治哲学中有关人的道德性及向善本性的基本前提,而从非道德意义上的功利性角度来看待人性,承认人本性自私自利,并赋予这种自私自利本性以完全的正当性。因此,他直言不讳地完全反对中世纪以来的原罪人性恶理论。[②]

霍布斯的个人主义哲学观念以及他的自私自利正当性原理影响非常深远,开辟了西方政治思想完全崭新的方向。正如萨拜因所评论的,"这种个人主义是霍布斯学说中彻头彻尾的近代因素以及他最明确地抓住了正在到来时代的特色的方面。在他身后的两个世纪,在多数思想家看来,自私自利比公正无私是更为明显的动力"。[③]

霍布斯政治理论中的个人主义哲学观念,其思想影响不仅深远巨大,而且是潜移默化,确实具有划时代的意义。在霍布斯《论公民》出版之前 20 年,格劳秀斯(Hugo Grotius)在《战争与和平法》中讨论自然法与自然权利时,还依然秉承西方古典政治理论传统,强调人是具有理性的社会动物,并把人的自然权利视为人所具有的使其正当拥有某些物品或履行某些行为的道德品质。[④]也就是说,格劳秀斯仍遵循古典思想传统,强调人的社会本性和道德属性。而在霍布斯发表著作 40 年后,当洛克撰写《政府论》时,虽然他严厉批判了霍布斯著作中的某些内容(如人与人之间的普遍战争状态),但霍布斯政治理论中的个人主义哲学观念已经深入人心,成为确定不疑的定论。洛克在阐述自己的政府理论时,甚至比霍布斯走得更远,个人主义哲学观表现得更为根本、更为彻底。

霍布斯的《利维坦》,他的自然权利、自然法、自然状态概念,乃至个人主义哲学观念、社会契约理论,是为了反对中世纪以来"君权神授"的神权政治

---

① 参见[英]霍布斯:《论公民》(英文影印版),中国政法大学出版社 2003 年版,第 21 ~25 页。

② 参见[英]霍布斯:《利维坦》,黎思复、黎廷弼译,商务印书馆 1996 年版,第 13 章,特别是第 95 页。

③ 参见[美]乔治·霍兰·萨拜因:《政治学说史》,盛葵阳、崔妙因译,商务印书馆 1990 年版,第 534 ~535 页。

④ "RIGHT is a moral quality annexed to the person, justly entitling him to possess some particular privilege, or to perform some particular act." See Hugo Grotius, *The Rights of War and Peace*, M. Walter Dunne, 1901, esp. Book Ⅰ, Chapter Ⅰ.

理论、主张“君权人授”而来，实际上是为论证世俗君主主权合法性来源而所作的理论铺垫。[①]因此，霍布斯的这些概念，总体而言，具有很强的工具主义倾向。

按照霍布斯的理论逻辑，个人主义设定与人性自私自利主导下的自然状态，并不是像洛克标定的那种田园诗般的和谐自由状态，而是一个人人相互敌对、彼此摧毁的普遍战争状态。这实质上是一个非常糟糕的、无法无天的无政府状态。因此，没有人愿意遭遇如此悲惨的命运。按霍布斯的说法，人们并不愿意保持这种糟糕的自然状态（战争状态），他们出于自我保全的目的，基于理性，签订和平协定，愿意放弃自然权利，并让渡给主权者，形成公权力，组成政府，进入政治社会。

然而，一旦个人的自然权利完成让渡，国家（君主）主权形成，霍布斯理论中的个人主义（哲学观念）风格突然转为一种国家主义（乃至君主专制主义）论调。这与后来洛克的政治理论形成了鲜明的对比。霍布斯认为，首先，同意彼此让渡权利并授予主权者（君主）的社会契约是臣民之间作出的，主权者（君主）并非社会契约的一方。因此，主权者（君主）不可能违反社会契约，同时，主权也不得收回（剥夺）。其次，臣民不得背叛主权者（君主），也不得撤销社会契约，重回自然状态，主权不得转授他人。最后，主权者（君主）的行为不受其臣民的指控。总之，为了维护国内和平与外部安全，主权者（君主）拥有广泛而不受任何节制的绝对权力。[②]

霍布斯政治理论中的这种个人主义哲学观念以及人性自私自利的立场，跟灾难性的自然状态又紧密联系在一起。他还强调，人们是基于相互的恐惧而不是相互的友爱而结成政治社会。因而，从客观上看，这些都令人对个人主义哲学观念以及自私自利人性观产生非常负面的观感。从他讨论主权者（君主）的广泛权力及君主与臣民的关系来看，个人主义哲学观念似乎只是他政治哲学与政治理论的出发点与垫脚石，并未一以贯之。或者说，自由主义从来不是霍布斯的政治信念与价值观。从这个意义上讲，霍布斯并非个人至上主义者，他不为同时代乃至后世的自由主义者视为同道前辈，也就完全说得通了。

相形之下，洛克的政治理论虽然逻辑上的连贯性与自洽性远不如霍布斯，但洛克在个人主义政治观上倒是没有出现过任何游离、偏移。洛克在西方政治思想史，尤其是在西方自由主义思想传统中地位崇高，有现代评论者

---

① 参见［英］霍布斯：《利维坦》，黎思复、黎廷弼译，商务印书馆 1996 年版，第 17 章，尤其是第 131 页。

② 参见［英］霍布斯：《利维坦》，黎思复、黎廷弼译，商务印书馆 1996 年版，第 18 章。

甚至赞誉洛克为哲人王。①

相较而言,萨拜因的评价则更为客观、公允。②整体而言,洛克的《政府论》确实反映了时代的大进步,有不少理论创新之处,但其整个理论来源庞杂、内容单薄、逻辑绵弱,有的地方甚至自相矛盾。洛克对论题的整体性与系统性也把握得不够好。他往往将有截然不同的哲学基础的论点胡乱并列在一起。简而言之,与霍布斯相比,洛克的整个理论思考明显不够深入、透彻。

同霍布斯一样,洛克认为,政治社会是人的理性选择(社会契约)的结果,在此之前,人类生活在孤立而自由的自然状态。与霍布斯不同的是,洛克在吸取霍布斯政治思想的同时,也吸收了英国神学家胡克(Richard Hooker)的理论,以及亚里士多德有关美德和善的理论。这就使洛克的政治理论,特别是他对自然状态的描述以及从自然状态过渡到政治社会的转化动力与逻辑依据显得非常复杂而令人难以信服。

胡克(1553~1600年)比霍布斯(1588~1679年)早出生35年,两人大体可算为同时代的人。胡克于1600年去世,而霍布斯则特别长寿,经历了波澜壮阔的英国内战时代。倘若根据"大时代"的概念,他们应该算经历了不同的"大时代"。

两人的政治思想也的确相去甚远,确实不能视为同时代的政治理论,而应该完全分属于两个截然不同的大时代的理论体系。胡克的政治理论,大半还停留在西方古典与中世纪的思想传统中,显著保留政治道德主义因素。胡克认为,世界是一个有秩序的宇宙,一切事物都按特定目的运行,最终朝向至善的目的。至善是上帝的本质,而理性则是事物的核心。人类也要朝着至善的方向努力。

"善""至善"这类概念源自古典时代,带有典型的柏拉图、亚里士多德风格。胡克把这些古典概念揉进了中世纪的神学理论中。因此,胡克的思想基本上结合了西方古典传统和中世纪的神学世界观与哲学。他强调人的社会本性,并认为政治社会不但要消除人的原罪,还应当成为人类完善自己的一种条件。尽管如此,胡克的政治理论与中世纪以来盛行的"君权神授"

---

① 参见[美]施特劳斯、[美]克罗波西:《政治哲学史》,李天然等译,河北人民出版社1993年版,第608~609页。

② 萨拜因认为,洛克的政治理论在逻辑结构上的缺陷,源于洛克对于什么是根本问题,什么是派生问题一直摇摆不定。另外,萨拜因还认为,洛克政治思想中实际存在的复杂性被他的简明质朴的文风所掩盖。参见[美]乔治·霍兰·萨拜因:《政治学说史》,盛葵阳、崔妙因译,商务印书馆1990年版,第587~605页,尤其是第602、603页。

理论还是拉开了一定的距离。[①]

霍布斯的政治哲学,完全没有古典传统与中世纪神学思想的痕迹,更不见政治道德主义的踪影。霍布斯政治理论中的功利主义与世俗主义这类现代性思想要素,在西方开辟了一个崭新的近代政治理论与思想方向。

洛克描述的自然状态,既有霍布斯式孤立的个人主义平等与自由,又有胡克有关基督教教义的论点,认为人类有互爱的义务,爱人与爱己负有同样的责任。[②]这在逻辑上就显得十分扭曲。因为爱人与互爱不只是一种人类情感,更是代表了人与人之间的社会协助、社会合作与社会团结,是一种社会性义务。既然如此,人们就不可能是处在个人孤立的自然状态中,而应是处在联合的(政治)社会状态下。洛克似乎并没有意识到这个问题。他显然犯了在两个概念的逻辑边界上随意游移的大错误。

相形之下,霍布斯对自然状态与政治社会的区分,无论是在概念上还是在理念上,都显得清楚无误、十分明确。这也显示出霍布斯的理论思考更为透彻、深入,因而在逻辑上表现得更为清晰、连贯。霍布斯的个人主义哲学观念强调个人之间平等而自由,同时也强调人的自私自利是社会的驱动力。他认为,人不是因为彼此的友爱而是基于彼此的恐惧(疑惧)而结成社会。

洛克接受了霍布斯的这种个人主义哲学观念,并未驳斥霍布斯有关人性自私的立场,而且他还把霍布斯所阐述的政府功能从整体主义功利目标(国家安全和社会秩序)推进到完全服务于个人主义功利目标。洛克认为,政府权力的存在目的就是规定和维护(保护)这种自私利益(个人财产权)。因此,洛克和霍布斯在政府的功利主义工具观上有一定的契合,只不过具体目标不同而已。

但洛克在对自然状态的描述中又明显嫁接了胡克带有亚里士多德风格的中世纪理论。具体说,胡克的理论基调秉承西方古典思想和中世纪传统,主张人的社会本性,仍强调人与人之间的合作本性,而不是霍布斯意义上的冲突本性。这明显不是个人主义哲学观念的产物。这个理论基调跟霍布斯的截然不同。洛克在讨论自然状况时,既默认了霍布斯的个人主义与自私自利哲学基础,又排斥了霍布斯在这种哲学基本前提下自然推导出的人的

① 胡克在宗教和政治立场上反对当时的清教徒,他的《论教会政体的法律》是对当时加尔文清教徒的全面反击。参见[美]施特劳斯、[美]克罗波西:《政治哲学史》,李天然等译,河北人民出版社 1993 年版,第 414 ~424 页。萨拜因评论胡克的著作说:“可以被称为中世纪传统的最后的伟大声明,这个传统即将为国内战争的紧张形势所中断。”参见[美]乔治·霍兰·萨拜因:《政治学说史》,盛葵阳、崔妙因译,商务印书馆 1990 年版,第 495 ~506 页。

② 参见[英]约翰·洛克:《政府论》(下篇),叶启芳、瞿菊农译,商务印书馆 1995 年版,第 2 章。

冲突本性,而嫁接上了胡克有关人的道德属性与社会合作本性。

正因如此,洛克把自然状态描述成田园诗般、其乐融融的完备无缺的自由状态。按理说,这种情况应该只有在人们彼此互爱、相互承担社会与道德责任的政治社会状态下才能实现,而不可能在彼此孤立的个人主义状态(自然状态)下实现。

在理论的整个逻辑链条上,霍布斯是对的。在未建构成为政治社会的自然状态(无政府状态)下,人与人之间的关系的确更可能会陷入冲突中,而且在孤立的个人主义自然状态下,人与人之间并不承担社会(道德)责任,更没有社会合作义务。然而,洛克把胡克的基督教道德教义塞进自然状态概念中,这使他的政治理论呈现内部不同基础体系之间扭曲而分裂的现象。但因近现代宪政主义者和自由主义者都对洛克政治理论无比的尊崇,这就为他误导后世的政治理论,乃至政治经济学理论,留下了极大的逻辑漏洞与理论缺陷。

正如前文反复阐释过的,洛克政治理论的最大逻辑漏洞,就是洛克把霍布斯的个人主义哲学观念与胡克的社会性义务观念不加区分地强行嫁接在了一起来完成他对自然状态的描述。也就是说,他把人的冲突本性与合作本性同时强拧在一起,而未加以厘清。简而言之,他把本质上分属两种基础体系的理论论点混合在一起,又把两种理论中的好处抽出来放在一起,完全不顾及它们背后的基本假设(人的社会/个人属性及人性善/恶)以及逻辑关系上的深刻冲突。

洛克这里存在的问题,就不仅仅是他在概念的逻辑边界随意游移的现象,而是涉及他对人际关系的本质以及人际秩序究竟如何建构这些根本问题的看法。他对霍布斯把自然状态描述成人人敌对的战争状态所作的批判缺乏足够的理论深度和力度。事实上,霍布斯这样冷峻地描述自然状态有他自己的一套逻辑合理性与自洽性在。这为霍布斯讨论人们抛弃自然状态、理性建构政治社会的逻辑必然性埋下了很好的伏笔。用一句话描述霍布斯的理论逻辑是:人际冲突是人的本性,而人际合作与秩序则由人的理性所建构。

洛克跟霍布斯的立论不同,他既承认霍布斯式的个人主义哲学和自私自利主义的正当性,又否认这必然会导致深刻而广泛的人际冲突。在洛克的政治理论框架中,非但没有霍布斯式的普遍人际冲突,甚至还存在一种自然(自发)秩序的推定(基本假设)。在洛克相互友爱的人际关系(合作)逻辑下,那些本质上相互冲突的个体(自私)利益变成了和谐相处的状态。

洛克整体上把人与人之间的权利、利益看作互赢互利、互补互助的,而对人与人之间权利与利益的潜在冲突或现实冲突，他要么避而不谈，要么视而不见。而且从他对自然状态的描述以及他对财产权来源的认识来看，他也否定了霍布斯有关资源本质上稀缺的基本假定。这在逻辑上也就拔除了可能造成人际冲突的潜在隐患。这样一来，在他的整体逻辑（扭曲的逻辑）下，人际秩序的自然生成仿佛真的就不成其为问题。

但可惜的是，大量的历史事实佐证了霍布斯的基本假定是对的。人们为争夺稀缺的水源、狩猎资源、良田等而产生的广泛的人际（族际）冲突，的确更为常见和普遍。这些普遍的人际冲突，证明了人类自发秩序的不可能。必须在强有力的政府或政权下，才能消弭、终结广泛的人际冲突（乱世）。这一经验事实，在日常生活中也很容易观察得到。比如，在城市的十字路口，即使是交通标志、交通信号灯（交通规则）十分完善明确的情况下，由于众多交通参与者通过路口时争先恐后（漠视交规或者无视交警的指挥）而导致交通拥堵甚至是交通瘫痪的现象，还是随处可见的。这充分说明人类自发秩序根本不可能，相反，人际冲突现象是很常见的。

简而言之，洛克的政治理论在反驳霍布斯有关自然状态为普遍的战争状态的定性时，实际上回避了人际冲突的根本性问题，而默认人类自发秩序的存在。他所指出的自然状态的种种弊端和缺陷，只属于"疥癣之疾"。他对个人利益之间的潜在冲突性，以及个人利益与公共利益之间的潜在冲抵性，都缺乏必要的理论关注与深入思考。在他看来，政府维护好了个人福利（特别是财产权），就意味着公共福利的实现。因此他认为，政府唯一的目的就是保护个人利益（私人财产权）。

从这个意义上讲，洛克政治理论中的个人主义哲学观念，远比霍布斯更为彻底。正是在这样的前提下，他主张把政府的权力，限定在相当有限的范围内（"有限政府论"），其功能仅限于去维系这个在他看来已经生成的自然秩序，重在保护个人的财产权。因此，他的政府理论，既不像西方古典政治哲学中那样，政府需承担更大的道德义务和社会责任，也不像霍布斯所理解的那样，政府不可或缺，没有政府就没有社会安全与政治秩序。①

洛克的政治理论对后世的宪政主义思想与自由主义的发展都产生了巨大的影响。比如，对亚当·斯密（Adam Smith）的个人主义思想与市场万能

---

① 洛克所提到的自然状态的三大缺陷，没有一个容易造成冲突、混乱与无秩序的状况，这个跟霍布斯的论证路径与逻辑截然不同。参见［英］约翰·洛克：《政府论》（下篇），叶启芳、瞿菊农译，商务印书馆 1995 年版，第 77 ~ 78 页及第 11 章。

论（“看不见的手”），[①]以及对哈耶克（Friedrich A. Von Hayek）的自由主义（个人主义）与自发秩序生成理论等，都造成了深远的影响。[②]在他们眼里，个人、个体或部分（自私）利益的促进意味着整体的社会公共福利的自动增进，他们也同样全然不考虑这些自私的个体利益或部分利益之间存在潜在冲突的可能性。公平地说，造成这种理论谬见的源头，就是洛克逻辑上自相矛盾的政治理论。

2. 平等主义与平均主义

在我看来，平等主义价值观是近代西方政治理论中最重要的价值观之一。可惜的是，尽管这个平等价值观在意识形态观念中十分可贵，体现了巨大的历史进步性，但在政治实践中，无论是国际政治层面还是各国国内政治层面都大打折扣。人与人之间的普遍平等，在很大程度上还只是一个纸面上的崇高理想。

一直以来，学者们把“平等主义”和“平均主义”这两个概念不是搞混就是搞得过分复杂，以至于大家越来越搞不明白它们究竟是什么含义。事实上，中国古典文化对这两个概念的把握是很精准的。“平等主义”主要是指“等贵贱”，即这样一种理念与理想：无论血统和家庭出身，人们在政治、社会身份与地位上是平等的。这里讲的是人在人格、尊严上的平等，反对的是血统主义与家庭出身，强调机会公平、均等（“王侯将相宁有种乎”）。“平均主义”主要是指“均贫富”，讲的是经济平等，特别是指社会财富分配与占有上的公平。这是人们社会正义与公平观念很重要的一部分。“均贫富”这里注重的是生存机会上的平等。从这个意义上讲，“均贫富”远比“等贵贱”更实质、更根本。因为经济上的不平等，社会贫富差距拉得太大，不仅违背了人们根深蒂固的社会公平观念，而且更容易激起社会矛盾与政治分裂，并导致社会秩序的崩溃。下文将介绍的中西古典时期的思想家基本上没有什么平等主义观念，却对平均主义观念格外青睐，道理皆缘于此。

从前几章的讨论中，我们了解到，平等主义和平均主义原本是早期人类社会的基本价值观。在人类进入私有制社会之前，尤其在采集—渔猎这类短缺型经济中，一个政治共同体更像一个同生死、共患难的命运共同体。平

---

① 参见［英］亚当·斯密：《国民财富的性质和原因的研究》（上卷），郭大力、王亚南译，商务印书馆 1972 年版；［英］亚当·斯密：《国民财富的性质和原因的研究》（下卷），郭大力、王亚南译，商务印书馆 1974 年版。

② 参见［英］弗里德里希·冯·哈耶克：《自由秩序原理》，邓正来译，生活·读书·新知三联书店 1997 年版。

等主义与平均主义观念正是这个命运共同体的核心价值观,同时也是维系这个命运共同体生存、发展的重要组织机制。社会等级观念与等级制度,则是后世经济私有制发展的产物。单纯从观念体系而不是经济基础的角度去观察,显然不能把握这个问题的实质。不过,囿于本节主题的范围,这里还是只能从观念变迁史的角度来看待平等主义与平均主义的问题。

我们从柏拉图的著述中可以看到,他的理想政治目标不是一个平等的社会,而是一个分工合作、各司其职的种姓等级社会。或者稍稍转换成现代政治术语来说,他所推崇的是一种纯粹的血统精英主义社会。平等主义价值观在他那里无足轻重。这显然是人类历史进入常态化的私有制和阶级社会后带给人的社会等级观念体系。他有两套认识(或理论)来支撑他的这种等级社会观:一是人与人之间自然禀赋的差异,二是社会分工合作理论。

尽管柏拉图并不支持平等主义价值观,但他孜孜追求一个均贫富的平均主义社会。他在《法律篇》中强调,富人财产若超过穷人两倍、三倍、四倍尚可,若超过了五倍,就得加以限制。①

柏拉图这种等级社会观以及均贫富的观念,在中国古典时期的政治哲学中也能找到与之呼应的学派。相对而言,儒家思想更多强调保持贵族与平民、统治者与被统治者("劳心"与"劳力")、上级与下级之间的阶级鸿沟,实质上是主张等级森严的差别社会。不过,儒家也赞同均贫富("丘也闻有国有家者,不患寡而患不均,不患贫而患不安。盖均无贫,和无寡,安无倾。"《论语·季氏》)。社会财富的分配与占有涉及社会政治秩序的经济基础,因此显得更为实质、根本。在古典社会中,无论是西方的柏拉图,还是中国的孔子,他们都可以摒弃平等主义,但他们并不放弃平均主义。

相形之下,中国的法家、墨家则在坚持平等主义价值观方面成为一股社会进步力量。他们强调不论贵贱、贫富、亲疏、远近,法律面前人人平等。尽管中国数千年一直维系着等级社会与阶级社会的基本政治格局,但平等主义和平均主义始终是中国人持久不衰、压抑不住的追求公平、正义的两大目标。"等贵贱、均贫富"更是2000多年来受压迫者起来反抗喊出的最响亮的

---

① 柏拉图说:"无序可以恰当地被称为分散而非分裂,在摆脱了致命的无序状态的社会中,必定在它的任何部分都没有赤贫的人群,也没有极富的人群,二者都会带来不良后果。因此,立法者一定要制定贫富标准。收入低于贫困线以下的人可以获得配给,这条规定要长期维持,执政官或其他想要获得善人名声的人,在任何情况下都不得默许取消这种配给。立法者要以这条贫困线为尺度,允许人们获得两倍、三倍、四倍于它的收入。但五倍以上就要受到限制。"参见[古希腊]柏拉图:《柏拉图全集》(第3卷),王晓朝译,人民出版社2003年版,第364~736页,尤其是第503页。另见[古希腊]亚里士多德:《政治学》,吴寿彭译,商务印书馆2009年版,第69~70页。

口号。

柏拉图之后的亚里士多德在平等观上既有承袭柏拉图的地方，也有某些修正与创新。跟柏拉图一样，亚里士多德并不承认普遍的平等主义。他认为，男人跟女人、奴隶主与奴隶，以及希腊人跟野蛮民族之间，天生（自然的）存在不平等。①同时，他在讨论不同的城邦政体尤其是平民政体（民主政体）的优缺点时，又提到了依据同等身份所建立的平等原则。他认为，在寡头政体中，以政治职权的不平等分配为正义，但这并非普及全体的正义。而对于平民政体而言，平等仅限于同等身份人们之间的平等，但这也不是普及全体的平等。因此，在他看来，寡头派的偏见在于财产，他们认为财产不平等，所以一切（包括政治权利）也应不平等，而平民派的偏见在于（公民）身份，平民派认为既然身份平等，则一切其他皆应平等。亚里士多德认为这两种立场都有所偏颇。他主张在平等主义的基础上再结合尚贤（择优）的原则，政治权利的分配必须以人们对城邦各要素的贡献的大小作为依据。这种不同原则的结合，实际上构成了一种混合政体理论。换言之，亚里士多德认为，门望（优良血统）、自由身份、财富，以及正义的品德和军人的勇敢，都是构成城邦的不可或缺的要素。②因此，亚里士多德实际上是试图把平等主义和等级观念结合起来。或者说，用现代眼光来看，他试图把民粹主义与精英主义揉在一起。

在《尼各马可伦理学》中，亚里士多德详述了这种混合（复合）平等观，即基于比例的平等观。他提出了基于算术比例的平等和基于几何比例的平等。他认为，合比例才是适度的，而公正（正义）就是合比例。③他把平等跟合比例，以及公正（正义）这些概念联系起来，使他的“平等”含义变得更为复杂，具有多义指的特点。从普世平等主义角度看，亚里士多德的平等观，与其说是一种价值观，不如说是一种方法论。后世普遍认为亚里士多德不具备平等主义的价值观，也就完全可以理解了。

亚里士多德跟柏拉图一样，虽不是现代意义上的平等主义者，但却是平均主义的忠实拥护者。他们的立场若放到现代社会，一定会被视为是节制资本（私有财产）的社会主义者。亚里士多德赞同嘉尔基顿（Chalcedon）人法勒亚（Phaleas）的观点，认为人们之间之所以产生争端乃至酿成城邦内乱，

---

① 参见［古希腊］亚里士多德：《政治学》，吴寿彭译，商务印书馆 2009 年版。

② 参见［古希腊］亚里士多德：《政治学》，吴寿彭译，商务印书馆 2009 年版，第 139 ~ 140、151 ~ 160 页。

③ 参见［古希腊］亚里士多德：《尼各马可伦理学》，廖申白译注，商务印书馆 2003 年版，第 126 ~ 151 页。

常常是因为社会贫富不均。因此，适当地节制财产乃当务之急。他也援引了柏拉图在《法律篇》中关于抑制贫富差距的基本观点。他还以梭伦(Solon)改革为例指出，古代立法家非常深切地理解平均财产在稳定城邦政治方面所起的重要作用。①

到了近代社会，西方一改过去的政治文化传统。启蒙时代的学者们特别热衷抽象的平等主义，却极少讨论平均主义("均贫富")了。

不少论者认为，近代西方的平等主义观念源于基督教教义中的上帝造人说。他们尤其首推耶稣基督的贡献。②这种说法貌似有理，其实似是而非。早期教会曾接纳与庇护被压迫的穷苦人民，具有追求平等主义的左翼色彩。然而教会在其发展的早期，在基督教兴起的前200年内，已形成了主教、长老与执事的三重神职体系。教会内部已然存在鲜明的等级观念与等级秩序。事实上，基督教所谓的平等教义和耶稣受难的献身精神，既没有促使教会站出来跟罗马帝国的奴隶制斗争，也没有消除罗马帝国奴隶制下深刻的社会不平等。即便在1000多年后的地理大发现(1492年)及殖民时代，也没能在全属基督教形态的西欧国家稍稍抑制一下贩卖非洲黑奴的疯狂野蛮行为。如果说耶稣基督首创的基督教教义中的平等观真的如此古老，如此根深蒂固，何至于在基督教兴起了近1800年的漫长岁月后，才由法国人在大革命中首次高喊出了"自由""平等""博爱"的响亮革命口号。同样，所谓基督教的平等价值观信念，也丝毫不能阻止美国南部各州蓄奴制的横行，更不能撼动在废除黑奴制后又延续了100多年的种族歧视。

可见，所谓从基督教教义中推导出平等主义价值观，纯粹是自欺欺人的鬼话。实际上，基督教信仰的所谓精神遗产，本身就是含混不清的。如果你对《圣经・旧约・创世记》第一章上帝造人的平等主义价值观深信不疑，到了《圣经・旧约・创世记》第二章，你就得深信女人得永远屈从于男人，要永久地"受丈夫的统治"。③

这倘若不是人格精神上的自我分裂，就是价值观上的自相矛盾。在美

---

① 参见[古希腊]亚里士多德：《政治学》，吴寿彭译，商务印书馆2009年版，第69～75页。在已为残卷的《雅典政制》中，亚里士多德讨论了梭伦如何消除贫富差距的具体立法举措。当然，梭伦时期的改革，远不是消除社会贫富差距的问题，而是缓和贵族与平民的尖锐阶级斗争。另见[古希腊]亚里士多德：《雅典政制》，日知、力野译，商务印书馆1999年版，第8～13页。

② 参见[法]勒鲁：《论平等》，王允道译，商务印书馆1988年版，第125～133页；赵文洪：《中世纪西欧的平等观念》，载《世界历史》2004年第1期。

③ 在美国内战后，即便种族歧视仍然十分严重，但黑人男子起码在法律上的名义地位上超过了白人妇女。参见[美]乔治・P.弗莱切：《隐藏的宪法：林肯如何重新铸定美国民主》，陈绪纲译，北京大学出版社2009年版，第104～105页。

国内战中,对于基督教信仰遗产的这种含混性、多义指与选择性特点,林肯(Abraham Lincoln)在1865年的连任演说中表达无遗。用林肯自己的原话来说,就是:“双方都在读同一本圣经,双方向同一个上帝祈祷,而每一方都祈求上帝的祐助来打击对方。”①

毫无疑问,从所谓基督教的宗教信仰渊源来追溯近代西方平等主义价值观,虽然简便了事,却掩盖了问题的真实性与复杂性。在这方面,运用马克思主义的经济基础与上层建筑(政治法律制度与意识形态观念)的辩证关系理论来解释,显然更有说服力。

霍布斯应该是西方近代第一位从世俗主义角度阐释人与人之间平等的政治哲学家。他抛弃了所谓上帝平等造人这一宗教信念,直接从人的体力和智力(身心)两方面能力的相等的世俗主义角度出发,进而推论出人们有为实现自己目的与希望的平等。

当然,霍布斯在论证人与人之间平等时并未举出大量的实证材料,而是根据自己的观察自由心证完成证明。他认为,纵然有人体力比别人明显更强,或是脑力比另一人更敏捷,但所有这一切加起来,也不会使人与人之间的差别大到一个人可以剥夺他人跟他同样的利益诉求。他提出的一个理由认为,就体力而言,一个最弱的人密谋或者与其他处在同一种危险下的人联合起来也能运用足够的力量杀死最强的人。当然,他接下来的说法有点画蛇添足。他说了一堆有关人们之所以总觉得自己比别人强,是因为人们看自己的智慧是从近旁看,而看待别人的智慧是从远处等之类的废话……②

其实,霍布斯的前一个论断就已经终结了整个辩论。也就是说,人与人之间在身心方面即便存在这样那样的差别不容否认,但综合起来,这种差别绝对没有大到关系到每个人在生存的利益诉求方面产生什么根本的不平等。人不能因彼此之间的小小差别,就凌驾于他人之上。因此,归根结底,人与人之间是平等的。

关于平等观,霍布斯自己清楚地解释了他与亚里士多德分歧所在。他认为,亚里士多德相信人因其自然禀赋(天性)而不平等,有些人适合“治人”,有些人适合“役于人”。在他看来,亚里士多德的这种观点既违反理

① 参见[美]乔治·P.弗莱切:《隐藏的宪法:林肯如何重新铸定美国民主》,陈绪纲译,北京大学出版社2009年版,第101页。

② 参见[英]霍布斯:《利维坦》,黎思复、黎廷弼译,商务印书馆1996年版,第13章,尤其是第92~93页。英文原文是,“the difference between man, and man, is not so considerable, as that one man can thereupon claim to himself any benefit, to which another may not pretend, as well as he.” Thomas Hobbes, *Leviathan*, Oxford University Press, 1996, p. 82.

性,也违背经验。他说,世间很少有人蠢到不愿意自己管自己的事,而宁愿受制于人。不过,霍布斯在这里有点偷换概念。亚里士多德所讨论的“治”,显然是国家权力对公共事务的管理,而不是针对单纯的私人事务。在霍布斯的《利维坦》里,人照样受制于主权者(君主)。难道是在自然状态下的人都很聪明,而一旦成了利维坦的臣民,就变愚蠢了?霍布斯在这里无非是想说明,人们之所以受治,是自己愿意和同意的结果。

总之,霍布斯的核心论点是,人生来是平等的,不平等状态是由世俗法律(laws civil)造成的,它源自人们的同意。为此,他甚至把人生而平等定为第九条自然法。①

后世学者通常从人格、尊严等价值方面来阐述人与人之间的平等性,霍布斯则另辟蹊径,从身心能力的相等进而推论到他们根本利益诉求(自保生存)的平等来展开自己的平等主义哲学。当然,这是一种经验判断,更是一种价值判断。见仁见智,在所难免。在同样的问题上,亚里士多德的判断与结论就跟霍布斯完全相反。从某种意义上讲,平等主义显然不全是事实判断,更多是价值判断。然而,霍布斯的论证平等主义的理论方法,跟强调人格、尊严的道德主义价值判断,又确实存在一定的区别。

洛克在撰写《政府论》时基本接受这种从身心能力角度阐释人的平等性的观点。除此之外,洛克着重提到,人类平等是因为同种与同等身份(the creatures of same species and rank)以及自然赋予的同样有利条件(all the same advantages of nature)这些理由。②这里他主要倚重胡克的基督教神学观来说明人的平等性,这使他的论点带有比较浓重的基督教教义和中世纪自然法思想的特点。

霍布斯已经将平等主义的政治哲学从神权主义转向世俗主义逻辑,洛克却又把它拉回到神学意义中。这对于近代欧洲启蒙运动中的世俗主义方向而言,不能不说是一个历史的倒退。洛克将圣经中的上帝造人说清楚无误地阐释为上帝平等造人说,从而使上帝造人说带有了明确的政治意图与政治寓意。这种政治寓意及相应的政治理论,被北美十三州的殖民者毫不犹豫地运用到《独立宣言》中,从而留下了脍炙人口的“人人生而平等”(All

---

① 参见[英]霍布斯:《利维坦》,黎思复、黎廷弼译,商务印书馆1996年版,第117页。参见Thomas Hobbes, *Leviathan*, Oxford University Press, 1996, p. 102。霍布斯在讨论平等学说时,并没有像洛克那样频繁使用“造物主”(creator)一词,而是使用“自然”(nature)这一词汇,也没有援用“上帝造人(all men are created)”这种说法。

② [英]约翰·洛克:《政府论》(下篇),叶启芳、瞿菊农译,商务印书馆1995年版,第5页;John Locke, *Two Treatises of Government* (ed. Thomas Hollis), A. Millar et al., 1764, pp. 195–196。

men are created equal 直译“上帝所造众生平等”)名言。

客观地说,这个时代的平等主义观念确实带有很大的进步性,但同时也具有明显的虚伪性。在洛克撰写《政府论》的时代,欧洲的黑奴贸易已经持续了 200 多年。最讽刺的是,在北美殖民地,多位签署《独立宣言》高唱“人人生而平等”的人本身就是奴隶主,包括主笔起草《独立宣言》的托马斯·杰斐逊(Thomas Jefferson)。

将人的平等(或不平等)与社会经济基础联系起来,卢梭虽不是第一个,但却是在马克思之前影响力最为巨大的一位。卢梭的论证,较前述各家学派在理论上视野更为开阔,且直指问题的根本。卢梭在为第戎科学院征文所撰写的《论人类不平等的起源和基础》论文中强调,人类各种不平等的根源最后都归结到财富的差异上,此真乃振聋发聩之论。

在卢梭看来,自然状态下不平等现象几乎不存在。由于人类能力与智慧的发展与进步,不平等才获得了力量并成长起来,而由于私有制和法律的建立,不平等终于变得根深蒂固且合法了。承认人类社会不平等的现象,追溯社会不平等的源头,并将原因归结到财产私有制,通过这种历史研究与对比研究,来讨论人类平等,卢梭的确要比霍布斯、洛克他们只空谈自然状态的平等,而完全无视进入政治社会后的人类不平等现象,来得更深刻、更现实,也更具有道德批判意义。

卢梭一开始就区分了来自生理的自然不平等与政治(伦理)的不平等,而且他认为在自然状态下,自然的不平等并不重要。卢梭把人类不平等分成了三个阶段:第一阶段是私有财产权的确立,由此造成了富人与穷人间的不平等。第二阶段则是由于政治权力机关的设置产生了强者和弱者的不平等,而根据卢梭的社会契约理论,政治权力机关的设置乃是根据人们自身的同意(社会契约)建立的。第三阶段则是不平等的顶点。这是一个封闭圆圈的终极点,亦是起点。在卢梭看来,当善的观念、正义原则通通消失,一切又都听凭强者的权力的任意支配,因而也就产生了一个新的自然状态。①

根据卢梭的观点,如果把私有财产权的确立造成的经济不平等勉强看作是自然发展的结果,而政治上的不平等则源于人们自身的同意(社会契约),这岂不意味着人们通过自身的同意来确立这种政治上的不平等?进而赋予这种政治不平等以合法性?这的确是卢梭(包括霍布斯)社会契约理论及平等理论的自相矛盾之处。卢梭虽然依靠自己特有的辩证循环论来补救

① 参见[法]卢梭:《论人类不平等的起源和基础》,李常山译,商务印书馆 1997 年版,全书尤其是第 145 ~ 149 页。

这个逻辑漏洞,但结果依然无济于事。

综上所述,"平等"在近代西方政治哲学中成为一个热词,固然有其社会进步的一面,但在细致审查之下,众多的论者多是为了阐释政府公权力源于人民的同意这一社会契约论而便宜行事,并不是真正地作为人类核心价值观去认真看待。卢梭将人类不平等的根源归结到财产权私有制,将平等这一论题深入推向了人类经济与政治制度的根源,体现了朴素历史唯物主义特征。法国大革命之后,"平等"作为价值观广泛传播,并逐渐深入人心。

3. 自然权利学说

在社会契约理论中,自然状态、自然权利、自然法,是几个非常重要的概念,其中自然权利是重中之重。倘若没有自然权利,社会契约论就很难展开。因为没有自然权利,就无从讨论权利的让渡(转让),更谈不上所谓订立社会契约、组成政府,进入所谓的政治社会了。

自然权利(natural right),一译天赋人权。简而言之,是指人在自然状态下所拥有的权利,这种权利与生俱来,并非由法律所赋予。格劳秀斯在《战争与和平法》中区分了"自然权利"与"法定权利"(lawful right),并把这种分类法追溯到亚里士多德那里,他甚至认为希伯来人也有同样的分类。在格劳秀斯看来,自然权利与上帝的律令和人的道德属性相关联。自然权利不仅与独立于人的意志之外的存在物相关,也跟人的意志所能实现的物有关。他这里特别提到了财产权,认为财产权起先是由人们的意志所创造,但一旦财产权确立,自然法就禁止人们违背他人意志(意愿)而攫取他人财产。①

格劳秀斯虽然开创了近代国际法研究的基础,不过他政治思想之根本仍因循西方古典传统。他在主张人的理性的同时,也强调人的社会性与道德性。从这个意义上讲,他是一只脚踏入了近代,另一只脚仍留在中世纪的典型人物。当然,这也充分体现了他所处的那个时代的过渡性历史特点。

霍布斯对自然权利的理解,则带有完全崭新的近代特点。他开始从世俗主义的平等角度而非宗教教义的神学角度去看待自然权利。他把自然权利理解为个人在自然状态下所享有的一种无限自由(权)。他说,自然权利就是每一个人按照自己的意愿、运用自己的力量、保全自己的天性(保全自己生命)的自由。他同时对自由也作了界定,认为"自由"就是不存在任何外界妨碍的一种状况。接下来,他着重区分了"权利"(right)与"法律"

---

① 参见 Hugo Grotius, *The Rights of War and Peace*, M. Walter Dunne, 1901, pp. 17 – 22。

(law),认为"权利"是做或不做的自由,而"法律"则是约束人们的义务。在他看来,不少论者往往将"权利"与"法律"混为一谈。

话虽如此,如果仔细分析他所讲的第一条自然法(law of nature),其内容跟他讲的"自然权利"完全是一致的,都是讲人的自我保全。按他自己的说法,"自然法是由理性所发现的律令或一般法则,它禁止人们去做任何有损于自己的生命或剥夺用来保全自己生命的手段的事情,以及禁止人们忽视最有利于自己生命保全的事情"。①无非一个强调的是人有自我保全的权利(自由权),另一个强调的是,经理性所发现的自然法要求人们有自我保全的义务,但本质上都是强调人的自我保全。

按照霍布斯的理论逻辑,在自然状态下,也就是孤立的个人主义状态下,人为了自己的生存(自我保全)可以无所不用其极,包括使用武力或欺骗方式,以先发制人摧毁或征服对方。他坚持认为,人的欲望与欲求都并非原罪(sin)。他这是在强调人性自私自利欲求的正当性。②他的立场与基督教的原罪教义针锋相对,完全打破了中世纪以来的神权政治哲学传统。

或许霍布斯的这个世俗主义论调太过于直截了当、太过惊世骇俗,霍布斯之后的洛克虽然完全承袭了霍布斯的个人主义哲学,甚至在坚持个人权利(自然权利)的至上性问题上也比霍布斯彻底,但他还是拿温情脉脉的基督教互爱道德教义来替换与遮掩霍布斯这种毫不虚伪而又寒气逼人的利己主义与世俗主义。

霍布斯自然权利观,跟在他之前以及在他之后的论者都有很大的不同。首先,他抛弃了神权主义,运用了世俗主义逻辑。其次,他完全抛弃了道德主义,拥抱了功利主义,赋予自然权利以最大的利己性特质,并给予这种利己性以正当性。

根据霍布斯的逻辑,自然权利实际上是每个人为了自我生存(自我保全)而享有的(行动)无限自由权。这一观点跟我们所熟悉的后世论者提到的生命权、财产权、人身权或是追求幸福等天赋人权,存在很大的差异。霍布斯虽然强调个人自我保全的利己主义是正当的,但每个人实现其自然权利的结果,却又是彼此有害的。当他强调个人自私利己的正当性而又肯定每个人拥有行动的无限自由权特点时,他把自然状态描述为一个受丛林法

---

① 参见[英]霍布斯:《利维坦》,黎思复、黎廷弼译,商务印书馆1996年版,第97页;Thomas Hobbes, *Leviathan*, Oxford University Press, 1996, p. 86。译文结合了英文原版,对商务版汉译作了改动。下同。

② 参见[英]霍布斯:《利维坦》,黎思复、黎廷弼译,商务印书馆1996年版,第93~95页;Thomas Hobbes, *Leviathan*, Oxford University Press, 1996, pp. 82-86。

则支配的血与火的战争世界，在逻辑上就显得十分自然、有力。根据这个逻辑结论，霍布斯所标榜的自然权利的无限自由权特性实际上意味着彼此杀戮的自由。这种局面其实对每个人都是有害的，也是难以维系的。

霍布斯的整个论述，凸显了每个人所拥有的自然权利的相互冲突性质。而霍布斯之后的论者，尤其是洛克，则明显回避了每个人所拥有的自然权利之间的相互冲突性，试图给人一种印象：每个人能相安无事地充分享有各自的自然权利。当然，洛克所想定的这种情况实际上是不可能存在的，也是完全错误的。在这一点上，霍布斯特有的现实主义态度虽显得冷峻无比，但无论在逻辑的自洽性上，还是在真实世界中，反倒是正确的判断。

不过，霍布斯苦心孤诣营造的效果，无非是为了论证在没有公权力（common power）、没有政府的世界，既没有法律，也无所谓公正不公正，更没有财产权之说，没有“你的”“我的”之分，每个人能拿到手的东西，只在他能保住的时间里是他的。毫无疑问，这是一种悲惨而恶劣的生存状况。①这实质上是一个时时充满了死亡威胁的野蛮生活的状态。按照霍布斯的逻辑，人们因为恐惧死亡而愿意摆脱自然状态，的确是势在必行。

与霍布斯的自然法、自然状态概念一样，他的自然权利概念也带有一定的铺垫性和过渡性特点。正如霍布斯以个人主义哲学观念作为其政治理论的逻辑起点，但最终强调国内和平与安全秩序的结论，这多少带有某种整体主义哲学的味道，他所主张的自然权利范围在自然状态下可谓突破天际，没有任何限制，但一旦要进入政治社会，缔结了社会契约，自然权利的让渡又是完全的、不可撤回的。再加上他强调主权者（君主）的绝对权力，从这些角度看，霍布斯确实并不是一个强调个人自然权利（自由权）至上的政治哲学家。后世强调个人权利（尤其是私有财产权与各种自由权）至上的各种自由主义学派，宗洛克而不是祖霍布斯，的确有几分道理。

前文已经提及，洛克的政治理论来源尽管较为庞杂且逻辑上与理论的基本体系存在自相矛盾之处，但他在个人主义哲学观念和自然权利的概念上却是始终如一、前后连贯的。我们分析霍布斯的自然权利说可以发现，霍布斯把个人的自然权利看作人为了自我保全，可以不受任何限制与妨碍而采取任何行动之无限自由权。这种自然权利其含义是笼统、总括的，行使这种近乎无限的权利，实际上正意味着无法无天的自然状态。

总而言之，霍布斯并未赋予自然权利特别具体而丰富的内容，更没有任何近似于法律定义的地方。正如我们前文所分析的，霍布斯的自然法、自然

① 参见［英］霍布斯：《利维坦》，黎思复、黎廷弼译，商务印书馆1996年版，第96页。

权利、自然状态诸概念都有明显的过渡性与铺垫性质，其目的都是论证按约建立国家的社会契约理论，以证明君权乃人授，非神授。

而洛克在这方面跟霍布斯截然不同。洛克所理解并推崇的自然权利并非过渡性概念，而是个人拥有、不可剥夺的一种天赋的根植性权利。这种自然权利，即便在个人之间所谓订立了社会契约、脱离自然状态进入政治社会，也并未消失或放弃，而是通过立法转为法定权利。

洛克所讲的自然权利虽然跟霍布斯所主张的一样，本质上也是一种生存（自我保全）权利（right to their preservation），但洛克所阐述的自然权利的概念显然更为复杂，内容也更为丰富，所指更为具体。霍布斯所主张的自然权利，是一种个人基于自我保全（生存）而拥有采取任何行动的无限自由权。洛克首先就否定这种无限自由权的存在，他援用基督教教义不点名地驳斥了霍布斯的这一观点。

洛克认为，既然人们都是全能全知的造物主（上帝）的创造物，那么他们就不能擅自处理别人的人身或生命，而应听凭上帝的处置。人们彼此之间也不应该存在从属关系。他甚至用基督教教义中所主张的博爱观点去看待每个人的生存权利，认为每个人都必须保存自己，基于同样的理由，当一个人的保存不成问题时，他应尽其所能保存其余的人类。[①]

在洛克眼里，自然权利受到自然法的约束，显然是温和而有节制的，绝非是霍布斯意义上的无限自由权。洛克认为，这种约束更多地体现一种基督教教义的约束，体现为良心与道德的约束。这实际上清楚无误地表明：洛克在讨论自然状态下的自然权利时总是不知不觉地越过了自然状态的逻辑边界，运用了政治社会里才有的社会义务与社会责任逻辑来看待自然权利。

整个社会契约论，都是把自然状态与政治社会截然两分。自然状态，既然是与政治社会截然区分的人类原始（原初）状态，当然就不是一种人群政治联合的社会状态，就不应该存在诸如良心与道德约束之类的社会性义务。对于这一点，本书导论部分及第二章，都已经详尽地阐释过。道德本质上是一种人际社会规则，是人际社会关系的体现。既然洛克把自然状态与政治社会截然两分，且把自然状态描述为一种前（政治）社会的状态，就断无讨论只有在（政治）社会中才存在，并体现社会关系的道德性义务的逻辑空间。在这一点上，洛克确实陷入逻辑上自相矛盾的境地。相形之下，霍布斯有关

---

① 洛克认为，每个人在自然状态下拥有处理他自己人身和财产的无限自由，但他们没有毁灭自身或他所占有的任何生物的自由。参见［英］约翰·洛克：《政府论》（下篇），叶启芳、瞿菊农译，商务印书馆 1995 年版，第 5 ~ 7 页；John Locke, *Two Treatises of Government* (ed. Thomas Hollis), A. Millar et al. ,1764, pp. 193 - 215。

自然权利的理论逻辑倒是更为前后一致。在他的理论阐述中，在自然状态下根本不讨论人与人之间的任何社会性义务。

暂且把洛克自然权利理论中的这个逻辑缺陷搁置一旁，让我们继续循着洛克的思路思考下列问题：自然状态下的这种道德义务的约束有效吗？这种约束在自然状态下是真实有力的吗？在这里，洛克依然又陷入了逻辑矛盾的陷阱而不能自拔。

一方面，他承认“自然状态有一种为人人所应遵守的自然法对它起着支配作用；而理性，也就是自然法，教导着有意遵从理性的全人类”。另一方面，他也承认自然状态存在种种弊端，人人自我执法，会存在偏私现象。他在《政府论》（下篇）第九章中，虽然讲的是“自然状态有着许多缺陷”，实际上清楚无误地说明了自然法（人的理性）是如何归于无用的。

洛克承认，在自然状态中缺少一种确立的（established）、没有争议的（settled）、人所共知（known）的法律（law）。他这里所讲的法律，显然是人类制定的实在法（positive law），即人法（human law），而不是神法、宗教法或自然法。他认为，缺乏这样为人们共同的同意所接受和承认，并作为判断是非标准，以及裁断人们的一切纠纷的共同尺度的法律。换言之，他虽认为自然法普遍存在，但又委婉地承认：在自然状态中自然法实质归于无效（跟全知全能无所不在的上帝面临的情形一模一样）。

这也预示了后世自然法学派所面临的知识论上的一个基本困境。与实证主义相对，自然法与自然权利说完全是一种神秘主义认识论，就像一个个手眼通天的巫师宣读神意，全凭巫师一张嘴。其结果自然是各吹各的号、各唱各的调，公说公有理、婆说婆有理，争论纷纭。

洛克承认，在自然状态下，人与人之间的确存在争议。不过，他不把这种争议归咎于人们在自然状态下所拥有的自然权利的潜在冲突性特质，却把它归因于一部分人对自然法的懵懂无知，以及执法（执行自然法）时的偏私倾向所致。[①]这种说法显示，洛克实际上一方面否认了自然法（理性）的普遍性（遍在）与有效性，另一方面也承认了霍布斯的人性自私理论，并在讨论

---

① 参见［英］约翰·洛克：《政府论》（下篇），叶启芳、瞿菊农译，商务印书馆 1995 年版，第 6、10、77～78 页；John Locke, *Two Treatises of Government*（ed. Thomas Hollis）, A. Millar et al., 1764, pp. 197, 204, 306－307。译文结合了英文原版，对商务版译本有更动。洛克说：“因为，虽然自然法在一切有理性的动物看来，是既明显而又可以理解的，但是有些人由于利害关系而存偏见，也由于对自然法缺乏研究而茫然无知，不容易承认它是对他们有约束力的法律，可以应用于他们各自的情况。”顺便提一句，商务版译者把“inconveniencies of the state of nature”译为“自然状态的种种不方便情况”，实为误译。这里的“inconveniencies”指的是自然状态的“弊端”，而不是什么“不方便情况”。

自然状态的弊端时,又主动地向霍布斯的人际冲突理论靠拢。这样一来,就与他早前在描述自然状态时所援用的胡克理论相互抵销,因为胡克理论强调基督教教义中的博爱(爱邻人)学说,而否定人的自私。

尽管如此,跟霍布斯相比,洛克所指的自然权利,并不模糊、笼统,而更为详尽、具体。仔细分析洛克的自然权利说,它主要包含两层含义:一层是实体权利,另一层则是程序(执法)权利。实体权利,主要包括生命以及一切有助于保全生命、健康、自由和财产的权利。洛克把这一切有助于人生存的生命、自由、财产权,总的归结为"财产权"。在洛克看来,人们之所以愿意订立契约,联合成为一个国家,并置身于政府的管辖之下,最主要的目的是保护他们的私人财产。洛克在不同地方反复强调,政治社会的首要目的是保护人们的私有财产。为此,洛克甚至还在书中专辟一章讨论私有财产(权)的起源。①

私有财产权在洛克的政治理论中基本上等同于实体权利部分的自然权利。不过,在实体权利部分之外,洛克还认为,在自然状态下,人人拥有执行自然法的执法(程序)权利(力)以及受到损害的一方当事人有要求赔偿的权利(救济权)。在他看来,在自然状态下,自然法交给每一个人去执行,每个人都有权惩罚违反自然法的人,并以制止违反自然法为度。这实际上是一种人人所享有的、为制止类似罪行而惩罚犯罪行为的权利。另一种权利,则仅属于受到损害一方,即他在受到损害时有要求赔偿的权利。他还援用古老的"以血还血"同态血亲复仇作例,来试图论证自然法是存在的,受害人(或其近亲属)基于自卫的权利执行自然法的情形同样也是存在的。这种执法权和受偿权(救济权),也都是个人在自然状态下所拥有的自然权利。洛克这种对自然权利的细分,的确非常有自己的特色,不仅使他的自然权利观与霍布斯抽象笼统的自然权利概念区分开来,还使他的自然权利让渡理论也与霍布斯的理论存在很大的差别。②

在霍布斯看来,自然权利的让渡是一次性的、完全的、不可撤销的。而根据洛克的自然权利观念,实体权利部分的自然权利虽在名义上让渡出来,

---

① 洛克认为,政治社会若无保护财产的权力,则不称其为政治社会。参见[英]约翰·洛克:《政府论》(下篇),叶启芳、瞿菊农译,商务印书馆 1995 年版,第 1 章、第 2 章、第 5 章、第 7 章,尤其是第 6～7、18、52～53、77 页;John Locke, *Two Treatises of Government* (ed. Thomas Hollis), A. Millar et al., 1764, pp. 193－238, 267－270, 305－306。

② 洛克时而用"权利"(right),时而用"权力"(power),他自己也并未严格区分二者在概念上的差异。参见[英]约翰·洛克:《政府论》(下篇),叶启芳、瞿菊农译,商务印书馆 1995 年版,第 7～10、77～80 页;John Locke, *Two Treatises of Government* (ed. Thomas Hollis), A. Millar et al., 1764, pp. 198－205, 305－310。

实质上并未发生任何改变。每个人在自然状态下依据自然法享有的自然权利(这里主要是指财产权),在政治社会中,则由立法权所制定的法律予以保障及保护,即由"自然权利"(natural right)变更为"法定权利"(legal right),其内容和范围都没有什么实质性改变,权利保障反而比自然状态下更为稳定可靠。正是基于这一点,洛克认为,立法权所制定的法律必须限定在每个人在自然状态下依据自然法所享有的自然权利范围内。而程序意义上的自然权利也就是执行自然法的执法权及受到损害时的私力救济权,人们则完全放弃了,以形成整个政治社会的公共执法权。①

自然法理论和自然权利说,是在特定的历史条件下兴起的一种政治意识形态观念体系。它原本是针对西欧中世纪以来的封建主义与神权政治观念,尤其是对君权神授理论进行批判的产物,本是批判性武器。经由霍布斯到洛克再到卢梭,它逐步改造成了一种建构近代版理想国的建设性武器。当然,这种理论本身并没有得到扎实的历史事实作为理论根据,完全是用一套观念体系批判和取代另一套观念体系,本质上无非是不同版本的历史唯心主义相互博弈而已。古典自然法学派,在历史主义、实证主义、科学主义,特别是达尔文进化论后兴起的唯物历史观轮番冲击下,后世逐渐式微了。

然而,建立在自然法理论和自然权利学说基础上的近代西方政府理论,至今依然是西方主流的政治哲学理论。这就产生了一种表里不一的扭曲现象,后世学者表面上似乎放弃或是拒斥了自然法理论与自然权利学说,但自然权利学说,尤其是私有财产权至上的观念,已经化为资产阶级法权思想及政府理论的核心与基础。这种自然权利理论完全丧失了当初反对封建主义与神权政治的革命性,除了用来论证、辩护资产阶级法权与政府的形式合法性已别无他用。

事实上,正如前文已阐述过的,就价值观而言,近代西方政府理论所标榜的平等权利的普遍性,从一开始就呈现双重标准的伪善特点。它易于造就而不是弥合日益分裂的社会,并凸显了社会鸿沟与阶级对立。从资本主义经济制度发展所带来的观念形态变化角度看,造成这一问题的观念根源,不完全在于自然权利观或平等观本身,而更在于近代西方政府理论的个人主义哲学基础。个人主义哲学否定了人的社会本性,人为地制造了个人与社会(自然状态与政治社会)的对立关系,撕裂了个体与整体的有机联系。建立在个人至上主义(自由主义)与利己主义正当的哲学基础之上的政府理

---

① 参见[英]霍布斯:《利维坦》,黎思复、黎廷弼译,商务印书馆 1996 年版,第 17 章;[英]约翰·洛克:《政府论》(下篇),叶启芳、瞿菊农译,商务印书馆 1995 年版,第 9 章。

论,从根本上并未摆脱霍布斯梦魇。它严重地依赖妥协政治的艺术,一旦丧失了调和与妥协,社会分裂与政治僵局,乃至大规模社会冲突的困扰就挥之不去。美国内战之前的政治历史,鲜明地体现了这一点。

在推崇并试图恢复古典政治哲学的施特劳斯(Leo Strauss)看来,现代西方社会的种种政治问题来自人们对自然权利学说的抛弃。他甚至认为,造就美国成为世界上最强大繁荣国家的一部分原因,正是美国对自然权利学说的坚持。他甚至隐晦地认为,德国人在“二战”中的失败,源自他们追求历史意识,抛弃了自然权利观念。施特劳斯因此对“历史主义”大加挞伐。不过,这些反而显示他对美国的建国史、内战史乃至崛起史的选择性无视。①

北美十三州殖民地精英阶层对人类普遍平等、自然权利说和社会契约论的珍爱,并不妨碍他们在1787年联邦宪法中隐晦地承认并包容黑奴制(“五分之三条款”)。事实上,如果说建立在自然权利说基础上的社会契约论为北美十三州殖民地从其母国英国分裂出去提供了有效的政治哲学理论与法理依据,那它也同时为美利坚南部邦联(the Confederate States of America,CSA)从美利坚合众国(United States of America,USA)分离出去的合法独立,提供了同样有效的政治哲学与法理依据。②因此,建立在自然权利说基础上的社会契约论,从法理上讲是名副其实的分裂主义政治理论与叛乱理论。美国人如果真的是按施特劳斯的说法,一直在坚持这样的自然权利学说,美国的内战就不应该爆发,美国也至少能和平地分裂成两个国家。试问施特劳斯:不知道缺少了统一的政治版图与市场,美国何以成为世界上最强大、最繁荣的国家?

---

① 施特劳斯的原话:“我们认为以下真理是自明的,人人生而平等,他们被他们的造物主赋予了某种不可剥夺的权利,其中包括生命、自由和追求幸福的权利。献身于这个命题的民族,毫无疑问的部分是由于他们献身于这个命题,现在已经成为世界民族之林中最为强大繁荣的一个。”参见[美]列奥·施特劳斯:《自然权利与历史》,彭刚译,生活·读书·新知三联书店2003年版,全书,特别是第1~2页。另外,施特劳斯在书中对“科学主义”还作出了委婉的批判,人为地提出“自然理解”与“科学理解”两个概念,并加以区分,试图使“自然理解”凌驾于“科学理解”之上。施特劳斯在讨论自然权利说观念史的起源时,把它追溯到柏拉图那里,这同样是错误的。他刻意混淆了柏拉图和亚里士多德的“自然主义”与近代西方的自然权利说的本质区别。柏拉图和亚里士多德的“自然主义”恰恰是说明人天生的不平等,借以论证自然分工合作理论。而近代西方的自然权利说强调人与人之间的平等主义。近代西方的自然权利说是以个人主义哲学作为基础,而柏拉图和亚里士多德都秉承整体主义哲学,承认人的社会本性,否定个体至上,强调整体(城邦)至上。

② 美国1787年宪法包容奴隶制,被论者视为“与死亡订立的合约”和“与地狱订立的协议”。按美国南部邦联的意识形态,他们从联邦分离出去,是为了维护自己的主权与自治,而并非为奴隶制本身而战。参见[美]乔治·P.弗莱切:《隐藏的宪法:林肯如何重新铸定美国民主》,陈绪纲译,北京大学出版社2009年版,第4~5页。

4. 社会契约

中世纪的西欧对于社会契约观念并不陌生。近代西欧的社会契约理论倘若不远推到柏拉图的城邦政治理论,①大体上有两个直接的思想来源:一是封建关系,二是基督教教义。西欧封建制度,究其实质是一种典型的人身依附型社会关系,但从表面形式上看,它是一种以(社会)契约关系达成的社会制度安排。

在中世纪,西欧的封建制度既是一种社会经济形态与法律制度,也是一种政治与军事制度。领主(lord)与封臣(tenant)缔结的封建关系与奴隶制相比,虽然人身依附关系仍存在相似之处,但确实存在非常重大的差别。封臣向领主行臣服礼(homage),领主向封臣颁封授状(investiture),这些并非单纯的封建仪式。在封建习惯法中,它们还象征领主与封臣间一种封建法律关系的确立。领主与封臣虽然在政治、经济、社会地位上并不平等,但他们彼此在封建权利义务关系上是相互的、对等的。西欧封建关系带有契约性质,这也是西方历史学界的公论。②

另外,在基督教教义中,立约(covenant),即上帝与人(民族)订立契约的观念,居于核心的地位。《旧约全书》和《新约全书》之所以得名,源自它们记载了上帝与他所优选的人或民族(chosen people)订约的情况。在旧约中,这些(优)选民(chosen people)往往多为信义之人,且主要限于以色列民族。比如,《圣经·旧约·创世记》第九章中就讲到,上帝晓谕诺亚及其儿子,称"我与你们和你们的后裔立约,并与你们这里的一切活物,就是飞鸟、牲畜、走兽,凡从方舟里出来的活物立约。我与你们立约,凡有血肉的,不再被洪水灭绝,也不再有洪水毁坏地了"。③在《圣经·旧约·创世记》第十七章中,则提到了上帝与亚伯拉罕立约。而在《旧约·出埃及记》第十九章,又

---

① 本书第二章提到,柏拉图把"正义"视为城邦政治的第一要义。他认为,正义的本质及起源来自人们为了避免互相伤害而开始订立契约和立法,人们把守法践约视为合法、正义。柏拉图在这里强调了人们结合为城邦,是在契约和立法基础上联合起来的。这也可以牵强地理解为西方政治理论传统中最早版本的"社会契约论"。参见[古希腊]柏拉图:《柏拉图全集》(第2卷),王晓朝译,人民出版社2003年版,第313~326、408页。

② 参见陈绪纲:《法律职业与法治——以英格兰为例》,清华大学出版社2007年版,第169~180页。领主不颁发封授状或者不履行封授(地)责任,封臣可以拒绝履行自己的封建义务。

③ 参见《新旧约全书》,中国基督教协会1994年印发,第7页。英文版为:Then God said to Noah and to his sons with him, As for me, I am establishing my covenant with you and your descendants after you, and with every living creature that is with you, the birds, the domestic animals, and every animal of the earth with you, as many as came out of the ark。另见 *The New Annotated Bible*, Oxford University Press, 1994, p. 12。

提到了上帝在西奈山跟摩西所订立的契约。

这样的契约，就观念形态而言，其本质既是所谓人崇拜上帝、遵守上帝诫令的信仰之基础，又是人因其信义而蒙受上帝的所谓恩典之约。在新约中，因耶稣基督的蒙难与救赎，以耶稣基督为中心与中介，上帝的恩典之约不再局限于以色列民族(《新约・罗马书》第三章)，而是扩及一切因信耶稣基督的人。因此，新约不再局限于以色列民族，其范围自然比旧约要更为广大。

霍布斯在《利维坦》第四十章中认为亚伯拉罕是由上帝立约建立的王国(kingdom of God)的第一代君父。①他似乎忽略了上帝跟诺亚立约一事，但由于我们不能断定诺亚是否建立了所谓的神圣王国(政治实体)，因此，霍布斯将亚伯拉罕列为由上帝立约建国的第一代君父，也没有什么不妥。

霍布斯将圣经中上帝立约建立国家的观念很自然地转换成按约建立国家的概念。依他的理解，根据取得主权的方式可分为两种类型的国家：一是按约建立的国家，二是以力取得的国家。这是两种不同的国家形成理论。

具体到如何达成社会契约、形成主权、建立国家，霍布斯的描述就显得过于简略了。大致过程是这样：每个人跟每个人订立契约(covenant)，其中大部分人(the major part)同意将他们的权利授权给某人(the person)即主权者，以作为他们的代表。因为得到了多数人的授权，每个人无论他投票赞成或是反对，实际上都给予该人(主权者)或一群人的行为及裁断以授权。②

正如前文所述，霍布斯的自然状态、自然权利等概念，都存在一定的过渡性特点，其目的都是服务于国家主权及主权者(君主)。在这些环节，他的理论逻辑自洽性整体上还是很严密的。不过，霍布斯对社会契约论最后这个环节的阐述在逻辑上却暴露出很大的漏洞。

按霍布斯及一般自然法学者的理解，自然状态是一种孤立的个人主义状态，在理论逻辑上，就必须是每个人都来参与订立契约，放弃自然状态，让渡自然权利。否则，缺失了处在自然状态下的每个人的同意，社会契约论中的取得同意和授权的理论核心就不复存在。那跟霍布斯自己所讲的以力建国的强制又有什么区别呢？因此，我们看到霍布斯在讨论订立社会契约时，都是强调每一个人参与订立契约，每个人让渡自然权利，将自然权利授予给主权者……

---

① 参见[英]霍布斯：《利维坦》，黎思复、黎廷弼译，商务印书馆1996年版，第40章。

② 参见[英]霍布斯：《利维坦》，黎思复、黎廷弼译，商务印书馆1996年版，第128～142页；Thomas Hobbes, *Leviathan*, Oxford University Press, 1996, pp. 111－122。根据霍布斯的观点，按约建立的国家，显然才是政治上的国家。

然而，这种逻辑上的必要条件在理论上虽显得很完美，但在政治实践中既没有可操作性，也根本不可能实现。因此，在这种情况下，霍布斯必须启用多数原则（就是他指的 major part）这一概念，来搪塞过去。这样，在人人放弃（让渡）自然权利订立社会契约与最终的多数原则决定之间就产生了逻辑上的歧义。究竟是需要人人参与让渡自然权利、订立契约，还是只需要多数人参与并同意？那些反对放弃自然权利且不参与订立社会契约的人，该怎么办？

霍布斯处理这个难题的手法显得非常简单、粗暴，而且逻辑上自相矛盾。他认为，由于多数人以彼此同意的一致意见宣布了主权者，原先持异议的人们必须同意其余人（多数人）的意见。也就是说，持异议的人必须承认主权者所作的一切行动，否则，其他的人就有正当的理由杀死他。他的理由是：如果一个人自愿加入一群人所组成的群体，这足以表明他的意愿，也就是说，他默示订立契约（tacitly covenanted）来遵从大部分人所决定的事情。如果他拒绝遵从或者对他们（大部分人）所作出的规定予以反对，那么他的做法就违反了他（默示订立）的契约，这是不义的行为。无论他是否属于这个群体，也无论是否征求过他的同意，要么他必须服从他们（大多数人）作出的规定，要么他被遗留在原先所处的战争状态（自然状态）下，而在这种（战争）状态下，任何人都可以杀死他，而不会被视为不义。[①]

这种思想理路跟法国的博丹（Jean Bodin）在《国家六论》中的理论有颇多相同之处。他们都主张，只有一个强大到拥有绝对权力的君主政体才能做到恢复政治统一与实现和平，为此，必须取缔和打击一切政治异议者（包括宗教异端）。[②]

讨论到这里，我们发现，到了订立契约这个环节，霍布斯的社会契约论中的种种漏洞就反映出来了。按照霍布斯的阐述，就算是这种社会契约得到多数人同意，也明显“绑架”了持异议的少数派，带有强制性特点，与社会契约论所强调的取得人民的同意、通过协议与授权而形成主权、建立国家的宗旨及其价值观不符。用托克维尔（Alexis de Tocqueville）的话说，这显然

---

① 参见［英］霍布斯：《利维坦》，黎思复、黎廷弼译，商务印书馆 1996 年版，第 135 ~ 136 页；Thomas Hobbes, *Leviathan*, Oxford University Press, 1996, p. 117。如果按照霍布斯的逻辑，那些没有同意社会契约，持异议的人被遗留在了原先的战争状态，因此，任何人可以杀死他们，而不为不义。同理，这些持异议的人，也可以同样杀死任何威胁到他们生命的其他人。这不就意味着战争状态（自然状态）仍在继续吗？

② 参见［英］昆廷·斯金纳：《近代政治思想的基础》（下卷），奚瑞森、亚方译，商务印书馆 2002 年版，第 402 ~ 403 页。

是一种“多数的暴政”。①

再说,按霍布斯的理论逻辑持异议的少数派被视为仍处在战争状态(自然状态)下,任何人均可以杀死他,而不为不义。但根据霍布斯自己反复阐释的自然权利观,这同样意味着被遗留在自然状态下持异议的少数派有权为了保全自己的生命而杀死任何威胁到他们生命的人。这样一来,不就恢复到战争状态了吗?这就意味着人们并未彻底摆脱自然状态(战争状态)而进入政治社会,社会契约仍只是竹篮打水一场空。再说,无论是少数人杀多数人,还是多数人仗着人多势众杀少数人,这样建立的国家难道不正是霍布斯自己所界定的“以力建立”的国家?这哪有社会契约的理性影子?

霍布斯显然没有想到或者根本没有理会这样的弊端。在逻辑上一向连贯的霍布斯一碰到订立社会契约这个技术性环节,就彻底丧失了原有的逻辑自洽性。当然,这也很好地显示,社会契约的论证是因为缺乏历史经验事实的有力支撑而最终不得不陷入一种自我矛盾的空洞化境地。

霍布斯有关订立社会契约环节的这一描述,确实得不到任何国家、任何时代的历史经验事实的支持。近代英国的国家形态、政府模式与政治制度,是在1066年诺曼底公爵威廉一世(King William I)渡过海峡武力征服英格兰之后逐步形成的。按霍布斯政治理论中的国家分类学说,这是典型的“以力取得”的国家。北美十三州殖民地的独立建国,在许多学者的眼中是典型的建立在洛克版本社会契约论上的国家。然而,残酷的事实是,一纸《独立宣言》并未能建立一个崭新的国家,北美十三州殖民地人民是在得到法国人的直接军事援助下经过了8年艰苦卓绝的武装抗英斗争,才最终赢得独立建国。这同样也是典型的“以力取得”的国家。

简言之,霍布斯的社会契约论,尤其是订立社会契约的技术性环节缺乏基本的历史事实根据。其实,社会契约论是在反对封建理论,尤其是反对君权神授的神权政治背景下形成的一种政治理论。原本就是一种反叛性理论,是一种批判性理论,用它来解释近代西欧的“民族国家”之“主权”的真实产生,既有违于历史,也有悖于事实。

霍布斯的社会契约论,是西欧宗教改革后的世俗化、理性化政治理论的第一波。它有很多观念创新,但这并不能掩饰住为专制君主的绝对权力进行辩护的底色。这也是这个时代的特色。霍布斯为君主专制主义辩护的政治理论并非个别现象,而是宗教改革以来反教会世俗力量的一次大反弹。

① 参见[法]托克维尔:《论美国的民主》(上卷),董果良译,商务印书馆1988年版,第282~300页。

自马丁·路德以来，以霍布斯为首的新派政治理论家通过社会契约论阐释国家主权的世俗渊源，从而隔断了世俗权力的宗教权威来源。他们主张强化世俗权力，强化君主集权，以反对神权政治，反对教廷专制主义。这一历史时期，由于宗教改革带来的教派冲突，欧洲政局十分动荡不安，社会和平与政治秩序变得异常脆弱，社会安宁显得十分稀缺、珍贵。这样的历史背景下，一方面，欧洲的政治理论持续世俗化、理性化，学者们试图用社会契约理论来阐释国家主权的世俗来源；另一方面，他们强调社会和平与政治秩序至上，鼓吹国王权力无限的君主专制主义学说，也开始大行其道。[①]这情形实际上就是新的世俗的君主专制主义取代了旧的神圣的教廷专制主义。这一历史时期的政治理论，尤其是霍布斯的政治理论可谓社会契约论 1.0 版本。

5. 近代宪法理论——权力分立与制衡学说、人民主权论、有限政府论

所谓社会契约论 2.0 版本，是洛克开启的近代宪法理论。洛克的政治理论，不仅承袭了自然权利、自然法、自然状态这些概念，而且运用这些概念，特别是自然权利说为“民众”反抗暴政而辩护。从这个意义上讲，社会契约论 2.0 版本是资产阶级革命理论。我们对比洛克的《政府论》和霍布斯的《利维坦》会发现洛克的著作充满了对君主专制政体的批判，他甚至激烈地认为，专制君主统治下的人民仍然实质上处在自然状态中。[②]

正是基于不同的意识形态观念，洛克的社会契约论与霍布斯的社会契约论，存在很大的差别。我们在前文讨论自然权利部分曾经提到过，洛克的自然权利并非过渡性概念，而带有根植性权利的特点。他实际上把自然权利的内涵做了进一步细分：一为实体权利，二为执法（程序）权利。在他看来，人们放弃自然状态进入政治社会所让渡（放弃）的自然权利，其实只是放弃了对自然法的执行权。而自然权利的实体部分主要指私有财产权，实质

---

① 斯金纳认为，路德宗教改革所附带的政治学说主要影响在于鼓励统一的专制君主国家的崛起并使之合法化。西方有学者甚至认为：“倘若当初没有路德，就永远不可能有路易十四。”反对教会权力至上，主张强化世俗权力的政治学说，在这一时期大为盛行。加之教派冲突、政局动荡、和平脆弱、社会秩序混乱，因此，不少西方近代思想家都强调维护和强化专制的君主政权，以建立政治秩序与社会和平。比霍布斯早出生约半个世纪的博丹，曾是圣巴托罗缪节大屠杀（针对法国新教徒）的目击者。他也非常强调建立政治秩序，为此，他主张绝对专制的君主政体，并反对一切政治（或宗教）上的异议者。他的主权理论也反映了他的这一思想。参见［英］昆廷·斯金纳：《近代政治思想的基础》（下卷），奚瑞森、亚方译，商务印书馆 2002 年版，第 159～160、402～427 页。霍布斯拥有跟博丹类似的时代经历——英国国内的教派冲突与内战，因此，他们的政治理论基调很相似。

② 参见［英］约翰·洛克：《政府论》（下篇），叶启芳、瞿菊农译，商务印书馆 1995 年版，第 55 页。

上并没有发生任何让渡(放弃)问题。在洛克眼里,政治社会的首要目的就是保护私人财产,政府的唯一目的也就是保护私人财产。因此,财产权只是由自然权利转化成法定权利而已,并未发生自然权利让渡或放弃之类的事情。①

这些跟霍布斯的自然权利让渡理论,存在本质上的区别。也正是出于这些差别,洛克在讨论政府公权力时与霍布斯的逻辑路径与价值取向很不一致。霍布斯讨论社会契约论是为了阐明主权的来源,并且强调主权不可分割,所有制定、解释和执行法律的权力一并归于主权者(君主)。总之,主权者(君主)拥有广泛且不受任何制约的绝对权力。②

洛克则首先把政府公权力划分为立法权和执行权(行政权),而且他坚持认为,立法权和执行权(行政权)绝不能独揽一人之手。因为在洛克看来,一个人独揽一切,拥有全部立法和执行的权力,则意味着此人既是规则的制定者,又是规则的解释者与执行者。这样一来,就无所谓公正的裁判者了。在洛克看来,人们之所以自愿脱离自然状态结成政治社会,正是由于在自然状态中,每一个人都是自然法的裁判者和执行者,而缺少一个公正的、依法裁决一切争议的裁判者。③

权力分立说还是主权不可分割说,是洛克与霍布斯在政府理论方面的另一个重大分歧。除了上述的根本理由,在洛克看来,立法权和执行权因其自身的特质,也绝不能混同,而应该分立。洛克认为,立法权虽是国家的最高权力,但由于法律可以在短时间内制定,而制定出来的法律又具有持久的效力,因此,立法机关并非经常有立法工作可做,也就没有必要经常存在。最重要的是,如果同一批人同时拥有了制定法律和执行法律的权力,即立法权与执行权(行政权)出现混同,人性弱点会使人们承受不住这么大的诱惑,会去想方设法攫取权力为自己的私利服务。也就是说,一方面,他们设法使自己可以免于服从他们制定的法律;另一方面,他们在制定和执行法律时,容易使法律适合于满足他们自己的私人利益。因此,他们同时作为立法者与执法者,就与社会其余成员具有了不同的利益。倘若出现这一结果,那显然违反了人们进入政治社会与建立政府的初衷与目的。在洛克看来,执行权(行政权)应该是一种持续存在的权力,负责执行那些被立法机关刚刚制

---

① 参见[英]约翰·洛克:《政府论》(下篇),叶启芳、瞿菊农译,商务印书馆 1995 年版,第 4、52 ~ 55、58 页。

② 参见[英]霍布斯:《利维坦》,黎思复、黎廷弼译,商务印书馆 1996 年版,第 18 章。

③ 参见[英]约翰·洛克:《政府论》(下篇),叶启芳、瞿菊农译,商务印书馆 1995 年版,第 54 ~ 56、77 ~ 78 页。

定出来的法律，以及执行那些早经过立法但仍然持续有效的法律。正是因为法律的效力是持久的，而执法工作又是日常持续的，制定法律与执行法律的部门，在洛克眼中，一个应该采取定期集会的非常设形式，另一个必须是常设机构。因此，这两个机构必须分立，而不能混同。

洛克还认为，在立法权和执行权（行政权）之外，还存在一个处理战争与和平、结盟、联盟等一切对外事务的对外权（federative power）。不过，洛克虽然认为执行权（行政权）与对外权存在一定区别，但这两种权力最好交同一机构的人掌握。①如此看来，洛克虽然列明了分立的三种权力，但从实质上看，还只是立法权与行政权两权的分立。

尽管洛克提出了三权（实质是两权）分立学说，但他并没有进一步阐明权力制衡理论。他也并不像后世的宪政学者们那样，认可各权力（政府各分支）之间是一种独立的平行关系。相反，他坚持认为，立法权是每一个国家的最高权力，其余的一切权力都源于它（从立法权获得），且必须处于从属地位。召集和解散立法机关的权力，虽然属于执行机关，但并不因此使执行机关高于立法机关。执行权虽拥有国家的强力（force），但如果他们滥用这种强力，来阻碍立法机关的集会与行使职权，人民就有权使用强力加以解决。在洛克看来，对于滥用职权的强力的真正解决办法，就是用强力对抗强力。洛克旗帜鲜明地主张使用强力，主张使用暴力手段，来对抗滥用职权的行政权，乃至一切滥用职权的强力行为。②洛克的这种思想表明，他的政治理论带有明显的资产阶级激进革命色彩。

学者们一般把“人民主权”理论取代“君主主权”理论，归功于卢梭的《社会契约论》与法国大革命的历史贡献。从政治历史角度，尤其是政治实践角度上讲，这种说法并不为过。不过，从政治观念史的角度讲，在近代西方诸多政治哲学家中，最早在实质意义上提出“人民主权”理论的，还应当归属洛克，尽管洛克在《政府论》中实际从未使用“人民主权”这一术语和概念。

在《利维坦》中，霍布斯将“主权”（sovereignty）概念跟君主权力紧密地联系在一起。霍布斯之前的博丹，亦是如此处理。霍布斯还强调“主权”不

① 参见［英］约翰·洛克：《政府论》（下篇），叶启芳、瞿菊农译，商务印书馆1995年版，第89～91页；参见John Locke, *Two Treatises of Government* (ed. Thomas Hollis), A. Millar et al., 1764, pp. 324－327。

② 参见［英］约翰·洛克：《政府论》（下篇），叶启芳、瞿菊农译，商务印书馆1995年版，第82～104页；参见John Locke, *Two Treatises of Government* (ed. Thomas Hollis), A. Millar et al., 1764, pp. 312－348。

可分割。洛克对此种主权理论明确持反对意见。不知是否出于这种考虑，洛克在《政府论》中明显慎用“主权”一词。洛克完全不同意霍布斯的君主主权理论，秉持权力分立说，他把国家公权力划分为三种权力来展开讨论，并且认为立法权是最高权力(supreme power)。不过，在这里，他既没有赋予这种最高权力以国家主权的概念，也没有进一步阐述国家主权与这里所谓的“最高权力”到底是什么关系。在讨论立法权时，他只强调它是一种受人民信托的权力(fiduciary power)，一旦立法机关的行为有违于人民的信托(trust)时，人民仍然拥有最高权力来撤销或更换立法机关。他认为，(政治)社会(community)始终保留一种最高权力，以保卫自己不受任何团体(即便是他们的立法者)的攻击和暗算。①

很显然，讨论到这里，我们看到，洛克在《政府论》中，使用同一个“最高权力”的概念，明显表达两种不同性质的权力：一种是立法机关所拥有的“最高权力”，另一种是人民始终保留拥有的“最高权力”。这种同一个概念两用，虽说是理论阐释与概念界定之大忌，但这两处的含义还是十分明确的：立法权在三权中属于最高权力，但由人民(社会)始终保留的最高权力，显然才是真正意义上的“最高权力”。当然，洛克认为，人民所拥有的这种最高权力，只有在政府解散时才会体现出来。②

最高权力后一项含义就是后世所谓的“人民主权”的实质内容。洛克在这里虽然没有使用“人民主权”这一概念，却用简洁的语言，清楚地阐明了主权源于人民且永远属于人民的“人民主权”理论。较为吊诡的是，在论证“人民主权”理论时，他把霍布斯用来证明君主主权合法性来源的“自我保全”(self - preservation)概念运用到了极致。

在洛克看来，任何人或任何社团(society of men)都无权将自我保全及其手段交给其他人，听凭他人的绝对意志，被专断的管辖进行支配，因为那意味着遭受到他人的奴役。任何人若想置他们于这种奴役状态时，他们始终有权自我保全那些他们根本没有权力放弃的东西。洛克甚至将这种自(我)保(全)法则，视为根本(fundamental)法则、神圣(sacred)法则和永久(unalterable)法则。

---

① 参见[英]约翰·洛克：《政府论》(下篇)，叶启芳、瞿菊农译，商务印书馆 1995 年版，第 91 ~ 92 页；参见 John Locke, *Two Treatises of Government* (ed. Thomas Hollis), A. Millar et al., 1764, pp. 328 - 329。洛克在整个《政府论》下篇似乎尽量避用“主权”(sovereignty)一词，全书总共仅用过 5 次，且含义跟霍布斯并不完全一致。

② 参见[英]约翰·洛克：《政府论》(下篇)，叶启芳、瞿菊农译，商务印书馆 1995 年版，第 91 ~ 92 页；参见 John Locke, *Two Treatises of Government* (ed. Thomas Hollis), A. Millar et al., 1764, pp. 328 - 329。

与霍布斯不受任何制约的君主专制政府理论相比,洛克的政府理论,实质是一种有限政府理论。他反复强调,立法机关的权力,绝不允许扩张到超出公序良俗(common good)范围之外。在讨论立法权范围时,他又反复申论,立法权绝不能是专断的,并强调自然法所规定的义务,在(政治)社会中非但并未消失,反倒因(人制定的)法律附有明确的刑罚,在若干情况下变得更容易明确地遵照执行。洛克一再强调,对私有财产权的保护,是政府的首要目的与唯一目的。因此,他认为,最高权力(立法机关)未经本人同意,无权剥夺任何人的私有财产。征税自然须征得人们的同意,否则就是侵犯了他们的私有财产权,并因此而颠倒了政府的目的。①

同样,从字面上看,洛克并未明确提出"有限政府"这一术语和概念,也并未全面阐述他的"有限政府"理论。然而,总的来说,从他讨论政府的目的及立法权的范围,特别是他反对政府专断权力,强调对政府权力进行制约、限制等诸多方面的论述来看,实际上是他最早提出了"有限政府"观念。这一点毋庸置疑。

前文述及,洛克的《政府论》是一本政治论战性质的小册子,有明显的急就章写作痕迹。因此,在诸多方面的讨论,他都是一笔带过,显得过于简略、潦草,有的地方甚至自相矛盾。这些都清楚无误地显示:洛克在撰写这本小册子时,整个思考并不十分深入透彻。

尽管如此,他勇立历史潮头,将霍布斯为君主专制主义辩护的社会契约论,改造成了资产阶级的革命理论,由此开启了西方近代宪法理论的政治理论传统。他在论著中灵光一闪提出的一些新观念和新概念,经后世学者们不断补充、细化、完善,后来变成了洋洋大观的宪法理论思想大厦。

法国的孟德斯鸠,在洛克的权力分立学说基础上,提出了较洛克理论更为完善的立法、行政、司法三权分立学说。不过,随着时间的推移孟德斯鸠提出三权分立学说的前提基础,跟洛克侧重于保障私有财产权已经有很大的不同。孟德斯鸠强调的是自由,尤其是政治自由。他认为权力分立的根本目的,是为了保障自由。

洛克那里更为明确、具体的自然权利(主要指私有财产权),换算成孟德斯鸠这里更为抽象概括的自由(权),是西方政治哲学思想在近代的一大语汇变化。后世论者多以"自由(权)"为主题展开讨论,很少再提到"自然权利"这一古典自然法概念。

---

① 参见[英]约翰·洛克:《政府论》(下篇),叶启芳、瞿菊农译,商务印书馆 1995 年版,第 80、82 ~ 89 页;参见 John Locke, *Two Treatises of Government* (ed. Thomas Hollis), A. Millar et al., 1764, pp. 310, 312 – 324。

究竟什么是自由？在孟德斯鸠看来，自由是指做法律所许可做的一切事情的权利。这样的自由概念虽中规中矩，但如此界定，存在逻辑倒退的难题。也就是说，概念界定表面上看似封闭完成了，但实际含义仍不清晰，仍有待于进一步探明。只不过自由这一概念，现在转换成了法律这一概念，转换成了法律究竟如何界定的问题。

究竟什么是法律？法律究竟由谁制定？又制定出什么样的法律？代表谁的意志与根本利益？最切题的技术问题是，法律所许可的自由范围究竟有多大？孟德斯鸠显然没有理会这个逻辑倒退的难题。自然也顾不上深究，顾不上回答。很快，他又下了另一个断语，认为民主政治和贵族政治的国家，都不是自由国家。在孟德斯鸠眼里，政治自由只在政治宽松的国家里才存在，而民主国家与贵族国家显然都不是什么政治宽松的国家。孟德斯鸠还进一步认为，即便在政治宽松的国家，政治自由也仅仅只是在权力不被滥用的时候才存在。①

孟德斯鸠这里使用的政治概念，从另外一个侧面典型地反映出欧洲自踏入近代社会以来，在激烈的宗教、社会改革与思想革命运动中，各种政治概念与政治理论本身也是在变革之路上迅猛地奔跑着，含义尚处于流动状态中，并未完全沉淀固定下来。

毫无疑问，孟德斯鸠自己拥有一整套的观念体系。这套观念体系，跟他的三权分立学说环环相扣。首先，他显然相信一种更为阴暗的人性观。这正是霍布斯主义版本的人性恶理论。这种阴暗的人性观，不再像西方古典时期那样，把人视为一个道德体，具有向善的道德实践指向，相反，他把人视为一个极易滑向兽性边缘的非道德体。因此，他认为一切有权力的人都会滥用权力。其次，他认为有权力的人们使用权力一直到遇有界限的地方，才会停下来。权力的行使，若没有遭到有力的抵制，是不会停止下来。

基于以上两点前提，孟德斯鸠强调，为了防止有人滥用权力，就必须以权力约束权力。以权力对抗权力，以权力约束权力，防止权力的滥用，最终达到保障政治自由的目的，此乃孟德斯鸠三权分立学说的整体逻辑。②

跟洛克一样，孟德斯鸠认为，政府各权力机关首先要分设分立。立法权、行政权和司法权必须分开、分立。他认为这样做的出发点与理由，正是为了保障自由。用他自己的原话来说就是，“当立法权和行政权集中在同一个人或同一个机关之手，自由便不复存在了”，“如果司法权不同立法权和行

① 参见[法]孟德斯鸠：《论法的精神》（上册），张雁深译，商务印书馆1995年版，第153～154页。

② 参见[法]孟德斯鸠：《论法的精神》（上册），张雁深译，商务印书馆1995年版，第154页。

政权分立,自由也就不存在了"。①

在孟德斯鸠看来,只要制定法律(立法权)、执行法律(行政权)和裁断犯罪与私人争讼(司法权)的权力,都归为同一个人或同一机关之手,那就意味着专制和暴政,自由便不复存在。这种逻辑很明显因循了洛克的政治理论。

除了三权分立学说,孟德斯鸠还发展出了权力制衡理论。他不仅提出了"创制权""反对权""否决权""批准权"等几个技术性政治概念,还提出作为不同权力之间的制衡手段,立法机关不应自己召集开会,而应由行政机关召集。与洛克主张立法权为最高权力,其他权力因此而从属于立法权的观点不同,孟德斯鸠反而强调立法机关权力过大的问题。在他看来,如果行政权没有制止立法机关越权行为的权力,立法机关就会变成专制。因为立法机关会把一切权力都授予自己,而将其余的两权毁灭。与此同时,立法权不应该拥有对等钳制行政权的权力。他认为,立法权、行政权和司法权这三种权力,最好应该互相牵制、互相钳制、互相制约,以使整个政府形成一种静止或无为的状态,但是事物又必然逼迫它们向前,使它们不得不协调前进。②

按照孟德斯鸠的看法,他理想的政治图景应该是:为了保障个人的政治自由,一个国家的立法权、行政权与司法权最好相互对立,形成僵局,政府陷入静止无为的状态。这不仅不是坏事,反而还是极大的好事。但问题就来了:如果一个国家的政府,真的陷入内斗导致政治瘫痪,正巧遇上外国入侵该如何应对?倘若碰到了重大的自然灾荒又该怎么办?在这种危急情况下,国内政治秩序和社会安全该如何维系?一个国家连基本的政治秩序与社会安全都没有,政治自由或个人自由又从何谈起?

孟德斯鸠似乎并不关心这些,也毫不在意这些。他只在意自由,只强调自由。如果我们把政治观念史看作一个钟摆,就强调政治秩序与个人自由的关系而言,这是从一个极端(霍布斯)摆到了另一个极端(孟德斯鸠)。西方古典自由主义思想的根基,正是霍布斯在政治理论领域所开创的个人主义哲学,这种哲学经洛克的进一步发展,到了孟德斯鸠这里,已经演变成个人自由至上主义。这种个人主义哲学,可以说是完全排斥了人的社会属性,人为地区分个人与社会,撕裂个人与社会的有机关系,一味强调政府与个人的对立。这种思潮发展到极致,到了潘恩的年代,甚至已经视政府本身为不得已的恶。

---

① 参见[法]孟德斯鸠:《论法的精神》(上册),张雁深译,商务印书馆1995年版,第156~157页。

② 参见[法]孟德斯鸠:《论法的精神》(上册),张雁深译,商务印书馆1995年版,第160~166页。

尽管明显带有不少理想甚至空想、幻想的成分，孟德斯鸠的三权分立与制衡学说，在北美殖民地广为传播，对美国联邦宪法的制定，更是产生了直接而深远的影响。①

6. 美国制宪

美国独立革命，无论从社会规模、政治意义，还是历史影响，都不及英国革命与法国革命。不过，北美十三州殖民地独立之后，1787 年在费城制宪会议上制定的联邦宪法，却是近代西方国家中第一部成文宪法。美国联邦宪法还确立了共和制。这也是西方世界自近代以来建立的第一个较大的资产阶级共和国（不同于意大利半岛自中世纪以来幅员较小的传统城邦共和国）。不仅如此，美国在广泛吸收西欧近代以来各种政治哲学理论的基础上（这其中主要包括自然权利说的社会契约论及孟德斯鸠的三权分立与制衡理论），又根据自己的国情，推陈出新，进一步发展了近代宪法理论。随着美国国势日益增强，尤其是在“二战”之后成为超级霸权，美国宪法的域外影响，也与日俱增。②

当然，把美国看成一边向老欧洲贪婪地吸收旧文化，“现学现卖”，一边再向外输出自己的新文化，这种刻板印象是错误的。虽然北美新大陆无论政治、经济还是文化，都是旧欧洲的殖民地，然而，在奔向新大陆的人群中，不少是在旧大陆受到过宗教迫害的清教徒。他们之中，也不乏怀着远大的宗教理想，不惜千辛万苦、漂洋过海，带着无限的宗教热忱，希望在新大陆建立起一座“山巅之城”，以成为指引整个世界的文明灯塔。③

当老欧洲的学者们还在书房里热烈讨论社会契约论时，1620 年 11 月 11 日，“五月花号”船上奔向新大陆的乘客，已经在颠簸不定的航海船上践行了他们的学说，签署了《五月花号公约》：

> ……为了弘扬上帝的光荣、推广基督教义以及弘扬我们君主和祖国的荣誉，我们经历了一次远航，计划在弗吉尼亚北部建立第一个殖民

---

① 参见［英］M. J. C. 维尔：《宪政与分权》，苏力译，生活·读书·新知三联书店 1997 年版。

② 参见［美］路易斯·亨金著、［美］阿尔伯特·罗森塔尔编：《宪政与权利：美国宪法的域外影响》，郑戈、赵晓力、强世功译，生活·读书·新知三联书店 1996 年版，全书特别是第 535 页以下。

③ 不辞万千辛苦到新大陆拓殖的移民及其后代中，有不少人认为，旧大陆（欧洲）已经彻底腐败、堕落不堪，因此，他们要在新大陆建设一个光辉的新世界。耶鲁大学的创办人之一、清教徒牧师世家出身的科顿·马瑟曾说：“我要讴歌基督教创造的奇迹。为逃避欧洲的腐败堕落，他们来到了美洲的海滩……感谢上帝庇祐，把印第安人的荒芜之地变得光辉灿烂。”参见［美］布尔斯廷：《美国人开拓历程》，生活·读书·新知三联书店 1993 年版，第 1 章。

定居点，我们所有人在此庄严地聚集在上帝的面前，为了更好地维持公共秩序、保持和发展上述的目的，签立盟誓，将我们自己归入一个民治政体，在这种精神的指引下，每隔一段时间，颁布、制定和规划这些公平和平等的法律、政令、法规、宪法以及行政机关，这是最符合定居点大众福祉的手段；我们都起誓完全尊重和服从这些法律、政令、法规、宪法以及行政机关。……①

不过，赋予《五月花号公约》种种神奇光环的背后，是冷冰冰的、残酷的、丑恶的现实。“五月花号”上的乘客，并不是前往一片荒无人烟的无主地。老欧洲所谓“新大陆”，只是因航海探险、地理大发现，刷新了欧洲人的地理认识而已。新大陆其实并不新，它早已有自己的原住民。而这些原住民，却被欧洲人带来的战争、瘟疫、劫掠，弄得元气大伤，以至于一个人口规模达12,000人的原住民部落，在20年里，人口损失得仅剩下不到一半。②

需要强调的是，欧洲人在大谈自然权利、自由、平等和社会契约的时代，正是他们在全世界大肆屠杀、劫掠、贩卖奴隶的时代。

这幅荒诞的矛盾图景，也恰恰是制宪会议前北美十三州殖民地的最好写照。一面是在《独立宣言》中高呼“人人生而平等”，声称人人拥有不可让渡的天赋人权，其中包括生命权、自由权和追求幸福的权利；另一面则是在奴隶制滋养下日益傲慢的南方贵族。

参加费城制宪会议的代表，绝大多数属于北美殖民地的上流精英阶层。③他们参加制宪会议，不是为了辩论抽象的政治理论而来。他们首先是一群头脑实际的政务活动家。因此，美国制宪会议制定的联邦宪法，与其说是吸收、修改、发展某一政治理论的结果，不如说是不同的地方政治实体，北方自由州与南方蓄奴州，大州与小州，在实际的政治利益与经济利益上冲突、交易，更是妥协的结果。

在1776年7月4日北美十三州正式联合发表《独立宣言》之前，各殖民地已经采取了革命措施，驱逐了英王委任的总督与官吏，接管了税收机构，并开始招募军队（民兵），组建了新议会和法庭，镇压、清除英国在殖民地的各种残余势力。到1775年年底时，各殖民地政权，实际已经掌握在独立革

---

① ［美］克里斯托弗·希尔顿：《五月花号：一次改变世界的航行》，王聪译，华夏出版社2006年版，特别是第6章，第123页。

② 欧洲人带来的瘟疫，导致有的村庄死亡率甚至达到100%。欧洲殖民者不只带来了瘟疫，他们也从事人口贩卖。参见［美］克里斯托弗·希尔顿：《五月花号：一次改变世界的航行》，王聪译，华夏出版社2006年版，第145～164页。

③ 参见［美］比尔德：《美国宪法的经济观》，何希齐译，商务印书馆1984年版。

命党新政府手中。①

为了实现从宗主国英国彻底独立出来，北美十三州殖民地联合发表《独立宣言》，实际上结成了一个政治同盟。这个政治同盟，彼时并非一个真正的政治实体。真正的政治实体，还是各主权州(state)。那时候的各主权州，准确地说，其实就是主权国家(state)。

其一，独立战争前后，13 个州中有 11 个州制定了各自的宪法。1776 年 1 月，新罕布什尔率先制定了州宪法。1776 年 5 月，十三州殖民地代表组成的大陆会议，在考虑宣布独立时，曾号召各殖民地建立"以人民意志为主导的新政府"，以保障人民的幸福与安全。这个号召发出后，各州的制宪活动纷纷展开。弗吉尼亚、新泽西、特拉华、宾夕法尼亚、马里兰和北卡罗来纳，在 1776 年即完成了新宪法的制定。同年，康涅狄格和罗德岛修改了殖民地宪章，删除了效忠英王的条款。1777 年，佐治亚、纽约两州通过了新宪法。1778 年南卡罗来纳州也通过了新宪法。马萨诸塞州因采纳了崭新的制宪会议(constitutional convention)的方式来批准新宪法，因此，其制宪工作拖得最久。该州虽自 1777 年开始立宪，但新宪法直到 1780 年，才经由该州人民批准生效。

马萨诸塞州的制宪工作，在立法程序上比较特别，也显得更为严格。该州为制宪工作特别召开了制宪会议。这种制宪会议，是指在普通的议会之外，选出专门的代表机构(制宪会议)来负责新宪法的起草、修改、表决。新宪法草案通过的表决门槛，要比普通法案高，需得到 2/3 多数赞成。马萨诸塞州的这套制宪程序，后来也成为各州再度制定(修改)宪法的标准程序。②后来联邦宪法的起草、修改及通过，也基本上参照了这一制宪程序。

在北美十三州殖民地共同宣布独立之后，各殖民地的独立精神，在制宪活动中也充分体现了出来。各州的宪法，无论从篇幅大小到语言风格，以及关注重点，都不尽相同，尽显各自的特色。比如，南卡罗来纳州宪法十分强调保护该州的奴隶制。宾夕法尼亚州宪法，则更强调宗教信仰自由和言论自由。另外，各州议会的名词也五花八门，不尽相同。除宾夕法尼亚和佐治亚实行一院制以外，其他各州都实行两院制。而议员的任期，则从 1 年、2

---

① 参见张定河:《美国政治制度的起源与演变》，中国社会科学出版社 1998 年版，第 16 ~ 17 页。

② 参见沈宗灵:《比较宪法》，北京大学出版社 2002 年版，第 28 ~ 29 页；王希:《原则与妥协:美国宪法的精神与实践》，北京大学出版社 2000 年版，第 66 ~ 75 页；张定河:《美国政治制度的起源与演变》，中国社会科学出版社 1998 年版，第 17 ~ 19 页。

年，到 3 年、4 年，各不相等。①

不过，尽管各州宪法风格迥异、特色尽显，但它们在基本政治理论方面，还是高度趋同的。几乎所有州的宪法，都套用了《独立宣言》的措辞，援用了洛克的社会契约理论，宣称政府建立在人民同意的基础之上。弗吉尼亚宪法更是直接宣称“一切权力属于人民”“一切权力源自人民”的“人民主权”论。

其二，所有州无一例外地接受了洛克和孟德斯鸠的分权理论，而未遵循过去宗主国英国议会至上的内阁政府（混合政府）模式。不过，与后来在 1787 年联邦宪法草案中相对比较平衡的三权分立相比较，这一时期各州的宪法，总的来说，明显偏向立法权，而不是行政权。这种“矫枉必须过正”的做法，与殖民政府时期总督权力（行政权）过大，行政滥权招致殖民地人民痛恨有很大的关系。

其三，社会契约论中的自然权利（天赋人权）观念对各州的宪法制定，也产生了直接的影响。不少州直接制定了权利法案，规定了种种不受政府限制的基本权利保障与自由。这种对政府权力明确进行限定的限权宪法，其实也是洛克有限政府理论在宪法制定中的体现。各州制宪的这一经验做法，后来在制定与批准联邦宪法的过程中也得到了借鉴。

其四，各州宪法都体现了一定的时代局限性，表现出明显的双重标准和虚伪性。在《独立宣言》和各州宪法中所宣称的“人人生而平等”原则，既不适用于黑奴，也不适用于妇女。同时，针对选举权的财产资格限制，则依然延续了殖民地政府时期的传统。有的州在担任政府公职上，规定了极为严苛的财产资格限制。在选民资格方面，有的州甚至在宗教、道德乃至教育水平方面，也施以不同程度的资格限制。②

以“人人生而平等”和“天赋人权”为最大政治呼声的美国独立革命，并没有铲除种种不平等的社会歧视弊政，在具体政治措施上，也并未清除旧殖民地政府时期在选民财产资格上的限制。这些充分证明：美国独立革命后

---

① 参见王希：《原则与妥协：美国宪法的精神与实践》，北京大学出版社 2000 年版，第 67 页；张定河：《美国政治制度的起源与演变》，中国社会科学出版社 1998 年版，第 21 ~ 22 页。

② 弗吉尼亚州宪法的措辞，完全运用了社会契约论原理，最为典型。该州宪法权利法案第 1 条规定：“一切人生而享有同等的自由和独立，并享有某些固有的权利，当他们进入社会状态后，任何契约不能剥夺他们或他们子孙后代的这些权利；这些权利包括享有生命和自由，取得和拥有财产的方式，追求和获得幸福和安全。”第 2 条规定：“一切权力属于人民，从而也源于人民；政府官员是他们的受托人和仆人，无论何时都应服从人民。”第 3 条规定：“政府应当是为了公共福利，保护和保障人民、国家和社会的目的而成立。”参见张定河：《美国政治制度的起源与演变》，中国社会科学出版社 1998 年版，第 19 ~ 20、416 ~ 418 页；王希：《原则与妥协：美国宪法的精神与实践》，北京大学出版社 2000 年版，第 67 ~ 75 页。

的新政权，带有明显的服务于殖民地上层精英的资产阶级性质。

各殖民地的制宪活动，是各殖民地联合成一个真正的政治实体（联邦）之前的一次较大规模的制宪训练与预演。这为1787年费城制宪会议提供了非常宝贵的经验与教训。十三州殖民地为了寻求真正的独立，在通过武装斗争，共同面对英国时结成了政治联盟——邦联（confederation），但邦联留给这些参加费城制宪会议的政治精英，尤其是华盛顿精英的，却是斑斑血泪教训和数不清的痛苦经历。

为了反抗强大的英王政府而赢得独立，对北美十三州殖民地来说，联合抗英是最好的出路。究竟如何联合？各殖民地一开始考虑的就是一个政治联盟而已，并不准备着手建立一个凌驾于各州之上新的政治实体。无论从情感，还是理智上讲，他们刚刚（正在）赶跑了一个在他们眼中专横、暴虐的英王（政府），因此，他们并不希望在各州政府之上，再建立另一个强有力的新政府压迫他们。总体来说，各州主权独立的政治意识十分强烈，而与此同时，他们又必须联合起各自的力量，方能打败英国、赢得真正的独立。这两方面的因素，决定了邦联的妥协性质与最终的尴尬结局。

大陆会议早在1777年就通过了《邦联条款》（Articles of Confederation），但是一直拖到1781年才生效。这个《邦联条款》，作为旨在协调和统一指挥抗英武装斗争的政治盟约，从一开始就显现了它先天不足的毛病。因马里兰州认为邻州拥有大量西部领土，会对其发展与安全造成潜在威胁，他们一直拒绝批准《邦联条款》。直到弗吉尼亚州宣布放弃对西部领土的拥有权后，马里兰州才批准《邦联条款》。

有关邦联的性质，其实《邦联条款》第2条早就刻画得十分清楚了。根据《邦联条款》第2条的规定，“各州保留自己的主权、自由和独立以及一切权力，司法权和（其他）权利”，而且还规定这些权利和权力“都不因邦联的原因而交付给合众国”。这实际上明确无误地表明，邦联在法理上根本不是一个主权实体，每个州保留了各自的主权、自由和独立，他们才是真正的主权实体。

结合《邦联条款》第3条，邦联的性质则显得更为清楚。根据这一条的规定，明确给邦联做了一个政治定位。所谓邦联，就是一个为了共同防御和共同福利而建立的友谊联盟。根据《邦联条款》的规定，还建立了一个各州联合代表大会（The United States in Congress Assembled），以取代过去的大陆会议。在联合代表大会中，各州无论大小均有一票表决权。一般决策，依简单多数表决通过，但重要决策必须经至少9个州（9票）同意才行。若要修改《邦联条款》，必须各州一致通过方可。也就是说，任何一州均可阻止对

《邦联条款》的修订。此外，各州联合代表大会并没有被授予任何征税权，也没有管理州际贸易的权力。《邦联条款》也没有建立统一的行政机构，更没有建立一个统一的执法机构（法院）。[①]

邦联本身的性质与特点，决定了它难以维系、最终失败的命运。从政治实践的结果看，无论从财政上，还是从政治上讲，邦联都无法解决独立之后各殖民地面临的战争债务问题，更无力解决各殖民地之间的纠纷问题。它的最终破产，确实无法避免。

1787 年费城制宪会议，正是在这样的历史背景下召开的。各州的制宪经验及邦联体制的失败教训，从正反两面教育各州制宪代表。这也使制宪代表们不得不保持更清醒的头脑。事实上，那些发起制宪会议的联邦党人，决意要创建一个更强有力的全国政府。问题在于：他们能成功吗？他们遇到的阻力将会有多大？

从某种意义上讲，费城制宪会议及其成果——美国宪法（草案），它们所呈现的政府形态，乃至政府理论与政治哲学，并非单纯是学理辩论之结果，绝对不是像汉密尔顿在《联邦党人文集》第 1 篇中所提到的那样，是“深思熟虑”和“自由选择”的结果，反而更多地带有不同政治力量之间冲撞、交易、妥协的博弈性质。在制宪会议之后的政治实践中，情形依然如此。这也是霍姆斯大法官为什么坚持把美国宪法视为一个活的文件的重要原因。

过去邦联体制的最大缺陷，就是建构在各州保留的主权之上。其结果，即邦联能否有效运作，需依赖各州是否遵循规定。新的联邦政府方案，在联邦党人的主导下，熟练地运用了社会契约论和人民主权理论，将联邦主权的来源，成功地建立于各州人民的授权之上，而不是各主权州的主权割让之上。从现实政治角度来讲，它丝毫不触动各州现存的任何政治秩序，更不可能去撤销各州政府。各州主权依旧，州各级政府也予以保留不动。

新的联邦政府方案，并不废弃州政府层面的社会契约，但它在州层面的社会契约之外，同时又产生了一个新的社会契约。这两个社会契约，并行不悖。通俗地讲，就是同一伙人民出了两块主权。实际上，保留的各州政府，不从属于联邦政府，这一方面给州权至上主义者一种主权并行的幻觉；另一

---

① 参见王希：《原则与妥协：美国宪法的精神与实践》，北京大学出版社 2000 年版，第 75～83 页；张定河：《美国政治制度的起源与演变》，中国社会科学出版社 1998 年版，第 25～34 页。国内不少著作习惯把“congress”不加区分、不分场合地译成“国会”。其实，它的本意是“代表大会”。“大陆会议”（the Continental Congress）指的就是各殖民地代表大会，自然不能译成“大陆国会”。邦联时期的“congress”也同样不适合译成“国会”。这时候的各州，其实是主权国，不存在一个跨越各州之上的政治实体（国），说白了，它只是一个政治联盟，最多也不过是一个独立国家联合体。

方面通过在参议院保留以州为单位(无论大州小州)的同等投票权(邦联体制),让他们觉得各州如在邦联时期一样,依然拥有各自独立且至关重要的平等地位。这正是汉密尔顿在《联邦党人文集》第9篇中极力推销的联邦共和制。他努力宽慰那些反对派,联邦不是各州的合并,各州的主权依然存在。①

事实上,经过制宪会议会场内外的反复博弈,在最终呈现的宪法方案中,两个方面的规定使州权至上主义者感觉更为满意。一是联邦国会的立法权,以列明条款的方式在宪法中载明。二是宪法修正案第10条所谓剩余主权保留条款。该条款明确规定:未授予联邦或未禁止各州行使的权力,一律由各州或由人民保留。从分权学说的角度看,这样一种联邦共和制,在横向的联邦政府各权力之间的分权体系之外,又在联邦政府与州政府的纵向层面,形成一道新的分权体系,这就形成了一种所谓的复合分权体系。这是美国联邦宪法带给宪政理论的第一个比较大的创新之处。

宪法条文的制度框架虽然如此安排,但实际上,自美国建国以后,从整体上看,联邦政府始终处在不断扩权的扩张运动中。尤其是在美国内战及罗斯福新政时期,出现了两波明显的联邦权力急剧扩张之势。联邦政府的这些扩权,甚至都不怎么需要修订宪法。宪法第1条第8项所谓的贸易条款(Commerce Clause),就是联邦政府扩权的现成的良好工具。当然,后来的宪法第14条修正案,也是一个不错的选择。

因此,讨论政府的有限性与否,不能死板地从宪法条款本身的纸面规定来确认。全面地看待政府所掌握的权力,不仅要从宪法的纸面条款本身来分析,更要审视它所实际能掌握的各种资源(政府财力)的多寡。从斯诺登揭发的棱镜门事件所披露的惊人事实来看,美国宪法中奉行的所谓“有限政府”的理念,只存在理论想象中,而非政治现实中。

美国联邦宪法对宪政理论的第二个比较大的创新,是它更完善了孟德斯鸠的三权分立与制衡学说。前文已经阐述过,孟德斯鸠的三权分立与制衡学说,是一种彼此孤立、静态的权力分立与制衡理论。这在政治实践中既不可行,事实上也并不存在。如果真的出现这种政治僵局,那么会很危险。费城制宪会议中,对这个问题也展开了讨论。《联邦党人文集》第47篇到第51篇中,麦迪逊所写的文章,对这个问题作出了认真的回应。

按照麦迪逊的理解,三权分立并非绝对分立,而是存在部分的混合(权

① 参见[美]汉密尔顿、杰伊、麦迪逊:《联邦党人文集》,程逢如、在汉、舒逊译,商务印书馆1980年版,第39~44页。

力的重叠)。在他看来,权力分立的理由,是为了防止某一部分独揽全部的权力,但部分权力的混合,并不会导致出现这样的政治后果。麦迪逊认为,从各州的宪政实践经验来看,这种部分权力的混合,不会改变三权分立的宗旨。同时,麦迪逊理解到完全孤立的权力分立,在现实政治中并不可行。

麦迪逊强调,立法部门因接近人民,人数多、影响大,而且掌握政府重要的财政权,它们更易于侵犯其他部门。因此,应该赋予其他权力部门相应的有力防御手段。在麦迪逊看来,单纯在纸面上划定各部门的权力范围,不足以防止权力集中在某一部门从而侵犯其他部门的现象,因此,应该赋予各部门主管人员以抵制其他部门侵犯的必要法定手段和个人动机。简言之,"野心必须用野心来对抗"。同样,为了使各部门不从属于、不受制于其他部门,麦迪逊认为,政府各部门的权力来源,都应该同样来自人民。这样,除了司法部门法官的人选,经由行政部门提名、国会批准之外,行政部门总统由人民选举,并非由国会选举产生,因而不必依赖于国会。同理,国会议员也是由人民选举,不受行政部门指派或委任,因此,可以独立于行政部门。司法部门的法官,虽然在人事任命方面缺乏自主性与独立性,但因为被授予终身职位,这也是一种消除依赖(其他部门)的特殊保障机制。①

当然,这种宪政设计都是着眼于理想图景。在现实政治中,真正发挥作用的是实际政治力量组合的此消彼长,而非宪法的一纸之规。因为政党政治因素的加入,以及选民范围的扩大,现代媒体的介入,甚至政治人物的个性因素,在不同的历史时期,往往呈现要么总统(行政部门)占主导地位,要么国会居于中心地位,甚至最高法院一度变成了压倒两权的超级立法机构(super legislature)。这些都实际打破了三权均衡的理论设想。不过,从总体趋势看,越到现代社会,总统(行政权)越居于三权的中心地位。

美国宪法对近代宪法理论的第三个比较大的创新,是在宪政实践中确立了违宪审查(judicial review)制度。违宪审查制度,虽然是由约翰·马歇尔首席大法官在马布里诉麦迪逊(Marbury v. Madison)一案中所确立的,但它的理论依据,可以在《联邦党人文集》第 78 篇中找到。汉密尔顿在这篇文章中曾强调,司法权既不像总统掌握军权,又不像国会掌握财权,不能支配社会的力量与财富,也不能采取任何积极主动的行动。因此,司法部门既无强制、又无意志,只剩下判断(裁判)。这样一来,司法部门实际上成了三权中最弱小的一个。根据汉密尔顿的理解,在三权分立与制衡体系中,除了规

① 参见[美]汉密尔顿、杰伊、麦迪逊:《联邦党人文集》,程逢如、在汉、舒逊译,商务印书馆 1980 年版,第 245～267 页。

定法官任职固定(终身职位)之外,没有别的办法来增强他们的坚定性与独立性。

汉密尔顿认为,法院的独立在维持限权宪法的性质上,显得尤为重要。为了对立法机关的立法实施限制,法院必须拥有裁决立法违宪的权力。在汉密尔顿看来,解释法律乃是法院固有的、正当的职责。立法机关本身不能成为涉及自身权力的宪法裁决人,它更不能自行解释宪法及立法机关自己制定的法律。因此,对于宪法以及立法机关制定的任何法律,其解释权当属于法院。汉密尔顿进而强调,司法部门解释宪法及一般法律,进行违宪审查,并不意味着司法权高于立法权。立法机关通过立法表达的意志,如果与宪法所代表的人民意志相违背,法官应受后者的约束,而不是受前者的约束。①这也是宪法作为根本大法题中应有之义。

汉密尔顿在《联邦党人文集》第78篇的阐释,澄清了美国宪法规定中的晦暗不明之处。虽然美国宪法本身并没有明文规定授权司法部门有权作违宪审查,但汉密尔顿根据宪法中三权分立与制衡的精神,以及司法权的特质,明确阐明该项权力应该由司法部门行使。汉密尔顿的论证逻辑,无论是在宪政理论,还是在法理上,特别是在权力分立与制衡学说上,完全是站得住脚的。作为费城制宪会议的代表,他的这一阐述,也扫清了宪法规定中的模糊地带,为马歇尔首席大法官的违宪审查案例,提供了宪政理论依据。

当然,马歇尔本人的创造性贡献也不能埋没。马布里诉麦迪逊这个案子,本来是一个敏感而棘手的政治性案件,是大选中落败的联邦党人(正是马歇尔所在党)用来回击并试图羞辱杰斐逊新政府的一个试水案件(test case)。如果拘于本案的实体与程序争议部分,无论马歇尔如何审判,丢丑的不仅有杰斐逊新政府,还很可能连累到马歇尔本人及其联邦党同党,使设立不久、权威不高的最高法院的声威进一步连带受损,最终还极有可能形成政治僵局。但马歇尔非常敏锐而又高明地利用了1789年《法官法》中有关一审管辖权规定上的一个瑕疵,宣布其有违于宪法的明文规定,将板子打向了国会,从而在现实政治的层面,为所有当事方都解了套(包括他本人)。②最重要的是,这个案件立下了违宪审查的司法先例,将宪法及三权分立与制衡学说中的司法权确立起来,真正成为三权中的一权。当然,这个案子也生

① 参见[美]汉密尔顿、杰伊、麦迪逊:《联邦党人文集》,程逢如、在汉、舒逊译,商务印书馆1980年版,第390~396页。

② 马歇尔虽在判决中,在法理层面严厉地叱责了杰斐逊政府的违法行径,但在司法救济层面,则因国会立法违宪而没了结果,避免了直接的政治冲突。有关这一案件的来龙去脉,参见朱苏力:《制度是如何形成的?——关于马歇尔诉麦迪逊案的故事》,载《比较法研究》1998年第1期。

动地体现了如下真理:政府理论虽然常常体现为一种错综复杂的学理,但真实的政治斗争,才是政治理论的实践源泉与发展动力。

近代西方政府理论,是处在西方近代历史大转折时期形成的一种政治理论。它反叛与批判的对象,是欧洲中世纪的封建主义与神权政治。它建立在高度的意识形态观念体系之上,以个人主义观念作为政治哲学基础,体现了与中世纪传统观念的决裂,代表了一种求异求新的精神意志。不同的论者,通过自然法、自然权利、自然状态这一整套的概念体系,构建了社会契约理论,从而将政府权力的渊源引向了人民,将政府的合法性权威来源导向了民意。毫无疑问,它的历史进步性是不可抹杀的,它也为近代西方社会在政治制度上保障个性张扬与创造力、社会活力的发展,起到了政治理论上的探路作用。近代西方在求新求异的活跃思想的相激相荡之下,逐渐摆脱了中世纪阴沉、黯淡的世界观与未来观,传统的禁锢也一一为之崩解。这些都令近代欧洲更为乐观、自信地面向世界和面对未来。在世界各大文明体中,欧洲率先完成了哲学与精神,以及物质生产方式、社会经济制度上的现代性转换,最早步入现代社会,成为世界上最有活力,也同时最具侵略性的地区文化。欧洲的命运,在近代发生历史大转折。欧洲优势与欧洲优越感也是在近代所奠定。而近代欧洲崭新的政府理论,则是整个欧洲文化在近代转换中至关重要的一环。

个人主义哲学与自然权利(天赋人权)观可谓近代欧洲政府理论的核心。它们的确造就了近代欧洲活力的精神文化基础。但与此同时,我们也应该看到,抛弃古典政治哲学中的整体主义观念与共同体精神,摒弃古典政治哲学中的道德主义,为个人主义和自私利己主义正名,为私有财产权的神圣性鼓与呼的政治哲学,也为贪婪、压迫、剥削、侵略、种族灭绝的邪恶与残暴的现代世界,打开了方便之门。欧洲在率先迈入现代社会的同时,却在不到30年时间里,成为人类两次大规模屠杀的世界大战的战争策源地,无疑值得世人高度警醒。造成这种人类悲剧的思想与精神根源,也当同样从西方政治哲学的近代转换中寻找。

第四章　现代西方民主政府理论

近代以来,西方率先步入资本主义社会,之后又兴起了大机器生产革命。这样一来,西方就最先从农业文明跃升到了工业文明。新兴资本主义经济,加上大机器生产的工业革命,使西方社会与其他地区相比,具备了明显的政治、经济与军事上的代差优势。西方甚至变成了"先进"文明的代称,其他地区的文明则成了"落后"文明。在许多西方人眼里,甚至在大量的非西方人眼中,"西方化"日益成为"现代化"的同义语。

凭借坚船利炮,西方侵入到地球的各个角落,强势主宰了整个世界。人类历史进入了西方殖民主义与帝国主义阶段。西方社会由此掌握了世界的话语权。西方推崇的资本主义意识形态观念与政治制度,也就成为西方对外文化扩张与制度移植的重点。现代西方的自由民主政府理论,即是其中显著的例子。

与西方近代政府理论相比,西方的现代政府理论实质上并没有多少革命性的创新。总体而言,现代政府理论与近代理论一脉相承,它的哲学与思想根基没变,内里依然是自然权利说与社会契约论那一套旧东西,但外在的政治概念与术语,则有了明显的变化。"自然权利""自然法""自然状态"之类的概念,不再流行,它们与个人主义哲学相结合,转换成了古典"自由主义"观念。而在近代以前一直遭到忽略甚至贬低(敌视)的"民主"概念,则随着普选权扩大的大众民主运动,摇身一变,成了"高大上"的金牌价值观。所谓"自由"与"民主",由此成为现代西方政治理论的核心标签与招牌。

1.“历史终结论”的终结

"自由"与"民主",不单是现代西方政治理论的标签与招牌,在美国新保守派福山那里,甚至成了所谓终结人类文明历史的意识形态大棒。福山认为,自由民主价值观,将成为"人类意识形态发展的终点",而建立在自由民主上的政治制度,则将是"人类最后的一种统治形式"。福山的逻辑是:与自由民主制度相比,世袭的君主制、法西斯主义,以及他所理解的共产主义,这些政体都存在严重的缺陷与不合理之处,因此,这些政体最终会陷入衰落,而自由民主制度,并不存在这种根本性的内在矛盾。福山坚信,"自由"与"民主"价值观,将战胜所有其他的意识形态价值观;而自由民主政体,也将击败上述所有这些政体形式，最终占据人类政体的终极交椅。[①]

福山上述“历史终结论”观点，带有明显的历史决定论与意识形态狂热症特点。就历史背景而言，在他发表这番高论的时候，正值东欧剧变时期，苏联内部各加盟共和国陷入分崩离析之中，摇摇欲坠，而东欧社会主义国家也纷纷改旗易帜。虽然苏联帝国的崩溃，要拖到2年之后才板上钉钉，但在福山眼中，当时国际共产主义运动风雨飘摇，美国将要赢得“冷战”，胜利在望。

福山的“历史终结论”，绝非中规中矩、心平气和的学理之论，而是“冷战”中一种常见的政治舆论战。就舆论战而言，为抓住对方的注意力，需要抛出短小精干的关键词，而且越是语不惊人死不休，越是蛊惑人心，煽风点火的舆论战效果也就越好。福山高颂“自由”“民主”的“历史终结论”，符合政治舆论战以上的所有特征。

当然，我们若把福山的“历史终结论”，单纯地看作是用完一次就丢弃的传单式政治宣传品，那也是不对的。福山的理论，还隐含着一层逻辑，即国家兴亡盛衰之理，霸权之争的胜负要素，归结为政体优劣之争，归结为意识形态优越与否的政治竞赛。

这套历史解释理论，福山并非最早发明者，他只不过是西方这套悠久的理论传统的最新传承人而已。柏拉图和亚里士多德的最优政体理论，正是这个路数的祖师爷。甚至在柏拉图和亚里士多德自成体系的政治理论之前，希腊历史学家希罗多德也曾热衷于类似理论。

希罗多德的《历史》，虽然内容庞杂、猎奇材料众多，但主题还是很明确的。在该书中，希罗多德对比阐述了希腊与波斯在政体与民族精神等方面的差异，对于不同政治制度优劣比较意味十分明显。希罗多德充分抒发了对希腊追求自由精神的赞颂之情。而他对波斯政治（政体）的贬损性刻画与描绘，则无疑开创了西方历史与西方政治中，对亚细亚（东方式）专制主义刻板印象之滥觞。希罗多德的《历史》，隐含这样一个后来成为西方老生常谈的主题：历史和命运女神，都垂青那些在政治体制（政体）上更优越的民族。更后来，甚至种族的优越性，也添加进了历史决定论的主题。其实，这些都是站不住脚的伪命题。

希罗多德着力描述的那场希波战争本身，就能打破他的那个政体优越性理论。希波战争是波斯人入侵希腊民族诸城邦的不义战争。希腊诸城邦

① 参见［美］弗朗西斯·福山：《历史的终结及最后之人》，黄胜强等译，中国社会科学出版社2003年版，第1～14页。

是为捍卫自己的独立,保卫自己的家园而战,他们是正义的一方。他们占有道义高地,在战争士气上能同仇敌忾,后来的历史也证实了这一点。

然而,战争的残酷性还在于:战争的胜负,往往不是某一单纯要素的产物,而是多种要素综合作用的结果。比如,双方在政治团结与社会凝聚力方面状况如何?双方能提供战争后勤保障的经济实力如何?军事将领是富有远见卓识还是颟顸无能?士兵是否英勇无畏、纪律严明?军事装备如何?各种军事技术、战术动作是否熟练?天时、地利条件如何?在战争中犯错的可能性有多大?等等,不一而足。把如此高度复杂、如此众多的战争(争霸)胜负因素,简单地归结为政体上的优劣这个单一要素,那是以偏概全,显然是错误的。

事实上,在希波战争中,希腊人所选择或面临的战场环境(选择对己方有利的战场意味着一定程度掌握战争主动权),尤其是雅典统帅地米斯托克利精心挑选的萨拉米湾,对于希腊人取胜发挥了重要的甚至是至关重要的作用。[①]这一项地利因素,常常容易被人忽略。设想当时希波战争的战场环境,是一马平川的平原,而不是半岛型局狭山地、隘口、港湾,希腊联合军队的海军优势就难以发挥出来,而且希腊联合军队在陆地上也无法据险防守,规模庞大的波斯军队也就不存在所谓队伍展不开、军队人数优势不能转化为战斗优势的难题。一旦丧失了如此巨大的地利条件的希腊诸城邦,恐怕真的很难逃脱被庞大的波斯帝国军队碾压的命运。

希波战争结束18年后,雅典与斯巴达为争夺希腊霸权的伯罗奔尼撒战争,则是一个更有说服力的例子,表明争霸战争的胜败,与城邦政体及意识形态观念并不直接相关,而与双方实力(经济规模与军事技术)的大小,政治与军事同盟的实际作用,双方在政治战略与军事策略上的选择,领导人的明智与否,国内政治力量的团结与否,军事将领是否具备过人才干,以及士兵的勇敢与否等诸多因素相关。其中,甚至一些非常偶发性的因素,也会产生灾难性的后果。比如,在伯罗奔尼撒战争进入第二年时,雅典发生了可怕的大瘟疫,使雅典元气大伤,政治领袖伯里克利也染病而亡,雅典内部则陷入政治混乱中。[②]

修昔底德在撰写这段历史时,并没有表现出明显的意识形态狂热症,而是显得更为冷峻、客观、现实。他一方面记录了伯里克利在阵亡将士葬礼上

① See John Boardman, N. G. L. Hammond et al., *The Cambridge Ancient History* (Volume Ⅳ) (Second Edition), Cambridge University Press, 1988, pp. 518 – 590.

② 参见[古希腊]修昔底德:《伯罗奔尼撒战争史》,谢德风译,商务印书馆1985年版,第137～142页。

的演讲,其中对雅典民主充满了誉美之辞,读起来十分感人。但另一方面他也记录了雅典民主政治表现出来的民粹主义狂躁情绪,党派斗争引发的政治分裂,以及各种自私自利的政治阴暗面。[①]

应该说,在西方历史中,伯里克利在阵亡将士葬礼上的演讲是一场十分完美的政治演讲词。总体上看,在阵亡将士葬礼演讲中,伯里克利对雅典的民主政治与自由生活的政治制度充满了优越感,认为雅典是全希腊学习的榜样与典范("我们的城市是全希腊的学校")。他称赞雅典的开放包容与光明正大,认为雅典不存在定期的政治放逐。在对比斯巴达人自孩提时代就开始接受最艰苦的训练以使他们变得勇敢时,他赞颂雅典人所享有的自由生活,认为雅典人在自由生活熏陶下,能跟斯巴达人同样勇敢地面对危险。在伯里克利看来,雅典人的勇敢,不是从艰苦的训练得来,而是从他们的自由生活中自然产生的。他赞誉雅典人对公共政治生活的积极参与,称赞每个雅典人不仅热心于自己的私人事务,还关心国家(城邦)事务。在整个演说词中,他不吝赞扬雅典人独立自主、多才多艺、举止温文尔雅。在演说词的最后,他赞美了阵亡将士的英雄气概与牺牲精神。总而言之,伯里克利夸赞了雅典人的各种优良品德,对雅典民主政体的优越性充满了誉美之词,并且对其优越性深信不疑。[②]

毫无疑问,在这篇葬礼演说中,伯里克利是想通过赞美雅典政体的优越性和雅典人的优良品德来证明雅典的伟大,以激起雅典同胞的爱国情感,增强雅典在战争中的政治凝聚力、战斗力。这虽是一篇葬礼的纪念演说,但更是一篇政治性鼓动演说。正如林肯的葛底斯堡演说也不是一篇单纯的葬礼演说一样。林肯当时也是通过葛底斯堡葬礼演说,表达了他的政治主张、国家愿景。林肯在葛底斯堡演说中,称颂美国孕育于自由之中,奉行人人生而平等的原则,坚信民有、民治、民享的政府永存。与其说林肯刻画了当时美国政治的现实面貌,不如说是描绘了他心目中美国政治的理想图景。同样,在伯里克利的这篇演说中,与其说他表现了雅典城邦政治生活的现实,不如

① 参见[美]乔治·霍兰·萨拜因:《政治学说史》,盛葵阳、崔妙因译,商务印书馆 1990 年版,第 36~37 页。

② 参见[古希腊]修昔底德:《伯罗奔尼撒战争史》,谢德风译,商务印书馆 1985 年版,第 128~137 页。其实,雅典人参与城邦政治活动,并不像伯里克利演说中所称颂的那样积极、活跃、自觉。事实上,雅典为了鼓励公民参政,于公元前 5 世纪中叶起对参加政务会、公民(人民)大会及民众法庭活动的公民,发放国家津贴。参见阮炜:《不自由的希腊民主》,上海三联书店 2009 年版,第 40 页。另外,希腊人的教育,尽管较斯巴达宽松,但远不像伯里克利所吹嘘的那样自由。参见[法]库朗热:《古代城邦:古希腊罗马祭祀、权利和政制研究》,谭立铸等译,华东师范大学出版社 2006 年版,第 212~213 页。

说是他充分表达了对雅典民主政治的期望与理想。①

伯罗奔尼撒战争，是陆上强国（城邦）斯巴达和海上强国（城邦）雅典之间，奋力争夺希腊诸城邦领导权的争霸战争。战争的头一年，斯巴达先发制人。但实际上，引发战争的根本原因是雅典在希波战争之后势力日益强大，表现出越来越明显的帝国主义野心。作为民主雅典的领导人，伯里克利深以雅典帝国主义而自豪，将其视为他们父辈的一份重要遗产加以捍卫。

伯里克利深知，雅典的优势在海军，而斯巴达的陆军更强大。因此，在战争初期，伯里克利制定了陆上收缩防御、海上伺机进攻的战略，将雅典人从乡村收缩撤回雅典内城。当斯巴达的军队侵入到离雅典六英里的阿卡奈地区，伯里克利采取了避其锋芒的策略，撤军避战。这引起了被占地区阿卡奈人（属雅典城邦）的极大愤怒，并造成了民意上的极大分歧，以及雅典内部政治上的高度紧张状态。雅典民众（尤其是失去家园的阿卡奈人）迁怒并辱骂伯里克利，说他身为将军却退缩不前，不去领导雅典人去迎战。伯里克利深信自己避战不出的策略是对的，担心雅典人因愤怒的情感而误入歧途。因此，他当时并没有召集公民（人民）大会，也没有召集任何特别会议，唯恐雅典人在愤怒之下，在不理智的情绪的影响之下，作出错误的战争决议。②

修昔底德的这一段叙述，不经意地暴露了雅典民主体制在政治决策，尤其是战时军事决策中的巨大薄弱之处。它表明，在雅典式的民主政治中，人们极易诉诸起伏不定的情绪，而陷入不理智决策中。在这个决定雅典城邦生死存亡的战争中，雅典民主政体并未体现出更为成熟、更为明智、更为优胜的决策机制，而是走向了它的反面。伯里克利看来深知雅典民主这一薄弱点，因此，他采取了十分反民主的决策方式，来了个“冷处理”，但这丝毫不妨碍伯里克利在葬礼演说中一如既往地高度赞美雅典民主政治体制的优

① 虽然林肯的葛底斯堡演说明显有模仿伯里克利的痕迹，但林肯的演说更精炼，遣词更为讲究，整篇演讲词也更为隽永。有关林肯葛底斯堡演说，参见［美］乔治·P. 弗莱切：《隐藏的宪法：林肯如何重新铸定美国民主》，陈绪纲译，北京大学出版社 2009 年版。

② 伯里克利在阵亡将士葬礼演说词中，毫不掩饰雅典帝国主义论调，并以此为自豪。他一开篇就说：“首先我要说到我们的祖先们，因为在这样的典礼上，回忆他们所作的，以表示对他们的敬意，这是适当的。在我们这块土地上，同一个民族的人世世代代住在这里，直到现在；因为他们的勇敢和美德，他们把这块土地当作一个自由国家传给我们。无疑地，他们是值得我们歌颂的。尤其是我们的父辈，更加值得我们歌颂，因为除了他们所继承的土地之外，他们还扩张成为我们现在的帝国，他们把这个帝国传给我们这一代，不是没有经过流血和辛勤劳动的。今天我们自己在这里集合的人，绝大多数正当盛年，我们已经在各方面扩充了我们帝国的势力，已经组织了我们的国家，无论在平时或战时，都完全能够照顾它自己。”参见［古希腊］修昔底德：《伯罗奔尼撒战争史》，谢德风译，商务印书馆 1985 年版，第 112 ~ 137 页，尤其是第 129 页。参见［美］施特劳斯、［美］克罗波西：《政治哲学史》，李天然等译，河北人民出版社 1993 年版，第 1 ~ 29 页。

越性。

具有讽刺意味的是,紧接着伯里克利这篇对雅典民主高调赞颂的演说词之后,修昔底德叙述了雅典人因瘟疫和战争受挫,而遭遇重大失败的局面。雅典人的情绪因此大为低落,从过去的踊跃求战,变成了消极避战,甚至主张向斯巴达妥协求和。他们把失望与愤怒的情绪又全部倾泻到伯里克利身上。他们谴责伯里克利,认为他不应当劝他们作战,认为他们所遭受的一切不幸,都应归罪于伯里克利。伯里克利为安慰愤怒的雅典公民们,平复他们的不满情绪,只得召集了一次公民大会,并对他们发表了伯罗奔尼撒战争中的第二篇演说。

伯里克利的第二篇演说,收起了葬礼演说中对雅典民主大唱赞歌的高调,内容变得低调、务实了许多。首先,他指出了个人利益与国家整体利益的关联性,强调只有国家本身安全,个人才会有更多机会从私人(家庭)的不幸中恢复过来。其次,他对自己的战争政策作出了辩解,强调发生情绪变化的是雅典公民,而他始终如一。他还分析了雅典陆上实力和海上实力,强调捍卫雅典帝国的重要性。伯里克利虽然通过自己无双的雄辩口才,最终说服了雅典公民,让他们接受了他制定的国家政策(军事战略),但雅典人对伯里克利的恶感,仍然普遍存在,直到他们判罚了伯里克利一笔罚款,才算心满意足。

在伯罗奔尼撒战争爆发两年六个月后,伯里克利去世。用修昔底德的话说,雅典在名义上虽是民主政治,但实际上权力掌握在第一公民(伯里克利)手中。作为民主雅典的实际最高领导人,他并没有刻意迎合雅典公民的情绪,而是去引导他们、带领他们,坚定地领导他们。伯里克利统治雅典的时期,可谓雅典城邦的全盛时代。他的贤明、廉洁,他的恢宏气度,他所拥有的政治地位与政治声望,对他的继任者们而言,可谓遥不可及。因此,伯里克利死后,雅典民主政治很快陷入权力争夺的政治混乱之中。为了争夺政治领导权(每个人都想要居于首要地位),各路政治人物纷纷采取笼络民心(民众)的手段,忙于种种阴谋活动。这无疑进一步恶化了雅典民主政治上的内部不和,雅典的战争国策也因此发生了极大的紊乱,出现不少决策错误,如西西里远征即是其中之一。西西里远征失利之后,雅典城邦内部还发生了革命。为此,修昔底德总结称,雅典人其实是因为内部的政治斗争毁灭了他们自己,最终导致向斯巴达投降的失败命运。①

① 参见[古希腊]修昔底德:《伯罗奔尼撒战争史》,谢德风译,商务印书馆 1985 年版,第 137 ~ 151 页。萨拜因更是直言不讳地评论道:"修昔底德编写的《历史》,在《丧礼上的演说词》后面紧接着叙述了雅典人在伯罗奔尼撒战争中的失败,这对这篇演说词乃是一种尖锐的嘲讽。"参见[美]乔治·霍兰·萨拜因:《政治学说史》,盛葵阳、崔妙因译,商务印书馆 1990 年版,第 36 页。

雅典的民主政治,确实并未像伯里克利所期望的那样,表现出强大的制度优越性与政治生命力。相反,民主政治在伯里克利时期就表现出民粹主义情绪化特点。伯里克利统治时期,与其说雅典是民主政治,不如说是开明的强人政治。伯里克利这个雅典的政治强人死后,雅典民主政治不单表现出易于情绪化的特点,更陷入政治分裂与内部冲突中。从这一角度讲,雅典的民主体制非但不具备伯里克利所赞誉的那种制度上的优越性,相反成了导致雅典在伯罗奔尼撒战争失败的致命伤。这也正是柏拉图对雅典民主体制的深刻认识。

柏拉图目睹了雅典人在伯罗奔尼撒战争中失败的悲惨结局,因此,他显然并不认同伯里克利对雅典民主体制优越性的赞美,相反,他认为民主政体存在固有缺陷。柏拉图的《理想国》可以看作他对雅典民主政体反思与严厉批判的产物。①虽然对民主的立场相对立,但他跟福山的历史逻辑类似,认为历史上(争霸战争)的成功者才有资格称自己的政治制度与意识形态更优越,失败者的政治体制显然存在致命缺陷。雅典民主政治在缺乏强有力的领袖人物的领导下,的确很容易陷入派系争吵与党派自私利益的争斗中。柏拉图所提出的理想政体,在某种程度上是以伯罗奔尼撒战争的胜利者斯巴达的政体作为蓝本。此外,他之所以强调君主制是优良的政体,哲人王是优良的统治者,其中有一个很大的理由,正是因为他认为哲学家(哲人)大公无私,没有自己的自私利益,能为整个城邦的公共利益着想。②而这一大公无私的政治品质,正是当时雅典民主政治中极度缺乏的。事实上,雅典的党争政治早在梭伦时代,就已很常见。雅典至少分成了 3 个党派:海岸党、平原党和山地党。③雅典后来的民主政体非但未能消弭党争,反倒让这种自私自利的党争披上了合法性的政治外衣,并得到进一步发展,从而加剧了雅典城邦内部的政治分裂。

之所以大费周章地用希波战争和伯罗奔尼撒战争的历史教训来批判福山的"历史终结论":一是说明,决定所谓争霸战争成败背后的因素非常复杂,把它简单地归结为政体或意识形态的单一因素,这一理论本身,并不符合西方古典历史以来的真实状况。跟伯罗奔尼撒战争一样,"冷战"背后牵涉的因素非常多,甚至只能更多、更巨大。"冷战"中不同政治对抗集团之

---

① 参见[美]乔治·霍兰·萨拜因:《政治学说史》,盛葵阳、崔妙因译,商务印书馆 1990 年版,第 35~37 页。

② 参见[古希腊]柏拉图:《柏拉图全集》(第 2 卷),王晓朝译,人民出版社 2003 年版,第 383~475 页。

③ 参见[古希腊]亚里士多德:《雅典政制》,日知、力野译,商务印书馆 1999 年版,第 16~17 页。

间,在人口、经济、军事规模等方面,是伯罗奔尼撒战争的古典时代完全不可想象的。“冷战”中,既有两大主要阵营不同的意识形态对抗,更有地缘政治因素的明显牵制作用。虽然本节、本章,乃至本书,都不适宜详细地检讨“冷战”双方得失,但毫无疑问,有一个基本的认识是可以明确的——导致苏联解体、东欧社会主义改旗易帜的原因,绝不能简单地归结为自由、民主的胜利与共产主义的失败这一命题。就像伯罗奔尼撒战争以雅典的投降作为结局,也不能简单地归结为某一政体的胜利或失败一样。二是要用历史阐明,试图用政体优越的政治理论与历史逻辑来讨论不同政体类型的优劣,乃至总结和归纳争霸战争的胜败根本原因,并非福山所独创,而是西方政治话语体系中非常长久的理论文化传统。把不同的政体分类,进行比较,然后认定最优、最理想的政体类型,这在西方政治理论历史中,从柏拉图、亚里士多德,一直延续到孟德斯鸠时代(政治类型学则延续到马克斯·韦伯时代)。虽然对不同的论者而言,他们所理解的最优、最理想政体的答案,往往各不相同,但他们背后的逻辑是一致的。从某种角度讲,政体类型学,尤其是最优政体理论,既是政治理论认识、研究上的需要,同时也反映了一种追求理想的完美主义心理逻辑。它们具备的学理价值主要在于分类与比较研究。不同论者对理想政体选择不同答案,正说明在学理上的讨论本来就是仁者见仁、智者见智的事情,根本不存在一个所谓终结历史、“一统江湖”的完美政体。

福山并不讳言,西方所谓成熟稳定的民主体制中,存在不公正或严重的社会问题。但他又坚持认为,这些问题是因为构建现代西方民主制度的两大基石——自由和平等的原理——尚未得到完全实现所造成,并非民主制原理本身的缺陷所致。[①]按照福山的这个逻辑,我们也可以这样辩论说,苏东社会主义实践的失败,并非因为共产主义理论与原理本身的根本缺陷,而是因为他们并未完全彻底地奉行共产主义理想与道德,离开了社会主义道路,错误地执行修正主义路线所致(事实也的确如此)。不过,倘若真的按福山这样自我封闭的逻辑(如同信神的福报之所以不到是因为信得不够虔诚之类的逻辑),任何有价值的学理辩论都无法再展开。

福山囿于“自由”与“民主”的表面价值观,来讨论西方现代政体(理论)及其意识形态的优越性,这种流于表面的标签化处理,只能将真正严肃的学理问题的辩论沦为政治舆论口水战。

---

① 参见[美]弗朗西斯·福山:《历史的终结及最后之人》,黄胜强等译,中国社会科学出版社2003年版,第1页。

正如前文反复阐述过的，某种政府理论以及相应的政体与意识形态观念，从政治实践的根本功能上讲，应体现为某一政治共同体内部的核心社会组织与政治组织模式。不同的社会与政治组织模式，本质上须与社会经济基础相匹配。社会与政治组织模式本身，从经济基础角度上看，是一定经济生产关系在政治组织与社会结构上的体现。只不过两个角度的社会组织模式，在目标与评价标准上存在一定差异，有时候甚至是尖锐对立的关系。

理论上讲，最优化的经济组织模式，应该是在现有生产技术（生产力）条件下实现最大的经济产出，也就是所谓的“效率优先”。而政治组织的目标，则更强调人际秩序与人际合作，效率反倒并非它的优先指标。它的优先指标是政治安定与社会安全。理论上最优的政治组织模式，应该是最大限度地实现广泛性社会团结与自愿性社会协作。

整个社会经济产出成果的私人享有体制（私有制产权模式），在西方一般的政治经济理论中，尤其是福山所推崇的自由民主政治理论中，自洛克之后，特别是自亚当·斯密以来，都被理所应当地缺省设定为最有效率的经济制度模式，并被赋予客观性描述的“自由市场经济”概念。在弗里德曼和哈耶克那里，这不仅被认为是最有效率的经济生产模式，而且最能体现保障个人权利的自由价值观。在他们看来，每个人追求自私利益的同时，就能形成自发社会秩序与无意间的社会合作。这样经济上的个人主义与私有制，能使个人利益与公共利益实现和谐的统一，每个人在实现个人利益最大化的同时，也促进了社会福利（国家财富）的最大化。①

其实，他们的这种理论设定在逻辑上本身就是错误的，更不符合历史事实。本书第三章第一节，在对比研究霍布斯与洛克政治理论思想时，曾有过详尽的分析，这里不再赘述。总体而言，在政治理论逻辑中经济与政治上的个人主义哲学及自私自利主义，并不能挥去霍布斯梦魇。在经济与政治个人主义哲学的现实世界中，自发秩序与自发的社会合作也并不存在。社会经济产出的私人享有体制，不仅不能实现经济生产的最大产出与最高效率，反而会固化社会鸿沟，引发阶级斗争，撕裂整个社会，最终危害整个社会团结与人际合作。

基于这一认识，在西方古典时期，柏拉图曾提升到政治哲学高度，强调了巨大的贫富差距会危及城邦政治秩序与城邦团结，甚至会导致城邦

---

① 参见 Milton & Rose Friedman, *Free to Choose: A Personal Statement*, Harcourt Brace Jovanovich, 1980, p. 25；［英］弗里德里希·冯·哈耶克：《自由秩序原理》，邓正来译，生活·读书·新知三联书店 1997 年版；［英］弗里德里希·冯·哈耶克：《个人主义与经济秩序》，贾湛等译，北京经济学院出版社 1989 年版。

崩溃。亚里士多德虽在政治理论上与柏拉图存在不少的分歧,但在这一点上,他是高度赞同柏拉图的。这一共识反映了他们对古典城邦政治的敏锐观察。

霍布斯建立在个人主义哲学与自私自利基础之上人人为敌的普遍战争状态,虽然究其实质只是理论假设,但其中的理论逻辑链条是无可辩驳的。马克思从资本主义生产方式的本质,尤其是剩余价值的角度分析,也达到了类似的结论。西方自由民主政治体制背后的本质,是资本主义私有制生产与分配模式,它本质上是阶级剥削与社会压迫,以及制造社会分裂的经济组织模式。

也就是说,无论在经济组织模式的层面,还是政治组织模式的层面,个人主义哲学与私有制经济都并非组织理论上的最优解。因而,用"自由""平等""博爱""民主""人权"这些美好的名词与概念,给西方现代民主政府理论涂脂抹粉,丝毫不能掩饰住它背后资本主义经济关系中贪婪、丑恶、虚伪的一面。

福山的"历史终结论"带有深刻的"冷战"背景。在福山眼中,西方资本主义自由民主政治制度与意识形态终结了历史,西方资本主义所主导的国际新秩序即将到来。他的文章本质上相当于提早宣布"冷战"胜负的政治声明,但他偏偏选择了用学理讨论的方式展开。这自然引起理论界广泛的关注与反应。在西方世界,除了叫好的赞同声之外,无论是左翼还是右翼,都对福山的观点展开了重点批判。

来自左翼的德里达,并没有从政治哲学或历史本身的角度去批驳福山,而是运用了解构主义哲学来解释(批判)"冷战"前及"冷战"后的国际新秩序。德里达借用莎士比亚戏剧《哈姆雷特》中父亲(先王)的幽灵反复显形的隐喻(幽灵出场,幽灵退场,幽灵再出场)试图阐明,在一个失去根本正义的世界(资本主义世界)里,马克思(共产主义)的"幽灵"会不断呈现,一次的退场绝不意味着最终失败。在德里达看来,马克思主义在政治实践中并不止有一种,而有多种。苏东社会主义国家的崩溃或瓦解,并不意味着马克思主义本身的终结,也不能说明社会主义或共产主义理论的全面崩溃。

德里达尖锐地指出,福山的"历史终结论"(民主自由最终胜利论),实际上是一种新福音主义,明显带有一种弥赛亚式(救世主)末世论的味道。同时,他也敏锐地注意到福山的理论存在逻辑上的游移与跨越,存在自相矛盾之处。德里达一针见血地指出:"为了发挥他的优势并且为他的论点服务,福山在这里将自由民主制度规定为一种实际存在的现实事物,而在那里又将它规定为一种纯粹的理想。这一事件时而是现实,时而又是现实的预兆。”①这个批判直取要害，可谓“一剑封喉”。

德里达的这一洞察，的确点出了福山逻辑的尴尬之处。自由民主，无论作为一种政治制度还是意识形态，一旦预先设定为人类社会最终的完美理想类型，在逻辑上它的确是无法反驳的，因为在逻辑上它已被预设了完美性。这种完美理想类型，由于并不现实存在，因此也就没有任何现实的经验事实可以直接刺穿它。而作为现实存在的自由民主制度与意识形态，却是可以批判、能够驳斥的。问题在于，福山用完美性与理想型的自由民主，取代了现实存在的不完美、不理想的自由民主制度，并宣布它的全面胜利，从而声称自由民主终结了马克思主义。这的确是一种自欺欺人的做法。

来自右翼阵营的亨廷顿，则从另一个角度批驳福山的论点。首先，亨廷顿不认可福山“历史终结论”中所隐含的普世主义逻辑。在他看来，普世主义是强势的西方对付非西方社会的特有的意识形态观念。普世文明的概念，是西方文明的独特产物。因此，普世文明的观念，在其他文明中几乎得不到任何支持。他并不否认人类社会存在某些共同的价值观与道德感，但他否认单一的普世文明观念，而承认多元文明的存在。

在亨廷顿看来，“冷战”之后，全球政治将（第一次）步入多极化与多文化时期。在“后冷战”的世界中，各国人民之间最重要的区别，不再是意识形态、政治或经济上的，而是不同文化上的差异。民族国家，而不是意识形态阵营，仍然是国际事务中的主要因素。亨廷顿认为，“冷战”后对国家最重要的分类，不再是“冷战”时期的三大集团（三个世界），而是七八个主要的文明形态。亨廷顿认为，在“后冷战”的新世界里，最普遍、重要与危险的冲突，不是发生在社会阶级之间、富人与穷人之间，或其他以经济来划分的集团之间的冲突，而是属于不同文化实体的人民之间的冲突。

亨廷顿指出，福山的“历史终结论”代表了“冷战”结束时人们异常欢欣的时刻所产生的世界和谐的一种错觉。这种错觉并不是历史上第一次发生。在20世纪发生的其他重大冲突后，每每都曾流行过类似的世界和谐错觉。亨廷顿从文化心理机制的角度，分析了人类每一次重大的政治与军事冲突之后人们的观念错觉。应该说，亨廷顿这一分析还是有一定道理的。这种观念错觉，带有战后创伤综合症状，往往代表了人们一厢情愿的理想愿望。

亨廷顿与福山分歧的核心，是他们不同的历史观与世界观。在国际政

---

① 参见[法]雅克·德里达：《马克思的幽灵：债务国家、哀悼活动与新国际》，何一译，中国人民大学出版社1999年版，全书尤其是第81～99页。

治层面,亨廷顿秉持现实主义哲学。在历史观上,亨廷顿更为客观、现实、冷峻。亨廷顿认为,福山的"历史终结论"仍是站在"冷战"的视角之上看待世界秩序,以为苏联共产主义的垮台意味着历史的终结和自由民主在全世界的普遍胜利。这种观点错谬之处在于,政治制度与意识形态只存在唯一的选择。事实上,按照亨廷顿的说法,在当今世界上,各种形式的独裁主义、民族主义、社团主义都依然存活得很好。

亨廷顿对历史本身的看法,也并不像福山那样泛意识形态化。他认为,欧洲基督教文明作为一个独特的文明,最早出现在八九世纪,然而,在此后几百年间,欧洲文明在整个文明程度上落后于许多其他文明。譬如,唐、宋、明朝时期的中国,8~12世纪的伊斯兰世界,以及当时的拜占庭,无论在社会财富、领土、军事力量,还是科学、文学、艺术上的成就,都远远超过当时的欧洲(西欧)。在亨廷顿看来,欧洲的崛起只是一个近代事件。欧洲对世界的征服,并不是通过思想、价值观或宗教的优越性来实现的,而是运用有组织的暴力优势达到的。近代以来,国际体系因此一直由西方所主导,而西方国家内部之间的长期冲突,同时又支配着这个国际体系。到20世纪后期,西方作为一个文明单元,走出了其发展的"战国"阶段,而进入"普遍国家"阶段。总而言之,在亨廷顿眼中,"后冷战"时代的国际政治是一个多极化与多文化的世界,而不是高度同质与单一的政治体制与意识形态。不同文明间的冲突倾向,较文明形态的统一化(形成普世文明)倾向,将变得更为显著。①

应该说,亨廷顿的历史观更为健全、理性、冷峻、现实,也更符合历史与事实。相形之下,福山的历史观带有明显的意识形态狂热症,充满了对所谓自由民主理想政体的想象与幻想,远远脱离了历史、现实与事实。

对福山"历史终结论"最为否定的还属"冷战"结束以来的国际政治。2008年国际金融危机爆发之后,欧美国家纷纷陷入财政赤字、主权债务危机之中。正如齐泽克所指出的,当今世界所面临的宗教暴力冲突、生态危机、贫富分化,以及西方国家所面临的财政危机等种种问题,从长远看,自由民主的资本主义并不能解决这些根本问题。齐泽克说,连福山本人都承认"历史终结论"已经过时,福山自己都不再是"福山主义者"了。②

---

① 亨廷顿主要从现实主义的国际政治层面,以及分析普世文明概念的来源,来批驳福山"历史终结论"中的普世主义哲学。参见[美]塞缪尔·亨廷顿:《文明的冲突与世界秩序的重建》,周琪等译,新华出版社1998年版,全书尤其是第5~7、11~12、23~71页。

② 齐泽克:《齐泽克解答英国卫报的十九个问题:福山不再是福山主义者》,载观察者网:http://www.guancha.cn/QiZeKe/2014_10_14_275662.shtml,最后访问日期:2014年10月15日。

事实的确如此。福山本人在美国双月刊杂志《外交》(*Foreign Affairs*)2014年9/10月号上发表名为《衰败的美国——政治失灵的渊源》(*America in Decay*: *The Sources of Political Dysfunction*)一文。尽管在该文中,他仍在颂扬民主,但相较于美式民主,他开始"移情别恋"英式民主。不过综观全文,实际某种程度上他已经抛弃了原先的"历史终结论",而以一种更务实、更现实的态度看待美国民主政治制度中的种种问题。他已经不再持有"历史终结论"中所谓自由民主制度没有根本缺陷的立场,相反,他认为美国政治出现了越来越严重的机能障碍,出现了政治制度失灵的现象。福山甚至悲观地认为,美国政治弊病已经顽固不化,除非外部震荡催化出真正的改革集团,否则根本没有出路。①

福山"历史终结论"在20多年里的沉浮命运,只是西方现代自由民主政治理论的一个小小缩影。毫无疑问,在可预期的未来,西方政治制度的金字招牌"自由""民主"依然会高悬,但其吸引力将大为降低。一方面,这是因为西方政治实践,以及模仿西方政治体制的非西方地区的政治实践,把自由民主"玩坏"了的结果;另一方面,也是因为作为政治、经济与社会组织的核心模式,"自由""民主"作为一种政治制度,缺乏社会整合力,存在固有缺陷。

2.民主渊源——雅典民主

"民主",虽然在西方当今社会作为高频度热词广泛使用,然而,正如民主研究专家达尔所言,有关民主的一些最基本的问题,人们并未达成共识。②更有甚者,有关民主观念的历史传统,原本还存在某些基本共识,即把雅典古代民主视为西方民主制度的源头,但随着各种修正主义历史观的出台,也产生了一定程度上的共识坍塌现象。比如,过去一直被视为寡头政体的斯巴达政制,甚至也被一些学者"修正"为希腊民主的温和形态,而雅典的民主政体,则被重新定义为激进民主。③

由此可见,一个政治术语的模糊性、多义指性,缺乏基本共识的特性,实际上跟它被高频度地、广泛地、随意地使用密不可分。随着思想、观念截然

① 参见 Francis Fukuyama,"America in Decay", *Foreign Affairs*,13 Oct. 2014,Web. 13 Oct. 2014,http://www.foreignaffairs.com/articles/141729/francis-fukuyama/america-in-decay。中文译本参见观察者网:http://www.guancha.cn/fu-lang-xi-si-fu-shan/2014_10_12_275200_6.shtml。

② 参见[美]罗伯特·A.达尔:《论民主》,李柏光、林猛译,商务印书馆1999年版,第3页。

③ 参见阮炜:《不自由的希腊民主》,上海三联书店2009年版,第121~153页。

不同的学者或政治团体都使用同一个政治术语“民主”,来表达他们彼此间千差万别的政治理论或理念,“民主”的含义也就变得日益分歧化,乃至空洞化,而难以表现出有真正价值的内涵。有关民主的基本共识难以达成,也就在情理之中了。

萨托利认为,“民主”这个概念,注定会产生混乱和歧义。在萨托利看来,造成这种情况的原因很多,最首要的原因在于:当今,“民主”是代表一种文明(西方文明)的名词,是西方文明的政治产物。他认为,跟“文明”一样,“民主”的含义过于宽泛,成了“西方文明”本身的代表,因而变成无所不包、无所不装,其含义自然就会显得宽泛无边。萨托利还注意到,不像共产主义和社会主义理论跟同一个主要创始人马克思联系起来,讨论民主理论的学说中,不存在一个领袖绝伦、鹤立鸡群的重要学者,而是学派繁多、众说纷纭。政治民主理论还跟多元主义文化紧密结合在一起,因而更不服从单一论说。总而言之,民主概念所谓的巨大包容性,使它越是成为一个无所不包的概念,就越有可能因为众说纷纭而陷入概念上的混乱。①

当然,还有一个因素也进一步加剧了这种混乱。前文提到,正如伯里克利的演说所揭示的一样,作为理想型政治制度的民主,与作为现实政治实践中的民主,往往又紧紧地纠缠在一起。应该说,以上所有这些因素交织在一起,使民主的含义变得十分复杂多变。按照这样的情况,本书不可能穷究各种民主理论,而是打算删繁就简,从“民主”的本源、本义,特别是政治实践历史的演变由来,来探讨、阐述它的本质特征。

尽管现代学界有不同的修正主义历史观,但当今“民主”概念源自雅典的“平民政体”(democracy)却是不争的历史事实。造成这一政体或政治观念的历史动力,一言以蔽之,是深刻的社会阶级斗争的结果。

根据库朗热的研究,在西方古代城邦时期,无论是在古希腊还是古罗马,贵族与平民的阶级鸿沟非常显著。他们在居住地、建筑,以及政治、宗教与经济地位诸方面,有着清晰可见的阶级疆界。平民并不属于城邦最初的公民,更不可能享有公民权。深深的社会阶级不平等并非慢慢产生的,而是自始就存在,甚至是与城邦这一政治组织同时出现的。②如果说中国古典时期的宗法社会是由血缘关系所造就的世袭等级社会,那么西方古典时期的公民社会,则是由阶级身份所造就的世袭等级社会。

---

① 参见[美]乔万尼·萨托利:《民主新论》,冯克利、阎克文译,上海人民出版社 2008 年版,第 3 ~ 29 页。

② 参见[法]库朗热:《古代城邦:古希腊罗马祭祀、权利和政制研究》,谭立铸等译,华东师范大学出版社 2006 年版,第 215 ~ 227 页。

西方古典城邦的第一波政治权力斗争(第一次革命),在君主与贵族之间展开。造成这一政治格局的原因,与西方形成城邦的最早发源历史相关。前文已多次阐述,西方古代城邦与中国的早期国家起源非常不同。我们依然保留了氏族社会遗留下来的血缘政治特征,一般由占主导性地位的血缘政治共同体(氏族或宗族)掌握整个国家的政权,是家国同构的政治格局,但西方的城邦则是不同家族(胞族)、氏族、氏族部落之间的政治联盟,在城邦的政治联盟之下,才是血缘政治共同体。

在各城邦王政时期,君主虽然是城邦的政治首长与宗教领袖,是掌握城邦圣火(邦火)的大祭司,但城邦君主的权力并不及于全民。这一特点与中世纪西欧的封建君主相类似。早期城邦君主只能向各氏族部落及氏族的首领发号施令。各氏族或氏族部落的首领,其实就是城邦国家的贵族群体,罗马人称为“元老”(*patres*)。他们跟君主一样拥有自身的力量,而且他们联合起来的力量,实际上比君主还要更强大。城邦君主固然想扩大自己的权力,而贵族们显然也不愿意君主的权力侵蚀到他们自己的权力。于是,在西方古代各城邦中,贵族与君主之间的权力斗争变得不可避免。①

在西方古代各主要城邦中,无论是雅典、斯巴达,还是罗马,在王政时期,都发生了贵族与君主的权力斗争。库朗热称为古代西方的“第一次革命”。革命的形式大同小异,其核心内容都是削弱君权,甚至是废除君主制,最终结果是贵族获得了政治胜利,君主大权旁落。君主的政治权力基本上被剥夺,要么只剩下名义上的宗教权力,要么君主被彻底废除。废除君主制后的贵族联合执政,罗马人称为共和制。这种形式的罗马城邦组织,也因此被称为“共和国”(*res publica*)。②

雅典的第一波革命,与古代西方的其他城邦完全类似,也是贵族与国王之间的政治权力斗争,同样是贵族集团取得了最终的胜利。早在希腊传说史时代(约公元前1250年)的忒修斯时期,王室与贵族的政治权力斗争加剧,国王在斗争中失败。国王丧失城邦政权,仅剩下了宗教特权。过了3个世纪以后,贵族们仍然觉得君主拥有的宗教权力,超出了他们能够容忍的限度。于是,贵族们又进一步削弱君主的宗教权,规定每位君主担

① 参见[法]库朗热:《古代城邦:古希腊罗马祭祀、权利和政制研究》,谭立铸等译,华东师范大学出版社2006年版,第228~234页;参见[意]朱塞佩·格罗索:《罗马法史》,黄风译,中国政法大学出版社1991年版,第33页。

② 参见[法]库朗热:《古代城邦:古希腊罗马祭祀、权利和政制研究》,谭立铸等译,华东师范大学出版社2006年版,第228~237页;参见[意]朱塞佩·格罗索:《罗马法史》,黄风译,中国政法大学出版社1991年版,第47~63页。

任城邦最高宗教职位的期限不得超过 10 年，作为城邦宗教主的君王，起初仍从王族中选任，到后来，王族进一步丧失了担任祭司职位的特权，祭司开始改由从贵族中选任；长期任职的选任制，后来又演变成短期的年选制，王位因此一分为二。城邦中掌握政权的政治长官，主管祭祀的君主，以及军事统帅，再加上 6 位立法官，形成了雅典城邦所谓的九位年选执政官。①

年选制执政官的出现，标志着雅典王政（君主制）彻底终结。雅典正式步入雅典版本的共和制时期。雅典共和制政体，究其实质，跟罗马共和制政体一样，实为贵族精英联合执政的寡头制。尽管有修正史观认为，这代表了雅典民主因素的进一步增强。②但事实上，情况并非如此。城邦政治中的联盟力量组合与政治民主因素，并不完全是一回事。正如库朗热所理解的那样，古典城邦的君主为了削弱贵族阶级的势力，往往倾向于联合社会下层阶级。亚里士多德在《雅典政制》中记载说，忒修斯是倾向于庶民（平民）的第一人，也许并非空穴来风。君主在与贵族阶级的政治权力斗争中，本能地倾向于联合平民阶级，以获取支持力量，而贵族阶级显然并不愿意平民阶级分享他们的政治特权与宗教特权。这样一来，城邦的社会下层阶级既没有经济实力，更没有政治地位，他们为了反抗贵族统治的压迫，唯一可行的途径

---

① 据传，忒修斯虽完成了阿提卡的统一大业，却在跟贵族的斗争中失败了。忒修斯失败后，被放逐出雅典，并死于流放中，但贵族们当时尚未废除王位。参见［法］库朗热：《古代城邦：古希腊罗马祭祀、权利和政制研究》，谭立铸等译，华东师范大学出版社 2006 年版，第 231～234 页。按照亚里士多德在《雅典政制》中的记述，雅典最早的政治制度是王政，忒修斯是倾向于庶民（平民）的第一人，是他主动放弃了君主制，开启了贵族（寡头）制。参见［古希腊］亚里士多德：《雅典政制》，日知、力野译，商务印书馆 1999 年版，第 1～21 页。“忒修斯”（Theseus）在《雅典政制》中译为“塞修斯”，“德拉古”（Draco）译为“德拉科”，“地米斯托克利”译作“塞密斯托克利斯”，“伯里克利”译作“珀里克利斯”，特此说明。不过，在忒修斯时期，贵族与平民的阶级矛盾虽然明显存在，但平民尚不是城邦政治权力斗争中的主角。合理地推测，忒修斯应该是想借助平民的力量与贵族斗争，因此，亚里士多德称他是倾向于平民的第一人。库朗热也认为，君主经常想做的就是提高城邦社会下层阶级的政治地位，以削弱氏族（贵族阶层）的政治权力。这也是君主制被贵族阶级推翻的一个主要原因。当然，还有一种解释，就是根据库朗热的理解，亚里士多德等人的说法其实是后世的误读误解，因为忒修斯时代的“民人”（民众）一词含义的范围，并无德谟斯提尼时代那样广泛，达不到庶民（平民）的层次，还仅限于贵族阶级。参见［法］库朗热：《古代城邦：古希腊罗马祭祀、权利和政制研究》，谭立铸等译，华东师范大学出版社 2006 年版，第 232、242 页；参见郝际陶：《古代希腊研究》，东北师范大学出版社 1994 年版，第 81～86 页。另外，在郝际阳书中，“忒修斯”作“提修斯”。

② 参见阮炜：《不自由的希腊民主》，上海三联书店 2009 年版，第 131～132 页。修正史观的问题在于，把“民主”概念界定得过于宽泛。在修正史观看来，一切集体决策的政治体制，一切非世袭的选任制，都包含民主因素。这显然是后世对于“民主”的理解，但并不符合古代雅典人对“民主”的定义，以及亚里士多德等人的理解。

就是支持君主、拥戴君主。①

平民与君主在政治上结盟，这在西方古代城邦历史中的确较为寻常。正因为有这样的历史老剧本在，在恺撒与庞培一伙罗马老贵族展开的政治权力斗争中，恺撒因更亲近罗马平民，尤其更照顾平民士兵的利益，当时的罗马贵族就普遍怀疑和指责恺撒企图颠覆罗马共和制以恢复王政。

现今，共和制已经成为与君主专制对立的政治正确概念。事实上，在西方古典城邦时期，共和制无非是给城邦贵族联合执政的寡头制，安上另外一顶似乎更光鲜的政治礼帽而已。按照古典雅典的政治观念，倾向于平民的利益，特别是被平民阶层所掌握的城邦政权，被称为"民主政体"。如此说来，在倾向于平民利益角度上，从实质意义上讲，共和并不比王政更"民主"，相反，有时候王政比共和更"民主"。平民所拥戴的僭主制在各城邦反复出现，也正是这个道理。当然，这样去理解民主，以及用这样的理论逻辑去展开讨论，会使君主制、贵族制（寡头制）与民主制三种不同政体在概念上的区分最终归于无意义。

将民主因素首先引入雅典政治的，是公元前594年的梭伦改革。梭伦改革，总体而言，是雅典贵族与平民之间阶级斗争爆发的结果。梭伦改革算得上是一次温和的改革，带有明显的政治妥协与阶级调和的特点。

梭伦改革的内容，主要集中在三个方面：一是废除债务奴隶制；二是按照财产多寡将公民划分为四个等级；三是建立四百人政务会以及民众法庭。梭伦改革废除债务奴隶制，按亚里士多德的说法，是解放了贫民，使其免于奴役，消除了过分专横的寡头政治，从而开创了雅典"平民政体的祖制"。梭伦改革的妥协之处在于，他在政务会与执政官选举方面，仍沿袭雅典城邦旧制，这样就有利于贵族阶级继续牢牢地掌握雅典政权。而在民众法庭方面，他则做了大胆的改革，引入了民主因素，规定全体公民都有资格被选为民众法庭的法官（陪审员）。

按照亚里士多德的理解，梭伦改革所创立的政体是一种照顾到多方因素因而显得比较平衡的混合政体。政务会保全了寡头作用（尚富政治），执政官的选举注重才德标准（尚贤政治），而民众法庭则代表公民大众的意志（民主政治）。这样一来，社会各阶层、各力量、各方面因素，表面上看起来结

---

① 库朗热说："当王位四处倾败，贵族执掌大权时，民众不只是怀念旧政，而且想以新的形式复辟它。在希腊的六个世纪里，民众选出了自己的新首领，但由于君主的名称与教职有关，且这一教职必须由神圣家族担任，于是这些首领不能被称为君主，而被称为僭主。"参见[法]库朗热：《古代城邦：古希腊罗马祭祀、权利和政制研究》，谭立铸等译，华东师范大学出版社2006年版，第258～260页，特别是第259页。

合得不错，似乎各得其所。然而，早在亚里士多德时代之前，就有论者批评梭伦改革引入的民主因素实际上最终会消灭另外两个因素。因为在梭伦改革之后，由抓阄法复选出法官（陪审员）的民众法庭，因诉讼门槛过低带来滥讼现象，手伸得很长，其权威性也就日益增强，以至于历任执政官都要讨好谄媚民众法庭（平民阶级），雅典的民主政体也就转变成了一些修正史观所谓的“极端民主”形式。①

当然，将后世“极端民主”始作俑者的罪名安到梭伦头上，显然是错误的。梭伦改革赋予了平民更多的政治权利与经济权利，但他并没有走极端，采取的是妥协政治与平衡政治手段。正如亚里士多德的评论所言，梭伦立法的本旨所给予平民的实权是有限度的。而且这些权利本来也是平民应该拥有的。平民如果没有这些权利，他们就跟非公民的奴隶地位无异，这样下去，他们转而会成为整个城邦的仇敌。

不过，平衡政治与妥协艺术，分寸并不是那么好掌握的，掌握得不错，各得其所、皆大欢喜；掌握得不妥，则易于引发各方更大的不满。总体而言，梭伦改革并没有解决雅典城邦的政治根本问题。结果，一方面是旧贵族阶层对他们失去的某些世袭特权耿耿于怀；而另一方面平民阶层仍觉得他们所获甚微，一心求变，因此，仍然是一股很不稳定的政治力量。换言之，梭伦改革并没有给雅典城邦带来一个安定团结的政治局面；相反，改革之后，雅典仍陷入无休止的政治争斗中，导致政局长期动荡不安。②

真正奠定雅典民主政治体制，并开启了长期民主政治局面的是克勒斯梯尼（Cleisthenes）。公元前508年至公元前507年的克勒斯梯尼改革，彻底确立了雅典的民主政治。克勒斯梯尼本来出身贵族家庭，但他的家庭一直遭到贵族阶级的排挤与羞辱。克勒斯梯尼在与另一个贵族争夺政权中，把没有什么实质政治权利的雅典平民拉到自己一边，依赖平民的力量获取了政权。

克勒斯梯尼改革的第一项内容，就是铲除贵族特权统治力量的氏族血缘政治根基，这与梭伦改革的做法非常不同。梭伦改革当时并未触动贵族政治的世袭社会根基，尤其是他们的宗教特权。克勒斯梯尼改革则完全变

① 参见阮炜：《不自由的希腊民主》，上海三联书店2009年版，第133～135页；参见［美］罗伯特·E. 勒纳：《西方文明史》，王觉非等译，中国青年出版社2003年版，第109～111页；参见［古希腊］亚里士多德：《雅典政制》，日知、力野译，商务印书馆1999年版，第4～16页；参见［古希腊］亚里士多德：《政治学》，吴寿彭译，商务印书馆2009年版，第105～106页。

② 参见［美］罗伯特·E. 勒纳：《西方文明史》，王觉非等译，中国青年出版社2003年版，第109页；参见［古希腊］亚里士多德：《政治学》，吴寿彭译，商务印书馆2009年版，第108页。

革了贵族阶级所依赖的氏族血缘政治,将其改为地域政治原则。他把雅典城邦原来的4个部落扩充成10个部落,整个阿提卡地区被划分成10个区域,按10个区再划分给各个部落。他还把平民阶级组织起来,给主要由平民组成的新部落起了新名字,撤销了原先4个部落的部落首领,而改为设立10个部落首领。这样一来,城邦下面的政治单位,虽然名义上仍为部落,但实质上变更为行政区。每个行政区下又分为3个"三一区"(trittyes,即1/3个部落),每个三一区下又包括分布在平原、山地与海岸地区的3~5个"德谟乡"(demes)。

通过这一改革,先前主要以血缘组织形式存在,且在城邦下辖的氏族、胞族和氏族部落的政治格局就被彻底打破。因此,世袭贵族势力所依赖的血缘政治基础不复存在。另外,10个行政区的划分也试图打破雅典人长期以来由于地形、地貌分割,因其营生、利益诉求大不相同而自然分裂为平原、山地与海岸三派党争的政治格局。

根据克勒斯梯尼改革,那些凡是被解放(获得自由)的雅典民众,以及以前不属于任何部落或氏族的人,都被分配到新划定的部落(区域)里,这样一来,他们也就享有了城邦祭祀的宗教特权,并因此获得了参与城邦政治的公民权。这使雅典政治的民主基础进一步扩大。雅典民众不再按出身(血缘)区分,而是按住所划分部落和各区加以组织。民众不论出身一律平等,贵族单凭出身(血缘)便世袭拥有宗教特权与政治权利的情形不复存在。在新组成的部落(行政区),祭祀也不以贵族的家火为中心,不再是贵族家庭世袭的祭祀,敬奉的神也不再是贵族的神圣祖先(祖先神),而是民间所称颂的古代雅典英雄。各部落(行政区)则一律信奉城邦的保护神宙斯及仁慈的阿波罗神。这是在宗教信仰上对城邦政治做的进一步的整合。

克勒斯梯尼改革的第二项内容,是由各部落(行政区)选出50名代表,组成总共500人规模的政务会。这个500人政务会,随着时间的推移,其权力也越来越大。

克勒斯梯尼改革的第三项内容,是创立十将军委员会,由各部落(行政区)各选出一名富有行政与军事才干的人组成,一年一任,轮流统帅雅典城邦的军队,并负责一定的行政事务。十将军委员会里的各个将军,既可以无限期连选连任,也可以按其表现随时被罢免。

克勒斯梯尼改革的第四项内容,是制定陶片放逐法。陶片放逐法是以无记名投票方式投票,选出"人民公敌",并加以惩处。一旦某人获票超过一定数量(公元前4世纪时达6000张票),即被褫夺公民权,被放逐外邦10年。该"人民公敌"被放逐期间,可保留财产,不株连家属,10年放逐期满后恢复公民权，归还财产。①

克勒斯梯尼本人虽直接统治雅典仅仅1年，但他的改革，特别是他所确立的民主制度影响深远。因此，西方历史学家多冠之以“雅典民主之父”。我们现在从雅典全盛时期民主政治的机构，来检视一下雅典民主政治究竟是如何运作的。

雅典城邦的最高权力机关，是由5000个公民组成的公民大会（又译作“人民大会”或“民众大会”），它有权决定雅典城邦对外宣战、媾和、停战、结盟等关系城邦生死的头等大事。公民大会下有一个常设机关，就是五百人政务会。五百人政务会，有责任把其所议结果作为动议，提交给公民大会讨论决定，但它最重要的职责是行政事务，并且同时还起到监督执政官的作用。在五百人政务会之下，有执政官和十将军委员会。在城邦议事机构与行政官员之外，雅典还有一个6000人的民众法庭，每次审判依据案件性质不同，从6000人中挑选一定数量的公民组成审判庭。

雅典的公民大会每七八天召开一次，由500人政务会里的10个主席团（来自10个部落行政区）轮流召集并主持，凡年满20周岁的雅典公民都有资格参加。公民大会有权对现任城邦官员的资格、政绩进行评议审查，对他们是否留任或免职进行表决。公民大会还举行一年一度的十将军选举，并抽签决定9名执政官的人选，批准或否决有关征税、接纳非公民入籍或开除公民出籍等事务。除此之外，任何公民还可在每36天举行一次的特别会议上，不经过五百人政务会预先审查、提出动议，便可以对任何现任城邦官员或任何公民提起控告，对其提出弹劾或放逐的指控。

500人政务会作为公民大会的常设机构，由10个部落行政区各抽签选出50人组成。500人政务会成员的资格，要比公民大会成员资格更严格些。早期，只有前三个等级的公民才有资格充任政务会成员，后来才开放给第四等级，变成凡年满30周岁的公民，无论属于什么等级，均有资格担任政务会成员。

500人政务会的主要职责：一是负责监督执行公民大会的决议，为公民大会准备议案；二是行使行政职能，包括负责监督海军舰队的维修及港口保养，负责城邦的财政与税收、公共财产的管理及分配，以及监督雅典城邦的

---

① 克勒斯梯尼改革的以上各项内容，参见［古希腊］希罗多德：《历史：希腊波斯战争史》（第5卷），王以铸译，商务印书馆1959年版，第373～379页；参见［法］库朗热：《古代城邦：古希腊罗马祭祀、权利和政制研究》，谭立铸等译，华东师范大学出版社2006年版，第267～269页；参见［美］罗伯特·E. 勒纳：《西方文明史》，王觉非等译，中国青年出版社2003年版，第110～111页；参见阮炜：《不自由的希腊民主》，上海三联书店2009年版，第137～139页。

官员。除此之外,500 人政务会甚至可以越过十将军委员会,直接控制城邦的武装力量。

500 人政务会除了节日,每天都开会,负责处理日常行政事务,或就特定的事宜召开特别委员会,或召开全会作出决定,其中包括向公民大会提交何种议案的决定。在一些没有争议的事项上,500 人政务会甚至可以越过公民大会,直接起草法令。500 人政务会有时候也审理某些刑事案件,以及考察公民是否具有担任城邦公职的资格。

雅典城邦的执政官,在公元前 4 世纪雅典民主制被最终废止之前,一直是 9 人。随着城邦政治权力逐渐向公民大会、500 人政务会,以及民众法庭转移,执政官慢慢变成城邦名义上的"首脑",并无多少实权。握有实权的倒是那些将军们。十将军委员会的将军任期尽管也只有 1 年,但可以无限期连选连任。由于战争是任何一个希腊城邦包括雅典的头等大事,加之战事的频繁,军事与政治很难截然分开。因此,统治雅典的实权,也就落到了将军们手中。比如,伯里克利自公元前 443 年到公元前 429 年去世前,主要职务是首席将军,但雅典人实际上把他视为雅典的最高政治领导人。

雅典的民众法庭,是梭伦改革最早将平民纳入城邦政治的产物,因此,被视为在雅典城邦政治中首次引入了民主因素。最开始,民众法庭的职能仅限于司法,但到公元前 4 世纪时,民众法庭的权力范围有了明显的扩大,甚至使城邦的最高权力在很大程度上从公民大会转移到了民众法庭。

雅典的民众法庭并非专业司法,而是典型的大众司法。由非法律专业的公民组成的民众法庭,类似于英美普通法国家的陪审团。因此,不少中文文献就把民众法庭理解(译)为"陪审团",法官也被称为"陪审员"。雅典民众法庭的规模,视案件的性质而有所不同。审理一般案件,法庭组成人数规模为 201 人,而审理特殊案件,法官(陪审员)规模可达 1200 ~ 6000 人。雅典历史上最著名的司法审判,即苏格拉底受审案(公元前 399 年),民众法庭(陪审团)规模虽高达 501 人,但也只属于一般规模。

民众法庭的庭审工作非常频繁,除了召开公民大会及节日,几乎所有其他日子都开庭,可谓全年无休。除了城邦(国家)层面的司法活动,在地方层面,如三一区和德谟乡,也存在广泛而活跃的司法机制。这似乎显示雅典人非常热衷于诉讼。当然,雅典人也许并非天生好讼,而确实是雅典的民主体制造成的"体制病"。因为在雅典的民主制下,提起诉讼的门槛实在太低了:任何公民都有权对任何担任城邦公职的人员及一般公民提出指控。尽管雅典为防止滥讼作出了一些规定,但仍然无济于事。

柏拉图在《理想国》里,就对雅典这种滥讼现象有过十分辛辣的讽刺:

“一个人不仅把自己的大部分时光花在法庭上打官司，忽而做原告，忽而做被告；而且还不知道怎样生活更有意义，一天到晚要弄滑头，颠倒是非，使用各种推论、借口、诡计、阴谋，无理也要说出理来；而所有这一切努力又都不过是为了无聊的争执。因为，他不知道抛开那些漫不经心的陪审员安排自己的生活要美好高尚得多。”①

到公元前404年，雅典在伯罗奔尼撒战争中失败、屈服于斯巴达为止，真正独立自主的雅典的民主政体，在政治上的实践长约100年。在雅典臣服于斯巴达后，雅典民主制被废止。后来雅典政局几经动荡，尽管民主制有所恢复，但鼎盛时期的雅典政治、军事实力已经风光不再。到公元前338年，全希腊，包括雅典在内，都被马其顿国王菲力所征服。政治上独立的雅典城邦，更不复存在。

倘若按照希罗多德在《历史》中的观点，或者按照福山“历史终结论”中的立场，从“成王败寇”的历史逻辑看，作为一种政体，民主制无疑完败于寡头制，乃至君主制。事实上，雅典在伯罗奔尼撒战争中的失败也的确触发后世的论者反思雅典民主制的弊病。柏拉图和亚里士多德对雅典民主制评价都不高，认为民主无非是一群乌合之众的统治。他们的评价影响深远。此后2000多年，在西方政治传统中，一直到孟德斯鸠，以及美国制宪一代眼中，“民主”仍名声欠佳，被视为贬义词。随着希腊各城邦，尤其是雅典城邦政治的衰落，一时光辉灿烂的希腊文明沦落、沉寂下来。雅典人的民主政治体制，在西方长达2000多年的政治实践中，也被尘封起来。

要客观而准确地评价雅典民主体制，殊非易事。这不光牵涉文献足不足征的问题，还与评论者的根本立场（阶级立场与意识形态偏好）休戚相关。同时，还需要研究者拥有比较全面的视角。除了价值观部分，恐怕还需要添加功能主义视角。

尽管如此，雅典民主制归根结底是基于某一政府观念（理论）下的政治实践，它能否有效地完成组织社会的功能，增进社会合作与政治团结，而不是使社会陷入分裂或崩溃，才是检验这种政府观念（理论）及其实践能否立住脚的根本标准。

雅典民主政治最鲜明的特征，是公民尤其是平民对城邦政治的广泛参与。全盛时期的雅典，公民3万～4万人，他们仅占雅典全部居民的1/4，除

---

① 参见［美］罗伯特·E. 勒纳：《西方文明史》，王觉非等译，中国青年出版社2003年版，第110～111页；参见阮炜：《不自由的希腊民主》，上海三联书店2009年版，第160～177页；参见［古希腊］柏拉图：《理想国》，郭斌和、张竹明译，商务印书馆1986年版，第114页。

他们之外,所有的妇女、侨居雅典的外邦人及奴隶,都被排斥在城邦政治之外。①

尽管如此,客观地说,在古代社会,无论是东方还是西方,若论公民尤其是平民,直接参与国家政治的广泛程度(比例),雅典的确创造了一个历史性的高峰。这一历史记录,甚至在现代西方一些自诩为民主的国家,时至今日也依然难以超越。雅典民主制中所体现的平民对国家政治的广泛参与,当然是历史进步性的一面,应该予以充分肯定。权且不论平民参政的政治质量究竟如何,站在贵族立场抨击平民政治,实际上是在维护旧的世袭等级社会秩序,这有违历史进步法则,是根本错误的。

雅典民主的时代,中国正值风起云涌的春秋战国之际,当时平民作为一个阶级,也第一次自信地步入历史舞台,无论是在思想理论还是政治实践上,都有力地冲击了世袭贵族的政治格局。尽管古代中国没有产生跟雅典完全相同的平民政体,以及相应的民主思想与政治实践,但也涌现出了孟子主张"民贵君轻"的民本主义,墨子消除一切社会偏见(不辨贫富、贵贱、远迩、亲疏)的尚贤主张与兼爱思想,以及法家的法治平等主义。尤为重要的是,官僚世袭制基本土崩瓦解,选举制(选任制)应运而生。社会流动性通道由此打开,平民开始有了制度性上升阶梯。

总而言之,自人类进入阶级社会以来,无论在东方还是西方,平民阶级都不约而同地首次登上历史舞台,不仅激荡了思想,改革了社会,增强了社会活力,更促进了历史的进步。

不过,话说回来,雅典的民主制,确实带有很大的历史局限性。从某种意义上讲,雅典的民主制,建立在残暴的奴隶制经济基础上,雅典自由公民对城邦政治的广泛参与,同样建立在普遍广泛的奴隶劳动血汗基础之上。

西方的历史学家也承认,对近代一些爱好民主的人士来说,雅典"民主政府的兴起与奴隶制的发展两者之间有一种令人尴尬的关系"。雅典的民主制,只是在公元前500年左右才全面实施,而历史惊人的巧合之处在于,这时雅典人正好"突然发财"。当时,在阿提卡的劳里翁矿场,发现了丰富的银矿岩脉。新发现的银矿,使雅典人能成批地从东方奴隶贩子或蛮族部落那里购买大量奴隶,而在此之前,雅典的奴隶来源仅限于战俘。在雅典城邦所拥有的银矿中,有大量从事繁重苦役劳动

① 参见[美]罗伯特·E. 勒纳:《西方文明史》,王觉非等译,中国青年出版社2003年版,第111页。当然,也有学者认为,拥有充分政治权利的雅典公民根本不到雅典总人口的1/4,而只占14%~17%。参见阮炜:《不自由的希腊民主》,上海三联书店2009年版,第164、233~234页。

的奴隶，能生产足够多的财富。这也使雅典人能进一步购买更多的奴隶，奴隶制经济因此变得有利可图，能够自我循环。建立在奴隶制经济上的雅典民主政治，也因此可以维系下来。在雅典，约占雅典人口一半的奴隶被大量用于采矿、各种农业劳动、小规模工商活动及家务劳动，正是因为有大量的奴隶劳动，雅典的自由公民才有充裕的时间从事城邦政治活动。①因此，可以毫不夸张地说，古代雅典的民主之花，是由成千上万奴隶的鲜血与汗水浇灌的。

正因为雅典参与式民主，建立在奴隶制经济基础之上。可以说，没有奴隶制，雅典的民主制根本无法兴起。同样，雅典城邦的民主政治，实际上只有奴隶主、富人与贵族才能够参与，普通平民尤其是穷人，需要养家糊口，真正难堪其重负。因为表面上公民广泛参与的"全民政治"，其结果实际上导致了"全职公民"的现象。我们现在从库朗热所描述的雅典公民的日常生活，来看看雅典这种奇特的"全职公民"现象：

> 某天，他被区议会（这里的"区"，即部落行政下辖的"三一区"——引者注）召集，讨论这个小团体的宗教或财政事务。又某天，他被部落议会召集，筹备宗教节庆，或讨论开支，或制定法令，或任命首领及审判官。每月有三次，他得出席民众大会（"公民大会"——引者注）；他不能请假。开会的时间很长，他来不只是投票了事：从早晨到会议开始，他就得听演说至晚上。他须在开幕时在场，并听过所有的演说，否则不能投票。投票是他的一项重要事务。……公民的义务不只限于投票。轮到时，他要担任他所在的区或部落的官员。他每年平均有两次要担任审判官，作为审判官，这一年他要在法庭里度过，或听人辩护，或依法量刑。所有的公民，在他的一生中至少有两次参加五百人元老院（"五百人政务会"——引者注）的机会。于是在这一年间，他从早到晚都待在那里，或接受官员的陈述，听他们的报告，或回答外邦的公使，草拟雅典驻外公使的文书，或研究送给民众大会的事务，准备所有的条令。如果被人投票选中，或抽签抽出了自己，他更可任城邦中的执政官：长官、将军、民政官。由此可见在民主国家中，公民身上的担子极重，他的大部分时间都用在城邦事务上，留给个人事务或私人生活的时间很少。所以亚里士多德说，靠工作

---

① 参见[美]罗伯特·E. 勒纳：《西方文明史》，王觉非等译，中国青年出版社 2003 年版，第 116 ~ 117 页。据西方古典学界的一般估计，鼎盛时期（伯罗奔尼撒战争爆发前）的雅典，人口约 40 万，奴隶约 20 万，享有充分政治、经济与民事权利的公民不到 4 万人。参见阮炜：《不自由的希腊民主》，上海三联书店 2009 年版，第 233 ~ 235 页。

维持生计的人不能做公民,这话言之有理。①

如此看来,雅典民主政治所要求的公民,实际是一种完全脱产的"全职公民"。而与此同时,公民参与城邦政治,很长时间里并没有薪酬。而且,雅典的民主政治,无论是议会(公民大会)还是法庭(民众法庭),以及500人政务会,参与其中的人数即便跟现代大型国家的代议政治机构相比,规模上都毫不逊色,甚至过之数倍,是名副其实的广场型、剧场型大众政治。这种大规模集会的政治形式,当然不是协商政治,更不是《尚书》中所反映中国上古时期那种深思熟虑、深入细致的小型廷议政治,它本质上是一种剧场型演说政治与投票政治,或者说,实际上是一种具有剧场效应的表演政治。因此,对政治参与者的演说技巧、煽情能力要求很高。

比如,从前文引述过的伯里克利在阵亡将士葬礼上的演讲来说,就能看出他是一个非常擅于言辞,并且长于引导与发动民众情绪的政治演说家。在他之后,在雅典民主政治中,演说或修辞训练,对于准备严肃地从事政治的雅典公民而言,成为一项至关重要的必备政治素质。演说甚至成了一种职业。在雅典的各种政治集会中,为了使自己的演说更有说服力,更能打动人,政治演说人往往不惜工本花大价钱请职业撰稿人代写政治演讲稿。与此同时,受过良好的文化教育与政治训练,掌握、通晓雅典城邦乃至全希腊的政治、经济、军事、外交大事,对于从事雅典民主政治而言,更是一个十分重要的知识条件。平民,特别是穷人,在这些方面的教育与训练,存在天然的绝对劣势。②这就意味着,只有大奴隶主,只有出身富裕的大小贵族,拥有殷实的家底,省却了生计之忧,才能全力、全心、全情地投入城邦政治。而普通的平民,特别是穷人,根本没有足够财力从事真正有意义的政治活动,充其量只不过是一个被动的参与者,甚至在很多场所只能充当一个听众;本质上,他们是一个旁观者,而非真正的参与者。雅典的"全民政治",特别是公民在政治权利上的表面平等之下,实则掩藏了穷人与富人在经济上的深刻不平等。

---

① 参见[法]库朗热:《古代城邦:古希腊罗马祭祀、权利和政制研究》,谭立铸等译,华东师范大学出版社2006年版,第311~312页。

② 在五百人政务会上,富人参与比例非常高,但在公民大会与民众法庭上,富人到会少,而穷人因雅典城邦发放国家津贴,反倒是到会比例更高,因为参会津贴足够穷人一家人一天的生活开支。参见阮炜:《不自由的希腊民主》,上海三联书店2009年版,第240~242页。不过,这种由城邦(国家)派发的参会津贴,是典型的选票换钞票,按照库朗热的说法,是穷人用选举权争取来的:"他们要求必须付给出席民众大会和参加法庭审判的人以报酬。"参见[法]库朗热:《古代城邦:古希腊罗马祭祀、权利和政制研究》,谭立铸等译,华东师范大学出版社2006年版,第314页。

正如库朗热所正确评论的："民主制度不能取消贫穷，相反使贫穷更为显而易见。政治权利上的平等使生活状况上的不平等更加触目惊心。"由于雅典的经济完全建立在奴隶制劳动基础之上，公民很少有职业和工作。在有手工业的地方，如纺织、金银器和器械作坊，工匠清一色都由奴隶担当。即便是所谓的自由职业，也难觅公民的身影。就连治病救人的医生，也常常是奴隶身份。银行里的小职业，以及许多工程师、造船师，甚至是下级公务员，也多由奴隶充任。公民因不劳作，使他们变得日益懒惰。又因为他们只看到奴隶在工作，这也使他们产生轻视劳动、蔑视工作的念头，认为劳动是下贱的奴隶的本职。在这样的社会经济制度下，可以说，雅典的奴隶制完全斩断了贫穷的公民通过自身劳动改善经济条件的机会，他们只能通过雅典的民主政治体制，也就是通过政治剥夺，来改善自己的经济状况。因此，奴隶制不仅使人性（道德）堕落，而且也连带雅典的民主制一同堕落。

贫穷的公民，首先利用手中的选举权来生财，要求城邦为出席公民大会和民众法庭审判提供劳务报酬。如果城邦财政无力支付这笔费用，穷人们干脆就出卖投票权。由于投票机会很多，他们也就能通过出卖选票来维持生活。在罗马，选票换钞票的交易是大摇大摆公开进行的，司空见惯。但雅典人对此"犹抱琵琶半遮面"，没有罗马人那样招摇。罗马的穷人不能进法庭，他们就出卖自己的证人身份。雅典的穷人，则可以直接出卖自己的审判权。

以上林林总总，都还只算是民主的小伎俩，上不了台面，算不得光明正大。穷人对富人更加激进且更为合法有理的斗争，是通过他们占多数的民主决议，令富人承担一切公共开支，增加富人的赋税，让他们出钱造战船，为民众举行节庆活动；而且，屡次加大罚金的数额，甚至干脆因极小的罪过，将富人的财产充公；或者最终将富人驱逐流放出国，将他们的财产充公，分给穷人。

这种贫富分化的社会结构，以及他们之间的政治斗争乱局，在全希腊各城邦都广泛存在，雅典自然也不例外。按库朗热的说法，轮到富人执政时，民主制度就演变成为少数人的暴政；而轮到穷人执政时，民主制度又转变成为多数人专断的统治。到后来，无论是贵族政体还是民主政体，它们之间的真正差别已变得不再重要，干脆就以"自由"或"僭主"做标签来区别。富人一旦掌握了城邦政权，便大张旗鼓地宣称"自由"取得了胜利，而与此相反，穷人若获取了统治权，又被认为是"僭主"的胜利。归根结底，仍然还是社会贫富阶层之间反反复复、漫无休止的阶级斗争。①

柏拉图和亚里士多德都曾认识到,社会贫富分化是城邦政治不稳定的首要原因,因而祭出"均贫富"的社会政策作为他们的重要政治主张。这同时也体现了他们对当时各城邦主要政治弊病的敏锐观察。

尽管雅典民主社会并不被现代人视为一个普遍平等的社会,但雅典的民主政治的确是建立在有限的平等主义原则基础上的。当然,这种平等仅限于公民身份上的平等。实际上,即使存在这个平等概念,但雅典实质上仍然是一个显著的等级社会。不仅在奴隶主与奴隶之间,男子与妇女之间存在深刻的不平等,就是公民之间也是如此。在梭伦改革时期,他就根据财产多寡把公民分为四个等级,不同等级的公民享有的政治权利不同。经过后世不断改革,雅典城邦的政治权利才最终扩及公民的最低等级。

这种有限的平等主义,又发生在一个公民人数规模相当有限的城邦(国家),于是产生了一种令现代人看起来非常荒诞不经,但当时雅典人却觉得十分自然的政治制度。这就是"轮流坐庄"的政治制度。这种"轮流坐庄"的政治制度,算是雅典民主政治另一个鲜明的特征。但这种独特的政治制度,跟政府的机构化进程,以及后世发展出来的职业官僚的政治专业主义趋势,完全背道而驰。亚里士多德尽管完全能理解专业主义对于促进技艺的好处,他熟悉并赞同柏拉图的社会分工合作理论,但不知为何,他看不到政治专业主义的好处,依然为这种"轮流坐庄"的政治制度论证并辩护。

亚里士多德所依据的最大理由,就是这个基于公民身份的平等主义。

---

① 库朗热总体上认为,古代西方各城邦屡次发生的"革命",使平民获得了自由,获得了平等的政治权利,雅典还实现了民主政治,但因为奴隶制,这些平民依然深陷穷苦之中。希腊诸城邦的贫富阶级之间,出现过火的政治斗争,乃至灾难性后果的斗争,人们通常将此归咎于雅典民主政治。库朗热则为雅典辩护。他认为,雅典几乎是希腊诸城邦中唯一未发生可怕的贫富冲突的城邦。他举例说,梭伦曾下令,不劳动的人没有政治权利。伯里克利则希望他所下令修建的工程全部交与自由人,而不要任何一个奴隶的参与。参见[法]库朗热:《古代城邦:古希腊罗马祭祀、权利和政制研究》,谭立铸等译,华东师范大学出版社 2006 年版,第 313 ~ 318 页。库朗热在这一点上,有些为雅典粉饰的味道。且不说库朗热所举例中的梭伦与伯里克利的政策最终有无真正地落实,他所举之例正好侧面说明雅典公民(自由民)对劳动有多轻视。事实上,无论从柏拉图还是亚里士多德的著作来看,雅典人对于劳动者,无论是农民还是工匠,都是极端贬视的。这可能代表了当时流行的社会偏见。在雅典人看来,公民的本职就是从事政治活动。雅典人认为天生有两类人,一类是从事低下劳动的人,另一类便是像他们那样从事政治活动的人。在民主雅典,妇女的地位十分低等,基本被禁锢在家中,妇女所干的家务工作十分低下,基本接近于奴隶的工作。雅典的妇女自然也没有公民身份。参见[美]罗伯特·E. 勒纳:《西方文明史》,王觉非等译,中国青年出版社 2003 年版,第 114 ~ 116 页。亚里士多德在讨论公民籍问题时认为,最优良的城邦形式不应当把工匠作为公民。他的理由是:从事鄙俗贱业的人,不具备好公民的良好美德。参见[古希腊]亚里士多德:《政治学》(卷 3),吴寿彭译,商务印书馆 2009 年版,第 129 ~ 131 页。

他坚持认为，自由人与自由人之间，作为同等公民，他们不能同时做统治者，必须按年份或其他规定时期，或按其他轮流的程序，交替执政。他说："就技术作业而论，当然以坚守本行业为贵，而恒心恒业的愿望要是也适用于政治，那么，就可以让某些人好像鞋匠的终身不离线革，木工的终身不离斧斤那样，终身作为统治者从事治理工作。可是，由于全体公民都天赋有平等的地位，政治上的这种恒业就不可能施行，而且依据公正的原则（无论从政是一件好事或是一件坏事），也应该让全体公民参与政治；安排好执政者轮流退休，并使他在退休以后和其他同等的自由人处于同等的地位，这不失为一个通情达理的办法了。"①

他的这个逻辑其实算不上什么严肃的论证，根本没有讲出什么有说服力的道理。无非等于是说，专业主义当然是好的，但在政治领域不适用。为什么呢？因为全体公民都平等，不能有终身的统治者，所以必须得大家轮流来干。仿佛政治跟其他一切工作不同，既不需要技艺，也不需要专门知识，更不需要判断力，因此，也就用不着专业化。亚里士多德作为古希腊时期饱学多闻、数一数二的思想家，其对政治的专业化见识尚且如此狭隘、浅薄，因此雅典人在伯罗奔尼撒战争中，接二连三犯决策错误，最终导致遭遇失败，真是一点都不"冤枉"。"轮流坐庄"的观念与制度，客观上放大了雅典民主政治中的民粹主义倾向。在伯罗奔尼撒战争中，雅典民主制在政治与军事决策上接连失误，固然与缺乏长期、稳定的政治领导人直接相关。这也暴露出雅典民主政治的"轮流坐庄"存在制度性痼疾。

在平等原则的逻辑之外，亚里士多德还认为，一个城邦必须由不同品类的人组成，而"在同一期间，一部分人主治，另一部分人受治，经过轮替，则同一个人好像是更换了一个品类"。②这种理论逻辑，现代人的确很难理解。何以"轮流坐庄"之后，同一个人就变了，换了一个品类呢？令人费解。

亚里士多德为"轮流坐庄"论证的第三个逻辑，是他相信轮流执政会使公民彼此照顾对方的利益。他认为，统治者主要致力于被统治者的利益，所以这些义务应该由大家轮流分担，而统治者作为公民团体的一员，也附带地获得共同的利益。他说："这原来是一个合乎自然的制度，当初，人们各自设想，在我担当这种义务的时期，既然照顾到他人的利益，那么轮着他人执政

① ［古希腊］亚里士多德：《政治学》，吴寿彭译，商务印书馆2009年版，第46～47页。
② ［古希腊］亚里士多德：《政治学》，吴寿彭译，商务印书馆2009年版，第47页。

时期,也一定会照顾到我的利益。"①

几千年来人类的政治实践历史证明,亚里士多德的这个逻辑完全站不住脚。在私有制下,统治者与被统治者之间的利益关系并不具备共同性,实质上根本对立,本质上是零和博弈,冲突难以避免。统治者往往致力于维护统治者本身的自私利益,而非被统治者的利益,这是基本的历史常态。建立在随机抓阄选择之上的"轮流坐庄"制度,也并不能混同这两种不同性质的利益,更不会抹平贫富阶级之间巨大的经济、政治、社会地位鸿沟。

尽管柏拉图和亚里士多德的政治理论颇有见地,但如果从他们所设想的理想城邦的人口规模来看,就会发现,他们一致认为城邦难治的一切政治问题都源自城邦规模太大,人口太多。柏拉图心中理想的城邦公民总数为5040人。亚里士多德对城邦理想的公民人数,虽没有给出具体数字,但从他强调公民应该彼此熟悉对方的品性,以及一眼就能望见城邦边境疆界来看,他跟柏拉图所主张的城邦人口规模,应该是大同小异。②

他们的这种理想政治观念,从根本上来说,是典型的小国寡民式的倒退历史观,代表了当时典型的希腊思想,是古代希腊城邦林立的碎片化政治现实在人们观念中的反映。这种思想观念当然是不切实际的。他们所设想的

---

① 从照顾利益的角度,亚里士多德把各种统治形式划分为三类:一是主人(奴隶主)对奴仆(奴隶)的统治,这里自由主人和天然奴隶虽然可以互利,但主人执掌统治权力时,总是尽多注意自己的利益。二是家长对于妻子、子女和一般家属的统治,他认为这类统治是为了被统治者的利益,同时也为了统治和被统治两方面的利益。他还拿医生、体育教师及航船的舵师等操持非政治技术的专业人士做比较,认为他们都不是为了自己的利益而操持其技术(即使他们因此而获得利益,也只是附带)。三是城邦宪政统治。所谓"宪政"(constitutional)政体,商务印书馆版《政治学》也译作"共和"(第14、136页),或"立宪"政体(第199页),是指依据城邦政制的规章进行的治理,全城邦公民轮番为统治者与被统治者。亚里士多德对统治形式的这种分类,并未击中要害,其实是很无谓的,有为分类而分类之嫌。研究方法上热衷于分类的类型学,亚里士多德可谓开山宗师(韦伯也属于这个类型学宗派)。譬如,亚里士多德的政体理论,就把他善于分类的类型学发展到了极致。各种政体种类繁多、异常复杂。除了三大政体,他还把不同的政体,区分为正宗政体与变态政体。一人统治,但能照顾全城邦人民利益的,称作"王制(君主政体)"。凡以少数人统治,但对城邦及其人民抱着"最好的宗旨",那就是"贵族(贤能)政体"。凡是以群众为统治者而能照顾到全城邦人民公益的,称为"共和政体"(根据商务出版社版译文,或叫"宪政政体""立宪政体")。僭主政体为王制的变态政体,是指一人为治,以其个人利益为依归。寡头政体为贵族政体的变态形式,是指以少数富户利益为依归。而平民政体,是指以穷人的利益为依归。亚里士多德认为,这三种变态政体都不照顾城邦全体公民的利益。参见[古希腊]亚里士多德:《政治学》,吴寿彭译,商务印书馆2009年版,第134~137页。

② 柏拉图在《理想国》中认为最佳规模的城邦国家,1000名战士就够了。到了《法律篇》,成了5040个公民。无论是哪个数字,规模都很小。参见[古希腊]柏拉图:《理想国》,郭斌和、张竹明译,商务印书馆1986年版,第137页;参见[古希腊]柏拉图:《柏拉图全集》(第3卷),王晓朝译,人民出版社2003年版,第496页;参见[古希腊]亚里士多德:《政治学》,吴寿彭译,商务印书馆2009年版,第62~63、357~363页。

最理想的城邦人口规模与疆界范围实在太小了，甚至不及于现代社会的一个小乡镇，乃至一所大学的规模，却要冠以“国家”的政治人格。如此袖珍的“国家”，在充满竞争、武力兼并与征服的古代凶险世界里，事实上是很难捍卫自己的政治独立的。雅典包括全希腊的城邦，先屈服于马其顿，后又臣服于罗马，也证明了这一点。[①]

相形之下，中国古代社会的政治实体，人口规模及地理疆域都要大得多。雅典民主政治时期，正值中国的春秋战国之际。中国同时期的诸侯国平均人口规模，应该是希腊世界中的“超级大国”雅典至少 10 倍以上。[②] 在春秋、战国时代，中国冒出了不同学派的思想，比如老子的政治理想，也主张回到结绳而治的“小国寡民”时代。然而，人类社会早期那种交通与信息不通、相互隔绝、彼此孤立的小政治共同体的时代，已经无可挽回地结束了。从这个意义上讲，无论是雅典的民主政治，还是柏拉图、亚里士多德的政治理论，乃至老子的政治理想，正是一去不复返的小政治（共同体）旧时代的绝响与回声。

3. 现代大众民主——代议制民主

现代西方的所谓民主政治，实质上是以普选权（universal suffrage）为主要特点的大众民主（popular democracy）。这种民主又被称作代议制民主，或叫作间接民主，跟雅典的参与式民主或直接民主区别开来。

前文提到，一直到西方近代，“民主”的名声欠佳，这与“民主”本身就是代表平民政体也有很大关系。无论哪里的贵族与富人，哪一时代的权贵阶级，都一样憎恶穷人，他们自然把穷人翻身取得的政权视之为洪水猛兽。这是阶级立场与阶级本性所决定的，跟人们所处的时代或所在的国度并无多大关系。

再说，雅典的民主政治实践，又带有明显的大众广场政治与剧场政治的特点，表现出较多的民粹主义情绪化倾向。最重要的是，雅典的民主制建立在奴隶制基础上，奴隶制经济虽然滋养了雅典的民主政治，但最终还是败坏

---

① 有学者从地理因素与文化因素（心理因素）的角度，解释了古代希腊世界的这种自我独立、分裂而碎片化的政治格局。一方面，希腊世界的海湾、河流、山峦、峡谷隔开了各聚居区，使希腊形成城邦林立的四分五裂的政治局面；另一方面，是希腊人的自我中心主义文化因素。参见阮炜：《不自由的希腊民主》，上海三联书店 2009 年版，第 41 ~ 46 页。

② 有学者估计，中国在公元前 221 年秦统一六国时，人口至少有 4000 多万，战国时期的人口峰值约 4500 万。当然，也有学者估计秦统一中国时人口约 2000 万。但无论是哪个数字，战国时期的七国的平均人口，都是希腊最大的城邦雅典人口至少十倍以上。参见葛剑雄：《中国人口史》（第 1 卷），复旦大学出版社 2002 年版，第 300 ~ 301 页。

了民主政治。雅典缺乏有效的社会经济手段来解决社会贫富差距，只能通过民主政治机制，通过政治剥夺的粗暴手段。长此以往，雅典的古典民主制，最终走向极端化并堕落下去。

托马斯·阿奎那对“民主”的评论，最能代表2000多年里西方知识精英阶层的主流意见。他直截了当地说：“当邪恶的统治权是由多数人实行时，那就叫民主。”这种观点一直延续到法国大革命时期。比如，西方近代启蒙主义者康德对“民主”的理解，就依然视之为暴政的代名词。当时，“共和”倒是一个好名词。1795年康德在《论永久和平》里认为，永久和平的第一条要求就是每个国家的政体必须是共和制。顺便评说一句，康德的这个逻辑，跟福山的“历史终结论”同出一辙。康德还严厉抨击那些把民主政体混同于共和政体的人，他认为，一切政体，凡不属于共和政体的就是暴政。康德的立场，应该说很好地代表了当时那个时代的流行立场。

在大西洋另一边，麦迪逊也同样一再强调，不能把“共和政体”与“民主政体”混淆起来。他总体上褒扬代议制的共和政体，而贬低民主政体。当时，“民主”的含义就等同于它现在对立的词“专制”或“暴政”。麦迪逊曾直言不讳地说：“民主制度一直就是骚乱与争斗之大观，而且始终表明与人身安全或财产权不能相容；一般来说，它们总是短命，而且总是暴死。”正是出于西方社会长久以来的政治文化传统及时代偏见，美国1787年费城制宪会议上，是从共和的角度，而不是从民主的角度来制定宪法。法国大革命也主要是把“共和”作为其政治理想，只有罗伯斯庇尔在垮台之前对国民议会发表演讲时使用过“民主”一词。这样一来，雅各宾专政使“民主”的恶名，至少在欧洲又流传了半个世纪。①

“民主”概念在现代西方的翻身仗，可与世间任何励志故事媲美。造成这种观念大反转的主要历史动力，还是法国大革命带来的广泛而深刻的政治与思想影响。有学者专门研究法国大革命时代的法语词汇或句子，发现其中虽然提到了“民主”政体，但属于不常用的术语，而且主要是作为“贵族政体”的对立面出现的。还有学者研究发现，在大革命时期，只有3份文献的作者，是以赞同的态度使用“民主”一词。这3份文献分别出自潘恩、罗伯斯庇尔，以及后来成为罗马教皇庇护七世的基亚拉蒙蒂之手。

1796年到1799年，在意大利，“民主”作为一个褒义词而被广泛使用。

---

① 有学者认为，罗伯斯庇尔其实也是将“民主”当作“共和”同义语而使用。参见[美]乔万尼·萨托利：《民主新论》，冯克利、阎克文译，上海人民出版社2008年版，第314～316、324页；参见[美]汉密尔顿、杰伊、麦迪逊：《联邦党人文集》，程逢如、在汉、舒逊译，商务印书馆1980年版，第10篇、第14篇、第48篇。

人们猜测造成这一特殊文化现象的主要原因，是因为城邦共和制在意大利半岛历史悠久，“共和”对意大利半岛来说，自然并非什么新鲜之物。因此，大革命带来的崭新的政治理想，不能像在法国那样用“共和”一词表达。在意大利，“民主”便取代了“共和”，象征大革命以来新的政治理想。①无论怎么说，法国大革命所宣扬的平等主义价值观，使雅典建立在公民平等身份政治上的民主观念，变成了大革命之后值得追求的政治理想。

北美十三州殖民地在宣布与欧洲宗主国分离，并运用武力捍卫自己的政治独立地位时，具有反讽意味的是，他们同时又充分展现了他们摆脱不了欧洲文化殖民地的地位。他们不仅运用武力，也运用源于欧洲的思想文化作为武器，来与欧洲的宗主国英国展开斗争。整体上，他们当时的政治思想观念，并没有跳出欧洲文化与政治理论的藩篱。欧洲的主要思想家与理论家，就政治倾向而言，无论是大陆的马基雅维利、普芬道夫、孟德斯鸠，还是英国的霍布斯、哈林顿、弥尔顿、西德尼、哈利法克斯、休谟与布莱克斯通，都反对民主政体，反感民主观念。霍布斯是偏向君主专制的国家主义者。休谟是托利党人，他认为，民主是向无政府状态敞开大门。在北美殖民地法律界影响广泛的布莱克斯通，也是托利党人。哈林顿、弥尔顿以及西德尼，是具有强烈贵族倾向的共和派，而哈利法克斯与洛克，在政治立场上是君主立宪主义者。②总而言之，所有这些欧洲的思想家与理论家，要么不信任民主，要么严厉地谴责民主。③

1787 年费城制宪会议，主宰整个制宪会议议程的是当时北美十三州殖民地的上层精英。刚刚赢得独立的十三州，仍面临多重危机。各州本身的财政状况堪忧，彼此之间在战争债务、航运、州际贸易、过境税收等方面，又矛盾重重。邦联条款早已形同一纸空文。召开制宪会议的最初目的原本是修订邦联条款，但他们很快意识到邦联本身在独立战争期间，就已被证明既不中看亦不中用，早已无可挽回，现在迫切需要“另起炉灶”。

因此，费城制宪会议的核心议题是如何建立一个更强有力的中央政府（联邦政府）。对这一问题的迫切性认识，来自谢司起义直接引发的社会震动。当时，谢司起义把马萨诸塞州西部搅得天翻地覆，北美殖民地的上层精

---

① 参见[美]乔万尼·萨托利：《民主新论》，冯克利、阎克文译，上海人民出版社 2008 年版，第 325 页。

② 洛克的政治理论与政治立场之间存在差异。正如笔者在前 1 章（第 3 章）所指出的，洛克的《政府论》带有明显的资产阶级激进革命的色彩，但他实际的政治立场明显要较其政治学说保守。不过，无论是其政治立场还是政治理论，都并非近现代意义上的民主立场或理论。

③ 参见[美]沃浓·路易·帕灵顿：《美国思想史》，陈永国、李增、郭乙瑶译，吉林人民出版社 2002 年版，第 244～245 页。

英第一次对政府的软弱无力有了真切的感性认识。他们原以为赶跑了在他们头上作威作福的宗主国委派的统治者,就天下大吉了。但是,他们错了。谢司所领导的绝望的下层破产农民的起义,真正令富有财产的殖民地上层精英坐卧不安。[①]从诺克斯将军在1786年10月23日写给华盛顿的信,可见一斑:

> 我的最初印象是,马萨诸塞优秀的神权政府已经分裂成宗派,变得骄奢淫逸起来,它的法律已被践踏。……他们的信条是,美国的财产由于共同努力而未被英国没收,因此应该成为大家所共有。……对于这一可怕的形势,我们的政府没有采取足够的预防措施,但它却提醒了新英格兰每一个讲原则和有财产的人。他们从梦想开始,追问这一错觉的原因可能是什么?什么能够保证我们不受这些无法无天之人的侵害?我们的政府必须得到支持,必须改变,以保证我们的生命和财产。[②]

富有的公债持有人诺克斯的这一席话,忧心忡忡,简直跃然纸上,同时充分暴露了他的阶级立场。他的意图简单明了:无论如何,必须建立一个强有力的中央政府,来保护上层精英,保护他们自己的生命与财产权。诺克斯写给华盛顿的这封信,同时也为费城的制宪会议,提供了一个十分生动的历史注脚。支持制宪会议与新宪法运动的人,正是那些商业、财政、信贷和投机阶层的人,他们的经济利益,在软弱无力的政府之下,得不到有效的保护,因而受到了严重的影响。他们必须求助于制定新宪法,建立起一个更强有力的全国政府。研究美国制宪会议的学者,传统上很容易被大州与小州、南方蓄奴州与北方自由州的分歧与妥协所吸引,被制宪会议中争论的细节所迷惑,而容易忽略美国制宪会议与立宪运动代表上层精英的保守性,并忽略

---

① 谢司在北美独立革命战争期间曾任职上尉。战后,他领导一支由破产农民所组成的起义军,试图封锁法庭,以阻止取消抵押品赎回权及债务入狱的司法程序,他们对立法会议也采取了恫吓手段,要求拒绝清偿债务,这迫使商界采取了果断行动。马萨诸塞州政府在一些富商的资助下组织了民兵,很快平息了谢司起义。谢司起义警醒了北美独立革命的大多数领导者,华盛顿对谢司起义所造成的动乱局势深表忧虑。不过,当时远在法国的杰斐逊,倒不那么不安。他认为,"经常地有一些小骚动是一件好事",并且说,"动乱对于一个健康的政府有如必要的良药"。杰斐逊的朋友麦迪逊,则不这么看,他马上采取行动,积极地与汉密尔顿合作,最终促成了费城制宪会议的召开。参见[美]威廉·J.本内特:《美国通史》(上册),刘军等译,江西人民出版社2009年版,第90~96页;参见[美]沃浓·路易·帕灵顿:《美国思想史》,陈永国、李增、郭乙瑶译,吉林人民出版社2002年版,第242页。

② 参见[美]沃浓·路易·帕灵顿:《美国思想史》,陈永国、李增、郭乙瑶译,吉林人民出版社2002年版,第242~243页。

在保护他们的根本利益这一点上，他们的立场与意见的一致性。①

费城制宪会议是一次典型的闭门会议，在会议主持华盛顿的严厉督促下，会议保密工作做得非常到位。当时，美国独立革命中激进左翼的代表，都没有出席费城会议。②主宰制宪议程的上层精英清醒地意识到，他们在闭门会议中所讨论的内容是不能随便公之于世的，否则必会引起社会舆论的轩然大波，这将十分不利于制宪会议的顺利进行，不利于制宪会议致力于完成的目标。

从制宪会议看，上层精英与下层人民之间的政治阵营壁垒，已经悄然形成。北美独立革命之后，各州的宪法建立在社会契约论与人民主权理论基础之上。人民主权政治理论的合理逻辑结论，自然应该是民众广泛参与的大众政府。但借着谢司起义搅起来的社会不安情绪，以及人们对雅典式民主的时代偏见，这次制宪会议中所表现出的反民主情绪，使人民主权理论甚至被扭曲到跟人民大众毫不相干的地步。汉密尔顿在回应弗吉尼亚方案与新泽西方案时，就曾抨击这两个方案都给予民众过多的权力。他坚持认为，民众是“好骚动和多变无常的”，而且他们“缺乏判断力或决断力。”他直言不讳地要求，在新政府中应给予富人以更大份额的权利和影响力。③

麦迪逊在《联邦党人文集》第 48 篇中表达的三权分立与制衡理论，表面上是追随孟德斯鸠的理论，但从他的字里行间中无不透露出他对立法部门篡夺和集中权力的担忧。④事实上，在三大权力部门中，立法部门是最具民主

---

① 参见[美]福克讷：《美国经济史》(上卷)，王锟译，商务印书馆 1964 年版，第 191 ~ 197 页；参见[美]比尔德：《美国宪法的经济观》，何希齐译，商务印书馆 1984 年版，全书特别是第 2 章、第 3 章、第 5 章。

② 参见[美]福克讷：《美国经济史》(上卷)，王锟译，商务印书馆 1964 年版，第 193 页。

③ 参见[美]威廉・J. 本内特：《美国通史》(上册)，刘军等译，江西人民出版社 2009 年版，第 99 ~ 100 页。汉密尔顿非常贬视(下层)人民，曾有过一句臭名昭著的评论：“人民！——人民是一个大野兽！”他在制宪会议辩论时坦陈：“我与广大人民群众没有什么联系，也不想靠虚伪矫饰赢得他们的支持。”[美]沃浓・路易・帕灵顿：《美国思想史》，陈永国、李增、郭乙瑶译，吉林人民出版社 2002 年版，第 262 页。

④ 参见[美]汉密尔顿、杰伊、麦迪逊：《联邦党人文集》，程逢如、在汉、舒逊译，商务印书馆 1980 年版，第 48 篇。麦迪逊在该篇中详尽援引了杰斐逊《弗吉尼亚纪事》中的观点：“政府的一切权力——立法、行政和司法，均归于立法机关。把这些权力集中在同一些人的手中，正是专制政体的定义。这些权力将由许多人行使，而不是由一个人行使，情况也不会有所缓和。一百七十三个专制君主一定会像一个君主一样暴虐无道。……一个选举的专制政体并不是我们争取的政府；我们所争取的政府不仅以自由的原则为基础，而且其权力也要在地方长官的几个机构中这样划分并保持平衡，以致没有一种权力能超出其合法限度而不被其他权力有效地加以制止和限制。”杰斐逊当时这段话，活像学习孟德斯鸠理论的大学生摘抄本。然而，随着杰斐逊经历世事更多，人生阅历更为丰富，加之与联邦党人的政治斗争，杰斐逊的思想发生了明显的左转，更偏向民主，更倾向大多数人的意志，他也更敏感于司法部门对民众意志的侵犯，而不是担心立法部门。参见[美]沃浓・路易・帕灵顿：《美国思想史》，陈永国、李增、郭乙瑶译，吉林人民出版社 2002 年版，第 298 ~ 310 页。

政治性质的机构。麦迪逊的担忧,不单单是他个人的私见,而是代表当时北美上层精英的一致立场。在他们看来,大多数人(社会公众)的意志是难以驾驭的,而难以驾驭的大多数人意志更容易带来暴政的危险。因此,他们把共和制看作是君主制与民主制两个极端之间的一种妥协,一种体现权力平衡的政治机制,以保障少数上层精英(富人)不受多数人的强制与侵犯。他们刚刚推翻了英王政府在北美殖民地的统治,新的政府若采用君主制,显然是一种政治不正确。因此,他们所理解的共和制,实则主要是防范滑向大众政治的民主制。这也是麦迪逊这一班共和派(联邦主义者)更担心立法权的原因所在。①

美国制宪的整个过程,实际上经历了两场大的辩论。第一场大辩论,发生在费城制宪会议封闭的会场内。来自大州与小州、南方蓄奴州与北方自由州的上层精英,在会场内舌枪唇剑,相互讨价还价。最终形成的宪法草案,因而被视为各方"大妥协"的产物。因为费城制宪会议的高度保密性质,参与讨论与辩论的制宪会议代表基本上都能做到畅所欲言。他们甚至毫不掩饰自己的经济动机和阶级利益。正因如此,他们对人民大众的不信任,以及对民主制的敌视,也因此表露无遗。② 第二次大辩论,则是宪法草案的批准过程。这是一场公开的大辩论。这场公开大辩论的甲方,后来可谓大名鼎鼎,为人们所熟知。其实,他们当时的真实身份尚隐藏在笔名背后,所发表的是匿名政论文章。这些政论宣传文章,本来旨在影响 1788 年各州(尤其纽约州)选民支持新的联邦宪法,后来汇编成了《联邦党人文集》。这部文集后世被推崇为宪法理论的经典。③相形之下,第二次大辩论的乙方多是些不那么出名的人物。他们所反映的多是中下层人民的心声,但他们占了当时北美社会沉默的大多数。

其实,第二次大辩论甫一开场,事情就已明朗化:大多数人所理解的人民主权概念,与费城制宪会议所表达的概念截然不同。宪法草案企图通过平衡的权力分立机制,来束缚住大多数人(社会大众)的手脚,以制止所谓暴

---

① 参见[美]沃浓·路易·帕灵顿:《美国思想史》,陈永国、李增、郭乙瑶译,吉林人民出版社 2002 年版,第 239 ~ 255 页。

② 参见麦迪逊:《辩论:美国制宪会议记录》(上、下册),尹宣译,辽宁教育出版社 2003 年版,全书;参见[美]沃浓·路易·帕灵顿:《美国思想史》,陈永国、李增、郭乙瑶译,吉林人民出版社 2002 年版,第 244 ~ 248 页。

③ 托克维尔高度评价《联邦党人文集》,称:"《联邦党人文集》是一部好书,尽管它是专为美国而写的,但亦为全世界的国务活动家所必读。"参见[法]托克维尔:《论美国的民主》(上卷),董果良译,商务印书馆 1988 年版,第 128 页。美国的政治理论学者对《联邦党人文集》也评价非常高,伍德罗·威尔逊称赞《联邦党人文集》中的文章"无与伦比"。奥斯特罗姆则认为《联邦党人文集》包含"智慧美玉"。参见[美]文森特·奥斯特罗姆:《复合共和制的政治理论》,毛寿龙译,上海三联书店 1999 年版,全书尤其是第 48 页。

民之治的民主制倾向。问题是，大多数人并不愿意他们的意志被少数人的意志约束。与此同时，占社会大多数的社会中下层（农民与小人物），还担心新政府（联邦政府）会掌握在富人手中，认为这样一个凌驾于各州主权之上，掌握相当权力的新政府，是贵族和有钱人蓄谋已久的阴谋计划。

在罗德岛，新宪法遭到了“绝大多数人”的拒绝。在马萨诸塞会议上，汤普森将军说：“宪法和引诱绅士们制定宪法的那些理由应该交送几个城镇，以供人民考虑。我们这个城的人民考虑了 7 天，此后再也没有人赞成它了。”来自马萨诸塞州苏顿镇的阿摩斯·辛格尔特里下面的一番话，更明确地表达出了大多数农业平均主义者对新的联邦宪法的担忧：

> 这些律师、有学问的人和有钱人，他们嘴上说得好听，用华丽的辞藻让我们这些穷苦的文盲吞下苦药，他们自己却想要进国会，他们希望成为这个宪法的管理者，把所有权力和金钱都握在自己手中，然后，他们再吞掉我们这些黎民百姓，就像伟大的利维坦一样。①

对新的联邦宪法的反对意见，主要来自农业区域与负债地区。北美独立革命后的弗吉尼亚首任州长帕特里克·亨利就曾断言：“我相信大多数的自耕农都是坚决反对这个宪法的，这是事实。”不过，尽管如此，新的联邦宪法最终还是获得了批准。

造成这种结果的主要原因，还是由于各州在独立革命前就存在的对选民选举资格的旧有限制普遍存在，导致大量没有达到财产资格的中下层民众在整个制宪活动中，既没有发言权更没有表决权，无从选出代表自己利益的制宪代表来参与制宪活动。据研究者估计，当时北美十三州约 3/4 的成年男子，未能参加批准新宪法的表决。联邦宪法的批准，当时大约只获得不到 1/6 的成年白人男子投票赞成。从总体来说，美国制宪无论是方案讨论还是最终批准，的确都是少数上层精英的杰作，而不是大众意志的产物，更不是民主政治的产物。②

---

① [美]沃浓·路易·帕灵顿：《美国思想史》，陈永国、李增、郭乙瑶译，吉林人民出版社 2002 年版，第 248 页。

② 参见[美]福克讷：《美国经济史》（上卷），王锟译，商务印书馆 1964 年版，第 193 页；参见[美]比尔德：《美国宪法的经济观》，何希齐译，商务印书馆 1984 年版，第 226 ~ 227 页。比尔德通过详尽的资料分析，最后得出结论认为：美国的制宪运动，是由四个在《邦联条款》下受到经济损害的动产集团发起和推动的。这四个集团分别是：货币、公债、制造业、贸易与航运业。关于召开制宪会议的提议，并未经过直接或间接的人民表决。起草宪法的费城制宪会议成员，除少数外，都从新制度与新政府的建立获得了直接的私人利益。在新的联邦宪法批准问题上，事实表明：赞成与反对宪法两派之间有一条明显的鸿沟，一边是殷实的动产利益集团，另一边是小农和债务人集团。

美国转向民主政治,从根本上讲,当然是美国建国以后的阶级斗争,不同利益团体之间的政治博弈,尤其是政党政治斗争的直接结果,另外,又绝对离不开法国大革命精神火把的点燃。用帕灵顿本人的话说,“法国大革命对西方世界的创造性影响在于它的巨大推动力,促进了美国生活和制度的民主化进程”。在费城制宪以及批准宪法的公开辩论过程中,锻造美国未来政党政治的政治阵营虽已悄然就位,但真正造成北美殖民地的政治大觉醒,直接来自1789年法国大革命的震撼弹。大革命“不但在法国历史上而且在美国历史上成为一条红色的分水岭。它不仅分化了政党,而且铸造了政党;它给政党划定了界限,规定了口号,也给了它们痛苦。国内问题曾是从属的、边缘的;真正的政党路线是在大西洋彼岸确立的”。在美国独立革命之后,法国大革命在北美社会重新燃起了巨大的政治激情。大革命不仅清算、清理了此前的传统政治哲学,也使美国刚刚确立、尚有些模糊的政治阵线,变得更加明晰起来。①

在法国大革命之前,美国跟欧洲一样,都一直拒斥“民主”这个政治术语。即便是美国独立革命中的激进派,也几乎无人敢公然宣称自己是民主派。但法国大革命使这一切发生了剧烈的变化。法国大革命扫除了君主、贵族封建势力,旧的君主专制理论被人民主权论所取代,旧有的政治观念与哲学理念被迅速涤荡。法国大革命广泛传播了平等主义哲学,高扬了民主政治的理想。

大革命的崭新哲学与政治理想,尤其是平等主义价值观,在美国得到了空前的广泛传播。这些革命新思潮,更是直接吸引了那些仍被剥夺政治权利,而又构成社会大多数的中下层民众,强烈地唤醒了他们的政治意识,分化并强化了整个社会的阶级阵线与政治阵营。美国这一新生国家,由此鲜明地分化为左翼和右翼两大政治集团。随着法国大革命的进一步发展,美国社会中的政治讨论与政治斗争,也变得愈加激烈、冲动。

英国向法国宣战的举动,在美国更是极大地加剧了原本对立的政党分裂,引起了一场又一场政治危机。联邦党人站在英国一边,猛烈地抨击民主运动。另外,民主派则成为法国的精神盟友,声称自己才是真正的共和主义者,痛斥上层贵族分子,并随着雅各宾党上台而变得更加激进。

在高度激烈的政治对垒中,此时的美国社会可以说变成了一个政治大漩涡。帕灵顿曾评论说:“美国从未产生过如此高涨的政治激情,甚至在美

---

① 参见[美]沃浓·路易·帕灵顿:《美国思想史》,陈永国、李增、郭乙瑶译,吉林人民出版社2002年版,第280页。

国革命的最初岁月也未曾有过；政治思想也从未像现在这样深入普通民心。”①毫无疑问，在美国社会如此高涨的政治激情中，产生了一些对民主运动有利且至关重要的结果。它不仅对欧洲旧式的贵族封建主义在新大陆的可能扩展，形成了有效的障碍，而且代表旧的贵族封建主义的一些政治理论与典型学说，遭到了大革命新思潮的强力扫荡，并因此瓦解而几乎消失殆尽。

美国在制宪之后成立的新的联邦政府，实际上由汉密尔顿领导下的联邦党人牢固地掌握着政权，国家的发展愿景与大政方针，基本上由联邦党人把控，新政府实施着对富裕的工商业阶级极其有利的联邦主义政策，这使处于政治在野地位的民主派一度极为沮丧。法国大革命所释放出来的巨大政治能量，迅速激起了民主派的战斗精神。美国的政党斗争因此进入一个新的历史阶段。斗争日趋激烈，过去在独立革命战争期间同一个战壕的战友，现在早已划清界限，分道扬镳，成为政治死敌。

与激烈的政治实际斗争形势相比，对民主派来说，最值得庆祝胜利的不是政治力量上的此消彼长，而是经过法国大革命一役，此前妨碍民主政治发展的旧政治哲学与传统观念障碍，基本上一扫而光，不复为心腹大患。民主派开始自信满满地以一种新的革命精神动员民众，引领大众运动。这种大众运动最终导向民主方向，成为大众民主运动。

在美国的民主政治历史中，制造了“1800 年革命”的杰斐逊无疑是一位至关重要的核心人物。那些仰慕他的政治历史学家及传记作者，甚至把他视为美国民主的先驱。总体来说，杰斐逊无论是性格、思想，还是行事风格，都是一位十分复杂的人物，的确很难给他贴一个简单的标签。

在政治哲学上，他高扬平等主义价值观，曾在《独立宣言》中写下“人人生而平等”这样的不朽金句，并谴责奴隶制度是“道德和政治的堕落”，同时，他本人却又是一位拥有 200 多奴隶的奴隶主，一生基本上生活在充满奴隶的贵族庄园环境中，临死之前才最终解放自己拥有的奴隶。②

他为人温和务实，善于妥协，不擅演讲，但是写起政论文章来，文辞却十分犀利激烈，以至于他的政敌普遍视他为政治狂热分子。他所受的精英教育使他成为国家主义者，但他又是一个具有强烈地方观念的弗吉尼亚人，强调州权，并深信地方自治主义。他全心全意捍卫美国农业社会的传统价值，

---

① 参见[美]沃浓·路易·帕灵顿：《美国思想史》，陈永国、李增、郭乙瑶译，吉林人民出版社 2002 年版，第 280～281 页。

② 参见[美]乔伊斯·亚普雷拜：《美国民主的先驱：托马斯·杰斐逊传》，彭小娟译，安徽教育出版社 2005 年版，全书特别是第 136～156 页。

认为美国的理想愿景应该是一个由农民和农业主宰，具备公民（农民）美德的农业共和国，但他在执掌联邦政府的总统大权之后，又不得不接受了汉密尔顿所主导的工商业立国的联邦主义体制，放弃了大部分农业主义立场，只限于小心地修补汉密尔顿体制的边边角角。

他接受了博大的世界主义思想，但同时又是坚定的美国爱国主义者、美国优越论者。他的世界主义理想折射出当时最先进、最解放、最激进的观念，但他在现实中并未打算实现这些主张，更从未指望这些崇高的理想能在自己有生之年予以实现。从某种意义上讲，杰斐逊是典型的知行不一的矛盾人物。对此，他的政敌亚当斯曾准确而又辛辣地讽刺他"热衷于未来的梦想"。

总体而言，与出身寒微却鄙视平民，喜欢结交富人、善于攀缘上层精英，有着贵族爱好与习气的汉密尔顿截然不同，杰斐逊虽出身于弗吉尼亚的名门望族，却有着平民主义情怀。用帕灵顿的评价来说，他是"一颗贵族的脑袋镶在了平民的镜框内"。[①]

杰斐逊年轻时，可谓是洛克与孟德斯鸠政治理论的忠实学生，既遵循他们的思想，也模仿他们的语言风格，尚缺乏自己思想上的独立性。他在1785～1789年出使法国的这段经历，对他政治思想方向的转变起到了极为重要的作用。当时，他在美国国内的朋友（如麦迪逊）目睹《邦联条款》失效，对破产农民（自耕农）在政治力量上的发展势头忧心忡忡，政治立场日益右转。杰斐逊周游欧洲，考察欧洲的封建君主体制，亲眼观察到深受剥削的英国工人和法国农民的困苦生活，政治立场上日益左转，愈加坚定了自己的共和主义政治信念。

杰斐逊震惊于当时欧洲的贫富两极分化，发现国王、贵族、教士"放肆地勾结在一起，处处算计人民群众，使之不得幸福"。因此，他以最激愤的语言，描述了英国劳动阶级的境遇，斥责欧洲的王公贵族只不过是一群"傻瓜"和"白痴"。这段欧洲经历，应该是杰斐逊平民主义倾向的直接来源。

前文已述，法国大革命激起了美国民众广泛的政治热情，杰斐逊倾向于社会中下层的平民主义精神，这十分有助于他动员民众，并领导这场大众政治运动向民主化方向迈进。这与联邦党人走上层贵族的精英路线，正好针

---

① 参见［美］理查德·霍夫施塔特：《美国政治传统及其缔造者》，崔永禄、王忠和译，商务印书馆1994年版，第20～44页；参见［美］沃浓·路易·帕灵顿：《美国思想史》，陈永国、李增、郭乙瑶译，吉林人民出版社2002年版，第256～268、298～310页。包括帕灵顿在内的许多论者把杰斐逊定位为农业平均主义民主派，这并不准确、妥当。关于这一点，霍夫施塔特的论证更为正确、精准。

锋相对。那些政治上反对杰斐逊的联邦党人，十分惧怕在杰斐逊的领导下，若继续沿着这条民主路线前进的话，政府的权力最终必将落入多数人（占多数的社会中下层）手中。

杰斐逊承认，多数人掌权的确常常会对涉及公众的问题，作出错误的决策，但他认为，人民的错误危害小于国王、教士及贵族自私自利的政策。因此，他对谢司起义之类的民众叛乱一点都不感到惊恐，反而认为：自由之树，必须常常以暴君之血来浇灌；20 年来一次叛乱，实乃好事。在这样的政治信条下，他一生都在鼓吹：应隔 25 年或 30 年彻底修改一次宪法。

与联邦党人相比，杰斐逊更亲近、更相信人民。杰斐逊宣称，他所领导的党（共和党）与联邦党人的斗争，正是热爱人民的人同不信任人民的人之间的斗争。因此，那些倾向于民主思想的美国人，特别是社会中下层，都站在了杰斐逊这一边。

杰斐逊游历欧洲，虽见多识广，但他对当时欧洲工商业的迅猛发展，颇不以为然。跟亚里士多德中产阶级美德理论类似，杰斐逊认为，农民职业与农村生活是公民美德与个人活力的社会源泉。在他看来，国家应该是有产者（土地）的国家，社会中的有产者是政治心态稳定所必需的。他相信，农民（自耕农）是民主共和国最优秀的社会基础，这也是美国作为农业国优于欧洲的地方。

作为矛盾人物，杰斐逊虽然一向赞成公民应该拥有广泛的选举权（普选权），但他却从未坚持这一信念，在现实中更未坚定地实施、推行过普选权。他在当选总统之后，即便手握联邦政府政权，而且领导着组织完善的共和党机器，但他也并未在各州或联邦政府的机构中大力推行民主化政治（如取消对选举权的限制）。比尔德教授就曾尖锐地指出，共和党控制的各州，并不比联邦党控制的各州“更倾向于平等主义的民主政治”。①

现代西方民主，之所以称为“大众民主”，是因为它与普选权紧密相连。在选举权受到普遍限制（如财产限制、种族歧视与性别歧视）的时代，代议制政体虽然已经存在，但一般不被视为代议制民主。英国在中世纪，就出现了两院制议会及定期选举，但没有人会认为，这一时期的英国已经开启了民主

---

① 汉密尔顿担任财政部部长期间，建立了联邦主义体制，并使之毫无顾忌地为工商业阶层及投资者阶层服务。汉密尔顿通过筹集偿还国债基金的办法，通过建立国民银行以及政府的各项辅助政策，补助了投资于制造业、商业和公债券的人，并尽其所能将税负压在种植园主和农场主身上。汉密尔顿体制如此根深蒂固、盘根错节，杰斐逊发现自己掌权以后，也无法阻止其发展势头，以至于汉密尔顿体制发展壮大到逐渐凌驾于农民大众之上。参见［美］理查德·霍夫施塔特：《美国政治传统及其缔造者》，崔永禄、王忠和译，商务印书馆 1994 年版，第 23 ~ 25、27 ~ 29、31 ~ 36 页。

政治。往长远说,罗马共和制时代也举行定期选举,但罗马从未被视作民主体制。

在实现普选权方面,尽管杰斐逊政府所作所为十分有限,但一个与上层贵族精英政治路线针锋相对、具有平民主义倾向的杰斐逊,领导着共和党(又称民主共和党)赢得了民众的大力支持。他自1800年起长期连续执政,导致联邦党最终瓦解。1812~1828年,美国建国初期的两党制实际上消失了。杰斐逊领导的民主共和党一党独大,联邦党人倾向贵族政治的威胁基本上被解除。随之而来的是,过去两党在各条政治战线,尤其是政治哲学与公共政策上的广泛分歧,开始被个人、利益集团、地方这种局部的利益冲突所取代,而成为美国政治中的显著特点。从这一历史起点往后,在美国的政治斗争与政坛博弈中,地方性政治(All politics is local)始终占据着突出的核心位置,尽管它往往仍然掩藏在政党政治的面目之下。地方性政治也成为美国独特的政治传统,构成美国政治文化的基本特色。

杰斐逊卸任总统之后,麦迪逊继任,之后是门罗,都是清一色的民主共和党人,政权交接相当于是在党内交班。由于民主共和党连续长期执政,使选举几乎变成了走过场,而完全由政党包办与安排。总统职位更是长期为弗吉尼亚人所把持,他们习惯将副总统或重要内阁成员擢升为新总统。这种党内安排变成了政治惯例。1816年和1820年的总统大选,就几乎不存在什么大的争夺,都是早就在党内安排好的。当时,获得国会政党干部会议领袖提名,就等于成为当然选定的总统。

与此同时,过去选举受到财产资格普遍限制的大量中下层民众,也逐渐开始参与投票政治。起初是静悄悄地,几乎不为人所注意。1812~1821年,西部有6个新州加入美利坚合众国。这些新州的宪法基本上取消了选举资格中的财产限制,规定给予白人男子以普选权。自1810~1821年,4个老州也取消了对选民资格的财产限制。这种扩大选举权范围的民主运动,逐渐成为势不可当的时代潮流。1824年的选举,参与投票的选民仅为35.5万人,但到1828年,却有115.5万人参加了投票。总体而言,从1828~1848年,美国总人口增长不足一倍,但参与投票的选民人数却整整增长了两倍。

在这一大众民主运动的历史大潮之下,过去被一律排斥在投票站外的贫穷农民和工人,逐渐获得了投票权。当然,也开始出现了一类善于投合群众情绪的政治活动家。起初,他们虽然十分活跃,但在政坛上始终处于政治吹鼓手的尴尬陪衬地位,政府"肥缺"自然也没他们的份。于是,他们开始向民众大力鼓吹一项在民主政治上十分正确,同时也相当迎合民众心理的政治原则:政府官员的人选及政策的制定,应当由民众的意愿决定。这个政治原则,实际针对的是党内包办政治与安排政治的小圈子政治文化,并将矛头直接指向国会政党干部会议制度。他们指责这种制度公然剥夺了人民的权利,要求从社会名流或专职官僚手中夺回政治和行政管理权,并将它向民众开放,让民众有权参与政治与政府行政工作。

建立在这一政治原则基础上的新式民主运动,亦被称为杰克逊式民主运动。杰克逊总统在1829年对国会的首次年度国情咨文中,清楚地阐述这一运动的理论:"一切公职须承担的责任都十分简单明了,或至少可做到十分简单明了,任何有识之士都可担当……在一个公职完全是为人民之利而设的国度中,决无一人本来就比他人具有更多的任职权利。"杰克逊坚持认为:轮流任职,是"共和纲领的一项要旨"。[①]

在杰斐逊动员占多数的社会中下层民众参与政治之后,杰克逊式民主运动继续沿着法国大革命以来的平等主义哲学狂飙猛进。毫无疑问,这进一步打击了长久以来已成为政治传统的封建贵族主义,极大地削弱了政治、经济、社会、文化特权,扩大了美国的民主政治基础。不过,杰克逊式民主狂飙运动,特别是轮流任职的政治观念,却最终演变成了政党分肥的腐败政治局面。这种政党分肥的腐败政治,在美国内战之后一度达到了历史最高峰,最终导致对行政官员进行文官制改革的彭德尔顿法的出台。

美国自由民主政治的最大耻辱,也是美国政治中的毒瘤,当属美国南方的奴隶制。奴隶制不仅在政治上、文化上、精神上撕裂了美国社会,更是一直困扰着美国国内政局。尽管南方的奴隶制与北方的资本主义体制,实际上都是建立在剥削与压榨劳动者劳动成果的私有制经济基础之上,但南方奴隶制跟北方资本主义相比,是显著的历史大倒退,明显有更大的精神"原罪"。

正因如此,北方废奴主义者不断诉诸《独立宣言》中的人类平等原则。这使他们不仅占据了道德高地,而且在政治策略上也符合政治正确的标准。按理说,《独立宣言》作为北美十三州殖民地独立革命的共同纲领性文件,是不分南北方的殖民地代表所共同签署的,代表着他们共同的政治信念与价值观,是北美十三州殖民地后来独立建国的共同政治根基。这正是后来林肯所谓的"分裂的房子不能矗立"的政治历史基础。然而,制宪会议并没有沿着《独立宣言》所宣示的平等主义路线继续推进,而是对南方奴隶制采取了极大的妥协与包容,这实际上为日后的内战埋下了伏

---

① 参见[美]理查德·霍夫施塔特:《美国政治传统及其缔造者》,崔永禄、王忠和译,商务印书馆1994年版,第50～51页。

笔。因此，有论者激愤直言：美国宪法是“与死亡订立的合约”，是“与地狱订立的协议”。①

在西方近代崛起后，北美大陆成为一块主要由欧洲殖民者开拓和占据的新大陆。美国自建国起，更是有计划有组织地侵略、侵占、侵蚀原住民印第安人部落，以及原属墨西哥人的土地，不断地向西、向南开疆拓土，从原先大西洋沿岸狭长地带的十三州殖民地，日益发展成为疆域广阔的新兴帝国。在美国急遽扩张与发展的过程中，这客观上提供了较大的社会流动性。在此社会大潮下，即便是被南方称为“工资奴隶”的北方雇佣劳动阶级，理论上也有向上爬升的机会。而南方的奴隶制，对黑人奴隶而言，只要奴隶身份不被解放，就意味着永身为奴，且子子孙孙永世为奴，这完全粗暴地阻断了任何可能的社会流动性。与此同时，奴隶制还将南方带往日益僵硬固化的世袭贵族社会，以及更加邪恶的奴隶制帝国主义方向。

内战之前，林肯不仅在政治理论上追溯《独立宣言》中的平等主义原则，更是拿自己的寒微身世与政治生涯现身说法。他说：“我们当中不存在一成不变的雇佣劳动阶级。25 年前，我就是一个雇佣劳动者。昔日的雇佣劳动者今天已在为自己而劳动，明天还将雇佣他人为自己劳动。在机会均等的社会中，出人头地——改善状况——是理所当然之事。”他用这种浅显易懂的道理，来让美国民众明白，奴隶制实际剥夺了黑人可以凭自己能力出人头地的机会：“我想让每一个人都有机会——我相信黑人也有权享受这个机会——去改善他的生活状况。”林肯这样现身说法，这种浅白的语言，的确很能打动人心。

在林肯看来，检验一个民主国家的重要标准，要看其能否在经济上为出身下层的人民提供改善社会地位的机会。他相信，民主社会应该为自我奋斗者提供改变自身地位与命运的机会。他的政治演讲，当时之所以对美国公众有很强的感染力和吸引力，原因就在此。作为一个没有显赫家世背景的普通劳动者出身，他本人也经历过艰难困苦岁月，因此，能对广大劳苦大众的所思所想感同身受。总体而言，相比传统政客，他的政治演讲更接地气。这些政治信念也正是他批判奴隶制的核心思想。②

美国南方的奴隶制问题，最终还是通过一场异常血腥的内战才得以彻

---

① [美]乔治·P. 弗莱切：《隐藏的宪法：林肯如何重新铸定美国民主》，陈绪纲译，北京大学出版社 2009 年版，第 5 页。

② 参见[美]沃浓·路易·帕灵顿：《美国思想史》，陈永国、李增、郭乙瑶译，吉林人民出版社 2002 年版，第 484 ~ 486 页；参见[美]理查德·霍夫施塔特：《美国政治传统及其缔造者》，崔永禄、王忠和译，商务印书馆 1994 年版，第 105 页。

底解决。然而，南方奴隶制虽然被摧毁，但美国社会中根深蒂固的种族歧视问题仍然存在，得到解放后的黑人，在获得平等的公民权身份与普选权方面依然有漫长的路要走。这一历史进程又持续了 100 多年，直到 20 世纪 60 年代，经过声势浩大的民权运动才取得历史性进展。

事实上，倘若严格地按照普选权标准来衡量，大多数欧美国家直到当代才算真正确立了民主政治。在 1830 年时，英国也许算是欧洲当时最民主的国家，却仅仅只有 2% 的人口享有选举权。到 1867 年时，这一比例上升到 7%。到 1880 年时，这一数字才上升到 40%。英国妇女则迟至 1928 年才获得充分的选举权。美国黑人长期被排斥在选举权之外，这无疑是奴隶制以及种族歧视所带来的直接政治恶果。事实上，在标榜平等主义的整个西方民主社会，包括号称拥有最古老民主传统的美国，在政治与法律权利上，针对妇女的性别歧视丝毫不亚于种族歧视。美国（白人）妇女甚至比黑人男子获得选举权的时间更晚，直到 1922 年才获得选举权；法国妇女直到 1944 年才获得选举权；瑞士妇女更是迟至 1971 年才获得选举权；西班牙则是在 1975 年，才开始实行真正意义的全民普选。因此，就普选权的确立而言，许多欧洲国家基本上是在“二战”结束之后，才最终确立了政治民主制。①

西方现代民主政治（政府），本来是由法国大革命广泛传播的平等主义价值观所开辟的政治理想，但在之后的政治实践与观念体系中，平等主义价值观的丰富内涵，一再被抽空，民主政治被日益简约成普选权 + 多党制，甚至演变成划分国际政治阵营的形式化标签与招牌。因此，像印度这样种姓等级制度传统保留严重的国家，照样被西方媒体誉称为“世界上最大的民主国家”。像菲律宾、日本这样传统上由政治寡头家族所垄断的国家，也一样自诩为“民主”国家。

在东西方对峙的“冷战”及“冷战”后的国际政治中，“民主”跟“自由”“人权”“宪政”“法治”一道，成为西方在意识形态宣传与国际政治斗争中的舆论工具，使人们对“民主”的认识被进一步扭曲。大量的街头政治，尤其是不采纳西方所谓民主政体的国家或地区的街头政治运动，也无不被戴有色眼镜的西方媒体冠之以“民主运动”的美称。这些都导致“民主”的美誉度日趋下降。“民主”作为一个词语，倘若哪一天被彻底污名化，回到它曾在西方 2000 多年的历史常态中，那也一定是西方民主社会自己导致的。

---

① 参见阮炜：《不自由的希腊民主》，上海三联书店 2009 年版，第 177 ~ 178 页。

本章并没有从规范研究的角度，去讨论理想的民主应该是什么，而是从回溯历史的角度，选取了雅典和美国这样比较典型的例子，来讨论古典民主及现代民主的来源及其发展过程。学术界讨论民主议题的视角自然是千差万别，不过，林林总总所有的问题，归根结底都要回归到对政治本质的认识中。

一言以蔽之，政治本质上体现为一种社会权力关系，民主政治概莫能外。任何社会权力关系，从总体上看，尤其从功能主义整体角度看，它都代表了一定的社会组织理念与模式。社会权力关系的表象特征，首先体现为命令与服从，但它最根本的目的是确立人际秩序，造成社会合作的制度形态。

当然，这里会自然引申出来另外一些问题。这里的人际秩序，是谁的秩序，对谁更有利？社会合作对谁又更有益？无论从逻辑关系，还是从经验事实来看，人际秩序和社会合作的最大受益者，当然首先是社会中掌握权力的个人或集团。因为任何特定的人际秩序与社会合作形态，都是由政治社会中的掌权者所主导的，体现了他们的意志，符合他们的利益。至于他们的意志，是否同时又能代表大多数人的公共意志，符合大多数人的公共利益，这会引入另外的议题（代表合法性）。

先不要去讨论这些引申出来的一连串问题或议题，还是回到原初的问题。既然政治从根本上讲体现为一种社会权力关系，那么权力又是什么？权力的本质究竟是什么？

西方一些政治学者对这个问题的讨论，要么弄得过于复杂，试图包罗万象，要么偏离了它的本质与核心，流于表面，甚至弄成了同义反复。

这里试举两例加以阐明。对于“权力”的界定与认识，在西方政治学理论中占主流意见的，是美国社会学家帕森斯的“权能说”。帕森斯偏重于用行动理论来界定权力。他把行动理论分解为几项逻辑要素：行动者、目的、条件、手段、实现。帕森斯承认，由于行动者的目的和手段都存在可以选择的范围这一事实，因此，又存在发生“正确”或“谬误”的可能性。帕森斯认为，权力，即政府加诸公民的义务而实现诸如法律、秩序和环境保护等公共目标的能力。这里帕森斯实际上把权力解读为一种权能。权力既然从行动理论的角度理解成一种权能（能力），那么在帕森斯看来，权力也就是一种集体资源，政府越是拥有更多的资源，越是强有力，也就越能有效地实现各种公共目标。汉娜·阿伦特也赞同帕森斯行动理论诠释的权力概念，她还加上了“正确行动”这一限定条件。阿伦特认为：“权力不仅是行动的能力，而且是正确行动的能力。"①

实际上,无论是一般社会权力,还是具有社会统摄性特点的政治权力,权力行使者都需要一定的能力(权能)达成目标,这一点毋庸讳言。然而,倘若反过来把权力的本质归结为能力,那显然是十分错误的。因为权力只存在社会关系中,是一定性质的社会关系的体现。因此,对权力,特别是政治权力的理解,都首先应该从社会关系的层面去研究、去把握,才不会出现根本性错误。

试举日常事例来分析。譬如,一个人去超市购物,采买家庭购物清单中的物品,他的购物行为完全符合帕森斯行动理论中所包含的各个逻辑要素,但他的购物行为显然并非什么权力行为。因为这里的采购行为并没有显著的社会关系交织其中。但如果此人接受其所在公司物料采购部门的指示,去超市为其公司购物,那么他的这种购物行为就体现了一种权力关系,即他是在服从该公司物料采购部门领导的指令而行事。与此类似,一个小学生放学后按自己的意愿去玩耍,这里面的玩耍行为,并不体现任何权力关系。与之相反,如果他要是去完成老师布置的家庭作业,则体现了学校老师在教育管理中的权力关系。

因此,权力的行使固然需要能力,但能力显然不是权力的本质特征。表现特定的社会关系,才是权力的根本特征。权力本质上是一种社会关系的体现,脱离了对这一层性质的把握,我们就很容易产生认识上的偏差或失焦现象。

另外一些政治理论学者,对权力的理解与认识则倾向于过度复杂化,搞得包罗万象,唯恐遗漏什么,却又不肯做一个明确的、断然截然的界定。他们的代表就是民主理论研究专家罗伯特·达尔。

达尔在《现代政治分析》中明确承认:权力概念是政治分析的中心。然而,他对"权力"概念尚未作出明确界定,就引出一堆他称之为"影响力术语"的概念:权力、影响力、权威、控制、说服、强权、武力、强制;而且他只是在这些概念上空打转,并没有进一步对这些概念进行具体的阐释,或者分析其背后的政治关系。他一方面说:"我们大家都讲权力,而且假定别人知道我们指的是什么。"另一方面又说:"关于权力和影响力这些词,无论在日常语

---

① 关于帕森斯的行动理论,请参见[美]塔尔科特·帕森斯:《社会行动的结构》,张明德、夏翼南、彭刚译,译林出版社 2003 年版;参见[英]罗德·黑格:《比较政府与政治导论》(第 5 版),张小劲、丁韶彬、李姿姿译,中国人民大学出版社 2007 年版,第 15 ~ 16 页。萨托利也反驳了这种权力"权能说"(能力说)。参见[美]乔万尼·萨托利:《民主新论》,冯克利、阎克文译,上海人民出版社 2008 年版,第 40 ~ 41 页。

言中还是在政治学中,大家对这些术语和定义都没有一致的意见。"

这显然是自相矛盾的说法,简直让人莫名其妙。其实,无论有没有社会共识或学术共识,都并不意味着一个研究者就不能旗帜鲜明地提出自己的见解,作出明确的定义(界定)。他非但不如此做,还为自己不给这些术语作明确界定找到了漂亮的托词:"许多理论家都已经像亚里士多德那样认为,不必对这些术语作复杂的解释,因为他们假定有常识的人都会理解它们的意义。甚至醉心于玩弄权力的马基雅维利也采用了许许多多未加定义的术语来描写和说明政治生活。"总之,他连对权力究竟是什么都没有阐释清楚,也在没有明确界定的情况下,就用"影响力"概念替代了"权力"概念。他还声称自己把"权力"和"影响力"当作可以互换的词汇使用。①

事实上,"权力"和"影响力"是两个概念。套用现在流行的说法,前者是一个"硬概念",后者则是一个"软概念"。"影响力"包含范围显然更为广泛,含义也更为含混多变。相形之下,"权力"则更为明确些。

前文批驳了权力理论中的"权能说"(能力说),认为它的主要问题在于:根本无视权力只存在于一定社会关系中这个基本事实。权力本是特定的社会关系的写照,只有在一定的社会关系中,才能理解权力的存在及其特点。行动者(行使权力者)的能力,的确跟权力相关,但这并非权力的根本特征。而达尔这一派学者的主要问题在于,他们把政治理论中的权力概念弄得过于复杂、过于广泛了,以至于丧失了政治理论分析的基点与焦点。

无论是一般的社会权力,还是政治权力,权力的根本特征在于:一是制定规则;二是作出决策。拥有权力者,指的正是那些制定一般规则或作出具体决策的个人或集团。而无权力者,指的是那些不参与制定一般规则或作出具体决策,而纯粹处于服从地位的个人或集团。

现代西方民主政治,当被简约成普选权与多党制选举政治的时候,政治决策行为中所体现的政治权力,表面上被投票站的民众投票选举行为所替换。这样一来,真正的政治权力是由精英统治阶层掌握的本质真相,也就被掩盖起来了。而且根据一些西方政治学者对政治权力的理解,无论是帕森斯式的"权能说"(能力说),还是达尔的"影响力说",其实质都扩大了政治"权力"概念的范围,这同样使"政治"及"政治参与"的含义得到无限扩大。这当然会误导我们对政治以及政治参与的理解,从而把公民参与投票选举的行为也视为有价值的"政治参与"行为。

---

① 参见[美]罗伯特·A. 达尔:《现代政治分析》,王沪宁、陈峰译,上海译文出版社1987年版,第31~68页。

事实上，在典型的西式选举政治中，除了全民公决针对某些特定事项之外，在投票站，公民的决策权仅仅局限于在选票上勾选候选人的投票动作。他们既不决定国家的大政方针，也不参与协商、讨论政府的某些具体政策，更不参与制定一般的社会规则。用通俗的话讲，公民的投票选举只负责选代表，他们只“选人”（或选党派），并不负责“决事”（决策）。也就是说，在西式代议制民主政治中，政治权力，即制定一般社会规则（立法）以及全部具体决策（行政）的权力，实际上一直牢牢地掌握在少数精英集团的手中。任何一次大选，并没有将少数精英集团手中掌握的这一政治权力，因为投票站的投票行为而转移到人民大众之手。然而，普选权下的大众民主选举，却可使少数精英集团手中掌握的政权，贴上社会多数人民选政府（“民主”）的合法性标签。

另外，之所以说政治选举中的投票不是一种政治决策，理由至少有二：

其一，任何决策，尤其是政治决策，都显然是一种权力行为，凸显了一种命令与服从的社会权力关系。决策者与执行者，都为任何具体决策承担相应的政治后果；而任何的大众投票者，无论他处于统计数据中的多数派，抑或是处于少数派，实际上，他们都不必对自己的具体投票行为承担任何直接的政治后果。在正常、合法的选举中（贿选除外），他们也并不从具体的投票行为中得到什么直接收益。这也是在西方主要民主国家，公民对选举政治普遍比较冷淡的原因之一。大众投票行为跟政治决策有着性质上的根本不同，因为政治决策基本上涉及即期或远期社会利益的分配。

其二，与政治决策不同的是，政治选举中的公民投票行为，实际上是不同政治群体之间的政治意愿或偏好的对冲行为。在选举政治中，投票者若处于统计（计票）中的少数派，站在了竞选失败者的一边，他如果真的作出了什么“政治决策”，最终实质上被忽略了，或者准确地说，他们的意愿（意志）被多数派否决了。对于这种现象，如果一定要勉强用“权力”概念理解这种“政治决策”，也只能说，同一样的投票行为，若在投票时碰巧站在了多数派阵营的人，就成了“有权者”；而投票时恰巧站到了少数派阵营的人，则不幸成了“无权者”。本质上相同的投票行为，同时要被解释为“有权者”行为与“无权者”行为，这显然不符合逻辑。

总之，从理论上来讲，在投票之时，投票者虽然作出了投票行为，但整个投票结果尚处于未可知，且应该处于未知的状况。因为合法的投票结果，最终看重的是统计值。这也使每一个具体的投票行为，跟每一个具体的政治决策呈现极大的不同特点。因为任何表现权力的决策行为，包括政治决策行为，并不需要看统计值，其行为及其结果无论最终是否符合最初目标，本质上都是可知的,或者至少是可预知的。总体而言,政治决策行为是一种"有力"且"有权"的行为,而大众的政治投票行为,本质上则表现为不同政治意愿或偏好之间的对冲,被淹没在统计值中,并不能体现出权力的一般特征。

一个普通公民,实际上也并不大可能参与到有意义、有价值的政治决策中。一方面,一般忙于生计的公民,既没有时间和精力,甚至也没有兴趣去参与公共政治,除非公共政治能给他带来极大的个人收益(如职业政客)。另一方面,从客观上讲,未受过专业技能训练、缺乏必要的专业经验的普通公民,对某些专业性偏强的政治决策(如核武器使用问题、大气污染问题、地球变暖问题)所必需的信息与技能也是相当不足的。他们既提不出什么有价值的问题,更解决不了什么问题。让大量未经过专业训练的普通公民参与或决策这类政治议题,政治民粹主义自然会大行其道。

除了专业性问题,公民广泛参与政治,还面临一个更重要的代表性问题。事实上,除了某些公民听证程序,政府本身也不太可能随意提供给民众参与政治决策的有效机会,因为这涉及代表性问题。在代议制民主国家,起码从政治理论上讲,普通公民已经选出了他们的民意代表,由民意代表合法代表他们从事政治活动(政治决策)。在此情形下,随机性或恣意开放某些公民参与政治决策,就颠覆了整个代议制的逻辑核心,又回归到雅典的广泛直接参与式民主时期。

然而,代议制民主理论本来就是为了回避雅典那种广泛参与直接式民主的政治弊病。一般认为,在代议制民主下的公民,不像雅典公民那样直接亲自参与国家的政治决策。换言之,从制度设计来看,公民并不直接行使自己的政治决策权,而是把自己的政治决策权委托给了他们选举出来的合法代表来行使。这正是代议制民主理论的核心逻辑。

代议制民主,非常不同于雅典的参与式民主。从理论上来讲,在代议制民主下,公民不像雅典城邦公民那样广泛参与国家政治,他们参加选举投票活动,也并不因此被视为雅典式的政治参与。因为代议制民主理论的主要论点认为,在疆土、人口更为庞大的现代国家,雅典式的参与政治是不可行的。关于这一点,麦迪逊业已阐明。①

代议制民主的侧重点显然并非满足公民的政治参与,否则它就跟古代雅典参与式民主真的就无法区分开来。它的重点是通过民众的投票行为,

---

① 参见[美]汉密尔顿、杰伊、麦迪逊:《联邦党人文集》,程逢如、在汉、舒逊译,商务印书馆 1980 年版,第 10 篇、第 14 篇、第 48 篇。

满足代议制政府的表面合法性标准,从形式上证明组成政府并掌握政治权力的精英集团受到了人民的合法委托。

概言之,代议制民主本身并不强调公民的广泛政治参与,而在于通过公民的投票行为,在形式上满足代议制政府的合法性标准。在此情形下,既强调代议制民主,又要强调普通公民的政治参与,这显然犹如"鱼与熊掌不可兼得"。

一旦所谓的公民政治参与的伪命题扔掉后,更值得探讨的政治命题应该是:在西式代议制民主下,经过大众民主选举出来的议事机构(议会)和政府,能否通过其代表性验证?能否真正代表大多数民众的意志,符合大多数人的利益?答案是否定的。

还是以美国的民主政治为例。大量的研究表明,美国的总统、法官、立法者,以及政府部门官员所通过的大多数立法,所采取的大多数政府行动,都是在对大多数人的想法并没有确切了解和掌握的情况下进行的。一言以蔽之,美国政府的政治决策,并不能反映大多数美国公民的政治愿望。与之相反,在美国政治中,高度组织化的利益集团通过庞大的院外游说机构,在美国政府的政治决策中扮演了举足轻重的作用。①

福山在《衰败的美国——政治失灵的渊源》一文中也强调,美国的利益集团,获取了与自身代表性不相称的影响力,扭曲了税收及财政支出政策,并从自身利益角度操纵政府预算,从而提高了政府赤字的整体水平。简言之,美国民主政治产生了代表性危机(Crisis of Representation),用福山的原话来说就是,"普通公民感到民主成为一个幌子,政府被各路精英们暗自操纵,不再真实地反映大众的利益诉求"。在福山看来,政党政治本来是要达到政治平衡与妥协的,但最终却产生了否决政体(Vetocracy)的现象。总而言之,福山一反25年前对美式自由民主政治体制大唱赞歌的做法;从过去对民主政治的极端乐观主义,摇身一变,转向了极端悲观主义,认为美国民主政治体制已经日趋腐朽、僵化、失灵,弊端丛生且极其顽固,根本没有改革出路。在他看来,美式民主政治的分权体制也越来越无法代表大多数人的利益。②

---

① 参见希尔斯曼:《美国是如何治理的》,曹大鹏译,商务印书馆1988年版,第33~34、292~326页;参见[美]托罗斯·戴伊、[美]哈蒙·齐格勒:《民主的嘲讽》,孙占平等译,世界知识出版社1991年版,全书尤其是第3章、第5章、第6章、第9章。

② 参见Francis Fukuyama,"America in Decay",*Foreign Affairs*,13 Oct. 2014,Web. 13 Oct. 2014. http://www.foreignaffairs.com/articles/141729/francis-fukuyama/america-in-decay。中文译本参见观察者网:http://www.guancha.cn/fu-lang-xi-si-fu-shan/2014_10_12_275200_6.shtml。不过,福山对英式议会民主体制("威斯敏斯特制度")仍然还心存好感。

4. 人民"靠边站"——西式民主政治症结

当代西方民主政治实践中的种种弊病,在一些西方政治学者自己看来,已经不是理论正确、实践出错的问题了,而是归结到了体制问题。自2008年金融危机,尤其自2011年以来,"民主病"在西方国家的政府财政危机中得到了充分的暴露,引起了西方政治学界、经济学界以及新闻评论界的不少反思。①

西方民主国家的政府财政危机,并不是单纯奉行所谓"高福利"政策的后果,而是在多党政治中追求短期的选举利益及自私的集团利益,造成内部党争恶斗,族群撕裂,对人民的根本利益以及国家健康发展的长远目标不管不顾,这样也就形成了长期的结构性失衡。西方代议制民主,在一些方面体现了"问责政治",但他们并没有表现出真正的"责任政治"与"道德政治"。总体来说,西式民主政治窃取了大众民主的名义,实质上被精英阶层与利益集团所把持,让人民"靠边站",成了一种伪善的政治体制。

有人可能会遵循福山的早期逻辑,认为现代西方民主政府理论从本质上还是非常好的,西方的民主政体也是优良的。它运行了多年,是非常成熟的政治体制,而且有很好的调适性;现在出现的问题,不是民主制度本身的问题,而是高福利时代所造成的政治问题。

这种辩护论调,听起来头头是道,其实似是而非。资本主义制度,作为一种生产方式与生产关系,跟民主政治并不必然挂钩。雅典的民主政治,就曾建立在奴隶制上。从经济基础看,资本主义生产方式及生产关系,实质是社会劳动成果为少数人占有,从而为少数人根本利益服务的经济制度。而民主政治,尤其是现代大众民主,理论上是社会占大多数人的共同意志与根本利益的体现。因此,民主政治与资本主义生产方式捆绑在一起,在逻辑上实际是扭曲的。只有穿透这两者的表象,我们才能更准确地把握现代西方民主政府理论的本质,并结合历史条件,更客观地看待西方民主的政治实践问题。

本书前文的讨论中曾指出,无论从人性假定基本前提,还是从对政府功能的理解以及制度设计(权力分立制衡的宪法理论)来看,现代西方民主政

---

① 这种反思甚至直指作为西方民主政治的经济基础,即资本主义制度本身。其中引起最大反响的,是法国经济学家皮克迪(Thomas Piketty,或译为"皮凯蒂")的《21世纪资本论》(*Capital in the Twenty-First Century*)。皮克迪的主要观点认为,收入分配上的贫富差距是资本主义制度无法避免的致命缺陷,这种贫富分化最终会威胁到西方民主社会。参见[法]托马斯·皮凯蒂:《21世纪资本论》,巴曙松等译,中信出版社2014年版。

府理论本身是从近代社会契约政府理论沿袭而来。近代西方与现代西方在政治观念上的最大变化是对"民主"价值观褒贬态度上的转变,将原先受到限制的选举权扩大到普选权,政治上就变得所谓更"民主"了。但民主背后的平等价值观仍然仅限于口头文章,未曾触及更深层的经济平等与社会平等。这种局面,是由资本主义私有经济制度的本质特点所决定的。

整体而言,在现代西方民主政府理论中,近代社会契约论的整个老基调还在,霍布斯的个人主义哲学与自私自利主义正当性的理论假设还在。本书第三章曾指出,洛克虽将霍布斯的君主主权理论实质改造成人民主权理论,但他并没有推翻霍布斯政治理论的哲学根基,实际在很大程度上继承了霍布斯主义。他接受了霍布斯有关个人主义哲学及自私自利主义正当性的理论假设,甚至在贯彻个人主义哲学方面,远较霍布斯本人更为彻底。与此同时,他又选择性地抛弃了霍布斯逻辑一贯的社会冲突理论,而代之以社会合作理论。这种自相矛盾的逻辑扭曲,也伴随洛克以降,自亚当·斯密一直贯穿到哈耶克、弗里德曼的自发秩序(自由秩序)理论。

这种自发秩序理论的核心要点是:第一,每个人追求自我利益的最大化,会自发形成社会秩序,会自动增进国家财富与公共福利;第二,政府不要干预、干扰、限制每个人追求自我利益的最大化,其主要职能是运用政治与法律手段,保护每个人追求自我利益最大化的财产权与各种自由权,以维护这种自发形成的社会秩序。

在哈耶克那里,这种"自发秩序"正是所谓的"自由秩序"。哈耶克经济自由主义的核心,就是政府不要扰动市场的运行。也就是说,不要干涉每个人追求自我利益最大化的经济行为,这跟亚当·斯密"看不见的手"理论是一脉相承的。事实上,西方现代的政治多元主义理论,其理论核心跟洛克的社会合作理论及哈耶克的自发秩序理论,逻辑上几乎同出一辙。在他们看来,所谓公共利益,就是个人私利的总和,多元的自私利益集团相互作用,最终会形成(创造出)公共利益,就像自私的个人在自由市场相互作用可以创造公共利益一样。[①]他们仿佛不了解也不懂得,个人(利益集团)私利之间既有可能是互利互惠的,但更有可能是相互冲突、相互对冲的,零和博弈的社会现象,而且这种现象绝不能排除,更是日常发生的。无论是自发秩序原理,还是政治多元主义理论,都认为简单叠加个人私利即形成公共利益,这

---

① 参见 Francis Fukuyama,"America in Decay", *Foreign Affairs*, 13 Oct. 2014, Web. 13 Oct. 2014, http://www.foreignaffairs.com/articles/141729/francis-fukuyama/america-in-decay。中文译本参见观察者网:http://www.guancha.cn/fu-lang-xi-si-fu-shan/2014_10_12_275200_6.shtml。

种理论逻辑完全无视霍布斯梦魇，是简单而愚蠢的。

值得注意的是，无论是洛克，还是亚当·斯密、哈耶克、弗里德曼，他们的合作理论也罢，自然秩序原理也罢，其理论假设都源自霍布斯主义。然而，霍布斯主义的逻辑结论是冲突理论，而不是合作理论，更不是自发秩序理论。因此，本书第三章曾指出，洛克的政府理论是建立在扭曲而分裂的理论假设之上，他也因此误导了后世的自由主义与宪政主义，令他们只愿意面对所谓自发合作的自由主义糖衣，而不考虑也不愿意吞食糖衣里面包裹的霍布斯主义冲突理论的苦果。

洛克以降的合作理论（自发秩序理论）看不到，或者不愿意面对霍布斯主义逻辑严密的深刻之处。个人主义哲学（自由主义）与自私自利主义正当性的理论假设，必然导致政治冲突局面。霍布斯在这一点上阐述得非常明确，逻辑上也十分周严。在霍布斯看来，社会合作是人的理性选择的结果，政治秩序是人的理性建构的结果。换言之，根本不存在所谓的“自发秩序”，所有的社会秩序及政治秩序都是人在理性作用下自觉、主动建构的结果。作为最大公共利益（整体利益）的政治秩序，也并不在彼此冲突的政治格局中自然形成，更不会自然、自发地创造出来。

洛克拒斥了霍布斯政治理论中包含的君主专制主义价值取向，但他同时也过于轻巧地打发了霍布斯，漠视了霍布斯政治理论中的逻辑严密之处。在霍布斯主义理论假设之下，政治（社会）冲突是必然的，是社会常态，而社会合作与政治秩序只是理性建构的结果，是选择性的，完全有赖于一个强有力的政府主导。一旦政治妥协的合作意向不复存在，情况严重的，会酿成美国内战式的暴力冲突；情况轻微的，也会形成恶性党争或政治僵局。霍布斯显然意识到这个问题，在经由社会契约环节形成政府公权力（国家主权）之后，他实际在很大程度上抛弃了霍布斯主义，抛弃了个人至上主义与自由主义哲学，站在国家主义的立场，采取了类似整体主义的政治哲学，甚至很大程度上“拥抱”了君主专制主义。在经历过英国内战的霍布斯看来，哪怕是君主专制主义带来的政治秩序和社会合作带来的普遍和平，也更为可取。而抛开霍布斯的时代偏见与价值观不谈，他的核心论点在于：社会和平与安全秩序只存在于强有力的政府主导之下，而绝不存在什么自发秩序。

美国制宪会议中所接受的政府理论，以及相应的政治实践，是既沿着洛克路线也沿着霍布斯路线而展开的。因此，它实质是建立在分裂而扭曲的理论假设前提基础之上。拿麦迪逊在《联邦党人文集》第10篇和第51篇中的观点来说，它首先明确建立在霍布斯主义的政治理论假设前提基础之上，承认党争深植于人性之中，且无法消除。麦迪逊甚至认识到，造成党争的经济根源在于财产分配的多样性和不平等性(the most common and durable source of factions,has been the various and unequal distribution of property)。[①]但他所学习并熟悉的近代政府理论,并未点拨他、教会他如何消除这种财产权上的不平等,进而从根源上消除恶性党争。或者,按照马克思主义的阶级学说,他不这样做或是阶级立场使然。麦迪逊的确没有朝这个方向展开思考,而是朝另一个为当时精英阶层所熟悉和接受的理论方向狂奔。

在资本主义发展的上升时期,私有财产权被看作是首要的自由权利(自然权利)。财产权的不平等现象,并不被视为一个严重的道德问题,更不成其为社会问题,也就不成其为政治问题。贫富不均,不但不被当时的上层精英和知识精英所重视,反而被看作是天经地义的。洛克把财产权建立在劳动价值观上,跟后世韦伯高赞资本主义理性精神与新教伦理,都是为资本主义鼓与呼的辩护型理论。他们都无视资本主义在发展中,尤其是在原始积累阶段所表现出来的侵略性、掠夺性、压迫性和剥削性等残暴现象。对这一点,还是马克思更为清醒、客观,也更具有道德批判性,更为一针见血:“资本来到世间,从头到脚,每个毛孔都滴着血和肮脏的东西。”[②]

跟洛克的劳动价值观在逻辑上类似,为了提示和证明资产阶级财产来源是清白的、无辜的,财产不平等是自然而正常的,麦迪逊竟然认为财产权不平等现象源自人们自然禀赋(才能)的多样性,而且相信这对于实现利益的一致性而言是不可逾越的障碍(The diversity in the faculties of men,from which the rights of property originate,is not less an insuperable obstacle to an uniformity of interests)。他进而认为,保护这些多样性的自然禀赋(才能),是政府的首要目的。[③]

麦迪逊的这种说法非常隐蔽、巧妙而委婉,似乎在向人们特别是向当时美国的农业平均主义者及债务人表明,人与人之间财产的不平等状况完全是由于人们在自然禀赋(才能)上的差异而造成的,穷人怨不得别人,只能怪

---

① 援引时参照英文版有所改动,下同。参见[美]汉密尔顿、杰伊、麦迪逊:《联邦党人文集》,程逢如、在汉、舒逊译,商务印书馆1980年版,第10篇、第51篇。参见 Alexander Hamilton,John Jay & James Madison,*The Federalist* (The Gideon Edition),Indianapolis,Liberty Fund,2001,pp. 42–49,267–272。

② 韦建桦主编,中共中央马克思恩格斯列宁斯大林著作编译局编译:《马克思恩格斯文集》(第5卷),人民出版社2009年版,第871页。

③ 参见[美]汉密尔顿、杰伊、麦迪逊:《联邦党人文集》,程逢如、在汉、舒逊译,商务印书馆1980年版,第46页。参见 Alexander Hamilton,John Jay & James Madison,*The Federalist* (The Gideon Edition),Indianapolis,Liberty Fund,2001,p. 43。

自己无能(缺乏才干)。按麦迪逊的意思,政府的首要目的仿佛不是在保护这不平等的财产权,而是在保护人们多样性的自然禀赋(才能)。其实,麦迪逊这番转移视线的含蓄之语有更直截了当的版本。那是洛克所说的,“政治社会的首要目的是保护财产”。①

麦迪逊认为,正是由于政府保护了人们获取财产上存在差异和不平等的自然禀赋(才能),因此,也就产生了不同的财产占有情况(财产权)。有产者、无产者,债权人、债务人,土地占有者、制造业、商人、金融业等,最终形成了不同的利益集团。总之,社会因此划分为不同的阶级,不同的利益集团与党派。他完全接受霍布斯主义,认为每个人或利益团体为追求自我利益而争斗,党争根植于人性之中难以消除,这些是自然而正当的。因此,麦迪逊把人类社会描述成普遍党争的人际冲突状态。

问题是,他的这一观点虽带有强烈的霍布斯主义论调,但其实与霍布斯政治理论早就分道扬镳了。霍布斯所讲的普遍冲突状态,指的是在形成政治社会(政府)之前的自然状态,而不是人们联合起来之后的政治社会。而麦迪逊所指的党争,显然是脱离了自然状态的政治社会。霍布斯所描述的自然状态是名副其实的丛林,但霍布斯所理解的政治社会自从有了(政府)公权力,有了一个政治权威(主权者),也就收起了丛林法则,消弭了此前在自然状态下的普遍冲突,实现了政治秩序与社会和平。从这个意义上讲,经由自然法、自然权利、自然状态、社会契约这些铺垫性概念,形成政治社会与政府公权力(国家主权)之后的霍布斯,其实已经修正了前期(自然状态下设定的)的霍布斯主义。

而在政治社会状态下,麦迪逊则依然坚持霍布斯主义。因此,他实际上进一步背离了霍布斯有关政治社会中普遍冲突已得到消弭的这一论点。既然他坚信党争根植于人性之中难以消除,他的目标不是要消弭冲突,而是要把人际冲突(党争)导入到政府活动中去,将政府变为不同利益集团与党派相互博弈的政治大平台,变成一个公开的政治拳击台。

麦迪逊的原话是这样讲的:“调控(规制)这些各种各样而又相互冲突的利益集团,是现代立法的主要任务,而且把党派精神和党争带入政府的必要的、日常的活动中去。”(The regulation of these various and interfering interests, forms the principal task of modern legislation, and involves the spirit of party

① [英]约翰·洛克:《政府论》(下篇),叶启芳、瞿菊农译,商务印书馆1995年版,第52页。洛克在另一处也重复了这句话。他说:“人们联合成为国家和置身于政府之下的重大和主要的目的,是保护他们的财产。”参见该书第77页。

and faction in the necessary and ordinary operations of government.)①

政治拳击台是要靠拳手实力说话的,缺乏必要的经济实力与社会资源,特别是在组织上难以联合起来的普通大众,别说赢得胜利,恐怕连组队登上政治拳击台的资格都没有。从这个意义上讲,麦迪逊实际上是要将丛林法则导入到政治社会中。在看似公平的政治拳击台上,真正的玩家是那些代表各路大财阀利益集团的超重量级选手。那些政治上的轻量级乃至羽量级拳击手,在这样"公平"的政治拳击台,只是些凑数的陪衬而已。在代议制民主下,占社会大多数的人民大众的根本利益之所以容易被忽略,其奥妙也在此。

福山在《衰败的美国——政治失灵的渊源》一文中,抱怨麦迪逊对利益集团的看法相对友善,认为被美国宪法奉若神灵的"麦迪逊式民主",是将权力分散到相互竞争的几大政府部门,并允许不同利益团体的相互竞争,本应通过防止某一宗派或精英团体独大后利用政治权力进行专制统治,以减轻(体制)内部人攫取利益(insider capture)的问题。在福山看来,这种"麦迪逊式的民主",往往达不到(制度设计的)初衷。因此,他认为麦迪逊搞错了。②

福山其实极大地"冤枉"了麦迪逊。真正搞错了的是福山本人。首先,没有什么真正意义上的"麦迪逊式民主"(Madisonian Democracy)。起码在参加制宪会议时期,以及用"Publius"作笔名忙着撰写政宣文章推销联邦新宪法时的麦迪逊(也就是福山文中援引的《联邦党人文集》第10篇的麦迪逊政治理论),在政治上属于上层精英集团,尚跟政治右翼同一个鼻孔出气,还算不上什么左翼的民主派。正如在"历史终结论"里一样,福山使用"民主"概念一向比较随意。福山这里所谓的"麦迪逊式民主",其实指的是三权分立与制衡的政治原则。严格地说,这是宪法理论,而非民主理论。麦迪逊本人明确用"共和政体"而不是"民主政体"指代"代议制",也表明他不是

---

① 参见[美]汉密尔顿、杰伊、麦迪逊:《联邦党人文集》,程逢如、在汉、舒逊译,商务印书馆1980年版,第46~47页。参见 Alexander Hamilton, John Jay & James Madison, *The Federalist* (The Gideon Edition), Indianapolis, Liberty Fund, 2001, pp. 42-49。

② 参见 Francis Fukuyama, "America in Decay", *Foreign Affairs*, 13 Oct. 2014, Web. 13 Oct. 2014, http://www.foreignaffairs.com/articles/141729/francis-fukuyama/america-in-decay。中文译本参见观察者网:http://www.guancha.cn/fu-lang-xi-si-fu-shan/2014_10_12_275200_6.shtml。顺便提一句,观察者网中译者将"Madison himself had a relatively benign view of interest groups",译为"麦迪逊本人对利益集团看法颇为天真",是误译。该中文译本也存在多处漏译或误译,援引时依原文改正,不一一指出。

在阐述一种民主理论，而是在阐述一种共和（宪政）理论。①

其次，福山抱怨和抨击美国民主政治中出现的政治制度失灵的种种弊病，无论是政党政治还是利益集团问题，其实早在麦迪逊的预料及讨论中。甚至可以说，这种政治失灵，也许正是麦迪逊本来想要达到的效果。

如果我们认真、细致地研究《联邦党人文集》第 10 篇、第 48 篇和第 51 篇，抛开具体议题的讨论细节，不难形成一个整体的印象，从而得出明确的结论：作者麦迪逊秉承孟德斯鸠哲学，对自由（先不管其具体意指）有执着的信念，认为要保障自由必须实现均衡政治（三权分立与制衡），尤其是要防止社会中的多数人形成共同利益，防范社会多数派作为一个占支配地位的宗派来侵犯少数人的权利。

对于均衡政治，麦迪逊的阐述在两个层面展开。第一个层面，是在《联邦党人文集》第 10 篇中所讨论的内容，其主题是：讨论党争产生的原因以及如何控制党争带来的危害。他的论点是：一个由社会中的多数人组成的宗派是最危险的，必须把他们分散化，勿使他们形成共同的利益或形成共同的力量。他的结论是：代议制下的共和政体（宪法草案中设计的政治制度）较纯粹的民主政体，更能防止这一政治后果的发生。第二个层面，是麦迪逊在《联邦党人文集》第 48 篇和第 51 篇中所讨论的三权分立与制衡的制度设计，其目的也是实现均衡政治，勿使任何一个政府部门（尤其是立法部门）独大。

因此，在福山看来是机能障碍的政治失灵，正是麦迪逊所理解并孜孜以求的均衡政治。细究背后的深层次原因，实质上代表了上层精英对平民政府（popular government，亦译为“民主政府”或“大众政府”，即由构成社会大众的多数的平民所控制或影响的政府）的恐惧与提防，这不单纯是洛克理论和孟德斯鸠理论教诲的结果，而是麦迪逊带有明显阶级立场的思想。

在《联邦党人文集》第 10 篇开头第 1 段中，麦迪逊就揭示了自己所处的立场及所要阐释的主题。麦迪逊在第 1 段第 1 句就点明：成立一个组织良好的联邦（政府），最大的好处就是可以制止和控制宗派暴力（violence of faction）。对于“宗派”（faction，又译作“党争”）的性质，麦迪逊表面上没有具体指向哪一个社会阶层或利益团体，而且麦迪逊特意留到第 2 段才下了定义，貌似很公允地把板子既打向社会多数派，也打向少数派（By a faction，I understand a number of citizens，whether amounting a majority or minority of the whole，who are united and actuated by some common impulse of passion，or

---

① 麦迪逊明确说：“共和政体，我是指采用代议制的政体而言。”参见［美］汉密尔顿、杰伊、麦迪逊：《联邦党人文集》，程逢如、在汉、舒逊译，商务印书馆 1980 年版，第 49 页。

of interest, adverse to the rights of other citizens, or to the permanent and aggregate interests of the community)。实际上,麦迪逊从这篇文章的第1段第2句起,处处针对的是所谓平民政府的弊端与社会多数派(中下层的社会大众),指责平民政府不稳定、不公正,容易造成混乱。他认为,这也是导致平民政府(形式)之所以到处都已消亡的原因。接下来,麦迪逊把造成政府管理中不稳定、不公正的主要原因,归结于因为党争精神(factious spirit)的败坏。到这里,麦迪逊不具体指称的"宗派"(faction)实际上指的是占社会多数的平民大众,已经昭然若揭了。①

麦迪逊认为有两种方法可以消除党争的危害:一是消除造成党争的原因;二是控制党争造成的影响。接着,他设定了在他自己看来要么"做不到"要么很"愚蠢"的两种消除党争原因的方法。其中一种是消除自由,另外一种是使每一个公民在观点、欲求及利益上达到同一。其实,这两种方法本质上是同一个方法,都很极端,根本上不可行。在麦迪逊看来,自由之于党争,如同空气之于火,虽然自由会助长党争,但自由是政治生活中绝对不可或缺的,不能废除,否则显得太过愚蠢。第二种方法也不可行。因为麦迪逊认为,人们天生的自然禀赋(才能)上的差异和不平等,造成了人们拥有财产上的不平等,继而形成了不同社会阶级与党派。

按麦迪逊的看法,党争根植于人性,造成党争的原因根本并不能消除,只能求助于控制其造成的影响。麦迪逊又分析(穷尽)了党争中可能出现的两种情形。一种是某一宗派并不形成多数派,这时候运用共和政体的原则,通过常规的投票,依靠多数派就可以击败他们的邪恶企图。这一宗派(党争)可能妨碍政府的行政,可能会搅动社会不得安宁(convulse the society),但在宪法的形式下,该宗派无法施行暴力行为,也无法掩饰暴力行为。针对这种情形,麦迪逊其实并不担心。

他更为担心的是社会多数人形成宗派的情形。在麦迪逊看来,这种由社会多数人组成的宗派,在平民政府的形式下,会牺牲他所谓的"公共利益"和其他少数公民的权利,而满足他们占支配地位的欲求和利益。因此,需要着重考虑的是,如何一方面防止所谓"公共利益"和少数私人权利免遭这种

---

① 参见[美]汉密尔顿、杰伊、麦迪逊:《联邦党人文集》,程逢如、在汉、舒逊译,商务印书馆1980年版,第44~46页。另外,麦迪逊在第1段第2句,用到了"this dangerous vice",明显指的是第1句中的"violence of faction"。第2句全句是:The friend of popular governments, never finds himself so much alarmed for their character and fate, as when he contemplates their propensity to this dangerous vice。参见 Alexander Hamilton, John Jay & James Madison, *The Federalist* (The Gideon Edition), Indianapolis, Liberty Fund, 2001, pp. 42-46。

由社会多数人组成的宗派的危害,而同时又能保留平民政府的精神与形式。若是要实现这一点,要么是防止社会多数人形成共同的欲求或利益,要么是让已经拥有了共同欲求或利益的社会多数人,因为他们人数众多,又分处不同地方(by their number and local situation),不能齐心协力而实现压迫他人(少数人)的图谋。

麦迪逊认为,纯粹的民主政体(直接民主)并不能防止全体社会中的多数人形成共同的欲求或利益,因此,也就无法制止党争的危害。但他认为,在代议制(共和政体)下,人民选出的代表表达的意见可能会比人民自身发出的声音更符合公共利益。

简而言之,麦迪逊认为,在共和政体下较民主政体管辖的疆域更大,所辖公民更多,因此,包罗进来的党派和利益(团体)数量也就更多,那样的话,全体(公民)中的多数人,形成共同的动机来侵犯其他公民权利的可能性也就更小了;或者即便他们形成了共同的动机,也难以联合形成一股力量。①这可以看作是古罗马政治箴言"分而治之"在近代政府理论中的具体运用。

分析至此,我们应该能够看得十分明白,麦迪逊处心积虑防范的正是某一宗派(政党)代表社会大多数人的共同利益,而可能侵犯到少数人的权利;或者某一政府部门坐大,侵犯到其他部门的权力。无论是代议制(共和政体),还是三权分立与制衡的宪政制度框架以及所谓法治本身,本质上,其实都是为了所谓保障少数人利益不受多数人侵犯的均衡政治制度设计的一部分。

麦迪逊分权制衡宪政理论(而非麦迪逊式民主理论)的核心要旨,正是要通过分散化的权力均衡体制,防止某一宗派(党派)能够在政府中代表大多数人的共同利益。在政治实践中,麦迪逊的分权制衡宪政理论强调将党争导入政府活动中,将政府变成一个不同利益群体的政治拳击台。这也是实现他所理解的均衡政治的重要手段。福山所理解的政党恶斗导致的政治失灵,正是麦迪逊所理解的均衡政治。之所以说福山"错怪"了麦迪逊,理由在此。

福山认为,好的政治制度应当推动符合最广大人民利益的政治成果(political outcomes)。尽管福山在这一点上对民主政治之根本宗旨的理解是对的,但这也正是福山搞错了麦迪逊宪政理论的地方。因为正如前文分析过的,麦迪逊宪政理论的目标根本就不在于推动符合最广大人民共同利

① 参见 Alexander Hamilton, John Jay & James Madison, *The Federalist* (The Gideon Edition), Indianapolis, Liberty Fund, 2001, pp. 43 - 49。参见[美]汉密尔顿、杰伊、麦迪逊:《联邦党人文集》,程逢如、在汉、舒逊译,商务印书馆 1980 年版,第 45 ~ 51 页。当然,麦迪逊也不排除适得其反的情形,认为有些朋党成性、用心险恶以及存有地方偏见的人,可能会运用阴谋、贿赂或其他方式获取参政权,然后背叛人民的利益。

益的政治成果，而是与之截然相反。在福山看来，麦迪逊式的分权制衡政治制度，遭遇美国政治中的两极分化，其结果自然是灾难性的。当然，就这一点来说，福山对麦迪逊的责难是对的。因为福山这次站在了真正的民主立场，也就是社会中最广泛的大多数人民的立场。①

无论是古代雅典的参与式民主政治，还是现代西方的代议制民主政治，在其理想状态下，其基本要义都是应表达或代表社会大多数民众的共同意志与根本利益。然而，在经济与社会不平等条件下，政治权利上的平等徒有其表，并不具有真正的价值。因而，僭取了人民名义的西方民主政治，其最终结果是让人民"靠边站"。

---

① 参见 Francis Fukuyama，"America in Decay"，*Foreign Affairs*，13 Oct. 2014，Web. 13 Oct. 2014，http://www. foreignaffairs. com/articles/141729/francis – fukuyama/america – in – decay。中文译本参见观察者网：http://www. guancha. cn/fu – lang – xi – si – fu – shan/2014_10_12_275200_6. shtml。

另外，福山这篇充满了批判性的文章，对"自由"与"特权"之间的本质关系看得很通透。他援用托克维尔的话，"法国大革命前的精英将自由等同于特权，他们向国家权力寻求庇护，而没有惠及全体公民。当代美国，精英们嘴上满口'自由'，实际上却满心乐意享受特权"。这段话非常有意思，似乎大有深意。笔者在前几章援用库朗热的论述时也提到，在西方古代城邦时代，贵族与平民之间的阶级斗争十分激烈，贵族阶级也总是把"自由"挂在嘴边，一旦他们占了上风，夺取了政权，他们就宣称自由获胜了。

有关"自由"的议题，跟民主一样，是一个宏大的主题。本书未及展开专题讨论，仅在这个注释里简单讲一下。客观地说，福山在这篇文章中，对于"自由"跟"特权"之间的本质关系把握还是很准确的，点出了那些西方的精英阶层呼吁"自由"，其实等于要求"特权"。在经济与社会不平等的条件下，更多的"自由"意味着上层精英拥有更多不受法律拘束的"特权"。因此，在西方政治谱系中，传统上右翼更多主张"自由"，而左翼则往往更强调"民主"，因为民主背后是平等价值观。

笔者阅读所及有关自由论题的西方文献中，发现弗洛伊德站在文明的高度讨论自由。他的观点颇有洞见、较为深刻。弗洛伊德从多个角度探讨了文明的价值，最后，他从调节社会关系的角度看待文明。弗洛伊德认为，许多人联合起来在力量上超过了任何人，并且保持这种联合以对付任何个体时，人类的共同生活才成为可能。这就是人类社会及社会关系的来源，也是文明发展的基础。社会联合体的力量作为"权力"，来反对任何个人的力量。社会联合体的力量被认为是正确的，它与被谴责为"蛮力"的个人力量截然相反。社会联合体的力量取代个人的力量，是人类朝向文明迈出的决定性一步。文明的本质在于，社会联合体成员的欲望受到了限制。因此，文明社会的代价之一是个人的欲望受到了压抑，但带来了基本的安全保障与社会秩序。在弗洛伊德看来，从根本上讲，个体的自由不是拜文明所带来的恩赐。因为在文明产生之前，自由的程度最大（尽管那时自由没有多少实际意义，因为个体几乎不能保护他的自由）。文明的发展，其实是限制了个体的自由，因为公正要求每个人都必须受到限制。弗洛伊德认为，在人类社会联合体中，以渴望自由的形式表现出来的东西，有可能是人类对现有不公正（秩序）的反抗，因此，它可能有助于文明的进一步发展。但是，这种渴望自由，也可能产生于人类原始性格的遗迹中，这种性格还没有被文明改造。因此，它也有可能成为敌视文明的基础。参见［奥］弗洛伊德：《一个幻觉的未来》，杨韶刚译，华夏出版社 1998 年版，第 1 ~ 76 页，特别是第 30 ~ 32 页；参见［奥］弗洛伊德：《文明及其缺憾》，傅雅芳、郝冬瑾译，安徽文艺出版社 1987 年版，第 37 ~ 38 页。

第五章　人民政府理论

近代以来,西方在政治、经济、军事上开始崛起,进而主宰了整个世界。西方文化,尤其是西方文化中的政府理论、意识形态、政治制度,也强势输出,构成了整个西方霸权的重要一环。如今,西方势力虽看起来仍然强大,但整体下行趋势明显,衰态毕现。西方的硬实力主要源于其率先步入工业文明社会,从而与世界其他尚处于农业文明乃至游牧文明的地区形成了极大的代差优势。中国这样的新兴国家持续地实现工业化,而西方主要工业发达国家在高福利、高成本等因素的冲击下逐步在去工业化。在此历史大势下,东西方自近代以来形成的强弱格局之逆转只是个时间问题。像中国这样 14 亿人口级的工业化国家,在人类工业文明历史上可谓史无前例,其所能迸发出的巨大能量完全超出想象。近代以来,中国遭到帝国主义列强 100 多年的侵略、欺凌,饱受屈辱,中华人民共和国建立后,中国人才开始扬眉吐气。进入到新的 100 年,中国人更应该有志气、有信心创造出属于自己的时代——中国时代。

中国历史悠久,文明源远流长,有文字确切纪年的历史长达 3000 年左右。作为持续存在的原创型、原生态文明古国,亦是硕果仅存。中国疆域辽阔,人口众多,规模巨大,格局恢宏,自古就习惯于独创一格、自成一体。在农业文明时代,中国创立了独树一帜的象形文字及文化传统,拥有完整的政治哲学、政府理论与政治制度,并在东亚地区凝聚、形成了有自己鲜明风格的中华文化圈。在迈入工业文明社会的今天,作为一个古老的原创型文明大国,要取得新的辉煌,跟在西方后面亦步亦趋、拾人牙慧,显然是行不通的。我们应该在政治理论与实践上,摸索一条既符合中国实情,又适应于工业文明条件下的新道路。

1. 实事求是

这个新道路,其实早在新民主主义革命与社会主义建设时代就已经开始探索了。这就是毛泽东的人民政府理论。

在讨论毛泽东的政治哲学与政府理论之前,让我们先来理解一下毛泽东哲学,尤其是他的实践哲学。毛泽东的实践哲学,不单是一种哲学理论,更是注重践履、脚踏实地的实学学风。这一点需要首先强调指出。

学风、文风、党风，乃至社会风气，这些概念似乎很难用具体数据加以精确量化，因而体现出一种明显的前现代性语汇特点。然而，学风好坏的确跟国运昌盛抑或衰败休戚相关。本书导论部分提到，主张经世致用之学的顾炎武、王船山，曾对晚明士林学子"终日言性与天道"的空疏、浮泛学风深恶痛绝，他们甚至认为，晚明空疏的士习学风是明亡的肇因。他们此番议论，虽似显得激愤过甚，却多少道出了实情。

一个国家的实力，虽然体现在经济的、科技的、军事的等各种指标与数据上，但归根结底不过是各行各业人才的劳动体现。一个社会能教育培养出来各式各样的人才，才是问题的核心。龚自珍曾哀叹，在衰世，朝无才相、巷无才偷、泽无才盗，讲的就是这个道理。国家跟国家之间的竞争，最终也体现在彼此所培养的人才之间的竞争上。而好的学风，意味着更好的教育理念与学习风气，跟好的教育硬件设施一样，都是使一国立于不败之地的根本与基础。

古今中外，崇尚空谈，只知道在抽象概念、名词或理论表面上打空转、拍脑袋、想当然的学者不在少数。这样的学者，用熊十力先生的话说，就是"无求正知正见之念，无深沉厚重之风"，他们只是将学识见闻作为扬名立万的工具。言学论理为虚，图名求利为实，一旦他们暴得大名、呼风唤雨，在他们的示范下，天下学子就容易形成一股不求真、不务实、图虚名、争风头的不良学风。受过这种空疏学风熏习的学子，一旦进入到社会实践中，更容易产生粗枝大叶的毛病，缺乏脚踏实地、谨慎细致、勤勤恳恳的工作精神。在缺乏求真务实的空泛学风影响下，还容易养成教条主义的毛病，惟上、惟本，就是不惟实，丝毫不懂得根据事实、根据实情来作出正确的判断与决策。

在这种学风熏习下成长起来的人，一旦进入你死我活的军事斗争中，若是占据领导位置的话，对一个组织及其事业来说，更是具有致命的危害性。中国共产党在其政治斗争早期，党内最高领导人不具体分析中国革命的实情，特别是敌我力量实际对比状况，只知道教条式地盲目照搬俄国十月革命的道路，试图通过发动城市暴动和进攻中心城市来迅速实现中国革命胜利，结果却屡屡反遭失败。最终红军在第五次"反围剿"中严重失利，被迫实行战略大转移。

从这个意义上讲，顾炎武、王船山批判晚明士林学子的空疏学风误国、亡国，的确并非言过其实、小题大做，而是洞察入微、目光如炬、发人深省。

跟顾炎武、王船山非常注重学风问题一样，毛泽东也把学风摆在极其重要的位置，甚至将其视为关系中国革命事业成败的关键。他在 1941 年发起的"延安整风"运动，主要内容是整顿党内"三风"，即"反对主观主义以整顿

学风,反对宗派主义以整顿党风,反对党八股以整顿文风”,其首要任务实为整顿学风。毛泽东讲到:

> 主观主义是一种不正派的学风,它是反对马克思列宁主义的,它是和共产党不能并存的。我们要的是马克思列宁主义的学风。所谓学风,不但是学校的学风,而且是全党的学风。学风问题是领导机关、全体干部、全体党员的思想方法问题,是我们对待马克思列宁主义的态度问题,是全党同志的工作态度问题。既然是这样,学风问题就是一个非常重要的问题,就是第一个重要的问题。①

毛泽东把学风不仅简单看作学校里的学习风气问题,更看作一种正确的哲学态度、思想方法及工作态度,看作共产党作风的重要表现。实际上,他把共产党的学风和文风都看作党的作风,认为只有党的作风完全正派了,全国人民才会跟共产党学。而党外有这种不良习气的人,只要他们心地善良,愿意学习进步,也会跟共产党学,以改正他们的错误。在他看来,共产党正是通过这样端正学风、党风的模范带头作用来最终影响全国全民族,从而形成厚重求实、端正向上的良好社会风气。

学风本身具备实践品格,套用亚里士多德的概念讲,是一种实践理性的体现。学风端正了,态度扎实了,工作作风变正派了,认识与实践才能走上一条正确的轨道。一个组织,一项事业,才有兴旺发达的可能。

我们考察毛泽东当时之所以如此看重共产党的学风,要大力整顿共产党的作风的原因,回顾历史,一目了然。至少有以下三个因素,逼迫当时的中国共产党必须完成一次思想和组织上的大整顿,否则听之任之,必然会造成共产党组织涣散,战斗力下降,从而难以有效地应对当时严峻的抗战形势。

其一,自抗日战争全面爆发以后,中国共产党及其所领导的军队坚决深入敌后开展广泛的抗日游击战争,队伍规模急剧扩大。共产党本身一下子就吸收了70多万名新党员,而其中绝大部分新党员是农民和小资产阶级出身。他们并没有经历多少系统的马克思主义哲学与思想观念的教育,这很容易造成队伍思想混乱、组织涣散。事实上,任何组织,当然包括现代经济组织——公司,在完成一定的规模扩张后,都存在一个内部整顿、消化的问题,以求理顺内部关系。这实质上也是完善组织的基本原理与内在要求。

其二,王明的教条主义路线在党内远未得到清算。错误的政治路线长

① 毛泽东:《整顿党的作风》,载中共中央毛泽东选集出版委员会编:《毛泽东选集》,人民出版社1969年版,第769~786页,尤其是第770~771页。

期困扰中共中央,党内高级干部对党史上的一些重要问题认识也不完全一致,这无疑也容易带来党内基层组织的进一步混乱,甚至造成党内宗派主义及山头现象,不利于党的内部团结和统一领导,更不利于抗战。

其三,最重要的一点,就是要在全党统一认识,在理论上和思想上解决中国革命的道路问题。也就是说,要从唯物辩证法的角度把马克思主义的普遍真理与中国革命的具体实践结合起来,消除对马克思主义的教条主义认识以及教条主义路线在党内的危害性影响。

要做到这一点,非得在哲学理论和政治思想认识上阐明清楚,并花大力气组织党内上上下下一起学习不可。内里目标是整顿组织,鸣锣开道的则是学习。毛泽东强调学风第一重要,正是题中应有之义。

《改造我们的学习》与《整顿党的作风》都反复提到了马克思主义的普遍真理与中国革命的具体实践相结合的问题。过去瞿秋白、李立三"左"倾盲动主义路线领导时期,机械照搬俄国"十月革命"的经验,发动以城市为中心的军事暴动,不顾敌我双方实力对比,执意进攻中心城市,希望造成一省或几省的革命胜利局面。之后,王明、博古等教条主义者披着马克思列宁主义的外衣,打着"国际路线"招牌,打着"反对立三路线""反对调和路线"的旗号,在中共党内搞起了宗派活动,进而掌握了中共中央以及临时中央的实权,推行"左"倾教条主义和宗派主义路线。在这些错误路线领导下,中国工农红军遭到惨痛失败,教训可谓十分深刻。

因此,总结中共建党建军以来的革命斗争历史,毛泽东告诫全党同志,学习国际革命的经验,不能片面地引用马克思、恩格斯、列宁、斯大林的个别词句,而是要学会运用他们的立场、观点和方法,来具体研究中国的现状和历史,具体分析中国革命中碰到的实际问题,并解决这些问题,要真正使理论和实践相统一。①

毛泽东所强调的学风,其实就是求真务实的学习态度,以及认真踏实的工作作风。他之所以如此强调学风问题,一方面在于他的哲学观,尤其是他的实践哲学观,另一方面跟注重经世致用之学的湖湘学派的陶冶熏习也存在莫大的历史渊源关系。

---

① 参见毛泽东:《改造我们的学习》,载中共中央毛泽东选集出版委员会编:《毛泽东选集》,人民出版社 1969 年版,第 753 ~ 761 页。延安整风,主要是解决当时党内广泛存在的各种错误思想作风,以端正党的思想路线、组织路线和文风。而"在学风上反对主观主义,是全党整风运动的中心内容"。延安整风运动,始终坚持"惩前毖后,治病救人"的方针,采取"思想批判从严,组织处理从宽"的做法,反对王明式的"残酷斗争,无情打击"的错误做法。这一方针后来被概括成"团结—批评—团结"的公式。参见中共中央党校党史教研室编:《中国共产党史稿》(第 3 分册),人民出版社 1983 年版,第 1 ~ 159 页,特别是第 142 ~ 159 页。

早在南宋时，随着理学日渐发展成熟，各地形成了不同的学派。福建有以朱熹为代表的“闽学”，江西有陆九渊的“象山学派”，浙江有“浙东学派”。而在湖南，则形成以胡宏、张栻为代表的“湖湘学派”。与其他学派不同的是，早期湖湘学派在讲求内圣与心性修养的同时，有浓厚的经世务实的实学色彩。胡宏提倡“以古人实学自律”，强调体用合一的“圣人之道”。张栻继承了这一实学传统，提倡儒学要回到务实践履的“本”原上来，主张“儒者之政，一一务实”。

早期湖湘学派的这一实学倾向，到明清鼎革之际，为王船山所发扬光大。汉人中原政权处于亡国灭顶的重重危机之下，王船山较前辈学人更为注重现实、强调务实，甚至激烈地主张“欲尽废古今虚妙之说而返之实”。在痛彻反思之下，他对宋代理学做了批判性总结，对晚明心学末流清谈误国的空疏学风之弊更是不遗余力地痛斥。这为明末清初的经世致用思潮奠定了坚实的哲学基础。

王船山力倡的经世致用理念，随着其思想著述的流传，在湖湘士子中造就了突出经世致用的实学风尚，形成了近代的湖湘经世派。他们大多对当时清朝盛行的考据之学持批判态度，而倡导注重现实的务实学风，其思想代表首推魏源。

魏源在清朝儒林考据之学大兴的年代，重申经世致用之学，批判考据学家皓首穷经，“争治训诂音声，瓜剖瓠析”，是“锢天下聪明知慧使尽出于无用之一途”。他还严厉批判理学末流崇尚空谈，不思不习军政实务，斥责他们“口心性，躬礼义，动言万物一体，而民瘼之不求，吏治之不习，国计边防之不问；一旦与人家国，上不足制国用，外不足靖疆圉，下不足苏民困，举平日胞与民物之空谈，至此无一事可效诸民物”。魏源完全践行自己所倡导的经世实学观念，编撰了《海国图志》《皇朝经世文编》《明代食兵二政录》《圣武记》《道光洋艘征抚记》等多本经世致用实学著作。

在魏源之后，湘军集团继承、发扬了这种经世致用的实学传统。曾国藩倡导实学，称“今与诸君子约为务实之学”，主张“禁大言以务实”。湘军著名将领左宗棠也主张“弃虚崇实”，提倡“多看经世有用之书，求诸事物之理”，并把“实事求是”的务实思想作为自己从事军政要务的指导原则。在“戊戌变法”时期，支持变法维新图强的谭嗣同同样受湖湘学派经世务实思想的熏陶，主张“学必征诸实事”，呵斥士林学子僵化守旧、崇尚空谈的虚浮学风，责问他们“不力冶今之器，虚徒谈古之道，终何益焉？”谭嗣同甚至认为，洋务运动之所以失败，是因为士林学子徒尚空谈的浮泛学风所致，“数十年士君子徒尚空谈，清流养望，以办洋务为降志辱身，攻击不遗余力”。

青年毛泽东求学的湖南第一师范，无论是学校的整个文化氛围，还是教师们的思想观念，都承继了湖湘学派源远流长的经世务实传统。这种注重实际、实事求是的实学风尚，也为青年毛泽东形成实践哲学观，以及他格外重视经世实学、注重践履笃行的学风，打下了深刻的文化烙印。

与湖南第一师范隔江相望的岳麓书院，是王船山、魏源、曾国藩、谭嗣同，一直到青年毛泽东的业师杨昌济，曾经讲学或求学之所在。岳麓书院讲堂入口处悬有"实事求是"的匾额。青年毛泽东在长沙求学期间，经常往来于岳麓书院，并数次寓居于此，对书院相当熟悉。岳麓书院门口所悬挂的"实事求是"匾额，充分体现了湖湘学派中经世务实、注重实际的实学传统与学风。

湖湘学派这一实学传统与学风，同时也体现在湖南第一师范的办学宗旨上。当时，湖南第一师范的办学宗旨明确规定："国民教育趋重实际，宜使学生明现今之大势，察社会之情状，实事求是。"

青年毛泽东最为佩服，对他影响最深的老师，当属杨昌济。杨昌济学贯中西，深受湖湘实学传统的熏陶。他于船山之学"用心尤多"，欣赏魏源、曾国藩，推崇谭嗣同。杨昌济同样非常注重经世致用之学，并自觉地承担起薪火相传的历史责任："以古证今，痛论时弊，储备经世之学，以诏来者。"①

青年毛泽东在这样注重经世致用、强调求真务实的厚重实学的学风影响下，不仅形成了自己的实践哲学观，更格外重视学风问题。他 20 岁时在长沙求学期间的（听课、读书）学习笔记，虽然没有完整保存下来，只留下了残篇，但从中依然可以管窥一斑。

现存《讲堂录》残篇的一开头，就是他学习《明儒学案》与《宋元学案》的笔记。《明儒学案》为明清之际著名思想家、历史学家黄宗羲所著。《宋元学案》由黄宗羲、黄百家、全祖望共同所撰。从《明儒学案》与《宋元学案》的学习体会中可以看出，青年毛泽东非常赞许、敬重明朝理学家吴与弼"安贫重实行，簸谷其一端也"。②

他读曾国藩日记，其中曾国藩强调重厚实学风来扭转世风时习，颇契合他心意，因而作了如下笔记："涤生日记，言士要转移世风，当重两义：曰厚曰

① 以上各段有关湖湘学派的经世致用实学传统之流传历史以及青年毛泽东所受湖湘实学传统的熏习影响，参见李佑新、陈龙：《毛泽东"实事求是"思想的湘学渊源》，载《哲学研究》2010 年第 1 期。

② 《明儒学案》卷一《崇仁学案》载："与弼居乡，躬耕食力，弟子从游者甚众。……陈白沙自广东来学，晨光才辨，先生手自簸谷"。参见中共中央文献研究室、中共湖南省委《毛泽东早期文稿》编辑组编：《毛泽东早期文稿》，湖南出版社 1990 年版，第 581、613～614 页。

实。厚者勿忌人；实则不说大话，不好虚名，不行架空之事，不谈过高之理。”①

不尚空谈，不尚虚名，不行架空之事，踏踏实实做事，注重成效，这些实学作风给青年毛泽东留下深刻印记。在学习笔记中，他还记下日本明治维新时代注重“实学”的启蒙思想家福泽谕吉的哲学信念及相应事迹：“不行架空之事　福泽谕吉有庆应大学，以教育为天职，不预款、均利。福氏于学擅众长，有诲人不倦之志。”②

在《讲堂录》中，青年毛泽东领悟到不尚空谈、偏重实学、注重践行的实学作风，可以说随处可见。比如，“不谈过高之理，心知不能行，谈之不过动听，不如默尔为愈”；“真精神：实意做事，真心求学”；“谨言慎行即是学。古者为学，重在行事，故曰行有余力，则以学文”。③

从他的学习笔记中我们还可以看出，青年毛泽东理解到为学不能闭门造车，求学不能闭目塞听，而应知周万物的道理：“闭门求学，其学无用。欲从天下国家万事万物而学之，则汗漫九垓，遍游四宇尚已。”而且他强调只有真才实学，只有才干胜今人、学问胜古人，方为真正的求学之道：“才不胜今人，不足以为才；学不胜古人，不足以为学。”④

正是因为他注重实学、注重践履，所以他并不欣赏那种单纯为求学而求学的精神，而是崇尚古人所谓立功、立德、立言之三不朽。他称许伊尹学问、事功俱全，并推崇他大公无私之心，见识超凡、气魄雄壮，敢于突破君臣之义的五六百年禁锢，首倡革命，为之击节赞赏，认为值得效法：“伊尹道德、学问、经济、事功俱全，可法。伊尹生专制之代，其心实大公也。尹识力大，气势雄，故能抉破五六百年君臣之义，首倡革命。”⑤

他在评价宋元二代及明代的学风时，认为宋元二代崇尚实学，而明代并不如此，所以，明代虽人才辈出，但学问却远不及前代：“宋、元二代人尚实学，明代人才辈出，而学问远不如古。”而且，他认为：“明清之学无用者，趋于时文也。”在他看来，那些真正能够流传下来的著述，靠实学取胜，因其精华

① 参见中共中央文献研究室、中共湖南省委《毛泽东早期文稿》编辑组编：《毛泽东早期文稿》，湖南出版社1990年版，第581页。

② 参见中共中央文献研究室、中共湖南省委《毛泽东早期文稿》编辑组编：《毛泽东早期文稿》，湖南出版社1990年版，第581页。

③ 参见中共中央文献研究室、中共湖南省委《毛泽东早期文稿》编辑组编：《毛泽东早期文稿》，湖南出版社1990年版，第581、586页。

④ 参见中共中央文献研究室、中共湖南省委《毛泽东早期文稿》编辑组编：《毛泽东早期文稿》，湖南出版社1990年版，第587页。

⑤ 参见中共中央文献研究室、中共湖南省委《毛泽东早期文稿》编辑组编：《毛泽东早期文稿》，湖南出版社1990年版，第588页。

得存:“著书存者,以其实也。无用而存,以其精,韩柳杜之诗是也。不然,浩如烟海塞天地矣。”①

他讽刺清朝乾嘉时期,儒学士子趋骛于考据之学,纠缠于琐屑之物,终归成为笑柄:“乾嘉之代,士人趋于考据,一字一义一衣一履动累数万言而不休。”他还讥讽名士在高名之下,其实空虚无用,名士如画饼,可玩不可餐。②

他指责中国古典哲学虽主张求名责实,但史书传统上仍不能秉笔直书,而是存有偏见,不重拥有真才实学,尤其是那些有重大事功之先人。他因此为管仲、商鞅鸣不平,“秦用商君之法,人以富,国以强,诸侯不敢抗,及七君而天下为秦。使天下为秦者,商君也”;“后代之称道者,咸羞言管商氏,何哉?庸非求其名而不责其实欤?”③

从短短几十页的学习笔记残篇中我们看到了一个格外注重实学学风,赞赏践行精神,志存高远、风华正茂的青年学生。正因为有了青年求学时期的这些深刻认识,他在延安整风时期,不单把学风看作学校的学风,更看作共产党的学风,还把共产党的学风看作共产党党风的重要组成部分,并希望这种求真务实的正派学风和党风,最终影响到全国全民族,脚踏实地、兢兢业业,推动中华民族的大解放。

2. 实践哲学

毛泽东的实践哲学观可归纳为三个方面:

第一,理论与实践的辩证关系。

毛泽东强调理论的实践根基,认为真正的理论是从实践中总结和抽象得来的,实践中得来的理论又回到实践中,以得到进一步检验和证明。他在1942年延安整风运动中批判主观主义时阐明了他对理论与实践的这种辩证关系的理解,明确指出:“真正的理论在世界上只有一种,就是从客观实际抽出来又在客观实际中得到了证明的理论,没有任何别的东西可以称得起我们所讲的理论。”④

其实,早在1937年毛泽东在《实践论》中就第一次全面系统地阐述了他

---

① 参见中共中央文献研究室、中共湖南省委《毛泽东早期文稿》编辑组编:《毛泽东早期文稿》,湖南出版社1990年版,第598～599页。

② 参见中共中央文献研究室、中共湖南省委《毛泽东早期文稿》编辑组编:《毛泽东早期文稿》,湖南出版社1990年版,第600页。

③ 参见中共中央文献研究室、中共湖南省委《毛泽东早期文稿》编辑组编:《毛泽东早期文稿》,湖南出版社1990年版,第602～603页。

④ 参见毛泽东:《整顿党的作风》,载中共中央毛泽东选集出版委员会编:《毛泽东选集》,人民出版社1969年版,第775页。

的实践哲学。这是他运用马克思主义辩证唯物论的认识论，着重在哲学理论（认识论）上厘清中国革命中的主观主义（教条主义与狭隘的经验主义）错误思想观念根源，尤其是教条主义错误根源；同时也是作为他对于中国革命道路问题的哲学思考，以及对多年革命实践经验的总结，并非出于纯粹的理论研究的兴趣。正如他后来在1941年“延安整风”运动中所作的报告《改造我们的学习》中所指出的，他坚决反对那种“不是为了要解决中国革命的理论问题、策略问题而到马克思、恩格斯、列宁、斯大林那里找立场，找观点、找方法，而是为了单纯地学理论而去学理论”。①

《实践论》有一个副标题，叫作“论认识和实践的关系——知和行的关系”。这个可以说跟中国的传统哲学概念很好地衔接起来了。他由此把自己的实践哲学最后概括为“辩证唯物论的知行统一观”。中国的传统哲学虽也讲求格物致知，但把诚心、正身摆在了先头；这作为个人修为阶梯并无不妥，但儒家受思孟心学影响，认识论由此走向了内省式致知的唯心论倾向。前面提到的晚明学子“终日言性与天道”，既体现了一种空虚、浮泛的学风，其实也是哲学上的唯心主义认识论路线的必然结果。

毛泽东在《实践论》一开篇，就根据马克思主义辩证唯物论，解释了人们的认识离不开对社会实践的依赖。他按照马克思主义基本原理解释说，社会实践主要包括生产活动和阶级斗争。生产活动是人类解决物质生活与生存的基本活动，也是人的认识发展的基本来源。在阶级社会里，每个人都处在一定的社会阶级地位中生活，各种形式的阶级斗争给予人的认识以深刻的影响，各种思想无不打上阶级烙印。

毛泽东认为，社会实践不仅是人的认识来源，也是检验人的认识客观性和真理性的标准。因此，辩证唯物论的认识论把实践放在首要（第一）的地位，认为人的认识一刻也离不开实践。实践是理论的基础，理论依赖于实践，又反过来为实践服务，指导实践，以改造世界。理论（认识）源于实践，又重新回到实践中，理论的真理性接受实践的检验，并因实践而进一步加深理论认识。这个从实践中来到实践中去的认识过程，可以说是反复无穷的，人们对于客观世界的认识，也因此一次又一次地得到深化。客观世界的运动变化永远没有完结，人们对于真理的认识，也就因此永远没有终结。人们通过实践而发现真理，通过实践而证实真理，又通过实践进一步发展真理。真理随着实践的不断发展而发展。从这个意义上讲，

① 参见毛泽东：《改造我们的学习》，载中共中央毛泽东选集出版委员会编：《毛泽东选集》，人民出版社1969年版，第757页。

世界上没有任何真理是终极真理。马克思列宁主义本身也并没有终结真理(因此也并非终极真理),而是在实践中不断开辟认识真理的道路。①就这一点来说,毛泽东的实践哲学跟辩证唯物论一样,从来不是一个自我封闭的哲学体系,而是一个开放式的哲学体系,是在实践中不断深化、升华的追求真理的探索旅程。

1963年,毛泽东在一篇名为《人的正确思想是从哪里来的》的哲学小短文中更加明确地阐述了理论(认识)与实践之间的辩证关系,详尽引述如下:

> 人的正确思想是从哪里来的?是从天上掉下来的吗?不是。是自己头脑里固有的吗?不是。人的正确思想,只能从社会实践中来,只能从社会的生产斗争、阶级斗争和科学实验这三项实践中来。人们的社会存在,决定人们的思想。而代表先进阶级的正确思想,一旦被群众掌握,就会变成改造社会、改造世界的物质力量。人们在社会实践中从事各项斗争,有了丰富的经验,有成功的,有失败的。无数客观外界的现象通过人的眼、耳、鼻、舌、身这五个官能反映到自己的头脑中来,开始是感性认识。这种感性认识的材料积累多了,就会产生一个飞跃,变成了理性认识,这就是思想。这是一个认识过程。这是整个认识过程的第一个阶段,即由客观物质到主观精神的阶段,由存在到思想的阶段。这时候的精神、思想(包括理论、政策、计划、办法)是否正确地反映了客观外界的规律,还是没有证明的,还不能确定是否正确,然后又有认识过程的第二个阶段,即由精神到物质的阶段,由思想到存在的阶段,这就是把第一个阶段得到的认识放到社会实践中去,看这些理论、政策、计划、办法等等是否能得到预期的成功。一般的说来,成功了的就是正确的,失败了的就是错误的,特别是人类对自然界的斗争是如此。在社会斗争中,代表先进阶级的势力,有时候有些失败,并不是因为思想不正确,而是因为在斗争力量的对比上,先进势力这一方,暂时还不如反动势力那一方,所以暂时失败了,但是以后总有一天会要成功的。人们的认识经过实践的考验,又会产生一个飞跃。这次飞跃,比起前一次飞跃来,意义更加伟大。因为只有这一次飞跃,才能证明认识的第一次飞跃,即从客观外界的反映过程中得到的思想、理论、政策、计划、办法等等,究竟是正确的还是错误的,此外再无别的检验真理的办法。而无产

---

① 参见毛泽东:《实践论》,载中共中央毛泽东选集出版委员会编:《毛泽东选集》,人民出版社1969年版,第259~273页。

阶级认识世界的目的，只是为了改造世界，此外再无别的目的。一个正确的认识，往往需要经过由物质到精神，由精神到物质，即由实践到认识，由认识到实践这样多次的反复，才能够完成。这就是马克思主义的认识论，就是辩证唯物论的认识论。①

这段有关认识（理论）与实践辩证关系的文字，虽然跟他在1937年撰写的《实践论》在基本原理上一致，但语言更为生动、平白，娓娓道来，浅显易懂。这段文字着重清晰地阐明：人的正确思想不是凭空而来，既不是天上掉下来的，也不是人的头脑中固有的，只能从实践中得来。毫无疑问，任何脱离了客观实际和实践的思想（理论），都是一种主观主义思想观念。若要形成正确的认识、思想和理论，必须依靠实践，并在实践中不断地完善和深化。实践出真知，实践是认识真理的源泉，更是检验真理、发展真理的必由之路。

第二，一切从实际出发，理论与实际相统一；强调调查研究，注重了解实情。

事实上，毛泽东这种注重实际，注意社会调查、研究问题、了解实情的观念与做法，早在他接受马克思主义的辩证唯物论哲学之前就已有充分的体现。他在1919年《湘江评论》第3期中撰写了一篇名为《民众的大联合（二）》的社评。在这篇社评中，他强调了要实现民众的大联合，必须以从事不同职业的民众的小联合为基础。为实现这种小联合，必须首先了解清楚：农民的租税是重是轻？住房如何？够不够吃饱？田少不少？村里有没有没田种的人？工人的工钱多少？工时的长短？对于诸如此类、林林总总的问题，必须要调查清楚，切切实实地弄明白，以求得一个个真切的解答。本着这样注重调查和问题研究的实际精神，毛泽东在1919年9月还拟订了一个《问题研究会章程》，其中涉及需要研究的问题之多，可谓包罗万象、不论巨细。②

他这种注重调查、研究，注意了解实情，特别是了解中国具体国情的思想观念，在他读书求学时期，就以实际行动来落实。1917年七八月，他跟同学萧子升以“游学”的方式，徒步千里，足迹遍及长沙、宁乡、安化、益阳、沅江五县，他们不仅考察了广大农村，而且访问了城镇、寺院、劝学所、学校，还走访了一些社会人士，做了广泛的社会调查。1918年夏初，他又同蔡和森一

① 毛泽东：《人的正确思想是从哪里来的?》，载毛泽东著作选读编辑委员会编：《毛泽东著作选读》（甲种本），人民出版社1965年版，第383～384页。

② 参见中共中央文献研究室、中共湖南省委《毛泽东早期文稿》编辑组编：《毛泽东早期文稿》，湖南出版社1990年版，第373～378、396～402页。

起赴滨湖地区,进行“游学”式社会调查。①

青年学生时代养成的这种注重社会调查与问题研究的求真务实观念,在他参加革命之后依旧本色不改,而且更为注重和强调。《毛泽东选集》第一卷开篇的《中国社会各阶级的分析》就很好地体现了他这种求真务实的精神。

这篇文章,不尚空谈,没有大话,更没有抽象空洞的名词、概念,而是原原本本从分析中国社会各阶级的具体实际状况出发,回答了“中国革命力量的源泉何在”这一基本政治命题。整个文章逻辑清晰、思路严密,从根本上解答了中国革命依靠谁、团结谁、反对谁的组织理念问题,明确指出了中国革命力量最广大、最忠实的同盟军是农民。这种以解决中国革命实际根本问题为出发点,根据中国国情认真分析革命的基本力量问题的做法,与党内那些教条主义者动辄讥讽“山沟里能出马克思主义吗”的浅薄虚妄态度,可谓大相径庭。②

在大革命面临大转折、大失败之际,毛泽东注重实际、注意调查的务实工作作风,使他能更为客观、准确地看清革命形势,并能保持冷静、独立的思考。他从1927年1月4日到2月5日,花了32天,实地考察了湖南湘潭、湘乡、衡山、醴陵、长沙五县的农民运动情况,最终写成了著名的《湖南农民运动考察报告》。在实地调查、考察湖南农民运动的过程中,他召集有经验的农民和农民运动工作同志开展调查会,仔细了解湖南各地农民运动实情。他在考察报告中称,自己从农民那里听到的道理,跟在汉口、长沙从士绅阶级所听到的道理完全相反。因此,他认为:所有各种反对农民运动的议论,

---

① 参见中共中央文献研究室、中共湖南省委《毛泽东早期文稿》编辑组编:《毛泽东早期文稿》,湖南出版社1990年版,第708~709页。毛泽东注重对中国国情的实地调查研究,早在1920年3月写给他的同学周世钊的信中就有体现,在解释自己为何不愿出国留洋时,他强调了调查了解中国实情的重要性,他说,我觉得求学实在没有“必要在什么地方”的理,“出洋”两字,在好些人只是一种“迷”。中国出过洋的总不下几万乃至几十万,好的实在很少。多数呢?仍旧是“糊涂”,仍旧是“莫名其妙”……吾人如果要在现今的世界稍微尽一点力,当然脱不开“中国”这个地盘。关于这地盘的情形,似不可不加以实地的调查及研究。这层功夫,如果留在出洋回来的时候做,因人事及生活的关系,恐怕有些困难。不如在现在做了,一来无方才所说的困难;二来又可携带些经验到西洋去,考察时可以借资比较。以上参见中共中央文献研究室、中共湖南省委《毛泽东早期文稿》编辑组编:《毛泽东早期文稿》,湖南出版社1990年版,第474页。

② 参见毛泽东:《中国社会各阶级的分析》,载中共中央毛泽东选集出版委员会编:《毛泽东选集》,人民出版社1969年版,第3~9页。毛泽东正确地分析了当时中国社会各阶级的具体情况,指出中国因经济落后,现代工业无产阶级人数总体不多(约200万人)的国情特点。因此,这就决定了照搬俄国十月革命道路,以城市工人为主体发动城市暴动的革命方针,根本上就是错误的。虽然毛泽东在该文中并没有明确点出这一点,但通观他这篇文章,这样的结论,其实已经呼之欲出了。

都必须迅速矫正。革命当局对农民运动的各种错误处置必须迅速变更。结合自己的调查,他还正确地提出了"推翻地主武装,建立农民武装"的必要性与紧迫性。①

那些教条式遵循俄国十月革命道路,或者用抽象的二次革命理论作为指导,而不注意根据中国具体国情作出具体分析的人士,在大革命形势骤变的情况下,自然提不出什么切实有效的应对之策。相形之下,毛泽东根据调查实情,对大革命局势所做的分析与判断以及提出的应对措施,不仅富有远见,甚至具有先见之明。在蒋介石发动"四·一二"反革命政变,大革命面临大失败的政治局势下,尤其显示出超常的预见性,格外英明睿智。

基于他自己在湖南实地考察农民运动所了解的实情,毛泽东认为:中国革命必须保持农民武装,中国革命也必须紧紧地依靠农民生力军。他在7月4日召开的中共中央常委会上提出,农民自卫军必须保存,"不保存武力,则将来一到事变,我们即无办法",必要时还可以上山,"上山可以造成军事势力的基础"。②

他的这番见解,发表在汪精卫集团7月15日召集"分共会议"、公开背叛大革命之前,可谓掷地有声。而且,他这种强调"上山"的军事斗争方针,即使在中共中央撤换了陈独秀,组成新的临时中央,并决定开展武装斗争之时,也走在了当时中共中央绝大多数领导人认识的前面。当时的中共临时中央,在决定发动军事暴动的武装斗争方针后,还是循着俄国十月革命的道路,着眼于发动中心城市暴动。南昌起义成功打响之后,当时并没有考虑同湘赣两省的农民运动紧密结合,就地积极开展土地革命,以建立稳固的农村革命根据地,而是选择孤军南下广东,准备夺取广州,以期再举行二次北伐。在这个指导思想下发动的南昌起义以及后来的广州起义,都是因为脱离了中国革命的具体实情,最终不可避免地陷入了失败境地。

中共中央于1927年8月7日在汉口紧急召开的八七会议,纠正和结束了陈独秀的右倾投降主义路线,正式确定了实行土地革命和武装斗争两大政治方针。毛泽东在会上总结了大革命失败的教训,主张纠正共产党过去只重视民众运动,而忽视军事运动的错误倾向,要求共产党人重视军事问

---

① 参见毛泽东:《湖南农民运动考察报告》,载中共中央毛泽东选集出版委员会编:《毛泽东选集》,人民出版社1969年版,第12~42页。他就考察湖南农民运动的情况,在写给中共中央的报告中明确指出:"在各县乡下所见所闻与在汉口在长沙所见所闻几乎全不同,始发见从前我们对农运政策上处置上几个颇大的错误点。"参见中共中央文献研究室编:《毛泽东年谱(1893-1949)》(上卷),中央文献出版社1993年版,第181页。

② 中共中央党校党史教研室编:《中国共产党史稿》(第1分册),人民出版社1981年版,第235页。

题,并提醒新政治局的常委们要更坚决地注意军事问题,并提出了"枪杆子里出政权"这一著名论断。

他在会议上直截了当地指出:"对军事方面,从前我们骂孙中山专做军事运动,我们恰恰相反,不做军事运动专做民众运动。蒋唐都是拿枪杆子起的,我们独不管。现在虽已注意,但仍无坚决的概念。比如秋收暴动非军事不可,此次会议应重视此问题,新政治局的常委要更加坚强起来注意此问题。湖南这次失败,可以说完全由于书生主观的错误。以后要非常注意军事,须知政权是由枪杆子中取得的。"针对大革命中,党中央(陈独秀)不注重掌握革命形势的实情,不了解、不听取党的下级组织的意见,特别是农村基层工作的情况报告,因而存在落后于群众觉悟且瞎指挥的老爷作风,他强调指出:"以后上级机关应尽心听下级的报告,然后才能由不革命的转入革命的。"①

八七会议上,毛泽东当选为中共中央政治局候补委员。当时党的最高领导人瞿秋白,曾提出要毛泽东去上海党中央机关去工作。毛泽东对此予以回绝,表示自己愿意去湖南领导秋收起义。他说自己不愿意跟党中央机关领导一起去上海住高楼大厦,而是要去上山结交绿林朋友。这也证明,他确实是真正践行自己提倡的"上山"武装斗争的思想,并不在乎什么党内的领导位置和工作条件。

在他回到湖南领导秋收起义时,对于究竟举什么旗的具体问题,他并没有盲从南昌起义的做法和八七会议的决定,而是经过了一番实际调查才定下来。发动南昌起义时,共产党当时打的还是"国民党左派"的旗子。在八七会议上,中共中央认为,湖南国民党左派的下级党部比任何省都更有群众基础,也更需要团结他们开展共同斗争。因此,八七会议规定,秋收起义仍然要打"国民党左派"的旗子。

毛泽东回到长沙后,邀请了几位农民群众开调查会,又征询了由湘潭韶山来省城的几位农民的意见。他经过调查发现,蒋汪"宁汉合流"背叛大革命后,由于国民党军队残酷镇压工农运动,工农群众对国民党作为北伐革命党的原有看法已经彻底改观。因此,在湖南省委会上,他坚决主张:秋收起义"应高高打出共产党的旗子"。会后他在写给中央的信中说到:"国民党的旗子已成军阀的旗子,只有共产党的旗子才是人民的旗子。这一点我在鄂时还不大觉得,到湖南来这几天,看见唐生智的省党部是那样,而人民对

① 中共中央文献研究室、中国人民解放军军事科学院编:《毛泽东军事文集》(第1卷),军事科学出版社、中央文献出版社1993年版,第2页。

立则是这样,便可以断定国民党的旗子真不能打了。”当时中共中央回信,还对毛泽东和湖南省委的主张提出批评,但在毛泽东和湖南省委的坚持下,最后终于同意取消打“左派国民党”的旗帜。秋收起义的队伍,在中共武装斗争史上第一次打出了“镰刀斧头”的共产党红旗,成立了工农革命军第一军第一师。[①]这种根据实情作出具体决策,不惟上、不惟本,实事求是的指导思想,才能带领中国革命走上正确的道路。

毛泽东注重调查和了解实情,在他戎马倥偬、带领红军连续转战各地时,依然亲力亲为,认认真真做实地调查研究工作,并把社会调查工作作为领导工作的首要任务,以及决定红军各项政策的事实基础。

在井冈山时代,他做了永新、宁冈调查(1929 年 11 月)。1930 年 5 月,他做了寻乌调查。1930 年 10 月,他又做了兴国调查。1930 年 11 月,他做了木口村、长冈乡以及东塘等处调查。1933 年 11 月,他又做了著名的才溪乡调查。不仅如此,他还把社会调查列为红军的工作制度,红军政治部为此制定了详细的社会调查表,其中包括群众斗争状况、反动派状况、经济生活情况,以及农村各阶级占有土地的情况等诸多项目。在他的领导和指导下,当时红四军的各项社会调查工作也逐渐开展起来。红军每到一处,都要首先调查清楚当地阶级关系的具体状况,然后再提出切合群众需要的政治口号。[②]

1930 年 5 月,毛泽东撰写了《反对本本主义》一文。在文中,他强调,“没有调查,没有发言权”;并且,明确指出,“调查就是解决问题”,“一切结论产生于调查情况的末尾,而不是在它的先头。只有蠢人,才是他一个人,或者邀集一堆人,不做调查,而只是冥思苦索地‘想办法’,‘打主意’”。在此文中,他还详尽地列举了各种社会调查的技术与方法。

大兴调查之风,正是为了反对脱离实际的本本主义。因为离开了实际调查,就会产生唯心论的社会阶级状况估量,从而容易带来错误的工作指导方针,其结果,在政治上不是倒向机会主义,就是滑向盲动主义。他认为,要实现革命的最后胜利,全靠无产阶级政党斗争策略的正确与坚决;而共产党正确而坚决的斗争策略,绝不是少数人坐在房子里能够空想出来的,它需要党在领导群众的实际斗争过程中才能产生。简言之,正确的革命策略需要在革命实践经验中才能总结产生。要做到这一点,必须时时了解社会情况,处处进行实际调查;那种靠照搬照抄“本本”中的大理论、大道理,就能稳稳

① 参见黄少群:《毛泽东与红军:从井冈山到古田》,新华出版社 1998 年版,第 8 ~ 11 页。

② 参见中共中央文献研究室编:《毛泽东农村调查文集》,人民出版社 1982 年版;参见毛泽东著作选读编辑委员会编:《毛泽东著作选读》(甲种本),人民出版社 1965 年版,第 20 ~ 28 页。

当当地实现革命胜利的想法是极其幼稚的，更是完全错误的。

他在1941年3月为《农村调查》写的序言二中又强调，做调查工作，首先要有正确的思想态度，不能端着政治精英老爷的臭架子不放，而要甘于当群众的小学生，勇于向他们学习，他说："没有满腔的热忱，没有眼睛向下的决心，没有求知的渴望，没有放下臭架子、甘当小学生的精神，是一定不能做，也一定做不好的。必须明白：群众是真正的英雄，而我们自己则往往是幼稚可笑的，不了解这一点，就不能得到起码的知识。"①

毛泽东在1941年9月撰写的《关于农村调查》一文，结合了自己做调查工作的实际经验，勇于剖析、总结自己过去在调查过程中具体存在哪些不足，以及自己不断深化认识所得的收获。

在《关于农村调查》开始部分，他就强调指出："我们的调查工作，是要有耐心地、有步骤地去作，不要性急。我自己认识农村，就是经过好几年的工夫的。"他接着说："我做了四个月的农民运动，得知了各阶级的一些情况，可是这种了解是异常肤浅的，一点不深刻。后来，中央要我管理农民运动。我下了一个决心，走了一个月零两天，调查了长沙、湘潭、湘乡、衡山、醴陵五县。"即便如此，他还是认为自己做的社会调查非常不够。他说："在当时我对于农村阶级的结合，仍不是十分了解的。到井冈山之后，我作了寻乌调查，才弄清了富农与地主的问题，提出解决富农问题的办法，不仅要抽多补少，而且要抽肥补瘦，这样才能使富农、中农、贫农、雇农都过活下去。假若对地主一点土地也不分，叫他们去喝西北风，对富农也只给一些坏田，使他们半饥半饱，逼得富农造反，贫农、雇农一定陷于孤立。当时有人骂我是富农路线，我看在当时只有我这办法是正确的。"②

毛泽东始终坚持注重实际，强调社会调查，注意摸清国情民意，掌握社会现实，根据客观、真实的事实材料，总结出正确的理论，制定出正确的政治路线、方针和政策，作出正确的具体决策。这种注重实际的哲学理念及务实作风，也正是他领导中国革命走向胜利的根本保证。

第三，注重实践，尤其是注重在实践中总结经验，提高理论认识水平。

注重实践，正是他实践哲学的出发点与落脚点，这里不再赘述，特援引他在《整顿党的作风》中一段风趣生动的讲话，来为本节的讨论作结：

> 马克思列宁主义理论和中国革命实际，怎样互相联系呢？拿一句

① 他后来在1931年4月发出的《总政治部关于调查人口和土地状况的通知》中，进一步明确为："一，不做调查没有发言权。二，不做正确的调查同样没有发言权。"参见中共中央文献研究室编：《毛泽东农村调查文集》，人民出版社1982年版，第1～19页。

② 参见中共中央文献研究室编：《毛泽东农村调查文集》，人民出版社1982年版，第21～27页。

通俗的话来讲，就是“有的放矢”。“矢”就是箭，“的”就是靶，放箭要对准靶。马克思列宁主义和中国革命的关系，就是箭和靶的关系。有些同志却在那里“无的放矢”，乱放一通，这样的人就容易把革命弄坏。有些同志则仅仅把箭拿在手里搓来搓去，连声赞曰：“好箭！好箭！”却老是不愿意放出去。这样的人就是古董鉴赏家，几乎和革命不发生关系。马克思列宁主义之箭，必须用了去射中国革命之的。这个问题不讲明白，我们党的理论水平永远不会提高，中国革命也永远不会胜利。

3. 人民立场与政治参与

相比辩证唯物论的认识论，世界上各种形而上学唯心论可谓最为省心、省力，因为它们不需要以客观实际作为凭据与根据，也不受客观实际的检验，完全可以凭自己的臆想瞎说一气。我们在第三章讨论的西方近代社会契约论正是这种状况。“自然状态”“自然权利”“自然法”“社会契约”，这些概念都没有客观的历史事实作为依据，它们本身的观念体系甚至是反历史的，完全建立在抽象的意识形态观念体系基础之上。从近代社会契约理论发展起来的现代西方民主政府理论，亦是如此状况。在这个意义上讲，西方近代及现代政府理论都是建立在唯心主义认识论基础上的。本章在讨论毛泽东的人民政府理论之前，特地预先讨论了他的实践哲学，也正是基于这一对比的考虑与理由。

毛泽东的政治哲学，特别是他的人民政府理论，是从革命与建设的实践中总结得来的，经历了中国政治实践的检验，并在这种从实践到理论、从理论再回到实践中的往复过程中，不断地发展、充实、提高。

毛泽东的人民立场与群众路线观点，以及尊重人民首创实践精神的立场观点，也使他的人民政府理论成为理论与实践相结合的政治理论体系。相形之下，西方近现代的政府理论，建立在一整套缺乏经验事实支撑的政治理念和意识形态观念之上，具有明显的唯心主义认识论倾向，是一个更为自我封闭的政治理论体系。从认识论角度看，建立在实践哲学基础上的毛泽东人民政府理论，是一种更为开放活跃、更具有实践推进动能、更具备向上发展完善的理论空间，因而更具有制度优胜性的政治理论。

毛泽东人民政府理论最基本的特点，也是其政治道德基础，就是人民立场。人民立场是他建党、建政、建军思想理论的根本立场，而且他自始至终都忠实于这一人民立场，坚持站在被压迫、受剥削的大多数人民的一边。他一直反复申明，一再强调指出：共产党所领导的人民政府及人民军队，唯一宗旨就是全心全意为人民服务。

早在少年时代，毛泽东的人民立场就开始萌发。毛泽东年少时很爱读《精忠传》《水浒传》《隋唐演义》《三国演义》《西游记》这类通俗小说。从6岁就开始帮家里干农活的他，13岁时辍学在家，整天在地里随长工干农活，自然备尝农民的艰辛困苦。

毛泽东的母亲是一个待人和蔼的人，特别照顾劳动者，怜惜穷苦人，乐善好施。[①]慈母春风化雨般的影响，加上年龄渐长，他学会了思考，对自己熟读到几乎能够背得出的通俗小说故事，多少有了些新的感悟。30年后，在延安的窑洞里，他在跟斯诺彻夜长谈自己的革命生涯与个人经历时，少年时代的感悟仿佛历历在目：

> 我继续读中国旧小说和故事。有一天我忽然想到，这些小说有一件事情很特别，就是里面没有种田的农民。所有的人物都是武将、文官、书生，从来没有一个农民做主人公。对于这件事，我纳闷了两年之久，后来我就分析小说的内容。我发现它们颂扬的全都是武将，人民的统治者，而这些人是不必种田的，因为土地归他们所有和控制，显然让农民替他们种田。[②]

有论者可能认为，这是毛泽东用成年后接受的马克思主义阶级学说，来"回忆"（回溯分析）他小时候读通俗小说的观感。这个解释根本说不通。因为，就当时（1936年10月）来说，一个中国共产党的领袖没有必要通过故意"回忆"自己从小就具有阶级意识，来向一个外国记者证明自己的一贯革命。事实上，在后面跟斯诺的谈话中，他就直言不讳地告诉斯诺，自己曾经

① 毛泽东1919年所作《祭母文》称颂母亲："吾母高风，首推博爱。远近亲疏，一皆覆载。恺恻慈祥，感动庶汇。爱力所及，原本真诚。不作诳言，不存欺心。整饬成性，一丝不诡。手泽所经，皆有条理。头脑精密，劈理分情。事无遗算，物无遁形。洁净之风，传遍戚里。不染一尘，身心表里。五德荦荦，乃其大端。"参见中共中央文献研究室、中共湖南省委《毛泽东早期文稿》编辑组编：《毛泽东早期文稿》，湖南出版社1990年版，第410页；参见萧三：《毛泽东同志的青少年时代和初期革命活动》，中国青年出版社1980年版，第10～11页。

② [美]埃德加·斯诺：《西行漫记》，董乐山译，生活·读书·新知三联书店1979年版，第108～109页。他在1942年延安文艺座谈会讲话时，曾强调"我们是站在无产阶级和人民大众的立场"。然而，哪怕在中华人民共和国建立多年后，旧的文艺路线和文化路线仍长期占据主流。毛泽东在1963年11月对《戏剧报》和文化部接连进行了两次严厉批评，强调指出：一个时期，《戏剧报》尽宣传牛鬼蛇神。文化部不管文化，封建的、帝王将相的、才子佳人的东西很多，文化部不管。文化方面特别是戏剧大量是封建落后的东西，社会主义的东西很少，在舞台上无非是帝王将相、才子佳人。文化部是管文化的，应当注意这方面的问题，要好好检查一下，认真改正，如不改变，就改名"帝王将相部""才子佳人部"，或者"外国死人部"。这是他对当时文化、文艺不站在人民立场，还停留在传统的精英主义文化路线，作出的最严厉的批评。参见中共中央文献研究室编：《毛泽东年谱（1949—1976）》（第5卷），中央文献出版社2013年版，第285页。这个也可以看作是对他少年时想了两年才想明白的那个感悟的遥远回应。

“崇拜康有为和梁启超”。他还跟斯诺讲，到了新文化运动时期：“我非常钦佩胡适和陈独秀的文章。他们代替了已经被我抛弃的梁启超和康有为，一时成了我的楷模。在这个时候，我的思想是自由主义、民主改良主义、空想社会主义等思想的大杂烩。我憧憬‘十九世纪的民主’、乌托邦主义和旧式的自由主义，但是我反对军阀和反对帝国主义是明确无疑的。”①他的这番话实际上是剖析了他自己在接受马克思主义、成为共产党之前的整个思想历程。

少年毛泽东的这个感悟，当然不能牵强地理解为阶级意识，而应理解为一个善于读书、爱动脑子的农家子弟，因其自然而然的平民情感碰撞到精英主义文化而产生的精神落差。因为他在辍学的那两年，其实就是一个地道的(小)农民，生活周围满眼也都是干农活的农民。可以说，他白天整日处在一个农民、农活、农地的世界，而晚上读得津津有味的传统通俗小说，却完全不属于他熟悉的农民世界，而是一个英雄豪杰的世界，是各路社会精英叱咤风云的世界。这当然是一个巨大的精神反差。他从这巨大的反差中看到了一个从根本上不公平、不平等的世界。

关心民间疾苦的平民主义情感本身，在中国传统文化中其实也是一个很重要的价值取向。对于上过私塾，从小就被塾师要求熟读熟背中国经典，特别是喜爱唐诗宋词的少年毛泽东而言，自然不会不读到“四海无闲田，农夫犹饿死”这样的悲悯诗句。中国古典文学中，的确有大量或是同情下层人民遭遇，或是谴责贪婪的统治者的浅白诗句。比如，《诗经》中的《硕鼠》(“硕鼠硕鼠，无食我黍！三岁贯女，莫我肯顾……”)，以及杜甫的大量具有现实主义和批判主义风格的诗词(如“朱门酒肉臭，路有冻死骨”)。

一个人的家庭出身，或他所处的社会环境，诚然并不机械地、必然地决定一个人的阶级立场与阶级意识，但一个人的家庭出身、周遭环境、社会地位，特别是一个人所从事的社会劳动，对于一个人的思想观念无疑会产生深刻而持久的影响。作为一个全劳力的少年毛泽东，在乐善好施、同情穷苦人的母亲的影响下，情感与立场上偏向善良的老百姓、劳动者、穷苦人，乃至同情不堪忍受饥荒的造反者，这是不可否认的事实。②

目前搜集到的毛泽东最早的文稿，是他于1912年6月写的《商鞅徙木立信论》。从这篇用旧式文言文写成的小短文中，我们可以看出，年满18岁

---

① 参见[美]埃德加·斯诺：《西行漫记》，董乐山译，生活·读书·新知三联书店1979年版，第113页。

② 参见萧三：《毛泽东同志的青少年时代和初期革命活动》，中国青年出版社1980年版，第8~21页。

的毛泽东著文立论已经明确地站在人民(民众)的立场上。他在文中说:"法令者,代谋幸福之具也。法令而善,其幸福吾民也必多,吾民方恐其不布此法令,或布而恐其不生效力,必竭全力以保障之,维持之,务使达到完善之目的而止。"[①]在他看来,所谓良法,就是多为民众谋福利的好法律。青年时代的他,已经完全站在人民(民众)的立场来看待政治与法律的好坏。

经过新文化运动与五四运动洗礼的青年毛泽东,服膺科学("赛先生")与民主("德先生")精神。他积极投身于五四运动,义无反顾地站在"平民主义"("民主主义")的立场上摇旗呐喊。在他主编的《湘江评论》创刊号一开篇,他就满怀激情地宣言:"自'世界革命'的呼声大倡,'人类解放'的运动猛进,从前吾人所不质疑的问题,所不遽取的方法,多所畏缩的说话,于今都要一改旧观,不疑者疑,不取者取,多畏缩者不畏缩了。这种潮流,任是什么力量,不能阻住。任是什么人物,不能不受它的软化。"他强调吃饭问题是世界最大的问题,人民(民众)联合的力量是最强的力量;他呼吁人们"什么不要怕?天不要怕,鬼不要怕,死人不要怕,官僚不要怕,军阀不要怕,资本家不要怕"。

他主张用"平民主义"联合民众,打倒一切的强权:

> 各种改革,一言蔽之,"由强权得自由"而已。各种对抗强权的根本主义,为"平民主义"(兑莫克拉西。一作民本主义,民主主义、庶民主义)。宗教的强权,文学的强权、政治的强权、社会的强权、教育的强权、经济的强权、思想的强权、国际的强权,丝毫没有存在的余地,都要借平民主义的高呼,将它打倒。[②]

青年毛泽东主编(兼主要撰稿)的《湘江评论》于1919年7月14日在长沙创刊,因很快被湖南军阀张敬尧查封,总共仅出版5期。但在这5期中,毛泽东共发表文章有41篇之多。虽然他的文章涉及的话题范围很广(有不少时事评论),但主要围绕三个方面的主题展开:一是"平民主义"("民主主义"),二是平等主义(尤其是男女平等),三是民众大联合。

① 参见中共中央文献研究室、中共湖南省委《毛泽东早期文稿》编辑组编:《毛泽东早期文稿》,湖南出版社1990年版,第1页。当然,他此文当时的主要论点是,因中国数千年民智未启,国家数几导致沦亡之惨境。

② 参见中共中央文献研究室、中共湖南省委《毛泽东早期文稿》编辑组编:《毛泽东早期文稿》,湖南出版社1990年版,第292~293页。1919年的毛泽东,是典型的"五四青年",而且是五四运动的时代弄潮儿。顺便指出,蒋介石虽仅比毛泽东大6岁,年龄上本属于同时代人物,但蒋介石根本未接受新文化运动和五四运动的任何洗礼,他的思想观念明显仍属于旧时代。参见中国第二历史档案馆编:《蒋介石年谱:1887—1926》,九州出版社2012年版,第22~41页(1915~1919年)。

所谓“平民主义”社会变革,用他自己的话说,就是“由少数阶级专制的黑暗社会,变为全体人民自由发展的光明社会”。他进而主张,为实现平民主义的大变革,必须经由民众的大联合:“到了近世,强权者,贵族,资本家的联合到了极点,因之国家也坏到了极点,人类也苦到了极点,社会也黑暗到了极点。于是乎起了改革,起了反抗,于是乎有民众的大联合。”从民众大联合的立场出发,他当时已经充分认识到辛亥革命的局限性,认为辛亥革命“与我们民众的大多数毫无关系”。因此,他坚决主张工人、农民、学生、妇女,也就是社会各界的民众大联合,方能打倒强权,建设新的社会,获得真正的解放。最后,他豪情万丈地憧憬了中华民族光明灿烂的未来:

> 我们中华民族原有伟大的能力!压迫愈深,反动愈大,蓄之既久,其发必速。我敢说一怪话,他日中华民族的改革,将较任何民族为彻底。中华民族的社会,将较任何民族为光明。中华民族的大联合,将较任何地域任何民族而先告成功。诸君!诸君!我们总要努力!我们总要拼命的向前!我们黄金的世界,光华灿烂的世界,就在前面!①

五四运动时期的毛泽东,尚主张温和的社会改良主义,主张“呼声革命”与“无血革命”,并不支持“炸弹革命”和“有血革命”。②但随着他更加深入地参与到湖南政治活动中,无论是1920年的“驱张运动”,还是后来主张湖南自治,他越来越发现:“政治改良一涂,可谓绝无希望。吾人惟有不理一切,另辟道路,另造环境一法。”③

1921年1月1日及2日,他在新民学会长沙会员大会上的发言,表明他在政治理念上已完全改弦易张,彻底地告别了过去的社会改良主义与政治改良主义,而选择了马克思列宁主义的暴力革命道路。他认为需要遵循俄国十月革命的道路,运用“激烈方法的共产主义,即所谓劳农主义,用阶级专政的方法”,方能解决积弊丛生的中国社会问题。④

接受了马克思列宁主义,并参与创建中国共产党的毛泽东,在领导中国革命与建设的社会实践中,更加自觉、坚定自己的人民立场,并逐渐形成带

---

① 参见中共中央文献研究室、中共湖南省委《毛泽东早期文稿》编辑组编:《毛泽东早期文稿》,湖南出版社1990年版,第292~395页,尤其是第292~295、338~341、373~378、389~394页。

② 参见中共中央文献研究室、中共湖南省委《毛泽东早期文稿》编辑组编:《毛泽东早期文稿》,湖南出版社1990年版,第293~294页。

③ 《致向警予信》(1920年11月25日),载中共中央文献研究室、中共湖南省委《毛泽东早期文稿》,第548~549页。

④ 参见中共中央文献研究室编:《毛泽东文集》(第1卷),人民出版社1993年版,第1~2页。

有他自己风格的政治哲学与政治理论，总结起来有以下几点：

第一，全心全意为人民服务。

“为人民服务”，虽然是毛泽东迟至1944年9月才明确概括出的政治概念与政治口号，但“为人民服务”作为政治理念其实跟他的人民立场一脉相承、相伴始终。或者说，“为人民服务”正是他的人民立场，以及共产党的根本宗旨所决定的政治理念。当然，这也是毛泽东领导的共产党在带领人民取得大片革命根据地政权后，在政权建设理论上不断摸索的成果之一。[①]

中国共产党在其早期的革命斗争实践中，之所以连番受挫，跟早期党中央奉行错误的革命方针与政治路线直接相关。而这些错误又跟当时主持中共中央的陈独秀有莫大的关系。陈独秀对中国革命与中国共产党一厢情愿地抱持一种机械而幼稚的“二次革命论”与“在野党”的右倾消极思想。他认为，中国民族解放运动的最好前途，是“由工农阶级领导小资产阶级，推动资产阶级，以革命手段达到民族的资本主义之建设”。但他却坚持认为：“共产党取得政权，乃是无产阶级革命时代的事，在国民革命时代，不会发生这类问题。”在这样机械的“二次革命论”与“在野党”思想观念指导下，他领导的中共中央对大革命基本上放弃了领导权，对蒋介石等国民党右派的“清共”“反共”行为采取步步退让、处处妥协的政治方针，就不难理解了。不仅如此，他还反对共产党参加和掌握地方政权，极力贬低农民土地问题的严重性，反对党“包办”农民运动。[②]从某种意义上讲，这种错误的革命理论与政治路线的直接政治后果，就是严重地脱离了人民立场。

陈独秀教条式地理解中国革命的道路，明显存有一个自我预想乃至幻想的条条框框，认为中国应先完成资产阶级革命（“国民革命”），建设民族资本主义，然后再实现无产阶级革命。因此，在大革命迅猛发展的形势下，固执己见的他不注重实际，不能很好地灵活应对形势的急剧变化，自然就落

---

① 早在1934年1月，毛泽东在江西瑞金召开的第二次全国工农代表大会上做报告时指出，“领导农民的土地斗争，分土地给农民；提高农民的劳动热情，增加农业生产；保障工人的利益；建立合作社；发展对外贸易；解决群众的穿衣问题，吃饭问题，住房问题，柴米油盐问题，疾病卫生问题，婚姻问题。总之，一切群众的实际生活问题，都是我们应当注意的问题”，“一切这些群众生活上的问题，都应该把它提到自己的议事日程上。应该讨论，应该决定，应该实行，应该检查。要使广大群众认识我们是代表他们的利益的，是和他们呼吸相通的”。参见毛泽东：《关心群众生活，注意工作方法》，载中共中央毛泽东选集出版委员会编辑：《毛泽东选集》，人民出版社1969年版，第122～124页。

② 参见中共中央党校党史教研室编：《中国共产党史稿》（第1分册），人民出版社1981年版，第192～206页。

后于革命形势，最终不可避免地被历史抛弃。①

注重实际、注重调查研究的毛泽东，在形势风云变幻的大革命时代，牢牢地把握住了中国当时作为农业社会这一基本国情。因此，他正确地理解了农民作为中国革命同盟生力军的重要地位，热情地赞颂农民、农民协会、农民运动在大革命时期的伟大历史作用，始终坚持人民立场。他指出："宗法封建性的土豪劣绅，不法地主阶级，是几千年专制政治的基础，帝国主义、军阀、贪官污吏的墙脚。打翻这个封建势力，乃是国民革命的真正目标。孙中山先生致力国民革命凡四十年，所要做而没有做到的事，农民在几个月内做到了。这是四十年乃至几千年未曾成就过的奇勋。"②

在大革命中，农民迫切需要从根本上解决土地问题。从政治和法律上彻底解决土地问题，可以说完全符合广大农民的根本利益。当时，毛泽东坚决支持农民阶级对土地问题的革命要求。1927 年 4 月，在汉口举行的武汉国民党中央土地委员会的几次会议上，他始终强调，解决土地问题应该有一个明确的纲领，应说明解决土地问题有何意义，以及具体究竟如何解决土地问题。针对当时如火如荼的农民运动，他认为，当前应当进一步扩大农民协会组织，承认并促进农民的政权建设，以解决土地问题。只有解决土地问题，使农民得到解放，废除地主及一切压迫阶级的剥削和压迫，才能增加生产，保护革命，并解决财政问题和士兵问题。然而，当时的武汉国民政府站在封建地主阶级的少数利益立场上，反对解决农民土地问题。中共领导人陈独秀也拒绝了毛泽东等人的正确主张，顽固地坚持其右倾投降主义错误，进一步向蒋介石、汪精卫集团妥协、退让，轰轰烈烈的大革命，在敌人的屠刀下，最终招致严重失败。③

大革命失败后，中国共产党果断地转到武装斗争和土地革命的政治路线上来。毛泽东领导的秋收起义工农革命军，在井冈山地区开辟了一片红色革命根据地，首次建立起人民政权。自那之后，他在长期的革命斗争实践中不断地探索人民政权建设和人民政府的理论问题。从人民的根本立场出发，他规定了共产党所领导的军队和政府的人民属性，提出了"人民战争""人民军队"和"人民政府"这些概念，并确立了"为人民服务"这一根本

---

① 陈独秀甚至一度反对国民革命军北伐，即使在北伐开始后，也对北伐持消极态度，这直接影响了中共四届三中全会的决议。参见中共中央党校党史教研室编：《中国共产党史稿》（第 1 分册），人民出版社 1981 年版，第 193～195 页。

② 毛泽东：《湖南农民运动考察报告》，载中共中央毛泽东选集出版委员会编辑：《毛泽东选集》，人民出版社 1969 年版，第 15～16 页。

③ 参见中共中央党校党史教研室编：《中国共产党史稿》（第 1 分册），人民出版社 1981 年版，第 215～216 页。

宗旨。

1944 年 9 月 8 日，为追悼一名牺牲的普通战士（中共中央警卫团战士）张思德同志，毛泽东做了题为《为人民服务》的演讲，首次正式明确提出了“为人民服务”这一政治概念。他在演讲的一开头就直奔主题，称：“我们的共产党和共产党所领导的八路军、新四军，是革命的队伍。我们这个队伍完全是为着解放人民的，是彻底地为人民的利益工作的。张思德同志就是我们这个队伍中的一个同志。”他说：“为人民利益而死，就比泰山还重；替法西斯卖力，替剥削人民和压迫人民的人去死，就比鸿毛还轻。张思德同志是为人民利益而死的，他的死是比泰山还要重的。”①

从“为人民服务”这一政治理念，他引申到人民政府在实际政治中如何落实的问题，强调中国共产党及其所领导的人民政府，应该虚心听取人民的意见，不要害怕别人的批评。他说：“因为我们是为人民服务的，所以，我们如果有缺点，就不怕别人批评指出。不管是什么人，谁向我们指出都行。只要你说得对，我们就改正。你说的办法对人民有好处，我们就照你的办。‘精兵简政’这一条意见，就是党外人士李鼎铭先生提出来的；他提得好，对人民有好处，我们就采用了。只要我们为人民的利益坚持好的，为人民的利益改正错的，我们这个队伍就一定会兴旺起来。”②

在此之后，他仍不断地重申并丰富“为人民服务”这一政治理念的内涵。在 1945 年 4 月 23 日召开的中国共产党第七次全国代表大会上，他做了题为《两个中国之命运》的大会开幕词，指出，“我们应该谦虚，谨慎，戒骄，戒躁，全心全意地为中国人民服务”。在次日做的题为《论联合政府》的政治报告中，他两次强调了“为人民服务”这一根本宗旨。他开门见山地说明“为人民服务”是共产党及其所领导的军队的唯一根本宗旨。他指出：“这个军队之所以有力量，是因为所有参加这个军队的人，都具有自觉的纪律；他们不是为着少数人的或狭隘集团的私利，而是为着广大人民群众的利益，为着全民族的利益，而结合，而战斗的。紧紧地和中国人民站在一起，全心全意地为中国人民服务，就是这个军队的唯一的宗旨。”他进而强调：“我们共产党人区别于其它任何政党的又一个显着的标志，就是和最广大的人民群众取得最密切的联系。全心全意地为人民服务，一刻也不脱离群众；一切从人民的利益出发，而不是从个人或小集团的利益出发；向人民负责和向党

---

① 毛泽东：《为人民服务》，载中共中央毛泽东选集出版委员会编辑：《毛泽东选集》，人民出版社 1969 年版，第 905 页。

② 毛泽东：《为人民服务》，载中共中央毛泽东选集出版委员会编辑：《毛泽东选集》，人民出版社 1969 年版，第 905 ~ 906 页。

的领导机关负责的一致性；这些就是我们的出发点。”①

一有机会，他就反复申明中国共产党要对人民负责、为人民服务这一根本宗旨。在抗战胜利后，在向党内所做的时局分析及政治方针指示中，他再次强调了这一宗旨：“我们的责任，是向人民负责。每句话，每个行动，每项政策，都要适合人民的利益，如果有了错误，定要改正，这就叫向人民负责。”②

在中国共产党取得全国政权后，他更是不断重申“为人民服务”这一政治理念，告诫党内同志：“我们的人民政府是真正代表人民利益的政府，是为人民服务的政府，但是它同人民群众之间也有一定的矛盾。这种矛盾包括国家利益、集体利益同个人利益之间的矛盾，民主同集中的矛盾，领导同被领导之间的矛盾，国家机关某些工作人员的官僚主义作风同群众之间的矛盾。这种矛盾也是人民内部的一个矛盾。一般说来，人民内部的矛盾，是在人民利益根本一致的基础上的矛盾。”在中华人民共和国制定了新宪法后，他还结合宪法规定，进一步强调：“我们的宪法又规定：国家机关实行民主集中制，国家机关必须依靠人民群众，国家机关工作人员必须为人民服务。”③

毛泽东不是唯心主义者，更不是教条主义者。他不会相信某一政治理论或思想观念上了“本本”，某项规章制度上了“墙”，它们就能自动保障、自动实现。古训有言：徒善不足以为政，徒法不能以自行。“为人民服务”这个共产党的根本宗旨，也不是说写进了党章，作为政治标语刷到了墙上，它就会机械般自动地得以实现。所有政治实践终归是人的实践，所有的政治理念、政治制度，最终都离不开实践它们的人这一根本要素。

在政治实践中，妨碍“为人民服务”落到实处的具体因素至少有两个：其一是共产党获取全面胜利，完全取得执政地位后，一些干部有可能因此腐化、变质，甚至蜕变成特权精英阶层，只图自私的享乐安逸，不再与广大人民群众同甘共苦。如此他们就既不能代表人民的根本利益，也更不可能全心全意为人民服务。其二是执政队伍中的官僚主义作风。

这些正是毛泽东一直加以防范的事情。他早在共产党将要取得全国政权、获取全面胜利的前夕，即 1949 年 3 月 5 日的中共七届二中全会上就提

① 毛泽东：《两个中国之命运》《论联合政府》，载中共中央毛泽东选集出版委员会编辑：《毛泽东选集》，人民出版社 1969 年版，第 928、940、995～996 页。

② 毛泽东：《抗日战争胜利后的时局和我们的方针》，载中共中央毛泽东选集出版委员会编辑：《毛泽东选集》，人民出版社 1969 年版，第 1026 页。

③ 毛泽东：《关于正确处理人民内部矛盾的问题》，载毛泽东著作选读编辑委员会编：《毛泽东著作选读》（甲种本），人民出版社 1965 年版，第 328～330 页。

醒全党同志必须保持清醒的头脑，不要因为胜利冲昏了头脑，陷入骄傲自满情绪乃至腐化堕落之中。他尖锐地指出："因为胜利，党内的骄傲情绪，以功臣自居的情绪，停顿起来不求进步的情绪，贪图享乐不愿再过艰苦生活的情绪，可能生长。因为胜利，人民感谢我们，资产阶级也会出来捧场。敌人的武力是不可能征服我们的，这点已经得到证明了。资产阶级的捧场则可能征服我们队伍中的意志薄弱者。可能有这样一些共产党人，他们是不曾被拿枪的敌人征服过的，他们在这些敌人面前不愧英雄的称号；但是经不起人们用糖衣裹着的炮弹的攻击，他们在糖弹面前要打败仗。"他一连用了两个"务必"，告诫全党同志继续保持谦虚谨慎和艰苦奋斗的优良作风："这一点现在就必须向党内讲明白，务必使同志们继续地保持谦虚、谨慎、不骄、不躁的作风，务必使同志们继续地保持艰苦奋斗的作风。"①

苏联赫鲁晓夫修正主义集团的上台，更加重了毛泽东的忧虑。正如《九评苏共中央的公开信》中提到的，在赫鲁晓夫修正主义路线下，苏共中的蜕化变质分子，占据了苏共各级领导层，形成了苏联社会的特权阶层，"这个特权阶层，把为人民服务的职权变为统治人民群众的特权，利用他们支配生产资料和生活资料的权力来谋取自己小集团的私利"。②

早在1957年年初，毛泽东就对党内可能出现赫鲁晓夫式修正主义路线十分警惕。③因此，他越来越把"反修防修"看作和"反霸"一样的头等大事。毛泽东认为，在社会主义社会，已经被推翻的阶级不甘失败，仍企图复辟，而且社会主义社会同样还会产生新的资产阶级分子。因此，在整个社会主义阶段，依然存在阶级和阶级斗争，而且这种阶级斗争是长期的、复杂的，有时甚至是十分激烈的。资本主义与社会主义谁胜谁负的问题，并没有完结。究竟是走资本主义道路，还是走社会主义道路，这两条政治路线的斗争，也

---

① 毛泽东：《继续保持艰苦奋斗的作风》，载毛泽东著作选读编辑委员会编：《毛泽东著作选读》（甲种本），人民出版社1965年版，第274～275页。

② 《苏联的特权阶层和赫鲁晓夫修正主义集团》，载人民日报编辑部、红旗杂志编辑部：《关于赫鲁晓夫的假共产主义及其在世界历史上的教训：九评苏共中央的公开信》，人民出版社1964年版，第22～30页，尤其是第27页。后来的历史事实证明，中共中央特别是毛泽东，对苏共领导层变质的认识，是头脑清醒的，判断正确。苏共的垮台、苏联的解体，最终也揭示了这一点。有关苏共精英阶层的腐化变质，参见科兹、威尔：《来自上层的革命——苏联体制的终结》，全书，尤其是第7章。

③ 毛泽东1957年1月18日在主持省市自治区党委书记会议时发表讲话，他说："思想动向问题，我们应当抓住。这里当作第一个问题提出来。现在，党内的思想动向，社会上的思想动向，出现了很多值得注意的问题。有一种问题是我们自己家里出的。比如，现在有些干部争名夺利，唯利是图。……他们不是比艰苦，比多做工作少得享受，而是比阔气，比级别，比地位。这类思想在党内现在有很大的发展，值得我们注意。"参见中共中央文献研究室编：《毛泽东年谱（1949—1976）》（第3卷），中央文献出版社2013年版，第66～67页。

会一直存在。①

官僚主义作风，是另外一个容易违背“为人民服务”宗旨的痼疾。对于人民政权来说，官僚主义的本质就是脱离人民群众，背离人民立场。②在中国过去数千年历史中，官僚主义作风的产生源自统治阶层的职业化与专业化，尤其是文官制度的职业化。文官集团通过选任制（无论是荐举还是科举），替代封建世袭制，吸收了大量人才，补充了新鲜血液，无疑大大地促进了社会流动性，本来是中国政治历史的巨大进步。同时，官僚职业化还带来了一定程度上的政治专业主义，益处自不必说。然而，职业文官集团存在典型的自利自肥的“代理人难题”（现代公司中也存在类似的职业经理层自利自肥问题），即使在封建皇权政治时代，同样是个令封建皇帝们十分头疼的问题。严刑峻法的高压政策，都没有从根本上解决这个政治难题。

美式法治、多党制、三权分立与制衡的体制，在中国一些宪法学者眼中似乎无所不能，但其实同样也处理不了这个棘手的政治难题。福山在《衰败的美利坚——政治制度失灵的渊源》一开篇就讨论了美国林业局因严重官僚主义作风导致功能极度失灵的例子。福山甚至痛斥美国林业局“由一个小而有凝聚力的机构，慢慢演变成一个大而无当、各自为政的烂摊子。影响政府机关种种流弊，林业局占了个遍：相比有效完成使命，林业局官员更在

① 参见《在扩大的中央工作会议上的讲话》，载《毛泽东思想万岁（1961－1968）》，未刊稿，第13～25页，特别是第18页。

② 1956年11月15日，毛泽东在八届二中全会讲话，他指出：“我们爱好的是无产阶级领导下的大民主，它是对付阶级敌人的，民族敌人也是阶级敌人。大民主也可以用来对付官僚主义者。县委以上的干部有几十万，国家的命运就掌握在他们手里。如果不搞好，脱离群众，不是艰苦奋斗，那末，工人、农民、学生就有理由不赞成他们。我们一定要警惕，不要滋长官僚主义作风，不要形成一个脱离人民的贵族阶层。谁犯了官僚主义，不去解决群众的问题，骂群众，压群众，总是不改，群众就有理由把他革掉。我说革掉很好，应该革掉。我们准备在明年开展整风运动。整顿三风：一整主观主义，二整宗派主义，三整官僚主义。官僚主义就包括许多东西：不接触干部和群众，不下去了解情况，不与群众同甘共苦，还贪污、浪费，等等。整风是在我们历史上行之有效的方法。以后凡是人民内部的事情，党内的事情，都要用整风的方法，用批评和自我批评的方法来解决，而不是用武力来解决。我们主张和风细雨，真正达到治病救人的目的。也就是从团结的愿望出发，经过批评和自我批评，在新的基础上达到新的团结。”参见中共中央文献研究室编：《毛泽东年谱（1949—1976）》（第3卷），中央文献出版社2013年版，第34页。

毛泽东在这段时间里，不断地强调党内出现享乐主义和官僚主义苗头的问题。1957年3月18日，他在山东省级机关处以上党员干部会议上发表讲话，指出：“我们党现在准备开展一次整风运动。整风是用批评和自我批评解决党内矛盾的一种方法，也是解决党同人民之间的矛盾的一种方法。……要经过整风，把我们党艰苦奋斗的传统好好发扬起来。因为革命胜利了，有一部分同志，革命意志有些衰退，革命热情有些不足，全心全意为人民服务的精神少了，过去跟敌人打仗时的那种拼命精神少了，而闹地位，闹名誉，讲究吃，讲究穿，比薪水高低，争名夺利，这些东西多起来了。”参见中共中央文献研究室编：《毛泽东年谱（1949—1976）》（第3卷），中央文献出版社2013年版，第117页。

意保护预算和编制这一亩三分地”。[①]

针对这两个阻碍“为人民服务”落到实处的因素，毛泽东根据中共以往的经验，提出了三个解决办法：一是党内民主生活会，定期展开批评与自我批评，辅之以周期性的党内整风运动；二是坚持贯彻群众路线，要求干部下基层，不脱离群众，参加集体劳动，与群众打成一片；三是开展广泛性的群众运动。上述三个办法表面看起来似乎有所不同，其实它们的核心政治理念都是群众路线。

第二，群众路线与政治参与。

群众路线，也就是“从群众中来，到群众中去”的政治路线，是中国共产党一切工作的根本路线。群众路线可以说既是实践哲学，也是政治哲学。从实践哲学角度讲，“从群众中来，到群众中去”，是指尊重人民群众的首创精神，注重人民群众的实践经验，把人民群众的实践经验进行政治总结，然后提炼作为党指导工作的方针、政策，并进一步推广到人民群众的实践中。这是党在政治上避免认识论上的唯心主义特别是教条主义的主要工作利器，也是保证党的理论、路线、方针、政策能够符合实际，符合人民根本利益，正确而不出偏差的根本方法。

毛泽东大兴研究、调查之风，正是出于这一实践哲学的根本认识。一个人，甚至包括整个政治精英阶层，其社会实践的范围跟广大人民群众集体的广泛性社会实践相比，可谓沧海一粟。因此，毛泽东实践哲学的根本特性，决定了它是一个强调群众路线的实践哲学，而不是倚重少数人精英主义路线的实践哲学。群众路线，是毛泽东的政治哲学，特别是他的人民立场所决定的。因为毛泽东从根本上认为，人民，只有人民，才是历史的创造者，才是推动历史发展的最终动力。[②]

前文已述，早在五四运动时期，毛泽东就主张人民（民众）大联合，认定人民（民众）联合的力量最强大。事实上，他这种对于人民力量的认识，对于民心、民意重要性的领悟，早在 1913 年求学时的读书笔记《讲堂录》中就有所反映。在《讲堂录》中，他曾做了如下笔记：“人心即天命，故曰天视自我民视。天命何？理也。能顺乎理，即不违乎人；得其人，斯得天矣。然而不

---

① 参见 Francis Fukuyama，“America in Decay”，*Foreign Affairs*，13 Oct. 2014，Web. 13 Oct. 2014. <http://www.foreignaffairs.com/articles/141729/francis－fukuyama/america－in－decay>。中文译本，载观察者网：http://www.guancha.cn/fu－lang－xi－si－fu－shan/2014_10_12_275200_6.shtml。

② 毛泽东说：“人民，只有人民，才是创造世界历史的动力。”参见毛泽东：《论联合政府》，载中共中央毛泽东选集出版委员会编辑：《毛泽东选集》，人民出版社 1969 年版，第 932 页。

成者,未之有也。"[①]这段笔记应该是老师讲解《尚书》时他所记下的理解("天视自我民视,天听自我民听。"《尚书·泰誓中》)。

他在大革命中更充分地认识到了人民的力量。他在《湖南农民运动考察报告》一开篇就提到:"目前农民运动的兴起是一个极大的问题。很短的时间内,将有几万万农民从中国中部、南部和北部各省起来,其势如暴风骤雨,迅猛异常,无论什么大的力量都将压抑不住。他们将冲决一切束缚他们的罗网,朝着解放的路上迅跑。一切帝国主义、军阀、贪官污吏、土豪劣绅,都将被他们葬入坟墓。"[②]

在土地革命战争中,他仍强调这一思想。国民党在第五次"围剿"中采取了"堡垒政策",把这些碉堡视为他们对付红军的铜墙铁壁。针对此,毛泽东就明确指出:"真正的铜墙铁壁是什么?是群众,是千百万真心实意拥护革命的群众。这是真正的铜墙铁壁,什么力量也打不破的,完全打不破的。"[③]

他在1941年3月为《农村调查》写的序言二中也提到,共产党员和干部不要自视甚高,而是要重视群众,因为"群众是真正的英雄,而我们自己则往往是幼稚可笑的,不了解这一点,就不能得到起码的知识"。

在《论持久战》中,他强调"战争是政治的继续",因而批判那种"单纯军事(战争)、忽视政治(民众)"的观点,[④]坚持认为"战争是政治的特殊手段的继续",为了抗日战争的最后胜利,应该实行全民政治动员,打一场人民战争。依照他一贯的人民立场,只有兵民才是最终胜利之本:"战争的伟力之最深厚的根源,存在于民众之中。"[⑤]

在抗战即将胜利前夕,他在总结中国共产党领导革命的历史经验时,指出了党贯彻群众路线的极端重要性,他说:"二十四年的经验告诉我们,凡属正确的任务、政策和工作作风,都是和当时当地的群众要求相适合,都是联系群众的;凡属错误的任务、政策和工作作风,都是和当时当地的

---

① 参见中共中央文献研究室、中共湖南省委《毛泽东早期文稿》编辑组编:《毛泽东早期文稿》,湖南出版社1990年版,第588页。

② 毛泽东:《湖南农民运动考察报告》,载中共中央毛泽东选集出版委员会编辑:《毛泽东选集》,人民出版社1969年版,第12~13页。

③ 毛泽东:《关心群众生活,注意工作方法》,载中共中央毛泽东选集出版委员会编辑:《毛泽东选集》,人民出版社1969年版,第125页。

④ 其实早在1929年12月的《古田会议决议》中,他就批判过红四军中存在的单纯军事路线的观点。参见中共中央文献研究、中国人民解放军军事科学院编:《毛泽东军事文集》(第1卷),军事科学出版社、中央文献出版社1993年版,第86~89页。

⑤ 毛泽东:《论持久战》,载中共中央毛泽东选集出版委员会编辑:《毛泽东选集》,人民出版社1969年版,第479~481、509~512页。

群众要求不相适合，都是脱离群众的。教条主义、经验主义、命令主义、尾巴主义、宗派主义、官僚主义、骄傲自大的工作态度等项弊病之所以一定不好，一定要不得，如果什么人有了这类弊病一定要改正，就是因为它们脱离群众。”①

正因如此，他主张人民群众广泛的政治参与，而反对党在领导工作中的简单“命令主义”“包办主义”，以及政治恩赐的观点。他坚持认为，要教育党员和干部，教育每一位同志，都要热爱人民群众，要同群众商量着办事，要让群众切实了解党的路线、方针、政策，要细心地倾听群众的声音，要坚定地相信群众中的大多数，紧紧地依靠群众开展工作。党的干部要跟群众打成一片，而不是高居群众之上。要根据群众的觉悟，去启发和提高群众的觉悟，在群众出于内心自愿、自觉的原则之下，帮助群众逐步组织起来开展工作。

贯彻群众路线，绝非眉毛胡子一把抓，不是说对任何群众的任何意见，不加区分、不加分辨，党都要照单全收、照准全办。尊重群众、依靠群众，但同时还应当分清群众中的先进分子与落后分子。毛泽东因此特别提醒，贯彻群众路线，特别要防止“尾巴主义”。所谓“尾巴主义”，是指广大群众跑到党员干部的前头去了，迫切需要前进一步，但“我们的同志不能做广大群众的领导者，却反映了一部分落后分子的意见，并且把这种落后分子的意见误认为广大群众的意见，做了落后分子的尾巴”。共产党就其性质而言，是工人阶级的先锋队，是领导整个社会向前的进步力量，为保持自己的先进性，不应向社会落后分子看齐，搞起“尾巴主义”路线。

贯彻群众路线，其根本目的是使“共产党人的一切言论行动，必须以合乎最广大人民群众的最大利益，为最广大人民群众所拥护为最高标准。应该使每一个同志懂得，只要我们依靠人民，坚决地相信人民群众的创造力是无穷无尽的，因而信任人民，和人民打成一片，那就任何困难都能克服，任何敌人也不能压倒我们，而只会被我们所压倒”。②

群众路线不仅是使党密切同群众的组织与思想联系，更是要使党的主张和立场能反映最广大群众的根本利益与迫切愿望，形成党的正确理论、路线、方针、政策的根本工作方针与路线。坚持群众路线，同时也是党的领导力量源泉之所在。因为只有上下同心同德，才能齐心协力把各项工作做好。

---

① 毛泽东：《论联合政府》，载中共中央毛泽东选集出版委员会编辑：《毛泽东选集》，人民出版社1969年版，第996页。

② 毛泽东：《论联合政府》，载中共中央毛泽东选集出版委员会编辑：《毛泽东选集》，人民出版社1969年版，第996～997页。

正因如此，毛泽东反复强调说，共产党历来主张革命要靠人民群众，大家动手，反对只依靠少数人发号施令。①

因此，群众路线的本质特点，就是始终要站在人民的立场，体现最广大人民的根本利益和衷心愿望，坚决地信任人民，依靠人民，组织人民，让人民广泛地参与国家及地方的事务管理。这种群众路线的政治理念，应该说很好地结合了古代雅典参与式民主与现代西方代议制民主各自的优点，而又去除了它们各自的缺点。它既主张人民广泛参与政治活动，从而避免了像西方代议制民主那样，国家政权实质掌握在代表少数寡头利益集团的职业政客手中，广大人民群众真正的实际政治参与度偏低的弊病；同时，通过民主集中制，又最大限度地避免了直接广泛性参与式民主中不可避免的民粹主义倾向。群众路线是民主与集中的辩证统一。②

总之，群众路线是党坚持人民立场、全心全意为人民服务的基本工作作风，更是克服官僚主义作风的良方。少数官员关起门自说自话、发号施令，对群众的疾苦漠不关心，对群众的呼声充耳不闻，高高在上，颐指气使，完全脱离群众，这种恶劣的官僚主义作风，不单单是违背了共产党的群众路线，更是丧失了基本的人民立场，对党的政权建设与政治合法性，都是极大的损害。

第三，平等社会与共同富裕。

西方有些研究毛泽东的学者，在讨论毛泽东思想时总是爱钻牛角尖，偏于寻找他思想中的所谓“乌托邦”空想因素，来加以哂笑。③事实上，自霍布斯主义在西方政治哲学中占据主导地位以来，在西方主流政治思想传统中，

---

① 他在1948年4月2日对晋绥日报编辑人员谈话时具体指出，“我们的政策，不光要使领导者知道，干部知道，还要使广大的群众知道。有关政策的问题，一般地都应当在党的报纸上或者刊物上进行宣传。我们正在进行土地制度的改革。有关土地改革的各项政策，都应当在报上发表，在电台广播，使广大群众都能知道。群众知道了真理，有了共同的目的，就会齐心来做。这和打仗一样，要打好仗，不光要干部齐心，还要战士齐心”；“我党二十几年来，天天做群众工作，近十几年来，天天讲群众路线。我们历来主张革命要依靠人民群众，大家动手，反对只依靠少数人发号施令。但是在有些同志的工作中间，群众路线仍然不能贯彻，他们还是只靠少数人冷冷清清地做工作”。针对办报工作的群众路线，他强调：“我们的报纸也要靠大家来办，靠全体人民群众来办，靠全党来办，而不能只靠少数人关起门来办。我们的报上天天讲群众路线，可是报社自己的工作却往往没有实行群众路线。”参见毛泽东：《对晋绥日报编辑人员的谈话》，载中共中央毛泽东选集出版委员会编辑：《毛泽东选集》，人民出版社1969年版，第1213～1217页。

② 毛泽东所追求的理想的政治局面是：“我们的目标，是想造成一个又有集中又有民主，又有纪律又有自由，又有统一意志、又有个人心情舒畅、生动活泼，那样一种政治局面。”参见毛泽东：《一九五七年夏季的形势》，载中共中央毛泽东主席著作编辑出版委员会编：《毛泽东选集》（第5卷），人民出版社1977年版，第456～457页。

③ 参见萧延中主编：《外国学者评毛泽东：思想的永生》（第3卷），中国工人出版社1997年版，第93页以下。

政治道德主义和政治理想主义，确实就变得较为稀有。政治道德主义和政治理想主义影响下的政治哲学与政治实践，完全与霍布斯有关个人主义哲学观念和人性自私正当性理论针锋相对，仿佛真成了难以理喻的政治“异端”。因此，在霍布斯主义的天空下，任何大同世界的观念，任何政治理想主义，任何政治道德主义，都几乎成了雨后彩虹般的乌托邦幻想。在他们眼中，社会主义价值观，尤其是共产主义理想，一律都是一种不切实际的幻想，是真正的乌托邦。这些当然是根本错误的。

如果不是拘泥于马克思主义经典作家对于共产主义社会的具体设想，马克思主义的核心价值观，最基本的一点就是强调一个没有剥削、没有压迫、人人平等的公正社会，追求人的彻底解放和全面发展。它是建立在对资本主义私有制生产方式所产生的人的异化现象进行深刻的道德批判基础之上的。①

毛泽东接受马克思的以上观点。作为坚定的马克思主义者，他一以贯之，打破落后局面，在中国迅速实现工业化。在这一具体目标之外，平等社会和共同富裕，也是他理想社会的基本目标。

平等主义价值观，前两章讨论过，不过都是从抽象意义上谈的。前文已述，西方近代所提出的平等主义，本身就是从抽象概念角度来阐述的，一旦涉及具体的平等（如种族平等、性别平等以及经济平等），就会暴露出一种伪善和双重标准的面目。

跟经院式政治哲学或学院派政治理论不同，毛泽东无论在“民主”还是“平等”方面，既没有专篇文章，更没有大部头专著来阐述。他都是从具体、实际的平等做起的，重点在教育平等、男女平等以及军队内的官兵平等。

---

① 马克思在《德意志意识形态》中对共产主义社会，曾做如下畅想：“在共产主义社会里，任何人都没有特殊的活动范围，而是都可以在任何部门内发展，社会调节着整个生产，因而使我有可能随自己的兴趣今天干这事，明天干那事，上午打猎，下午捕鱼，傍晚从事畜牧，晚饭后从事批判，这样就不会使我老是一个猎人、渔夫、牧人或批判者。”参见韦建桦主编，中共中央马克思恩格斯列宁斯大林著作编译局编译：《马克思恩格斯文集》（第 1 卷），人民出版社 2009 年版，第 537 ~ 539 页。美国学者莫里斯 · 迈斯纳认为，毛泽东时代对共产主义社会的理解，即“全面发展”的“新人”，将很快造就一个“每个人同时既是脑力劳动者又是体力劳动者，任何人都可以是哲学家、科学家、作家或艺术家”的社会。因此，他认为，毛泽东以上观点跟马克思田园诗牧歌式的共产主义憧憬一样，是一种乌托邦幻想。事实上，迈斯纳这里是在断章取义。马克思在这一段话前后文所讲的主题，是有关人的“异化”问题。马克思的中心观点是：在资本主义私有制生产条件下，异己的社会强制力形成的社会分工体系，最终使人“异化”了。马克思不过拿这样一个形象的例子来说明，在共产主义社会，由于消除了人的异化，因此，人得到了全面发展和彻底解放。况且，谁也不会严肃地认为，共产主义社会就是“上午打猎，下午捕鱼，傍晚从事畜牧，晚饭后从事批判”。关于迈斯纳的观点，参见萧延中主编：《外国学者评毛泽东：思想的永生》（第 3 卷），中国工人出版社 1997 年版，第 101 页。

窥一斑而知全豹。中华人民共和国成立后不久(1952年6月14日),他曾给周恩来写过一封信。这封信很短,涉及的也并非什么军政大事。信的内容是这样的:“周总理:(一)如有可能,应全部接管私立中小学;(二)干部子弟学校,第一步应划一待遇,不得再分等级;第二步,废除这种贵族学校,与人民子弟合一。请酌办。毛泽东。六月十四日。”①

在这封信里,毛泽东表达了两层意思:一是反对特权主义和特权阶层;二是教育平等。在五四运动时期,他主编的《湘江评论》,其中一个主题就是大声疾呼平等主义(特别是男女平等)。早在1917年,他在长沙主持开办平民夜校时就注意到,“我国现状,社会中坚实为大多数失学之国民”。而且,他还发现“儿童失学达十分之三数”。当时他还抱有社会改良主义,主张教育救国,而且身体力行。②虽然他后来抛弃了社会改良主义,投身革命,但他对教育的重视,尤其是对教育平等的重视,可以说是矢志不渝。

在红军时期,他就一直重视红军干部、战士的教育普及。用他自己的话说,一支“没有文化的军队是愚蠢的军队,而愚蠢的军队是不能战胜敌人的”。③在1929年12月的《古田会议决议》中,他把“识字运动”作为士兵训练的一个专项内容,规定对青年士兵进行“特别教育”,即由各纵队政治部负责编制青年士兵识字课本,每个纵队设置青年士兵学校一所,并由公家出钱置备纸、笔、墨等用具发给学生(青年士兵)。④人民军队内的这种文化扫盲运动,一直延续到抗战时期以及解放战争时期。在抗战后有关中华人民共和国成立方略的政治阐述中,他更把扫除文盲列为中华人民共和国的一项重要工作。⑤

说到做到。中华人民共和国刚成立不久,1952年11月,中央人民政府成立了专门的中央扫除文盲工作委员会,主持全国范围内的扫盲工作,开展了全国性的大规模扫盲运动。这一运动从中华人民共和国成立初,一直持

---

① 中共中央文献研究室编:《毛泽东书信选集》,人民出版社1983年版,第437页。

② 参见中共中央文献研究室、中共湖南省委《毛泽东早期文稿》编辑组编:《毛泽东早期文稿》,湖南出版社1990年版,第94~96、103页。

③ 毛泽东:《文化工作中的统一战线》,载中共中央毛泽东选集出版委员会编辑:《毛泽东选集》,人民出版社1969年版,第912页。

④ 参见中共中央文献研究、中国人民解放军军事科学院编:《毛泽东军事文集》(第1卷),军事科学出版社、中央文献出版社1993年版,第86~125页,特别是第112、115~116页。在战争年代,人民军队一直运用各种灵活的方式积极开展识字扫盲运动,甚至还利用了部队行军的时间。譬如,在战士行军背包上贴上斗大的生字,边行军边教文盲战士识字学文化。

⑤ 毛泽东指出:“从百分之八十的人口中扫除文盲,是新中国的一项重要工作。”参见毛泽东:《论联合政府》,载中共中央毛泽东选集出版委员会编辑:《毛泽东选集》,人民出版社1969年版,第984页。

续到20世纪50年代末。到1964年时，15岁以上人口的文盲率已经由中华人民共和国成立初期的80%下降到52%，有1亿多人摘掉了文盲的帽子。①

教育平等，对于追求与实现社会、经济、政治、文化上的平等，具有不可估量的重大作用。抽象的平等观，无论多么美妙动听，一旦碰到具体的平等，如教育平等，立马变得苍白无力。

从教育平等的角度看待毛泽东领导下的中华人民共和国所取得的巨大成就，具有很强的说服力。中华人民共和国之所以能在短短几十年里，从一穷二白的农业国很快奠定工业化基础，并逐步实现总体工业化，差不多完成西方社会历时几百年的工业化进程，可以毫不夸张地说，教育平等以及普及教育发挥了无可替代的巨大作用。

军队向来是社会等级森严制度的最佳港湾，这是由军队打仗需要号令统一、令行禁止的性质决定的。几千年来，无论中外的旧式军队，莫不如此。毛泽东在创立人民军队的过程中，偏偏从打破森严等级的古老旧俗开始。旧式军队的性质向来是雇佣军，自古当兵吃饷，天经地义。毛泽东创立的人民军队（红军），偏偏又废除了雇佣制。这真是千古未有之大革新。关键是，这么一改，新式人民军队的战斗力不减反增。

著名的“三湾改编”，世人总容易记住“支部建在连上”这一杰出创新之举。事实上，“三湾改编”还有一项内容，其重要性丝毫不亚于“支部建在连上”，这个就是在军队内实行民主，讲求官兵待遇一律平等的制度。

秋收起义后，当时军官每顿饭都是四菜一汤，跟士兵待遇悬殊。经“三湾改编”之后，官兵待遇一律平等。干部和战士吃同样的饭菜，穿同样的衣服，以示同甘共苦、患难与共。这种平等主义作风从根本上解决了旧式军队中官兵对立的恶习，进一步增强了军队内部的团结，大大调动了士兵的积极性，使共产党领导下的新式革命军队的精神面貌大为改观，队伍变得更加生机勃勃。②

毛泽东在1928年11月向中共中央汇报井冈山根据地的军事斗争情况时，曾总结到：“红军士兵大部分是由雇佣军队来的，但一到红军即变了性质。首先是红军废除了雇佣制，使士兵感觉不是为他人打仗，而是为自己为人民打仗。红军至今没有什么正规的薪饷制，只发粮食、油盐柴菜钱和少数的零用钱。红军官兵中的边界本地人都分得了土地，只是远籍人分配土地颇为困难。经过政治教育，红军士兵都有了阶级觉悟，都有了分配土地、建立政权和武装工农等项常识，都知道是为了自己和工农阶级而作战。因此，

---

① 参见林木：《20世纪50年代的扫盲运动》，载《党史博览》2009年第2期。

② 参见黄少群：《毛泽东与红军：从井冈山到古田》，新华出版社1998年版，第14～15页。

他们能在艰苦的斗争中不出怨言。连、营、团都有了士兵会，代表士兵利益，并做政治工作和民众工作。”①

由于军队中实现了官兵待遇一律平等，即使在十分艰苦的斗争条件下，士兵们也没什么怨言。他曾经向中央报告说：“这样冷了，许多士兵还是穿两层单衣。好在苦惯了。而且什么人都是一样苦，从军长到伙夫，除粮食外一律吃五分钱的伙食。发零用钱，两角即一律两角，四角即一律四角。因此士兵也不怨恨什么人。”②

毛泽东认为，红军在极其艰苦的条件及战斗如此频繁之下，队伍仍能保持不垮不散，作战勇敢，除了党的坚强领导作用，还因为在平等基础上实行了民主主义，使红军战士的精神面貌焕然一新。因此，他认为，中国不但人民需要民主主义，军队也需要民主主义：

> 红军的物质生活如此菲薄，战斗如此频繁，仍能维持不敝，除党的作用外，就是实行军队内的民主主义。官长不打士兵，官兵待遇平等，士兵有开会说话的自由，废除烦琐的礼节，经济公开。士兵管理伙食，仍能从每日五分的油盐柴菜钱中节余一点作零用，名曰“伙食尾子”，每人每日约得六七十文。这些办法，士兵很满意。尤其是新来的俘虏兵，他们感觉国民党军队和我们军队是两个世界。他们虽然感觉红军的物质生活不如白军，但是精神得到了解放。同样一个兵，昨天在敌军不勇敢，今天在红军很勇敢，就是民主主义的影响。红军像一个火炉，俘虏兵过来马上就熔化了。中国不但人民需要民主主义，军队也需要民主主义。军队内的民主主义制度，将是破坏封建雇佣军队的一个重要的武器。③

毛泽东的建军思想在1929年12月的《古田会议决议》中得到了进一步的总结与完善，他强调要继续坚持平等主义基础上的军队民主主义。④他在

---

① 毛泽东：《井冈山的斗争》，载中共中央毛泽东选集出版委员会编辑：《毛泽东选集》，人民出版社1969年版，第56~82页，特别是第62~63页。

② 毛泽东：《井冈山的斗争》，载中共中央毛泽东选集出版委员会编辑：《毛泽东选集》，人民出版社1969年版，第64页。

③ 毛泽东：《井冈山的斗争》，载中共中央毛泽东选集出版委员会编辑：《毛泽东选集》，人民出版社1969年版，第64页。

④ 在《古田会议决议》中，毛泽东除了强调军队的政治性质与政治任务、反对单纯军事路线等重要建军思想，他还进一步纠正了军队内实行民主主义以来的极端民主化和极端平均主义倾向。另外，他还专门用了一节来阐述了肉刑的来源，以及红军中废除肉刑的理由（必要性）及方法，并用一节来阐述优待伤病兵的问题。参见中共中央文献研究、中国人民解放军军事科学院编：《毛泽东军事文集》（第1卷），军事科学出版社、中央文献出版社1993年版，第86~125页，特别是第86~92、116~120页。用今天西方政治学术语来讲，毛泽东的建军思想无不体现了“民主”“平等”“人权”“人道主义”等核心价值观。

1938年的《论持久战》中也对此做了重申。[①]在解放战争中，毛泽东还进一步把它归纳为军队政治民主、经济民主和军事民主的“三大民主”。[②]

男女平等的社会理想，早在五四运动时期，毛泽东就大力宣扬过。[③]中国的传统社会，本质上是一个父权社会，更是一个男权社会。束缚中国妇女的，不光有“三纲五常”，还有“三从四德”，因此，妇女受到的封建禁锢最重。1919年11月，长沙青年女子赵五贞因不堪忍受父母逼婚，在迎亲花轿中自杀。此事在当时引起轩然大波。毛泽东在短短12天里曾就此事件发表10篇文章，就自杀问题，引出婚姻自主问题，继而引出妇女解放、男女平等等重大社会问题的讨论。[④]

在毛泽东看来，要真正做到男女平等，要先从婚姻自主、妇女解放着手，如果妇女不得解放，男女平等就是一句空话。而妇女要最终获得解放，必须摆脱其在经济上的依附性地位，获得经济上的独立。这意味着广大妇女需要迈出家门，从事各种社会职业工作。而所有这些的基本前提是要向妇女开放教育，从而使妇女能得到将来从事各种社会职业工作所需的良好教育。[⑤]

婚姻自由以及开放女子教育与妇女劳动，成为妇女解放，继而实现男女

---

① 毛泽东指出：“军队应实行一定限度的民主化，主要地是废除封建主义的打骂制度和官兵生活同甘苦。这样一来，官兵一致的目的就达到了，军队就增加了绝大的战斗力，长期的残酷的战争就不患不能支持。”参见毛泽东：《论持久战》，载中共中央毛泽东选集出版委员会编辑：《毛泽东选集》，人民出版社1969年版，第511页。

② 毛泽东在1948年1月为中共中央革命军事委员会起草的党内指示中，指出：“部队内部政治工作方针，是放手发动士兵群众、指挥员和一切工作人员，通过集中领导下的民主运动，达到政治上高度团结、生活上获得改善、军事上提高技术和战术的三大目的。目前在我军部队中热烈进行的三查、三整，就是用政治民主、经济民主的办法，达到前两项目的。关于经济民主，必须使士兵选出的代表有权协助（不是超过）连队首长管理连队的给养和伙食。关于军事民主，必须在练兵时实行官兵互教，兵兵互教；在作战时，实行在火线上连队开各种大、小会。在连队首长指导下，发动士兵群众讨论如何攻克敌阵，如何完成战斗任务。在连续几天的战斗中，此种会应开几次。此项军事民主，在陕北蟠龙战役和晋察冀石家庄战役中，都实行了，收到了极大效果。证明只有好处，毫无害处。”参见毛泽东：《军队内部的民主运动》，载中共中央毛泽东选集出版委员会编辑：《毛泽东选集》，人民出版社1969年版，第1170～1171页。

③ 中共中央文献研究室、中共湖南省委《毛泽东早期文稿》编辑组编：《毛泽东早期文稿》，湖南出版社1990年版，第333、335页。

④ 中共中央文献研究室、中共湖南省委《毛泽东早期文稿》编辑组编：《毛泽东早期文稿》，湖南出版社1990年版，第413～448页。

⑤ 毛泽东在1920年11月曾致信在法国勤工俭学的向警予，称：“湘省女子教育绝少进步（男子教育亦然），希望你能引大批女同志出外，多引一人，即多救一人。”此前，他还在《大公报》上发表评论文章，主张开放女子教育及教育男女平权，激烈抨击1920年度湖南全省女子教育经费合计不足10万元，仅为全部教育经费的1/22的现象。参见中共中央文献研究室、中共湖南省委《毛泽东早期文稿》编辑组编：《毛泽东早期文稿》，湖南出版社1990年版，第547～549页。

平等的重要抓手。共产党在自己的队伍里,无论是党的组织,还是军队及政府,都大力推行男女平等,主张婚姻自主、妇女解放,并把妇女遭受封建压迫跟中国穷苦大众深受三重剥削与压迫亟须解放的中国革命任务,紧密地结合在一起,使妇女解放成为中国革命解放事业的重要任务与内容。中国广大妇女同胞也因此成为中国反帝反封建革命的重要组成力量。

中华人民共和国成立以后,共产党全面掌握全国政权,更有条件在全国范围内全面推行男女平等的社会政策。首先,在社会舆论宣传上积极宣扬男女平等的政治理念,提出了"妇女能顶半边天"的响亮口号,大力扭转旧社会遗留下来的男尊女卑的传统文化。其次,在1962年开始陆续发行的第三套人民币一元纸币上,空前地印上了一位在劳动中的女拖拉机手的飒爽英姿,可谓深具政治符号意义与平等社会象征意义,社会观念冲击力极强。

中华人民共和国在妇女婚姻自主与恋爱自由、扫盲教育、普及教育、劳动生产、同工同酬、妇女干部队伍建设、保护妇女权益(成立妇联)等各方面,走在了时代的前面,甚至走在了妇女运动历史更为悠久的欧美发达国家的前面。

在一个普遍存在严重的阶级鸿沟的世界里,一个没有剥削、没有压迫、人人平等、共同富裕的社会主义社会,的确是一个十分美好的理想社会。这个社会主义理想目标,实际上也是他的人民立场和平等主义信念所决定的。

建设共同富裕的社会主义这一理念,也正是他急于完成对手工业、城市工商业社会主义改造,以及农村合作化、集体化改造的一大初衷及落脚点。他认为,只有社会主义公有制经济形式才能保障共同富裕,才能保证共产党领导下的人民政权的社会主义性质,才能真正地巩固工农联盟:

> 在最近几年中间,农村中的资本主义自发势力一天一天地在发展,新富农已经到处出现,许多富裕中农力求把自己变为富农。许多贫农,则因为生产资料不足,仍然处于贫困地位,有些人欠了债,有些人出卖土地,或者出租土地。这种情况如果让它发展下去,农村中向两极分化的现象必然一天一天地严重起来。失去土地的农民和继续处于贫困地位的农民将要埋怨我们,他们将说我们见死不救,不去帮助他们解决困难。向资本主义方向发展的那些富裕中农也将对我们不满,因为我们如果不想走资本主义的道路的话,就永远不能满足这些农民的要求。在这种情况之下,工人和农民的同盟能够继续巩固下去吗?显然是不能够的。这个问题,只有在新的基础之上才能获得解决。这就是在逐步地实现社会主义工业化和逐步地实现对于手工业、对于资本主义工商业的社会主义改造的同时,逐步地实现对于整个农业的社会主义的改造,即实行合作化,在农村中消灭富农经济制度和个体经济制度,使

全体农村人民共同富裕起来。我们认为只有这样，工人和农民的联盟才能获得巩固。①

毛泽东认为，农业合作化的问题，不能简单地看作仅仅是将分散的小农经济转为集约化经营的问题，还应该跟中国实现工业化的道路相结合，而且农业合作化进程应该跟国家实现工业化的步骤相适应。他明确指出：

首先，大家知道，我国的商品粮食和工业原料的生产水平，现在是很低的，而国家对于这些物质的需要却是一年一年地增大，这是一个尖锐的矛盾。如果我们不能在大约三个五年计划的时期内基本上解决农业合作化的问题，即农业由使用畜力农具的小规模的经营跃进到使用机器的大规模的经营，包括由国家组织的使用机器的大规模的移民垦荒在内（三个五年计划期内，准备垦荒四亿亩至五亿亩），我们就不能解决年年增长的商品粮食和工业原料的需要同现时主要农作物一般产量很低之间的矛盾，我们的社会主义工业化事业就会遇到绝大的困难，我们就不可能完成社会主义工业化。②

他认为，工业化的最重要部门——重工业，尤其是拖拉机的生产，其他农业机器、化肥乃至农用运输工具，以及供农业使用的煤油和电力的生产，都只有在农业已经形成了合作化的大规模经营的基础上，才有使用（特别是大量使用）的可能。因此，当时的社会主义改造，不仅是从经济制度方面由私有制到公有制的革命，而且也是从技术方面，由传统手工业生产跃进到大规模现代化机器生产的革命。在农业方面，则必须是先有合作化，然后才能在集约化条件下大规模地在农业生产中使用工业大机器。③

此外，从为了完成国家工业化和农业技术改造所需要的资金角度看，也应该促进农业经济的规模化经营。而且大规模的轻工业的发展，也不是小农经济所能承载的。只有实现了农业合作化生产，资金的积累才能更有效率。同时，农业农村消费部分，从电力到大机器生产、运输车辆，再到轻工业日用品消费，能够很好地对接国家的工业化发展计划。他因此奉劝党内一些同志，不要“老是站在资产阶级、富农或者具有资本主义自发倾向的富裕

---

① 毛泽东：《关于农业合作化问题》，载中共中央文献研究室编：《毛泽东文集》（第6卷），人民出版社1993年版，第437页。

② 毛泽东：《关于农业合作化问题》，载中共中央文献研究室编：《毛泽东文集》（第6卷），人民出版社1993年版，第431页。

③ 毛泽东：《关于农业合作化问题》，载中共中央文献研究室编：《毛泽东文集》（第6卷），人民出版社1993年版，第432页。

中农的立场上替较少的人打主意,而没有站在工人阶级的立场替整个国家和全体人民打主意”。①

现在回顾社会主义改造这段历史,仍然是非常有意义和价值的。毛泽东秉承了马克思主义经典立场,认为经济生产资料私有制是产生社会贫富不均、根本不公的制度根源。因此,在共产党领导下的人民政权,应该将私有制,无论是农村的小农土地私有制,还是城市工商业的资本主义私有制,逐步改造、过渡到社会主义公有制。要实现人民共同富裕,就必须废除经济制度上的私有制,清除资本主义因素。

他坚决反对农业经济中的“单干风”,认定“单干就是走资本主义道路”。在他看来,单干本质上就是维持小农私有制,而且单干势必会造成农村(社会)贫富两极进一步分化。这也不符合他的共同富裕的社会主义价值观与理想。当然,他更从政治上阐释了农业合作化对于巩固工农联盟政权的必要性。

毛泽东从国家实现工业化的角度,来阐释农业合作化与国家实现工业化之间的相互匹配关系,这的确是一个很实际,也很独特的视角。他的论点,扎实有力,即使放到现在,仍有很大的理论说服力。总结他的论证逻辑,即分散化的小农私有经济,根本不可能承接大规模工业生产的产品,尤其是农用机器、化肥、农用运输机器、电力等工业产品,而且这反过来还会影响国家工业化的整个进程。②

另外,在他看来,农业水利化跟农业合作化也是紧密结合在一起的。在过去中国封建经济下,地主、小农私有制经济只可能导致自私自利、各自为政,农村的基础建设完全无从谈起;再加上长期战乱,旧中国根本谈不上什么基本水利工程建设问题。中华人民共和国成立后,尤其是在农业合作化时期,开始大力兴修水利工程。农业水利化跟农业合作化运动紧密相连,这在当时的确是富有战略全局远见、利国利民的一步好棋。从某种意义上讲,

① 毛泽东:《关于农业合作化问题》,载中共中央文献研究室编:《毛泽东文集》(第6卷),人民出版社1993年版,第433页。

② 毛泽东10年后(1965年)重上井冈山时,在井冈山茨坪,还解释了他自己当时为何反对包产到户(单干),主张农业合作化。他甚至从国家安全的角度看待这个问题。他说:“我为什么把包产到户看得那么重,中国是个农业大国,农业所有制的基础一变,我们以集体经济为服务对象的工业基础就会动摇,工业产品卖给谁嘛!工业公有制有一天也会变。两极分化快得很。帝国主义从存在的第一天起,就对中国这个大市场弱肉强食,今天他们在各个领域更是有优势,内外一夹攻,到时候我们共产党怎么保护老百姓的利益,保护工人、农民的利益?!怎么保护和发展自己民族的工商业,加强国防?!中国是个大国、穷国,帝国主义会让中国真正富强吗,那别人靠什么耀武扬威?!仰人鼻息,我们这个国家就不安稳了。”参见马社香:《毛泽东为什么大力提倡农业合作化——陶鲁笳访谈录》,载《中共党史研究》2012年第1期。

改革开放后实行分田到户，在水利上仍然吃农业合作化运动时期的红利。①

总体来说，毛泽东领导的时代是一个主张共同富裕、注重公平、强调平等，乃至偏向了平均主义的时代。

4. 共产党的政治组织与社会凝聚功能

毛泽东的整个政治哲学立足于长期的政治实践，毫无疑问，其内容极其丰富。跟那些书斋里的理论家和学者们不同，他自青年时代起，一生都在从事政治实践，而且在很长一段时间里，都处在逆境条件之下。他是一位干练的政治实践家，同时又是一位杰出的政治思想家。他酷爱读书，勤于思考，善于总结。他雄视古今、阔步中外，战略手笔大开大阖。与此同时，他又保持住了那种精明、节俭、淳朴的中国农民底色。他厌恶那些空洞的说教者、教条主义者，尤其反感自以为是的知识精英。因此，他反复告诫知识分子，一定要与工农相结合，同时号召干部向群众学习，做群众的小学生。

他平生痛恨贪官污吏，对任何贪腐行为决不手软。他对党内的官僚主义习气也一直十分警惕，因此，反复要求各级干部下基层，参加集体劳动，与群众打成一片。他对共产党员及干部的要求十分严格，担心共产党干部脱离群众，腐化变质，形成贵族特权阶层。因之，他甚至提出："卑贱者最聪明，高贵者最愚蠢。"

他是一个以弱胜强的大师，在他的领导下，这里或那里，一小片根据地，可以像滚雪球般逐渐滚大，最后连成一大片，把敌人围困在几座孤城里，最终彻底打败敌手。他用他所领导中国人民的革命奋斗历史，很好地诠释了他自己书写的"星星之火，可以燎原"的含义。

在毛泽东的建党、建政、建军思想中，始终有一个人民立场贯穿其中，有一条群众路线贯彻其中，前文对此已多番阐述。群众（人民）的力量固然强大，但需要团结起来才能显示出力量。因此，人民群众是需要动员，更需要组织起来的。确切地说，人民群众需要在政治上组织起来；否则，没有严密、强大、高度的组织化，人民群众就会陷入一盘散沙的状态，国内政治也会陷入四分五裂的局面，帝国主义列强就会趁机来欺凌我们。

---

① 毛泽东1956年1月给周恩来的信中，对全国农业十年（1956～1967年）发展纲要草案的修改中提到："兴修水利，保持水土。一切大型水利工程，由国家负责兴修，治理为害严重的河流。一切小型的水利工程，例如打井、开渠、挖塘、筑坝和各种水土保持工作，均由农业生产合作社有计划地大量地负责兴修，必要的时候由国家予以协助。通过上述这些工作，要求在七年内（从一九五六年开始）基本上消灭普通的水灾和旱灾，在十二年内基本上消灭特别大的水灾和旱灾。"参见中共中央文献研究室编：《建国以来毛泽东文稿》（第6册），中央文献出版社1992年版，第4页。

关于组织的必要性，毛泽东在《论持久战》中做了最为生动形象的阐述："战争的伟力之最深厚的根源，存在于民众之中。日本敢于欺负我们，主要的原因在于中国民众的无组织状态。克服了这一缺点，就把日本侵略者置于我们数万万站起来了的人民面前，使它象一匹野牛冲入火阵，我们一声唤也要把它吓一大跳，这匹野牛就非烧死不可。"①

早在五四运动期间，他就曾大声疾呼民众的大联合。但广大的民众究竟怎么样才能联合起来？这是个知易行难的典型例子。大道理看似谁都懂，但在实践中却具有极大的政治挑战。首先必须存在一个坚强有力的政治组织中枢，其次才谈得上进一步组织民众。没有这个基本的政治条件，民众的大联合就是一句空话。他后来接受马克思主义，并参与创建了这么一个政治组织中枢——中国共产党。这里，我们从以下三个方面，并从政治组织功能、社会凝聚功能的角度，来理解毛泽东的政治哲学：

第一，无产阶级先锋队。

无产阶级政党理论，也就是无产阶级先锋队理论，是列宁建党理论的核心，也是他对马克思主义的进一步发展。列宁特别强调："只有以先进理论为指南的党，才能实现先进战士的作用。"②由此可以看出，苏联赫鲁晓夫时期提出来的超阶级的所谓"全民党""全民国家"，明显是对列宁主义无产阶级先锋队政党理论以及马克思主义阶级学说的根本背离，而不是所谓对马克思列宁主义的"发展"。毛泽东批判其为"修正主义"，很有道理。

毛泽东对于无产阶级政党——共产党——先锋队性质的理解与把握，既不背离马克思列宁主义的根本宗旨与原则，又具体结合了中国国情，即中国是一个由大多数无地或失地农民组成的农业社会。中国共产党及其所领导的中国革命，毕竟又不简单地等同于中国历史上的农民起义。因此，工人、农民、无产阶级，还有无产阶级政党，这几者之间虽然密不可分，但又不能简单混同。

早在《古田会议决议》中，毛泽东就认识到，红四军内部种种不正确的非无产阶级思想的来源，"自然是由于党的组织基础的最大部分是由农民和其他小资产阶级出身的成分所构成的"。③无产阶级政党要完成自己的革命使

---

① 毛泽东：《论持久战》，载中共中央毛泽东选集出版委员会编辑：《毛泽东选集》，人民出版社1969年版，第511～512页。

② 人民出版社编辑部编：《列宁论新型的革命的无产阶级政党》，人民出版社1960年版，全书特别是第1～3页。

③ 中共中央文献研究、中国人民解放军军事科学院编：《毛泽东军事文集》（第1卷），军事科学出版社、中央文献出版社1993年版，第86页。

命，必须坚持马克思列宁主义，认真清除非无产阶级因素所带来的错误思想、政治路线及方针、政策。

1947 年，他发现土地改革宣传中存在“孤立地宣传所谓贫雇农打江山坐江山，或者说民主政府只是农民的政府，或者说民主政府只应该听工人和贫雇农的意见，而对中农，对独立劳动者，对民族资产阶级，对知识分子等，则一概不提”的现象。①针对这一错误倾向，尤其是关门主义的“左”倾现象，他发现之后立即予以大力纠正。

人民政府和人民政权，以工农联盟作为政治基础。共产党作为无产阶级的先锋队组织，本身既不等同于农民党，也不等同于工人党，它应该代表着最广泛多数人民的根本利益。脱离了占大多数的工农群众，共产党就会走向右倾；相反，如果不坚持团结更广泛的人民的统一战线，就会导致“左”倾关门主义。

总体来说，共产党作为无产阶级先锋队的理念，表现在三个方面：一是共产党本身先进的政治性质，共产党是领导各项事业的核心力量；二是作为共产党指导原则的马克思列宁主义的真理性与先进性；三是共产党人本身的先锋、模范带头作用。

首先，根据马克思列宁主义、毛泽东政治哲学，共产党的先进性是由共产党所在的无产阶级的先进性决定的。无产阶级是在资本主义经济条件下产生的，是新生的社会阶级力量，是新的生产力的代表，具有更大的社会进步性。处在半殖民地半封建社会的中国无产阶级，没有欧洲那样的社会改良主义的经济基础，深受帝国主义、资产阶级和封建势力的三重压迫。因此，他们在革命中，比任何别的阶级来得更为坚决、彻底。中国无产阶级走上中国革命的历史舞台，在本阶级的革命政党——中国共产党的领导之下，成为中国社会中最有觉悟、最具有战斗力的阶级。

中国无产阶级的组成，具有中国自己特殊的国情因素。跟欧美工业化国家相比，由于旧中国的工业化进展落后，产业工人总体相对较少。因此，中国无产阶级中的产业工人，无论是人数还是所占比例，都相对较小。反而，由破产农民出身的成分占了大多数。因此，中国的无产阶级与广大的农民之间，存有一种天然的密切联系。同时，这也便于与农民结成紧密的政治联盟。②这正是中国革命所面临的基本国情。对这一国情，毛泽东早在国共

① 毛泽东：《纠正土地改革宣传中的“左”倾错误》，载中共中央毛泽东选集出版委员会编辑：《毛泽东选集》，人民出版社 1969 年版，第 1175 页。

② 毛泽东：《实践论》《矛盾论》《中国革命和中国共产党》，载中共中央毛泽东选集出版委员会编辑：《毛泽东选集》，人民出版社 1969 年版，第 259 ~ 273、274 ~ 312、621 ~ 656 页。

合作的大革命时代,就已经有了深刻的把握。

其次,指导中国共产党思想的理论基础是马克思列宁主义。毛泽东是真正的、坚定的马克思主义者,他对马克思主义基本原理的真理性与先进性,从来坚信不疑。他认为,马克思列宁主义是从客观实际中产生,而又在客观实际中得到了证明的最正确、最科学、最革命的真理,而且这也是经过中国革命实践检验的结果。

青年学生时代的毛泽东就曾强调,要改变中国命运,应"从哲学、伦理学入手,改造哲学,改造伦理学,根本上变换全国之思想"。也就是他所说的追求"大本大源",而不是纠缠"枝节"问题。在他看来,"夫本源者,宇宙之真理"。①他在1920年讲到:"主义譬如一面旗子,旗子立起了,大家才有所指望,才知所趋赴。"②这个作为"旗子"的"主义",跟他此前所讲的"大本大源",本质上是相通的。

在中国革命的长期实践中,他通过具体运用马克思主义基本原理,领导中国革命取得了最后的胜利。毛泽东曾讲到:"我们的党从它一开始,就是一个以马克思列宁主义的理论为基础的党,这是因为这个主义是全世界无产阶级的最正确最革命的科学思想的结晶。马克思列宁主义的普遍真理一经和中国革命的具体实践相结合,就使中国革命的面目为之一新,产生了新民主主义的整个历史阶段。"③

他对马克思列宁主义真理性与先进性的认识,以及对中国革命在接受马克思主义后面貌因此为之一新,在1941年时曾作出以下评价:"灾难深重的中华民族,一百年来,其优秀人物奋斗牺牲,前仆后继,摸索救国救民的真理,是可歌可泣的。但是直到第一次世界大战和俄国十月革命之后,才找到

---

① 毛泽东1917年8月23日写给黎锦熙的信中谈到:"天下亦大矣,社会之组织极复杂,而又有数千年之历史,民智污塞,开通为难。欲动天下者,当动天下之心,而不徒在显见之迹。动其心者,当具有大本大源。今日变法,俱从枝节入手,如议会、宪法、总统、内阁、军事、实业、教育,一切皆枝节也。枝节亦不可少,惟此等枝节,必有本源。本源未得,则此等枝节为赘疣,为不贯气,为支离灭裂,幸则与本源略近,不幸则背道而驰。"参见中共中央文献研究室、中共湖南省委《毛泽东早期文稿》编辑组编:《毛泽东早期文稿》,湖南出版社1990年版,第85~86页。

② 毛泽东在1920年11月25日给罗章龙的信中,指出:"兄所谓善良的有势力的士气,确是要紧。中国坏空气太深太厚,吾们诚哉要造成一种有势力的新空气,才可以将他斛换过来。我想这种空气,固然要有一班刻苦励志的'人',尤其要有一种为大家共同信守的'主义',没有主义,是造不成空气的。我想我们学会,不可徒然做人的聚集,感情的结合,要变为主义的结合才好。主义譬如一面旗子,旗子立起了,大家才有所指望,才知所趋赴,兄以为何如?"参见中共中央文献研究室、中共湖南省委《毛泽东早期文稿》编辑组编:《毛泽东早期文稿》,湖南出版社1990年版,第554页。

③ 毛泽东:《论联合政府》,载中共中央毛泽东选集出版委员会编辑:《毛泽东选集》,人民出版社1969年版,第994页。

马克思列宁主义这个最好的真理，作为解放我们民族的最好的武器，而中国共产党则是拿起这个武器的倡导者、宣传者和组织者。马克思列宁主义的普遍真理一经和中国革命的具体实践相结合，就使中国革命的面目为之一新。"①

马克思主义唯物辩证法，在哲学观、认识论及方法论上突破了历史上种种唯心主义与形而上学，既指出了人类社会的阶级性，也强调了认识真理的实践性。马克思在理论上阐释资本主义的阶级剥削、压迫等社会根本不公的问题上，站在道德主义高地上，充满了道德批判性，富有政治理想主义。在毛泽东看来，马克思主义是解决社会问题的最高理想，是集几千年来人类历史的大成。共产主义社会，是全人类最美满、最愉快、最幸福的社会。②

这一点他曾在《新民主主义论》中饱含激情地指出：

> 共产主义是无产阶级的整个思想体系，同时又是一种新的社会制度。这种思想体系和社会制度，是区别于任何别的思想体系和任何别的社会制度的，是自有人类历史以来，最完全最进步最革命最合理的。封建主义的思想体系和社会制度，是进了历史博物馆的东西了。资本主义的思想体系和社会制度，已有一部分进了博物馆（在苏联）；其余部分，也已"日薄西山，气息奄奄，人命危浅，朝不虑夕"，快进博物馆了。惟独共产主义的思想体系和社会制度，正以排山倒海之势，雷霆万钧之力，磅礴于全世界，而葆其美妙之青春。中国自有科学的共产主义以来，人们的眼界是提高了，中国革命也改变了面目。中国的民主革命，没有共产主义去指导是决不能成功的，更不必说革命的后一阶段了。③

毛泽东还从中华民族在文化和精神上的伟大复兴的角度看待中国共产党接受马克思列宁主义给中国带来的巨大变化。他在批判美国国务院白皮书和艾奇逊信件的系列文章中曾指出："自从中国人学会了马克思列宁主义以后，中国人在精神上就由被动转入主动。从这时起，近代世界历史上那种看不起中国人，看不起中国文化的时代应当完结了。伟大的胜利的中国人民解放战争和人民大革命，已经复兴了并正在复兴着伟大的中国人民的文化。这种中国人民的文化，就其精神方面来说，已经超过了整个资本主义的

① 毛泽东：《改造我们的学习》，载中共中央毛泽东选集出版委员会编辑：《毛泽东选集》，人民出版社1969年版，第754页。

② 参见《毛主席语录索引》，未刊稿，第159～160页。

③ 毛泽东：《新民主主义论》，载中共中央毛泽东选集出版委员会编辑：《毛泽东选集》，人民出版社1969年版，第686页。

世界。如美国的国务卿艾奇逊之流，他们对于现代中国和现代世界的认识水平，就在中国人民解放军的一个普通战士的水平之下。”①

在毛泽东看来，共产党的先进性还在于掌握了马克思列宁主义基本原理的共产党，在中国人民中形成了理论联系实际、批评与自我批评，以及密切联系群众的良好工作作风。他曾明确讲到：“以马克思列宁主义的理论思想武装起来的中国共产党，在中国人民中产生了新的工作作风，这主要的就是理论和实践相结合的作风，和人民群众紧密地联系在一起的作风以及自我批评的作风。”②

毛泽东认为，中国共产党的先进性最根本之处还在于，它坚定地站在广大人民的立场上，一切从最广泛的大多数人民的根本利益出发，从中华民族的整体利益出发，全心全意地为人民服务，而不是从个人或小集团的自私利益出发。

共产党的先锋队性质，更在于毛泽东强调共产党人本身的先锋、模范带头作用。共产党人，在中华民族处于危亡之际，要成为整个中华民族的中流砥柱。1938 年 10 月，他在《中国共产党在民族战争中的地位》中集中表达了共产党人应该具备怎样的品格，以及具备怎样的先锋、模范带头作用：

> 共产党员应在民族战争中表现其高度的积极性；而这种积极性，应使之具体地表现于各方面，即应在各方面起其先锋的模范的作用。我们的战争，是在困难环境之中进行的。广大人民群众的民族觉悟、民族自尊心和自信心的不足，大多数民众的无组织，军力的不坚强，经济的落后，政治的不民主，腐败现象和悲观情绪的存在，统一战线内部的不团结、不巩固等等，形成了这种困难环境。因此，共产党员不能不自觉地担负起团结全国人民克服各种不良现象的重大的责任。在这里，共产党员的先锋作用和模范作用是十分重要的。共产党员在八路军和新四军中，应该成为英勇作战的模范，执行命令的模范，遵守纪律的模范，政治工作的模范和内部团结统一的模范。共产党员在和友党友军发生关系的时候，应该坚持团结抗日的立场，坚持统一战线的纲领，成为实行抗战任务的模范；应该言必信，行必果，不傲慢，诚心诚意地和友党友军商量问题，协同工作，成为统一战线中各党相互关系的模范。共产党员在政府工作中，应该是十分廉洁、不用私人、多做工作、少取报酬的模

---

① 毛泽东：《唯心历史观的破产》，载中共中央毛泽东选集出版委员会编辑：《毛泽东选集》，人民出版社 1969 年版，第 1405 页。

② 毛泽东：《论联合政府》，载中共中央毛泽东选集出版委员会编辑：《毛泽东选集》，人民出版社 1969 年版，第 994 ~ 995 页。

范。共产党员在民众运动中，应该是民众的朋友，而不是民众的上司，是诲人不倦的教师，而不是官僚主义的政客。共产党员无论何时何地都不应以个人利益放在第一位，而应以个人利益服从于民族的和人民群众的利益。因此，自私自利，消极怠工，贪污腐化，风头主义等等，是最可鄙的；而大公无私，积极努力，克己奉公，埋头苦干的精神，才是可尊敬的。共产党员应和党外一切先进分子协同一致，为着团结全国人民克服各种不良现象而努力。必须懂得，共产党员不过是全民族中的一小部分，党外存在着广大的先进分子和积极分子，我们必须和他们协同工作。那种以为只有自己好、别人都不行的想法，是完全不对的。共产党员对于落后的人们的态度，不是轻视他们，看不起他们，而是亲近他们，团结他们，说服他们，鼓励他们前进。共产党员对于在工作中犯过错误的人们，除了不可救药者外，不是采取排斥态度，而是采取规劝态度，使之翻然改进，弃旧图新。共产党员应是实事求是的模范，又是具有远见卓识的模范。因为只有实事求是，才能完成确定的任务；只有远见卓识，才能不失前进的方向。因此，共产党员又应成为学习的模范，他们每天都是民众的教师，但又每天都是民众的学生。只有向民众学习，向环境学习，向友党友军学习，了解了他们，才能对于工作实事求是，对于前途有远见卓识。在长期战争和艰难环境中，只有共产党员协同友党友军和人民大众中的一切先进分子，高度地发挥其先锋的模范的作用，才能动员全民族一切生动力量，为克服困难、战胜敌人、建设新中国而奋斗。

共产党人应该襟怀坦白，随时准备坚持真理，随时准备修正错误，无论何时何地，都不应该将个人利益放在第一位，而应以个人利益服从于民族和人民群众的利益。共产党人的一切言论行动，必须以合乎最广大人民群众的最大利益，为最广大人民群众所拥护为最高标准。共产党人应该关心党和群众较之关心个人更多更重，关心他人比关心自己更重。共产党人应该是实事求是的模范，对于任何事情，都要问一个为什么，都要经过自己头脑的周密思考，想一想它是否合乎实际，是否真有道理，绝对不应盲从。共产党绝对不应提倡奴隶主义，绝对不能做“爬行分子”。共产党人应该是具有远见卓识的模范，因为只有远见卓识，才能不丧失前进的方向，才能引领广大民众向前进。共产党人意志应该最坚定，最富有牺牲精神。总之，共产党人要具备超凡的人格魅力与优秀的品质，将广大人民吸引、团结在自己的身边。①

---

① 参见中国人民解放军总政治部编：《毛主席语录》，中国人民解放军总政治部 1966 年版，第 231～238 页。

第二，发动群众、组织群众。

发动群众、组织群众的核心，在于贯彻毛泽东政治哲学中的群众路线。从组织群众的角度理解群众路线，其根本的一条就是要求共产党干部及党员要与群众相结合，与群众打成一片，与群众同甘共苦。他曾经打过一个形象的比喻，来阐释共产党人应该如何发动群众、组织群众、团结群众："我们共产党人好比种子，人民好比土地。我们到了一个地方，就要同那里的人民结合起来，在人民中间生根、开花。我们的同志不论到什么地方，都要把和群众的关系搞好，要关心群众，帮助他们解决困难。团结广大人民，团结得越多越好。放手发动群众，壮大人民力量，在我们党的领导下，打败日本侵略者，建设新中国。"①

发动群众、组织群众的第二个要领，就是在群众之中建立、健全共产党的各级组织，尤其是基层组织。在"三湾改编"中，毛泽东创造性地"把支部建在连上"，一举解决了军队，尤其是军队基层的政治组织中枢问题。通过建立党的坚强领导，保障共产党领导的人民军队，故而在极其艰难困苦的斗争环境之下，仍能保持队伍拖不垮、打不散。

毛泽东从革命的一开始，就非常重视党的基层组织建设。早期的韶山支部是一个显著的例子。他一再强调共产党要加强党的支部建设，以及各级政权的建设。他的党建思想的核心，围绕同一宗旨和原则开展，即为了把人民群众凝聚、团结在党的周围。通过共产党员的先锋模范带头作用，以及党密切联系群众的正确路线，将广大的人民群众组织在党的坚强有力领导之下。在中国革命实践中，通过中国共产党这一强大有力的政治组织中枢，将过去一盘散沙的中国社会高度有效地组织起来，中国人民的精神面貌也由此发生了巨大的变化。

第三个，也是最重要的部分，就是作为坚强有力的政治组织中枢与领导者，必须健全自身内部的体系化组织建设：一是建立民主集中制下的党委集体领导，二是确立各党组织层级之间的纵向组织关系。

毛泽东在这两个问题上，既有实践指导，也有很详尽和具体完整的思想阐述。他在1948年的《关于健全党委制》中开宗明义，直接指出："党委制是保证集体领导、防止个人包办的党的重要制度。"党的领导，是集体领导，而不是个人领导。一切重要事项必须交由党委会讨论，由到会委员充分发表意见，再作出明确决定，然后分别执行，而不是由个人包办作出决定，否则，

① 毛泽东：《关于重庆谈判》，载中共中央毛泽东选集出版委员会编辑：《毛泽东选集》，人民出版社1969年版，第994～995页。

党委委员形同虚设。而且这种个人包办的风气，也使党委成员之间的分歧得不到解决。如果听任集体领导班子的成员间的分歧长期不解决，其结果，党委会成员间所保持的只是形式上的一致，而不是实质上的一致。他还具体指出，党委会开会，注意每次开会时间不可太长，会议次数也不可太过频繁，更不要沉溺于细小问题的讨论。对于比较复杂、委员间存在分歧的重要问题，必须有个人商谈，进行事先充分交流与沟通，以免会议流于形式，或者不能作出决定。总之，集体领导与个人负责，二者不可偏废。①

到 1949 年，他又列出了具体 12 条党委会的工作方法。

一是他对党委书记的领导职责和工作方法作出了非常明确的说明。他指出，党委会有一二十个成员，就像军队里的一个班，书记好比是“班长”，要善于当好这个“班长”。书记、副书记要善于处理自己和委员之间的关系，充分发挥他们的积极性，做到整个党委会协调一致。书记和委员的关系，是少数服从多数的关系。

二是书记和委员都要把问题摆到桌面上讨论，不要在背后议论，以免影响党委会成员之间的团结和友谊。他认为，“书记和委员，中央和各中央局，各中央局和区党委之间的谅解、支援和友谊，比什么都重要”。

三是党委会各委员之间应该互通信息、互相交流。这样对于班子成员之间凝聚共识十分重要。

四是要实事求是。对于不懂、不了解的东西，要认真征求下级的意见，要仔细倾听下面干部的意见，然后再下命令。也就是说，要先做学生，然后再做先生。这样做，不但不会影响自己的威信，反而会增加自己的威信。

五是党委会成员之间要相互协调、互相配合，要学会“弹钢琴”。

六是党委会要有执行力，对主要工作，不但要“抓”，还要“抓紧”。

七是要胸中有“数”。要注意基本的统计，以及从数量上分析，做到心中有数，不能凭主观意志、毫无根据地作出决策。

八是开会之前要事先通知。要先让大家知道会议的议程是什么，讨论什么问题，解决什么问题，并且早做准备。如果没有做好准备，就不要急于开会。

九是“精兵简政”。讲话、演说、写文章、写决议案，都应当简明扼要，会议也不能开得太过冗长。

十是要注意团结那些跟自己意见不同的同志一道工作。他的原话是，

---

① 参见毛泽东：《关于健全党委制》，载中共中央毛泽东选集出版委员会编辑：《毛泽东选集》，人民出版社 1969 年版，第 1234 ~ 1235 页。当然，毛泽东也强调军队在作战和情况需要时，首长应有临机处置之权。

"我们都是从五湖四海汇集拢来的,我们不仅要善于团结和自己意见相同的同志,而且要善于团结和自己意见不同的同志一道工作"。

十一是力戒骄傲情绪。这对领导者来说,既是一个原则问题,也是保持团结的一个重要条件。他因此强调,禁止给党的领导者祝寿,禁止用党的领导者的名字作地名、街名和企业的名字,保持艰苦奋斗的作风,制止歌功颂德现象。

十二是要注意划清两种界限:革命与反革命的界限,成绩与缺点的界限。对于每个人和每件事,都应该采取具体分析、细致研究的态度,而不能胡乱评价。①

在1943年,他对领导的具体方法也作出过明确指示。在这个指示中,他要求,领导方法讲究一般与个别相结合,领导和群众相结合。强调党在一切实际工作中,都要贯彻"从群众中来,到群众中去"的群众路线。他指出,在任何一个地区,在一定时间内,只能有一个中心工作,而不能同时有许多中心工作。要学会统揽全局,必须把握好工作重点与工作重心,懂得轻重缓急。②

这些有关党委会组织工作及领导方法的具体指示,也是他的矛盾哲学,特别是抓事物的主要矛盾的哲学观所决定的重要工作方法。

综上,我们可以看到,毛泽东无论是强调发动群众、组织群众,还是注重党内的组织建设,包括领导方法的具体指示,都着眼于在民主集中制下实现党内团结、相互配合,凝聚党内共识。通过党的群众路线,团结群众,进一步凝聚党和人民群众之间的社会共识,做到上下同心同德、齐心协力,将人民群众的力量拧成一股绳。能做到这一点,的确是事无不办、事无不成。

共产党的政治组织和社会凝聚功能,彻底地将中国人民组织起来,团结起来,告别了过去一盘散沙的社会格局。毛泽东及其所领导的共产党,彻底改变了旧中国前现代的社会组织面貌,真正地迈入了现代化社会。

第三,社会团结与阶级斗争。

在一般人的印象中,毛泽东的政治哲学就是斗争哲学。尤其是他青年时代的一句格言,"与天奋斗,其乐无穷;与地奋斗,其乐无穷;与人奋斗,其乐无穷",③被人有意无意地讹传为"与天斗,其乐无穷;与地斗,其乐无穷;

① 参见毛泽东:《党委会的工作方法》,载中共中央毛泽东选集出版委员会编辑:《毛泽东选集》,人民出版社1969年版,第1330~1334页。

② 参见毛泽东:《关于领导方法的若干问题》,载中共中央毛泽东选集出版委员会编辑:《毛泽东选集》,人民出版社1969年版,第852~857页。

③ 黄露生:《再读毛泽东〈与天奋斗〉诗》,载《湖南第一师范学报》2003年第3期。

与人斗，其乐无穷”之后，仿佛毛泽东政治哲学里只有“斗人”和“整人”这一套东西了。毛泽东政治哲学包含斗争哲学诚然不假，但把他的政治哲学完全归结为“斗人”和“整人”的斗争哲学，实则大谬不然。

毛泽东的《矛盾论》，比较完整地展现了他的矛盾哲学。他的矛盾哲学遵循了马克思主义经典作家的基本原理。他认为，总体上，事物发展的根本原因，不在于事物的外部，而在于事物的内部，在于事物内部的矛盾性。任何事物内部都有这种矛盾性，由此引起和推动了事物的运动和发展。

分清主次、抓住重点，是我们在实践中正确、有效地分析问题、解决问题的关键方法。主要矛盾与次要矛盾，以及抓事物的主要矛盾的原理，为我们分析事物、抓住重点提供了必要的、正确的哲学方法。对于不同性质的矛盾，只能运用不同的方法加以解决。他举例说，无产阶级和资产阶级的矛盾，要用社会主义革命的方法加以解决；人民大众和封建主义制度的矛盾，要用民主革命的方法去解决；殖民地人民和帝国主义之间的矛盾，要用民族革命战争的方法去解决；社会主义社会中工人阶级与农民阶级的矛盾，要用农业集体化和农业机械化的方法去解决；共产党内部的矛盾，要用批评与自我批评的方法去解决；人与自然的矛盾，要用发展生产力的方法去解决。

他强调，运用不同的方式解决不同的矛盾，这是马克思列宁主义者必须严格遵守的一个原则。教条主义者，只知道千篇一律地硬搬一种不可改变的公式到处硬套，这自然只会使革命遭到挫折。[①]

这一论点，他后来在《关于正确处理人民内部矛盾的问题》中再次作出详尽的阐释，强调敌我之间矛盾和人民内部矛盾这两类矛盾的性质不同，因而解决的方法也有所不同。[②]

1949 年，他在《论人民民主专政》一文中解释了人民是什么，人民民主专政又是什么含义。他指出：在中国现阶段，人民就是工人阶级、农民阶级、城市小资产阶级和民族资产阶级。人民内部，实行民主制度。而对帝国主义的走狗地主阶级和官僚资产阶级，以及代表这些阶级的国民党反动派及其帮凶，实行专政。对人民内部的民主方面和对反动派的专政方面，互相结合起来，就是人民民主专政。[③]

---

① 参见毛泽东：《矛盾论》，载中共中央毛泽东选集出版委员会编辑：《毛泽东选集》，人民出版社 1969 年版，第 274 ~ 312 页。

② 参见毛泽东：《关于正确处理人民内部矛盾的问题》，载毛泽东著作选读编辑委员会编：《毛泽东著作选读》（甲种本），人民出版社 1965 年版，第 327、328 页。

③ 参见毛泽东：《论人民民主专政》，载中共中央毛泽东选集出版委员会编辑：《毛泽东选集》，人民出版社 1969 年版，第 1357 ~ 1371 页。

以上分析与解释，也正是他在哲学上针对不同性质的矛盾作出的不同的界定和进行的不同的分类，在处理方法上也因此有所不同。

在《关于正确处理人民内部矛盾的问题》中，他还对不同历史时期“人民”的范围做了很详细地解释，他强调：“在建设社会主义的时期，一切赞成、拥护和参加社会主义建设事业的阶级、阶层和社会团体，都属于人民的范围；一切反抗社会主义革命和敌视、破坏社会主义建设的社会势力和社会集团，都是人民的敌人。”

总体来说，敌我之间的矛盾是对抗性矛盾，而人民内部的矛盾，在劳动人民之间是非对抗性的；在被剥削的工人阶级与剥削的阶级之间，除了对抗性的一面以外，还有非对抗性的一面。如果这两个阶级的对抗性矛盾处理得当，就可以转变成非对抗性矛盾；如果处理不当，工人阶级同民族资产阶级之间的矛盾，就会变成敌我矛盾。处理人民内部的矛盾，主要运用民主的方法，运用批评、说服、教育和讨论的民主方法来解决。

在1942年延安整风运动中，摒弃了过去“左”倾教条主义者所采用的“残酷斗争，无情打击”的党内斗争方法，而使用了民主的方法，具体化为一个“团结—批评—团结”的公式。从团结的愿望出发，经过批评或者斗争，使矛盾得到解决，从而在新的基础上达到新的团结。经过这一经验总结，他认为，这种民主方法正是解决人民内部矛盾的一个正确方法。①

他在1957年时认为，虽然社会主义改造在所有制方面已经基本完成，革命时期的大规模急风暴雨式的群众阶级斗争基本结束，但是，被推翻的地主、买办阶级的残余仍然存在，资产阶级仍然存在，小资产阶级的改造也才刚开始，阶级斗争还没有完全结束。无产阶级和资产阶级之间的阶级斗争，各派政治力量之间的阶级斗争，无产阶级和资产阶级之间在意识形态上的阶级斗争，还是长期的、曲折的，有时甚至是很激烈的。社会主义和资本主义在意识形态方面谁胜谁负的斗争，还需要一个相当长的时期才能解决。不过，思想斗争与其他领域的斗争不同，不能采取粗暴强制的方法，而只能用细致的、讲理的方法。②

从整体来看，毛泽东的矛盾哲学可分成两个层次或两种性质。对于敌我矛盾，这种“斗争”指的就是“阶级斗争”，不存在任何仁慈的所谓“温良恭俭让”。这一观点本身也是他的人民立场所决定的，因为对敌人的仁慈与软

---

① 参见毛泽东：《关于正确处理人民内部矛盾的问题》，载毛泽东著作选读编辑委员会编：《毛泽东著作选读》（甲种本），人民出版社1965年版，第328～333页。

② 参见毛泽东：《关于正确处理人民内部矛盾的问题》，载毛泽东著作选读编辑委员会编：《毛泽东著作选读》（甲种本），人民出版社1965年版，第338、351～353页。

弱，意味着对人民的犯罪。[①]

但根据他的斗争哲学，就算阶级斗争本身，也有“文斗”与“武斗”之分，不能眉毛胡子一把抓。对于思想层面的阶级斗争，特别是社会主义和资本主义在意识形态上的思想斗争，他反复强调不能采取粗暴强制的方法，而应运用细致的、讲理的方法。

对于人民内部矛盾，包括党内矛盾，对于这种非对抗性矛盾，虽也采取“斗争”方针，但这种“斗争”的本质，是以团结的愿望为出发点与基础，其最终目的是打通思想、消除分歧、统一认识，以求在组织上达到新的团结。这里的“斗争”，跟王明路线时期的“残酷斗争，无情打击”中的“斗争”含义完全不同。这种“斗争”，实际上主要是指“批评与自我批评”，是针对错误路线、错误思想观念、错误的哲学方法、错误的工作作风等展开思想批判，采取的是“惩前毖后，治病救人”的方针。具体来说，就是在思想批判上从严，组织处理上从宽。[②]

回顾中国现代革命历史，就能清楚地发现，这种党内“斗争”非但没有把共产党越整越小、整垮整散，其结果反而是越整越大越强，既达到了党内的空前团结，又实现了更大范围的人民团结。共产党的力量也因此越来越强大，只用三年多时间，就赢得了人民解放战争。因此，那些强调毛泽东政治哲学仅仅就是斗争哲学，就只是“整人”“斗人”哲学的论者，应该反躬自问。

任何一个客观而不带偏见的论者，都能从毛泽东的著作中看出毛泽东的政治哲学的根本，是“团结哲学”。团结才是目的，斗争只是达到团结的手段，斗争本身从来不是目的。斗争也显然不是尔虞我诈式的钩心斗角，而是为着光明正大的团结目的而展开的。毛泽东的团结哲学，在两个层面展开：一是党内政治团结，二是党与人民的社会团结。总而言之，团结一切可以团结的力量。

他在五四运动时期呼吁的“民众大联合”，讲的就是社会团结。共产党主张和平解决“西安事变”，也是出于挽救民族危亡而团结御敌之目的。他在 1937 年 5 月曾明确指出：“我们不需要阴谋诡计，我们的目的在团结资产

① 话虽如此，但自从国民党反动派 1927 年“反共、剿共”开始，无论是在土地革命战争时期，还是抗日战争时期的国共摩擦，以及后来的解放战争时期，相比国民党不分青红皂白、乱杀无辜的残忍行径，共产党表现得仁慈宽厚得多，也人道主义得多。共产党军队一律不杀俘虏的士兵，对于被俘的国民党高级将领，也一律不杀（除张辉瓒因当时民愤极大被公审枪决外），被俘的国民党战俘（包括高级将领）后来全部都得到了释放。共产党的正义性和道义性，在国共斗争中体现无遗。这也是共产党得民心、得民意、得天下的政治道德基础。

② 参见中共中央党校党史教研室编：《中国共产党史稿》（第 3 分册），人民出版社 1983 年版，第 146～158 页。

阶级和国民党中一切同情抗日的分子,共同战胜日本帝国主义。”

毛泽东认为,要实现全民的大团结,必须首先实现党内团结。他强调,要使党有力量,就需要依靠党的民主集中制来发动全党的积极性。集中制应该密切联系民主制,通过实行民主制,活跃全党的积极性。只有发挥出全党的积极性,锻炼出大批的干部,肃清宗派观念的残余,才能使全党团结得像钢铁一般。党内的“这种团结是当前民族和民主革命的最重要的基础,因为只有经过共产党的团结,才能达到全阶段和全民族的团结,只有经过全阶级全民族的团结,才能战胜敌人,完成民族战争和民主革命的任务”。①

1938 年 10 月,他在《中国共产党在民族战争中的地位》中再次强调了这两重团结的重要性,指出:“中国共产党内部的团结,是团结全国人民争取抗日胜利和建设新中国的最基本的条件。”已经团结起来的共产党,就能在全国人民中形成一个坚强的核心,争取抗日战争的胜利和建设一个新的中国。因此,他向全党同志呼吁:“同志们,只要我们能团结,这个目的就一定能够达到。”②

1943 年针对共产国际的解散,国民党叫嚣解散中国共产党,他再次强调:“全党同志必须团结在党中央的周围,任何破坏团结的行为都是罪恶,只要共产党人团结一致,同心同德,任何强大的敌人,任何困难的环境,都会向我们投降的。”他总结了共产党革命的历史经验:“一种是党内的团结,一种是党与人民的团结,这些就是战胜艰难环境的无价之宝,全党同志必须珍爱这两个无价之宝。”③

在中华人民共和国成立以后,他依然强调团结,重申团结一切可以团结的力量的重要性。他在中国共产党第八次全国代表大会致开幕词时讲到:“我们这次大会的任务是:总结从七次大会以来的经验,团结全党,团结国内外一切可能团结的力量,为了建设一个伟大的社会主义的中国而奋斗。”④

他在 1957 年《关于正确处理人民内部矛盾的问题》的讲话中,基调依然是强调人民的团结,以及全国各民族之间的团结:“国家的统一,人民的团

---

① 毛泽东:《为争取千百万群众进入抗日民族统一战线而斗争》,载中共中央毛泽东选集出版委员会编辑:《毛泽东选集》,人民出版社 1969 年版,第 249 ~ 257 页。

② 毛泽东:《中国共产党在民族战争中的地位》,载中共中央毛泽东选集出版委员会编辑:《毛泽东选集》,人民出版社 1969 年版,第 535 页。

③ 毛泽东:《关于共产国际的解散》,载中国人民解放军总政治部编:《毛主席论党的建设》,天津人民出版社(翻印)1969 年版,第 229 ~ 230 页。

④ 毛泽东:《中国共产党第八次全国代表大会开幕词》,载《建国以来毛泽东文稿》(第 6 册),中央文献出版社 1992 年版,第 201 页。

结，国内各民族的团结，这是我们的事业必定要胜利的基本保证。”①

毛泽东的团结哲学，正如他的斗争哲学，都应该辩证地去看。团结以进步为基础，以原则为依据，团结不是一团和气地“和稀泥”，更不意味着无原则的妥协与退让。因此，团结中包含斗争，而斗争则是为了更好地团结。他从来不赞同丧失原则立场、不论是非的“和稀泥”式团结。毛泽东在抗战时期，曾讲过一句名言：“以斗争求团结则团结存，以退让求团结则团结亡。”道理在此。

毛泽东政治哲学的核心是人民立场。人民立场决定了共产党的党性，决定了共产党必须代表最广泛人民群众和全民族的根本利益，决定了共产党领导的军队、政权（政府）的人民属性，决定了为人民服务，决定了群众路线，也决定了他的团结哲学的基本原则。

毛泽东的政治哲学，又是建立在他的实践哲学基础上的，这使他的政治哲学对新的社会实践敞开了大门，拥有了更大的包容性，因而也展示了更大的开放性。在国际共产主义运动史上，马克思列宁主义基本原理主要表现出两种有害的倾向：教条主义倾向和修正主义倾向。毛泽东对这两种危害不浅的错误倾向都做出过坚持不懈的斗争。这些斗争实践，成为中国共产党与中国人民重要的政治遗产。

① 毛泽东：《关于正确处理人民内部矛盾的问题》，载毛泽东著作选读编辑委员会编：《毛泽东著作选读》（甲种本），人民出版社 1965 年版，第 327 页。

余 论

自古至今,有关政治的著述可谓汗牛充栋。政治,在人类社会中,毫无疑问具有最大的统摄性,也最能刺激不同时代的学者们理论探究的神经。卢梭在《论人类不平等的起源和基础》中曾指出:"一切都归源于政治,而且,无论我们作什么样的解释,一个民族的面貌完全是由它的政府的性质决定的。"①人类生活的最高形式,的确是以政治与政府的面貌呈现在历史面前的。这也正是从古至今,无论中外,不同时代的不同学者们,尽力去探究政治及政府的奥秘之所在。

本书主要采用了历史(包括思想史、观念史)研究的方法,从政府理论的视角,来阐述作者所理解的政治哲学。大量的政治哲学著作,尤其是涉及正义、自由、民主等主题时,大多实质上采取了今天学术术语名之曰"规范研究"的路径。比如,罗尔斯的"原初状态"与"无知之幕"这类概念,②跟古典自然法学派的"自然状态"等概念一样,都不是经验事实,而是一种"规范研究"的理论路径。

"规范研究"是一个"好听"的名词。实际上,大量政治学与政治哲学上的论争,尤其是为数众多的有关"民主"的讨论,剥掉了缤纷多彩的学术名词之后,人们会发现,无非是这样的逻辑套路——"我认为民主应该是这样……"或"我认为真正的民主应该是那样……"等等。最后都不免陷入不同意识形态之争,不同价值观之争,甚至不同学术偏好之争,其结果沦落到"鸡同鸭讲"的地步。

正如导论部分一开始提出的,政治哲学的基本问题实际上是围绕"人际秩序是如何建构的",或者更进一步,围绕"公正而持久的人际秩序是如何建构"这类根本问题而展开的。正因如此,本书没有过多地从常见的政治名词或概念的角度去探讨政府理论,而是从人际社会关系的发展历史,以及不同时代的思想家对人际社会关系的实质所展开的理论思考,一并阐发作者对于不同形态的政府理论的理解。

在本书中,作者对两对观念形态即个人主义哲学观念与集体主义(团体

---

① [法]卢梭:《论人类不平等的起源和基础》,李常山译,商务印书馆 1997 年版,第 31 页。

② 参见[美]约翰·罗尔斯:《正义论》,何怀宏、何包钢、廖申白译,中国社会科学出版社 1988 年版。

主义)哲学观念,以及精英主义与民粹主义,作出了些许评析,但并没有合为一个专题或专章专节去详尽展开阐述。在对比古今政府理论的讨论中,这两组观念形态作为基本思想观念,或者作为不同政府理论的理论假设(前提),一直纠葛在一起。笔者虽做了力所能及的厘清,但仍感不满意。此外,对于影响社会流动性进而影响社会活力的主要因素,特别是社会分层与阶级固化的问题,虽有点滴思考,但并未铺陈,只点到为止,也颇为抱憾。

在笔者看来,近现代西方在政治哲学上,对于人类思想最大的启蒙性贡献,是提出了"人民主权"理论。人民主权理论,以及西方社会对它有限的政治实践,也重新激活了久违的平等主义思潮。服务于少数人利益,并带有精致、华丽的贵族风尚的精英主义,光辉炫目,具有很大的欺骗性。多数人正义,虽时不时被冠之以"多数人暴政",但仍不屈不挠地被人们所呼唤。在这个意义上,个人主义与集体主义(团体主义)、精英主义与民粹主义,这两对观念形态,隐约重叠到了一起。

我们今天究竟应该如何看待我们朝夕与共的政治社会?它是何种意义上的共同体?是道德共同体吗?是精神共同体吗?是文化共同体吗?归根结底,是命运共同体乎?答案,并不完全存在于学者们的探究中,而更多存在于成千上万人的日常政治实践中。学者们(包括笔者)不必自矜功伐。好的学术研究,是要理出一条条清晰的历史主线,总结出一段又一段人类政治历史的理论经验。学术的基本贡献,在于将这些历史经验原原本本地传承下去,供后人们检视、鉴别,再进一步地总结、提升。历史和文化,乃至文明,就这样沉淀下来了。

参考文献

一、中文文献

[英]阿奎那:《阿奎那政治著作选》,马清槐译,商务印书馆 1982 年版。

[古希腊]亚里士多德:《政治学》,吴寿彭译,商务印书馆 2009 年版。

[古希腊]亚里士多德:《尼各马可伦理学》,廖申白译注,商务印书馆 2003 年版。

[古希腊]亚里士多德:《雅典政制》,日知、力野译,商务印书馆 1999 年版。

[美]文森特·奥斯特罗姆:《复合共和制的政治理论》,毛寿龙译,上海三联书店 1999 年版。

[美]威廉·J. 本内特:《美国通史》(上、下册),刘军等译,江西人民出版社 2009 年版。

[美]路易斯·宾福德:《追寻人类的过去》,陈胜前译,上海三联书店 2009 年版。

[美]比尔德:《美国宪法的经济观》,何希齐译,商务印书馆 1984 年版。

[法]费尔南·布罗代尔:《论历史》,刘北城、周立红译,北京大学出版社 2008 年版。

刘译华主编:《中国政治思想史》,浙江人民出版社 1996 年版。

陈梦家:《殷墟卜辞综述》,中华书局 1988 年版。

陈绪纲:《法律职业与法治:以英格兰为例》,清华大学出版社 2007 年版。

陈乐民、周弘:《欧洲文明的进程》,生活·读书·新知三联书店 2003 年版。

陈旭:《夏商考古》,文物出版社 2001 年版。

程维荣:《中国继承制度史》,东方出版中心 2006 年版。

崔明德:《先秦政治婚姻史》,山东大学出版社 2004 年版。

[美]罗伯特·A. 达尔:《论民主》,李柏光、林猛译,商务印书馆 1999 年版。

[美]罗伯特·A. 达尔:《现代政治分析》,王沪宁、陈峰译,上海译文出

版社 1987 年版。

[英]达尔文:《人类的由来》,潘光旦、胡寿文译,商务印书馆 1983 年版。

[美]托马斯·戴伊、[美]哈蒙·齐格勒:《民主的嘲讽》,孙占平等译,世界知识出版社 1991 年版。

[美]贾雷德·戴蒙德:《枪炮、病菌与钢铁:人类社会的命运》,谢延光译,上海译文出版社 2000 年版。

[法]雅克·德里达:《马克思的幽灵:债务国家、哀悼活动与新国际》,何一译,中国人民大学出版社 1999 年版。

[德]恩格斯:《家庭、私有制和国家的起源》(第 3 版),中共中央马克思恩格斯列宁斯大林著作编译局译,人民出版社 1999 年版。

[德]诺贝特·埃利亚斯:《文明的进程:文明的社会起源和心理起源的研究》,王佩莉、袁志英译,上海译文出版社 2009 年版。

[美]费根:《地球上的人们:世界史前史导论》,云南民族学院历史系民族学教研室译,文物出版社 1991 年版。

[英]约翰·福蒂斯丘:《论英国的法律与政制》(影印本),中国政法大学出版社 2003 年版。

[美]福克讷:《美国经济史》(上、下卷),王锟译,商务印书馆 1964 年版。

[奥]弗洛伊德:《文明及其缺憾》,傅雅芳、郝冬瑾译,安徽文艺出版社 1987 年版。

[奥]弗洛伊德:《一个幻觉的未来》,杨韶刚译,华夏出版社 1989 年版。

[美]弗朗西斯·福山:《历史的终结及最后之人》,黄胜强等译,中国社会科学出版社 2003 年版。

葛志毅、张惟明:《先秦两汉的制度与文化》,黑龙江教育出版社 1998 年版。

顾德融、朱顺龙:《春秋史》,上海人民出版社 2001 年版。

郭沫若:《郭沫若全集》(第 1 卷),人民出版社 1982 年版。

[美]杰克·戈德斯通:《为什么是欧洲?——世界史视角下的西方崛起(1500~1850)》,关永强译,浙江大学出版社 2010 年版。

[意]朱塞佩·格罗索:《罗马法史》,黄风译,中国政法大学出版社 1991 年版。

[日]广松涉:《唯物史观的原像》,邓习议译,南京大学出版社 2009 年版。

[英]安东尼·吉登斯:《超越左与右:激进政治的未来》,李惠斌、杨雪冬译,社会科学文献出版社 2000 年版。

郝际陶:《古代希腊研究》,东北师范大学出版社 1994 年版。

侯外庐:《中国古代社会史论》,河北教育出版社 2000 年版。

胡厚宣、胡振宇:《殷商史》,上海人民出版社 2003 年版。

黄展岳:《中国古代的人牲与人殉》,文物出版社 1990 年版。

[美]乔纳森·哈斯:《史前国家的演进》,罗林平等译,求实出版社 1988 年版。

[英]弗里德里希·冯·哈耶克:《自由秩序原理》,邓正来译,生活·读书·新知三联书店 1997 年版。

[英]弗里德里希·冯·哈耶克:《个人主义与经济秩序》,贾湛等译,北京经济学院出版社 1989 年版。

[美]汉密尔顿、杰伊、麦迪逊:《联邦党人文集》,程逢如、在汉、舒逊译,商务印书馆 1980 年版。

[英]罗德·黑格、[英]马丁·哈罗普:《比较政府与政治导论》(第 5 版),张小劲、丁韶彬、李姿姿译,中国人民大学出版社 2007 年版。

[美]塞缪尔·亨廷顿:《文明的冲突与世界秩序的重建》,周琪等译,新华出版社 1998 年版。

[美]路易斯·亨金著,[美]阿尔伯特·J. 罗森塔尔编:《宪政与权利:美国宪法的域外影响》,郑戈、赵晓力、强世功译,生活·读书·新知三联书店 1996 年版。

[英]霍布斯:《利维坦》,黎思复、黎廷弼译,商务印书馆 1996 年版。

[美]理查德·霍夫施塔特:《美国政治传统及其缔造者》,崔永禄、王忠和译,商务印书馆 1994 年版。

[美]霍莱斯特:《欧洲中世纪简史》,陶松寿译,商务印书馆 1988 年版。

[法]基佐:《欧洲文明史》,程洪逵等译,商务印书馆 2005 年版。

[美]马泰·卡林内斯库:《现代性的五副面孔》,顾爱彬、李瑞华译,商务印书馆 2002 年版。

[美]龙多·卡梅伦、[美]拉里·尼尔:《世界经济简史:从旧石器时代到 20 世纪末》(第 4 版),潘宁等译,上海译文出版社 2009 年版。

[法]库朗热:《古代城邦:古希腊罗马祭祀、权利和政制研究》,谭立铸等译,华东师范大学出版社 2006 年版。

李剑农:《中国古代经济史稿》(第 1 ~ 3 卷),武汉大学出版社 2005 年版。

李剑农:《中国近百年政治史:1840～1926》,复旦大学出版社2002年版。

李学勤:《走出疑古时代》,辽宁大学出版社1994年版。

李学勤主编:《中国古代文明起源》,上海科学技术文献出版社2007年版。

李学勤主编:《中国古代文明与国家形成研究》,云南人民出版社1997年版。

刘文鹏:《古代埃及史》,商务印书馆2000年版。

刘文鹏主编:《古代西亚北非文明》,中国社会科学出版社1999年版。

刘小枫、陈少明主编:《苏格拉底问题》,华夏出版社2005年版。

吕振羽:《史前期中国社会研究》,生活·读书·新知三联书店1961年版。

[美]威廉·兰格主编:《世界史编年手册:古代和中世纪部分》,刘绪贻、李崇淮、施子愉译,生活·读书·新知三联书店1981年版。

[英]李约瑟:《四海之内:东方和西方的对话》,劳陇译,生活·读书·新知三联书店1987年版。

[美]罗伯特·E. 勒纳:《西方文明史》,王觉非等译,中国青年出版社2003年版。

[法]勒鲁:《论平等》,王允道译,商务印书馆1988年版。

[美]麦特·里德雷:《美德的起源:人类本能与协作的进化》,刘珩译,中央编译出版社2003年版。

[肯]理查德·利基等:《人类的起源》,吴汝康、吴新智、林圣龙译,上海科学技术出版社1995年版。

[英]约翰·洛克:《政府论》(下篇),叶启芳、瞿菊农译,商务印书馆1995年版。

[法]卢梭:《论人类不平等的起源和基础》,李常山译,商务印书馆1997年版。

[法]卢梭:《社会契约论》(修订本),何兆武译,商务印书馆2003年版。

[英]罗素:《中国问题》,秦悦译,学林出版社1996年版。

中共中央文献研究室、中共湖南省委《毛泽东早期文稿》编辑组编:《毛泽东早期文稿》,湖南出版社1990年版。

中共中央文献研究室编:《毛泽东农村调查文集》,人民出版社1982年版。

中共中央文献研究室编:《毛泽东书信选集》,人民出版社1983年版。

毛泽东著作选读编辑委员会编:《毛泽东著作选读》(甲种本),人民出版社1965年版。

中共中央毛泽东选集出版委员会编:《毛泽东选集》,人民出版社1969年版。

中共中央文献研究室、中国人民解放军军事科学院编:《毛泽东军事文集》,军事科学出版社、中央文献出版社1993年版。

中共中央文献研究室编:《毛泽东文集》(第1~8卷),人民出版社1993年版。

韦建桦主编,中共中央马克思恩格斯列宁斯大林著作编译局编译:《马克思恩格斯文集》(第1卷),人民出版社2009年版。

韦建桦主编,中共中央马克思恩格斯列宁斯大林著作编译局编译:《马克思恩格斯文集》(第5卷),人民出版社2009年版。

[美]麦迪逊:《辩论:美国制宪会议记录》(上、下册),尹宣译,辽宁教育出版社2003年版。

[英]艾伦·麦克法兰:《英国个人主义的起源》,管可秾译,商务印书馆2008年版。

[美]威廉·哈迪·麦克尼尔:《西方文明史纲》,张卫平等译,新华出版社1992年版。

[英]约翰·麦克曼勒斯主编:《牛津基督教史》,张景龙等译,贵州人民出版社1995年版。

[法]孟德斯鸠:《论法的精神》(上、下册),张雁深译,商务印书馆1995年版。

[美]路易斯·亨利·摩尔根:《古代社会》,杨东莼、马雍、马巨译,商务印书馆1981年版。

[英]缪勒:《宗教的起源与发展》,金泽译,上海人民出版社1989年版。

[美]G. F. 穆尔:《基督教简史》,郭舜平等译,商务印书馆1981年版。

[古希腊]柏拉图:《理想国》,郭斌和、张竹明译,商务印书馆1986年版。

[古希腊]柏拉图:《游叙弗伦·苏格拉底的申辩·克力同》,严群译,商务印书馆2003年版。

[古希腊]柏拉图:《柏拉图全集》(第1卷),王晓朝译,人民出版社2002年版。

[古希腊]柏拉图:《柏拉图全集》(第2卷),王晓朝译,人民出版社2003年版。

［古希腊］柏拉图：《柏拉图全集》（第3卷），王晓朝译，人民出版社2003年版。

［古希腊］柏拉图：《柏拉图全集》（第4卷），王晓朝译，人民出版社2003年版。

［美］沃浓·路易·帕灵顿：《美国思想史》，陈永国、李增、郭乙瑶译，吉林人民出版社2002年版。

［美］塔尔科特·帕森斯：《社会行动的结构》，张明德、夏翼南、彭刚译，译林出版社2003年版。

任寅虎：《中国古代的婚姻》，商务印书馆国际有限公司1996年版。

尚会鹏：《种姓与印度教社会》，北京大学出版社2001年版。

［美］乔治·霍兰·萨拜因：《政治学说史》，盛葵阳、崔妙因译，商务印书馆1990年版。

［美］乔万尼·萨托利：《民主新论》，冯克利、阎克文译，上海人民出版社2009年版。

［美］本杰明·史华兹：《古代中国的思想世界》，程钢译，江苏人民出版社2008年版。

［美］本杰明·史华兹：《中国的共产主义与毛泽东的崛起》，陈玮译，中国人民大学出版社2006年版。

［美］埃德加·斯诺：《西行漫记》，董乐山译，生活·读书·新知三联书店1979年版。

［英］亚当·斯密：《国民财富的性质和原因的研究》（上卷），郭大力、王亚南译，商务印书馆1972年版。

［英］亚当·斯密：《国民财富的性质和原因的研究》（下卷），郭大力、王亚南译，商务印书馆1974年版。

［英］昆廷·斯金纳：《近代政治思想的基础》（上、下卷），奚瑞森、亚方译，商务印书馆2002年版。

［美］斯图尔特·R. 施拉姆：《毛泽东的思想》，田松年、杨德等译，中国人民大学出版社2005年版。

［美］小詹姆斯·R. 斯托纳：《普通法与自由主义理论》，姚中秋译，北京大学出版社2005年版。

［美］约翰·布莱恩·斯塔尔：《毛泽东的政治哲学》，曹志为、王晴波译，中国人民大学出版社2006年版。

［美］罗德尼·斯塔克：《基督教的兴起：一个社会学家对历史的再思》，黄剑波、高民贵译，上海古籍出版社2005年版。

[美]施特劳斯、[美]克罗波西:《政治哲学史》,李天然等译,河北人民出版社 1993 年版。

刘小枫编:《苏格拉底问题与现代性——施特劳斯讲演与论文集:卷二》,彭磊、丁耘等译,华夏出版社 2008 年版。

[美]列奥·施特劳斯:《自然权利与历史》,彭刚译,生活·读书·新知三联书店 2003 年版。

[美]L. S. 斯塔夫里阿诺斯:《全球通史:从史前史到 21 世纪》(第 7 版),董书慧等译,北京大学出版社 2005 年版。

董小燕:《西方文明:精神与制度的变迁》,学林出版社 2003 年版。

[法]托克维尔:《论美国的民主》,董果良译,商务印书馆 1988 年版。

王炳照、徐勇主编:《中国科举制度研究》,河北人民出版社 2002 年版。

王玉哲:《中华远古史》,上海人民出版社 1999 年版。

王震中:《中国文明起源的比较研究》,陕西人民出版社 1994 年版。

吴荣曾:《先秦两汉史研究》,中华书局 1995 年版。

吴汝康:《古人类学》,文物出版社 1989 年版。

吴汝康:《人类的诞生与进化》,清华大学出版社、暨南大学出版社 2002 年版。

吴汝康、吴新智、张森水主编:《中国远古人类》,科学出版社 1989 年版。

[美]魏斐德:《历史与意志:毛泽东思想的哲学透视》,李君如等译,中国人民大学出版社 2005 年版。

[美]卡尔·A. 魏特夫:《东方专制主义:对于极权力量的比较研究》,徐式谷等译,中国社会科学出版社 1989 年版。

[英]赫·乔·韦尔斯:《世界史纲:生物和人类的简明史》,吴文藻 、谢冰心、费孝通译, 广西师范大学出版社 2001 年版。

[德]马克斯·韦伯:《新教伦理与资本主义精神》,于晓、陈维纲等译,生活·读书·新知三联书店 1987 年版。

[德]马克斯·韦伯:《学术与政治:韦伯的两篇演说》,冯克利译,生活·读书·新知三联书店 1998 年版。

[英]M. J. C. 维尔:《宪政与分权》,苏力译,生活·读书·新知三联书店 1997 年版。

[美]布兰特利·沃马克:《毛泽东政治思想的基础(1917—1935)》,霍伟岸、刘晨译,中国人民大学出版社 2006 年版。

[美]克里斯托弗·希尔顿:《五月花号:一次改变世界的航行》,王聪译,华夏出版社 2006 年版。

[美]希尔斯曼:《美国是如何治理的》,曹大鹏译,商务印书馆 1988 年版。

[古希腊]修昔底德:《伯罗奔尼撒战争史》(上、下册),谢德风译,商务印书馆 1985 年版。

夏鼐:《中国文明的起源》,文物出版社 1985 年版。

萧三:《毛泽东同志的青少年时代和初期革命活动》,中国青年出版社 1980 年版。

萧延中主编:《外国学者评毛泽东:在历史的天平上》(第 1 卷),中国工人出版社 1997 年版。

萧延中主编:《外国学者评毛泽东:从奠基者到"红太阳"》(第 2 卷),中国工人出版社 1997 年版。

萧延中主编:《外国学者评毛泽东:思想的永生》(第 3 卷),中国工人出版社 1997 年版。

萧延中主编:《外国学者评毛泽东:"传说"的传说》(第 4 卷),中国工人出版社 1997 年版。

徐扬杰:《中国家族制度史》,人民出版社 1992 年版。

徐旭生:《中国古史的传说时代》,文物出版社 1985 年版。

徐大同主编:《西方政治思想史》,天津教育出版社 2005 年版。

萧萐父主编:《熊十力全集》,湖北教育出版社 2001 年版。

许倬云:《西周史》(增订本),三联书店 1994 年版。

严文明:《史前考古论集》,科学出版社 1998 年版。

雁侠:《中国早期姓氏制度研究》,天津古籍出版社 1996 年版。

杨炳章:《从革命到政治:长征与毛泽东的崛起》,郭伟译,中国人民大学出版社 2006 年版。

杨宽:《先秦史十讲》,复旦大学出版社 2006 年版。

杨宽:《西周史》,上海人民出版社 2003 年版。

杨建华:《两河流域史前时代》,吉林大学出版社 1993 年版。

尹盛平:《周原文化与西周文明》,江苏教育出版社 2005 年版。

[日]野村浩一:《毛泽东:人类智慧的遗产》,张惠才、张占斌译,时代文艺出版社 1993 年版。

阮炜:《不自由的希腊民主》,上海三联书店 2009 年版。

[德]雅斯贝斯:《历史的起源与目标》,魏楚雄、俞新天译,华夏出版社 1989 年版。

[美]乔伊斯 · 亚普雷拜:《美国民主的先驱:托马斯 · 杰斐逊传》,彭小

娟译,安徽教育出版社 2005 年版。

张定河:《美国政治制度的起源与演变》,中国社会科学出版社 1998 年版。

张广志:《西周史与西周文明》,上海科学技术文献出版社 2007 年版。

张森水:《中国旧石器文化》,天津科学技术出版社 1987 年版。

张淑一:《先秦姓氏制度考索》,福建人民出版社 2008 年版。

张之恒:《中国新石器时代考古》,南京大学出版社 2004 年版。

张之恒、黄建秋、吴建民:《中国旧石器时代考古》(第 2 版),南京大学出版社 2003 年版。

赵丛苍、郭妍利:《两周考古》,文物出版社 2004 年版。

郑杰祥:《新石器文化与夏代文明》,江苏教育出版社 2005 年版。

中国国家博物馆编:《文物中国史:史前时代》,山西教育出版社 2003 年版。

中国科学院考古研究所等编:《西安半坡:原始氏族公社聚落遗址》,文物出版社 1963 年版。

中国社会科学院考古研究所编:《中国考古学・新石器时代卷》,中国社会科学出版社 2010 年版。

中国社会科学院考古研究所编:《中国考古学・夏商卷》,中国社会科学出版社 2003 年版。

中国社会科学院考古研究所、中国社会科学院古代文明研究中心编:《中国文明起源研究要览》,文物出版社 2003 年版。

[德]奥托・泽曼:《希腊罗马神话》,周惠译,上海人民出版社 2005 年版。

二、英文文献

Aristotle, *The Politics of Aristotle*, Vol. Ⅰ trans. by B. Jowett, Oxford, At the Clarendon Press, 1885.

Aristotle, *Politics*, trans. by H. Rackham, Cambridge, The Harvard University Press, 1959.

Amin, Samir, *Eurocentrism*, trans. by Russell Moore and James Membrez, New York, Monthly Review Press, 2009.

Busch, Lawrence, *The Eclipse of Morality: Science, State and Market*, New York, Aldine De Gruyter, 2000.

Cohen, Martin, *Political Philosophy: From Plato to Mao*, London, Pluto

Press, 2001.

John Boardman, et al., *The Cambridge Ancient History* (Volume Ⅳ) (Second Edition), Cambridge, Cambridge University Press, 1988.

D'Entreves, Alexander Passerin, *The Notion of The State*, Clarendon, Oxford University Press, 1967.

Fukuyama, Francis, *The Origins of Political Order*, New York, Farrar, Straus and Giroux, 2011.

Grotius, Hugo, *The Rights of War and Peace*, New York, M. Walter Dunne, 1901.

Alexander Hamilton, et al., *The Federalist Papers* (The Gideon Edition), Indianapolis, Liberty Fund, 2001.

Hayek, *Individualism and Economic Order*, Chicago, The University of Chicago Press, 1948.

Thomas, Hobbes, *Leviathan*, New York, Oxford University Press, 1996.

John, Locke, *Two Treatises of Government* (ed. Thomas Hollis), London, A. Millar et al., 1764.

Monecure Daniel Conway, *The Writings of Thomas Paine*, Vol. Ⅰ, New York, The Knickebocker Press, 1894.

Reynolds, Susan, *Fiefs and Vassals*, Clarendon, Oxford University Press, 1994.

Tomasello, Michael, *Why We Cooperate*, Cambridge, Mass. MIT, 2009.

Wallerstein, Immanuel, *The Modern World-System IV: Centrist Liberalism Triumphant*, 1789 - 1914, Berkley and Los Angeles, University of California, 2011.

图书在版编目(CIP)数据

论政府:基于人际秩序视角的政府组织功能新论 / 陈绪刚著. -- 北京:法律出版社,2020
ISBN 978 - 7 - 5197 - 5085 - 5

Ⅰ. ①论… Ⅱ. ①陈… Ⅲ. ①国家行政机关-政治理论 Ⅳ. ①D035.1

中国版本图书馆 CIP 数据核字(2020)第 210712 号

论政府
——基于人际秩序视角的政府组织功能新论
LUN ZHENGFU
—JIYU RENJI ZHIXU SHIJIAO DE ZHENGFU ZUZHI GONGNENG XINLUN

陈绪刚 著

策划编辑 周 洁
责任编辑 周 洁
装帧设计 李 瞻

出版 法律出版社
总发行 中国法律图书有限公司
经销 新华书店
印刷 北京虎彩文化传播有限公司
责任校对 王晓萍 王语童
责任印制 胡晓雅
编辑统筹 司法实务出版分社
开本 710 毫米×1000 毫米 1/16
印张 17.75
字数 309 千
版本 2020 年 12 月第 1 版
印次 2020 年 12 月第 1 次印刷

法律出版社/北京市丰台区莲花池西里 7 号(100073)
网址/www.lawpress.com.cn
投稿邮箱/info@lawpress.com.cn
举报维权邮箱/jbwq@lawpress.com.cn
销售热线/400 - 660 - 8393
编辑电话/010 - 83938103

中国法律图书有限公司/北京市丰台区莲花池西里 7 号(100073)
全国各地中法图分、子公司销售电话:
统一销售客服/400 - 660 - 8393/6393
西安分公司/029 - 85330678
上海分公司/021 - 62071639/1636
第一法律书店/010 - 83938432/8433
重庆分公司/023 - 67453036
深圳分公司/0755 - 83072995

书号:ISBN 978 - 7 - 5197 - 5085 - 5
定价:72.00 元